儒學的現代詮釋與時代關懷

楊自平　著

臺灣 學ㄓ書局 印行

自 序

　　個人的學術研究，主要以《易》學與儒學為主，旁及史學。在中央大學就學期間有幸在義理及文學理論領域受教於導師曾昭旭教授，以及王師邦雄、林師安梧、袁師保新、龔師鵬程、岑師溢成、顏師崑陽、楊師祖漢、朱師建民、李師明輝、蕭振邦教授等學養豐厚的學者，開啟豐富的學術視野，奠定學問根柢。

　　求學期間，難忘的一次回憶是 1989 年 4 月 18 日到 5 月 23 日，當時正值大二，有幸在中大聆聽牟宗三先生講授康德美學。講課教室在文一館 107 教室，校內、外師生聽講者甚眾，爭睹牟先生講學風采。有幾次講課，是由蕭振邦教授協助板書。臺下聽眾，時而專注聽講，時而振筆疾書，個個全神貫注，牟先生鏗鏘有力的話語，不斷在教室迴盪。

　　碩士階段雖然儘量廣博學習，但已漸漸偏好義理，以宋明理學研究為核心，並廣覽先秦至清代的思想著作，期尋出學術變遷脈絡，彰顯宋明理學之價值。博班階段將重心放在經學研究及西方哲學，自碩一至博班便修習或旁聽哲學研究所開設之西洋哲學課程，有朱師建民的哲學基本問題、黃師慶明的倫理學專題，及已離世的張師鼎國所開設的詮釋學、批判理論、亞里斯多德實踐哲學專題，彭師文林的黑格爾哲學專題、哲學術語等，加強對中國哲學問題的敏感度，開發新思維。碩士論文以明末清初的黃宗

羲為研究論題，幸蒙林師安梧費心指導，完成《梨洲歷史性儒學之建立》，博論則以元代吳澄《易》學為論題，撰成《吳澄《易經》解釋與《易》學觀》。隔數年後，業經修改，由花木蘭出版社出版。

2003 年有幸回母校任教，在十餘年間先後出版了《明代學術論集》（臺北：萬卷樓圖書公司，2008 年 2 月初版，2009 年 8 月初版二刷）、《世變與學術──明清之際士林《易》學與殿堂《易》學》（臺北：國立臺灣大學出版中心，2012 年 8 月）、《清初至中葉《易》學十家之類型研究》（臺北：國立臺灣大學出版中心，2017 年 4 月）。此外，尚有與楊祖漢教授合編《綠色啟動：重探自然與人文的關係》（共三冊）（臺北：遠流出版事業公司，2012 年 3 月）及《黃宗羲與明末清初學術》（中壢：中大出版中心，2011 年 9 月）。

回顧研究儒學二十餘年來，雖然長期將心力放在《易》學研究，但無論研究或教學皆與儒學密切關聯，包括先秦儒學、宋明儒學及當代新儒學的研究，並嘗試以儒學結合現今議題進行反思。本書便是十餘年來從事儒學研究的軌跡，將 2005 年至 2016 年間已發表之專書論文、期刊論文、會議論文彙集改寫而成。早期的文章顯得清澀，但適足作為成長的見證，故未予刪去或大修，期呈現較自然的學習歷程。

各章原先發表情形如下：

〈從儒家倫理與經濟發展思考儒學的新方向〉，《「中國文化與世界」宣言五十週年紀念國際研討會論文集》，中央大學儒學研究中心，2009 年 9 月，頁 493-509。

〈先秦儒學與老年學〉，《深圳大學學報（人文社會科學版）》31 卷，2014 年第 6 期（CSSCI），2014 年 11 月，頁 46-

53。

〈論臺灣的儒學研究在亞洲儒學文化圈的重要性及未來發展〉，「2016 兩岸三地人文社會科學論壇：華人社會與周邊區域：當代華人文化、社會與經濟的區域影響」，臺灣大學承辦，2016 年 10 月 15 日。

〈先秦儒學與永續發展新探〉，「人文與永續發展」微型會議與工作坊，中央大學人文研究中心、儒學研究中心主辦，2016 年 12 月 23 日。

〈從受用孔子思想論王通其人及思想〉，「2015 儒學與語文學術研討會」，臺北市立大學儒學中心主辦，2015 年 10 月 23 日。

〈邵雍的觀物思想與由智生樂析論〉，《綠色啟動：重探自然與人文的關係》（冊 1），中壢：中大出版中心、臺北：遠流出版事業公司，2012 年 3 月，頁 265-289。

〈方以智《東西均》的生死哲學〉，《興大中文學報》33 期，2013 年 6 月，頁 121-154。

〈論唐君毅、牟宗三、徐復觀的荀子研究對荀學發展之意義〉，第九屆當代新儒學國際學術會議——「當代新儒家與西方哲學」，香港中文大學主辦，2011 年 12 月 7-9 日。

〈牟宗三先生論荀子禮義之統析辨〉，《鵝湖學誌》第 43 期，2009 年 12 月，頁 37-70。

〈論析牟宗三先生對荀子論堯舜禪讓與湯武革命之解釋〉，《當代儒學研究》第 7 期，2009 年 12 月，頁 51-74。

〈論道統——葉適與牟宗三之道統觀析論〉，《中央大學人文學報》第 43 期，2010 年 7 月，頁 105-140。

〈牟宗三先生歷史哲學論英雄與時代之意義探析〉，《當代儒學研究》第 4 期，2008 年 7 月，頁 169-203。

〈從受用角度考察唐君毅先生由疾病證悟人生〉，《當代儒學研究》第 19 期，2015 年 12 月，頁 165-195。

〈從「道德理想主義」探討唐君毅、牟宗三「新外王」思想〉，《唐學論衡——唐君毅先生的生命與學問》，何仁富主編，北京：中國文史出版社，2005 年 11 月，頁 248-274。

各章重點分述如下。第壹篇「傳統儒學的現代啟示」第一章〈儒家倫理與經濟發展〉，本章是基於 2008 年 5 月於「中國文化與世界宣言」五十週年紀念國際研討會提交的會議論文，會後業經修訂收錄於 2009 年 9 月《「中國文化與世界」宣言五十週年紀念國際研討會論文集》，現收入本書，為求與其他各章具一致性，但同時又能保持原初的研究特色，故內容作部分更動。本章以儒學與經濟發展的關聯為題，針對大陸學者關切的儒商議題及儒家倫理對經濟發展的影響進行評析與回應，在儒商議題方面，除強調具道德操守的儒商精神，亦應強守法的重要。在家庭倫理與經濟發展方面則著重人民監督政府做好相關經濟、金融事務，提供人民安定的物質保障，家庭回歸最根本的親情互動，如此「個人－家庭－國家」形成良善的循環。

第二章〈先秦儒學與老年〉，本章旨在見出現今老年學理論的特色及限制，嘗試以儒家觀點建構一套儒家的老年學理論。先秦儒家的老年學，對現今老年學的啟發在於，既能正視老年期在血氣形軀上的限制，又能安而不憂，且仍能積極致力道德實踐，讓道德生命輝光日新。不僅為老年世代提供可行的安身立命之法，也為未來會面臨老年期的青、壯世代提出值得參考的方向。

對青、壯年而言有數點啟發：一是自覺本心，孝親敬老；二是致力好學、修德，實現義命，發揮現階段的生命意義；三是面對未來的衰老能不憂不懼，坦然面對；四是將道德實踐視為終身使命，力行不輟。對老年有正確的認識，有積極的作法，應是先秦儒家對現今老年學發展的重要貢獻。

第三章〈從先秦儒學省思現今恐攻議題〉，本章由〈論臺灣的儒學研究在亞洲儒學文化圈的重要性及未來發展〉一文摘錄改寫。對於恐攻產生的原因及對治之道，本章除參考整理數位學者的觀點外，亦結合儒家觀點提出近程的可行作法，包括正視偏執意識型態的限制，及正視網路及各種通訊媒體的影響力，使年輕人避免受偏執的意識型態煽動，成為改革的強大力量。此外，各國的態度及做法，各國應團結一致，表明堅持正義，反對暴力，不得輕意示弱妥協，助長邪惡勢力擴張。同時做好安全防備，保障人民生命財產的安全。

第四章〈先秦儒學與永續發展新探〉，鑑於近兩年國際間在氣候變遷協議，陸續達成許多具體成果，且獲得歐、美及亞洲各大國的支持。過去談儒學與永續發展的議題，多由孔、孟思想切入，難有新意。相較下，荀子思想暗合永續發展的精神。荀子強調天人之分及天生人成，並正視人天生的生理、心理本能與欲求、感官能力及情緒，期透過禮義之教以化性，讓個人具有人文精神。並關注在資源有限，人欲無窮的情況下，透過建立理想的行政體制，致力養民，並使百姓各安其位，各司其職，將資源做合理分配。同時也揭示世界一家的藍圖，各國若擯棄自我中心，以地球村的理念與他國和諧共處，便能解決現今面臨的困境。期藉由儒家智慧對現今重要世界性問題提出解決之道。

　　第五章〈王通受用孔子思想的現代啟示〉，本章鑑於前賢多由「講論」層面肯定王通開啟唐代、宋明理學的端緒，研究後發現，王通多紹述孔子思想，並未提出新的學術議題、研究方法或建立學術體系，故從「講論」層面實難論斷學術價值，唯有從「受用」的角度，方能見出王通在具體實踐、論歷史評價及事功之學皆為「受用」孔子思想的表現，期於當世落實孔子之教，推行王政理念。當孔子思想發展至隋代，已衍生出多元紛雜的觀點，與孔子思想本身漸行漸遠。透過王通歸本孔子的觀念及作法，發揮孔子重視仁德，重視時變的精神，結合時代問題，找出具體可行的作法，喚起唐代、宋明理學重新正視孔子思想，這樣的「受用」及推廣孔子思想做法，對現今亦深有啟發。

　　第六章〈邵雍的觀物思想與由智生樂的現代啟示〉，本章旨在探究邵雍重「學」與重「樂」思想，考察「觀物」思想的特色。邵雍既正視心的認知主體性，亦肯定人類歷史、整個生活世界，甚至大宇宙的客觀存在性。人的可貴在於理性客觀地認識自身存在及大環境，並正視人生的際遇，掌握生活世界的變化，透過體會人生及世界的美好，產生真樂，真樂出於真知。觀物以明理，由智而生樂是邵雍思想特色所在。

　　第七章〈方以智《東西均》生死哲學的現代啟示〉，本章旨在探討方氏《東西均》的生死哲學。方氏論「生死」有狹義與廣義，狹義是指人生命存在與否，廣義則就氣的變化談小生死與大生死。對於會通三教，雖然方氏曾出入三教，且亦承繼三教思想，但真正關切者並非如何會通，而是如何思考人的存在及意義。方氏論生死不拘限三家所論，而擴大思考天地未生及已生後的狀態。方氏認為天地未生前為渾沌元氣，元氣中已蘊涵陰陽之

氣;天地已生之後,元氣亦涵蘊於陰陽二氣之中。正因天地之氣,生生不已,何來生死之分?即此發展出「無生死」的觀點。在此基礎上,指引人看待世界、面對存在問題的思維,提出隨生死、泯生死、貫生死的觀念。本文亦發現來知德的圓圖實為理解方氏生死哲學之極佳圖示。方氏亦指出無執生死的工夫實踐,即悟、學兼行與盡心的工夫。方氏的生死哲學將個人與人類歷史、宇宙連結,解消個人生死問題對吾人的禁錮,足為吾人參考。

第貳篇「對當代新儒學的理解與詮釋」,第一章〈論唐、牟、徐三先生的荀子研究對荀學發展之意義〉,本章旨在結合歷代荀學深入論析唐、牟、徐三子的荀學特色。歷代荀學主要關注三大議題:荀子與孔學之關聯、心性論、禮義之統。唐、牟、徐三子皆認定荀子屬於儒家系統,但卻不如孟子性善論那麼純粹,但卻能開出儒家的客觀精神。三子皆指出荀子雖肯定禮義人文,但卻未能肯定人天生具有道德善性,致使禮義、禮法缺少根源依據,無法為人皆可以成就道德提出必然保證。至於唐、牟、徐三子之後的荀學發展,有三條可行進路:一是基於前輩的成果加以反省,並開展出新觀點,二是建立新荀學的主張,三是於王先謙《荀子集解》後提出更好的版本,期為現代荀學研究開出新徑。

第二章〈論牟宗三先生對荀子禮義之統詮釋〉,本章旨在說明牟宗三先生如何論述荀子禮義之統,並補充牟氏所未論及的荀子成德之教。牟氏將荀子思想放在當時的時代環境及整個學術發展考察,說明禮義之統在政治、文化面向的意義。然卻未關注禮義之統在成德之教面向的意義。透過荀子成德之教的探討,可說明為何荀子認為君子、聖人能推行禮義;更重要的是,成德之教能說明人為何能學習禮義,並實踐禮義。可見成德之教實為荀子

禮義之統重要的面向，值得重視。

　　第三章〈牟宗三先生對荀子論堯舜禪讓與湯武革命之解釋〉，牟宗三先生《名家與荀子》針對《荀子・正論》兩段關於堯舜禪讓及湯武革命的文字加以解釋、發揮。牟氏藉由解釋荀子的觀點，指出儒家對於君王繼承問題的論述過於理想，並未正視客觀制度面的問題。然考察荀子之本意，是將堯舜禪讓及湯武革命放在正名的脈絡下，指出世俗說法的謬誤。本章分別針對牟氏的說法及荀子的原文，考察牟氏及荀子說了什麼，及為何如此說，方能見出牟氏對荀子的理解及荀子本身的主張，對堯舜禪讓及湯武革命這兩個議題所提出的見解。

　　第四章〈論葉適與牟宗三先生之道統觀〉，道統是儒學發展的重要議題。自孟子、韓愈提出道統說，發展到南宋，出現朱子、葉適、象山不同的道統觀。本章藉由牟宗三先生《心體與性體》對葉適道統觀的批判，考察道統觀的變遷。朱子、葉適及牟氏分別代表天理道統、皇極道統及內聖道統，強調「道」的根源性、無限性、道德性。牟氏雖肯定葉適的皇極道統有其價值，但因未植基於內聖，使葉適的外王學成為無根之學，將對歷史文化造成思想災難。牟氏的批評實包含兩點深義：一是針對後世重事功、實學的學者，輕視性命天道，故藉批判葉適的觀點，進行反駁；同時藉重新釐析道統議題，作為現今儒學發展之參考。

　　第五章〈牟宗三先生歷史哲學論英雄與時代之意義〉，本章是從歷史面向探討牟宗三先生的歷史哲學。指出牟氏強調歷史精神在現實發展中曲折展現，各代的時代風氣與政治集團最高領導者有密切關聯。並考察牟氏如何以歷史判斷代替道德判斷與英雄主義判斷，解釋朝代的治亂興衰。牟氏藉由解釋歷史，反省過去

歷史的限制，提出民國後當發展分解的盡理精神以建立建全的民主制度。文末則進一步基於牟氏的觀點，提出未來努力的三方向：提升民主素養、健全國家發展、重視全球化問題，以此承繼並開展牟氏的歷史哲學。

　　第六章〈從受用角度考察唐君毅先生由疾病證悟人生〉，唐君毅先生曾寫過一系列人生體驗之論著。面對自身病痛，不但沒有怨天尤人，反而珍視此難得的機會，在生命最脆弱無助的時刻，透過自身力量，將過去所思所學與當下所觀所感，從病痛中悟得哀樂相生的智慧，體悟到真正的天命，即人生便是哀樂相生的歷程。這類生命體驗之作，不是通過思辨論證，而是透過毫不掩飾的自剖，真誠面對自己的限制，是真正的「受用」儒家的生命之學。目前傳世之作，像唐氏如此深刻自剖的儒者寡矣。透過融攝傳統儒家思想，又開展出新義涵，正是唐氏的貢獻所在。

　　第七章〈唐君毅先生、牟宗三先生的「新外王」思想〉，本章旨在以「道德的理想主義」作為唐、牟外王學的核心精神，並強調這樣的道德理想主義不是狹隘的心性學，故援引西方倫理學「正當」與「善」兩種概念，說明道德理想主義與現實問題的相互關聯。繼而指出唐、牟二氏的時代關懷在於科學知識與民主政治，透過道德理想主義提出深刻反省。最後則針對現今問題作思考，指出道德理想主義在價值根源的確立上仍有其作用，但亦需著重現實面部分，故補充正視人的有限性及提倡易教及禮樂教，使由道德的理想主義建立的外王學更具向外推擴的實踐力，對現實人性及生活有更深切的認識與感悟。

　　在此，誠摯地感謝我親愛的家人。去年中秋前夕，疼愛我的父親因病離世，家母張素真、舍妹自青、舍弟自森陪伴我勇敢面

對這段煎熬期。外子呂學德一直是我心靈、事業的後盾，兩位寶貝呂紹君、呂紹辰，讓我體驗人母的幸福及成長。此外，特別感謝恩師林安梧教授自余從學期間至今，不斷給予鼓勵與指導。也感謝研究助理中大博士候選人涂藍云費心協助校稿。

　　最後，僅將拙作獻給我最親愛的家人。

楊自平

書於新竹智思齋

儒學的現代詮釋與時代關懷

目　　次

緒　論

　　東亞的日本、韓國、越南，南亞的印尼、馬來西亞在過去都曾受儒家思想影響。臺灣的儒學界關切周邊各國的儒學傳統及目前發展，東亞區域較早受到關注，尤其是日、韓的儒學，後來是越南儒學。相較下，臺灣學界對南亞區域的儒學發展關注較少。儒學在印尼發展出獨特的孔教，黃愛平認為是儒學宗教化與印尼化的產物，並指出：「印尼孔教目前是與伊斯蘭教、基督教、天主教、佛教和印度教並列的印尼六大宗教之一。印尼孔教以孔子學說（儒學）為宗教信仰，長期作為民間宗教存在。」[1]至於印尼孔教的教義，韓星歸納云：

　　　(1)、「天」是萬物的主宰，是印尼孔教的上帝。(2)、孔子是孔教的「聖人」和「先知」，聖人孔子負有天所賦予的使命來到人間宣揚「天道」。(3)、孔教的目標就是遵照孔聖的指引在人間實現天道。因為每個人都有天賦的善良稟性，遵從「天命」正是人的本性，按照本性去做事就是履行「天道」，人的德行的完善也就是對「天道」的依

---

[1]　黃愛平：〈印度尼西亞孔教：中國儒教的宗教化、印尼化〉，《世界宗教文化》2015 年第 5 期，頁 51。

> 從，履行並宣導天道就是施行教化。(4)、父母、祖先就
> 是天的代表，信奉孔教就是要發揚孝道，祭祀祖先。
> (5)、孔教是華人的宗教，是華人文化中最主要的成分，
> 印尼華人有義務遵循孔子的教義。[2]

上述指出印尼孔教四大要點，敬天（上帝）、視孔子為先知、以
孔子思想為教義、重孝祭祖，並視印尼孔教為印尼華人的重要信
仰。

此外，印尼孔教以《四書》為聖經、訂定「八誠箴規」[3]等
教規，指導信徒崇奉天道。至於融入印尼文化的部分，黃愛平指
出，包括語言文字是使用印尼語，將「天」解釋為獨一無二的上
帝，在組織、機構及宗教活動都體現印尼化。[4]因此，印尼孔教
實為儒學宗教化並融入印尼文化的綜合體。

至於馬來西亞近 60 年的儒學發展，鄭文泉指出有六大特
徵，即鄉禮化、遊魂化、民俗化、小眾化、中文系化和小學化，
言道：

2　韓星：〈儒學與孔教在東南亞地區的發展〉，國際儒學網，URL=http://
　　www.ica.org.cn/nlb/index_437_4191.html。（2016 年 8 月 9 日瀏覽）

3　「八誠箴規」的內容：「(1)誠信皇天：無貳無虞，上帝臨汝。(2)誠尊
　　厥德：無遠弗屆，克享天心。(3)誠立明命：存心養性，則知事天。(4)
　　誠知鬼神：盡修寡欲，發皆中節。(5)誠養孝思：立身行道，以顯父
　　命。(6)誠順木鐸：至尊至聖，永暴天命。(7)誠欽四書：天下大經，成
　　命大本。(8)誠行大道：須臾不離，無疆之休。」韓星：〈儒學與孔教
　　在東南亞地區的發展〉。

4　黃愛平：〈印度尼西亞孔教：中國儒教的宗教化、印尼化〉，頁 56。

> 本時期儒學按本文理解發展為一鄉禮化、遊魂化、民俗
> 化、小眾化、中文系化和小學化的六大趨勢與特徵，……
> 按這六大特徵的鄉禮化、遊魂化和小學化互為因果，共同
> 表現出儒學在邦國禮和王朝禮的絕跡現象；民俗化、小眾
> 化和中文系化則集中反映出儒學在民間的儀禮化、彌散化
> 和古學化趨勢與樣態，且在可預見的未來仍將得以持續與
> 存在。……儒學在本時期的遊魂化，即絕跡於官方體制而
> 在民間，文人、學者階層又無所依附，不論是如何再多加
> 以考析與探釋，……離遊魂化現象不會太遠。[5]

意即馬來西亞儒學與官方體制無關，主要在華人社會發展，重視
地方禮制，有世俗化的傾向，少數文人、學者致力儒學專門研
究。

至於受西化影響下的新加坡，韓星指出：

> 新加坡的儒學和孔教是在兩個不同的層面展開的，前者是
> 精英層面、官方層面，後者是大眾層面、民間層面。前者
> 是自上而下地針對新加坡現代化過程中出現的倫理道德問
> 題，以及相關的各種社會問題展開的儒學倫理教育運動，
> 是屬於社會管理層面的積極措施，從學理上說是把儒學作
> 為一種倫理學說對待的；後者也是由於新加坡現代化過程
> 中出現的倫理道德問題以及相關的各種社會問題而激發

---

[5] 鄭文泉：《馬來西亞近二百年儒家學術史》（北京：國際儒學聯合會
「儒學與東亞文明」年度項目成果報告，2015 年），頁 144。

的，卻是自下而上的以宗教的形式來弘揚儒學，挽救世道
人心，是屬於社會教化層面的自救行為，在學理上並沒有
把儒學作為宗教來看待。[6]

意即新加坡的儒學基本上並未如印尼將儒學宗教化，無論精英層
面或大眾層面皆關心儒學對社會倫理道德的啟發與影響，希望藉
儒學導正社會風氣。

　　至於臺灣與大陸更是在文化根源上深受儒家思想影響。傳統
儒學在近世[7]有兩個重要變化關鍵，一是五四運動，一是 1949 年
兩岸分治。關於民國初年的文化運動，王汎森〈近代中國的「新
學術運動」與人文學〉一文[8]，曾指出學界有從反對角度評論五
四運動者，如熊十力先生（1885-1968），便曾對五四運動提出強
烈批評，主要批評兩方面，一是過於強調專業分科，割裂學術的
有機體成為片段知識。[9]二是「新人文學刻意把價值與心性從研
究中去除。」[10]

6　韓星：〈儒學與孔教在東南亞地區的發展〉。

7　此處近代的斷限是採取蔣廷黻《中國近代史》、郭廷以《中國近世史》
　以鴉片戰爭作為上限，至於下限則依據兩岸史學界的目前共識界定在
　1949 年。

8　王汎森：〈近代中國的「新學術運動」與人文學〉，參見余紀忠文教基
　金會網頁。URL=http://www.yucc.org.tw/news/column/8fd14ee34e2d570b
　7684300c65b05b788853904b52d5300d82074eba65875b78。（2016 年 8
　月 1 日瀏覽）

9　王汎森云：「分科之學確實使得『術乃愈精』，但它也讓許多人認為割
　裂了傳統學門之間的有機關聯。」王汎森：〈近代中國的「新學術運
　動」與人文學〉。

10　王汎森：〈近代中國的「新學術運動」與人文學〉。

　　牟宗三先生（字離中，1909-1995）對五四運動提出更進一步的
反省，牟氏云：

> 新文化運動正面喊出的口號即是要求科學與民主，當時是
> 抓住了現代化的關鍵所在；當時除此正面的要求外，反面
> 的口號則是反封建、反帝國主義。可是後來的發展，⋯⋯
> 正面的兩個口號沒有發生作用，倒是反面的兩個口號發生
> 了作用。⋯⋯「反封建」⋯⋯它只是一個籠統的象徵的概
> 念，實即反對一切「老的方式」，而以「封建」一詞代表
> 之、概括之。⋯⋯而認為五四以前都屬於過去的、老的方
> 式。[11]

肯定當時正面口號能掌握現代化的特徵，但卻未具體落實；反倒
是負面口號，對傳統文化造成極大的破壞。

　　王汎森則從「新學術運動」的立場，指出其意義與價值。將
五四「新學術運動」所領導的學術研究之特質，總括為五個方
面，言道：

> 第一、對「知識」的看法與傳統有所不同，傳統士人認為
> 重要的知識帶有濃厚的求道或致用的性質，但「新學術運
> 動」認為應該由「求道」轉向「求知識」。⋯⋯第二、他
> 們並非不理會學術致用的問題，而是主張提高到另一個層

11　牟宗三：《時代與感受》（臺北：鵝湖出版社，1995年），頁319-
　　320。

次來看「用」，「無用之用，是為大用」（《莊子》），刻意求立即可見的「用」，反而無用，或只能有小小的用處。第三、「大學」性質的變化。晚清以來的「大學」觀，……基本上是最高一級的學校，並沒有從事高深研究的意涵。但到了新文化運動前後，「大學」逐漸脫胎成為一種追求高深學問的機構。第四、他們刻意提倡「教育獨立」與「學術獨立」，……他們在學術研究、藝術、文學等方面皆提倡不問現實只問真理，比較常見的口號是「為學問而學問」。第五、他們認為，中國的最根本問題是沒有人才，應該由潛心於各種專業的現代專家來指導社會，而不是由舊士大夫或革命家來指導社會。[12]

綜合上述，新學術運動的五項學術特色分別是：重知識、重致用、大學成了追求高深知識的殿堂、強調學術自主、重視各領域專家。這確實是五四運動代來的新轉變。

五四運動對現代化學術，無論在觀念或方法都產生極大影響，對政治、文化亦產生劇烈衝擊。直至現今，對五四的精神有所承繼，亦有所轉化，一方面繼續努力現代化，另方面亦漸漸正視傳統文化的重要，朝向反本開新的目標前進。

至於 1949 後兩岸的儒學發展，兩岸的儒學研究同樣歷經政治的干預，大陸經過十年文革，致使儒學發展中斷。臺灣的當代新儒學，在唐君毅（1909-1978）、牟宗三、徐復觀（字佛觀，1904-1982）三位先生及其弟子們的努力下，發展成一支當代新儒學的

12　王汎森：〈近代中國的「新學術運動」與人文學〉。

研究隊伍。大陸的儒學研究,除了受到十年文革的嚴重影響,雖然後來儒學研究漸漸受到重視,但詮釋進路卻受馬列思想所限制,近幾年已漸掙脫馬列唯物思想的框架,而漸漸回到經典本身進行詮釋,同時也漸漸關注當代新儒家的詮釋進路,而有多元發展。

隨著兩岸三地儒學界的交流日益頻繁,臺灣的儒學研究扮演相當重要的角色。學界的研究主要致力兩大方向:一是延續歷代儒學傳統或當代新儒學對儒學經典進行詮釋,或致力闡發儒學思想的現代義涵,或關注從儒學角度思考時代議題;另方面亦開始關切周邊各國的儒學傳統及目前發展,東亞區域較早受到關注,尤其是日、韓的儒學,後來是越南儒學。相較下,臺灣學界對南亞區域的儒學發展關注較少。

臺灣的儒學研究根基要站的穩,除了關切現實議題外,對傳統儒學仍需不斷進行理解與詮釋。首先在探討歷代儒學發展前,需再次確立儒學本色。眾家說法莫如前輩牟宗三的說法最深刻,一方面包括孔、孟重視道德主體,即「開闢價值之源,挺立道德主體,莫過於儒。」[13]另方面《中庸》、《易傳》重道德的形上學,即基於道德而談的形上學。[14]肯定仁義道德,即此強調道德主體,或從道德建立形上學,便是儒家之所以為儒家之本色。

除此,勞思光《中國哲學史》,提出的觀點也很值得參考,勞氏亦採牟氏主張孔子面對的是周文疲蔽的時代問題,並指出:

---

13 牟宗三:《中國哲學十九講》(臺北:臺灣學生書局,1999 年),頁62。
14 牟宗三:《中國哲學十九講》,頁 76。

「孔子之志實在於重建周文。」[15]「並純依傳統為說,而實加以自覺之肯定。」[16]這點亦與牟氏看法相近。但不同的是,勞氏認為孔子思想以「禮」作為起始點,指出:「孔子之學,由『禮』觀念開始,進至『仁』、『義』諸觀念。」[17]「禮」確實是儒學重要觀念,為特色所在。

至於儒學的發展,從先秦儒學到現代儒學,出現許多重要思想家及儒學論著,如何相應理解與評價,需要對各代的儒學發展有全面而深入的瞭解,以及卓越的見的。哲學史、思想史,在哲學與歷史之間,或重在歷代重要哲學分析,或偏重哲學思想的變遷,提供不同的解釋向度。學術史或依時代分別指出歷代儒學之特色,或以先秦儒學為判斷依據,僅強調能就先秦儒學承繼與開展較具特色時代為主。前者利於掌握各代儒學完整變遷歷程,後者利於展現儒學發展的鮮明特色。後者以牟氏的說法為代表,牟氏認為漢儒講經術無法發揮孔子道德實踐之學。曾云:「兩漢以傳經為儒。對於孔子之真生命以及其所立之教之本質亦未能有所確定。」[18]至於牟氏所稱的新儒家,即宋明理學,其特色便是心性之學或稱成德之教。牟氏指出:「宋明儒所講習者特重『內聖』一面。」[19]「此『內聖之學』亦曰『成德之教』。」[20]至於

---

[15] 勞思光:《(新編)中國哲學史(一)》(臺北:三民書局,1990年),頁 109。

[16] 勞思光:《(新編)中國哲學史(一)》,頁 109。

[17] 勞思光:《(新編)中國哲學史(一)》,頁 111。

[18] 牟宗三:《心體與性體》(第 1 冊)(臺北:正中書局,1991 年),頁 6。

[19] 牟宗三:《心體與性體》(第 1 冊),頁 4。

[20] 牟宗三:《心體與性體》(第 1 冊),頁 6。

宋明內聖學的內容，牟氏云：

> 但自宋明儒觀之，就道德論道德，其中心問題首在討論道
> 德實踐所以可能之先驗依據，此即心性問題是也。由此進
> 而復討論實踐之下手問題，此即工夫入路問題是也。前者
> 是道德實踐所以可能之客觀依據，後者是道德實踐所以可
> 能之主觀依據。宋明儒心性之學之全部即是此兩問題。[21]

亦即內聖學關注的是道德實踐如何可能的超越依據，及如何實踐
的主觀依據。

　　對於宋明儒是否不談外王，牟氏認為「對於內聖有積極之講
習與浸潤，面對於外王則並無積極之討論。」[22]「實則要求事功
者皆未得其門而入，其成就遠不如弘揚『內聖之學』者成就之
大。」[23]

　　牟氏著重後世儒學是否能承繼先秦儒學的宗旨，認定宋明儒
較能承繼先秦儒學的核心，所提出的理由極富說服力，論斷甚有
見的。在此提出兩點補充。

　　關於儒學本色及歷代儒學之傳承，牟氏較強調「仁」這部
分，標舉道德價值的確立與道德實踐的重要，也因此特別強調孟
子的重要性，對荀子關注較少。「仁」固然是孔子思想的核心，
然因孔子正視周文疲蔽，以興復周文為志業，「禮」亦深受孔子
所重視。「仁」、「禮」兩端實為孔子思想之重心，「仁」的部

21　牟宗三：《心體與性體》（第 1 冊），頁 8。

22　牟宗三：《心體與性體》（第 1 冊），頁 8。

23　牟宗三：《心體與性體》（第 1 冊），頁 6。

分由孟子所承繼，「禮」的部分由荀子進一步發揚。且荀子思想
影響漢代的經學發展，清儒戴震重視「禮義」亦與荀子相近，
「禮」所涉及的禮儀、禮制亦為歷代儒者所重視，如朱子著《家
禮》談冠、婚、喪、祭之禮。因此，真正的儒學是強調「仁」、
「禮」兼備，須兩端兼顧，方能守住儒學本色及發展核心。

　　此外，若欲完整展現儒學發展的多元面貌，掌握歷代儒學發
展的完整歷程，則有必要進一步瞭解漢代董仲舒（179B.C-
104B.C.）、揚雄（自子雲，53B.C.-18B.C.）、王充（字仲任，27-97）的思
想，魏晉時期對才性、聖人的討論，隋唐王通（字仲淹，584-
617）、韓愈（字退之，768-824）、李翱（字習之，774-836）的主張，
元代許衡（字仲平，1209-1281）、吳澄（字幼清，1249-1333）的思想，
清初三大家顧炎武（字忠清，1613-1682）、黃宗羲（字太沖，1610-
1695）、王夫之（字而農，號薑齋，1619-1692）及乾嘉戴震（字慎修，號
東原，1724-1777）、阮元（字伯元，號芸臺，1764-1849）、焦循（字理
堂，一字里堂，1763-1820）的思想的發展樣貌，並分析各代如何承繼
前代儒學而有所開展。這些部分，前輩唐君毅對漢代、清代儒學
有相關論述，[24] 勞思光的《中國哲學史》，岑溢成《中國哲學
史》論漢代、魏晉、清代學術，以及徐復觀《兩漢思想史》對兩
漢思想的論析等。[25]

　　因此，若欲掌握歷代儒學發展的歷程及特色，有必要就道德
實踐及外王面的禮儀、禮制作完整且深入的瞭解，以見出其間的

---

[24]　唐君毅：《中國哲學原論・導論篇》（臺北：臺灣學生書局，1986
　　年）。

[25]　《兩漢思想史》共三大卷，徐復觀：《兩漢思想史》（臺北：臺灣學生
　　書局，1993 年）。

承繼及開展，以確實把握歷代儒學的恆常性與時代性。

　　面對儒學的未來發展，有必要先考察當代新儒學的重要性。當代新儒家對近現代學術思想發展有極大影響力。劉述先在〈現代新儒家研究之省察〉一文曾提出當代新儒家 1920-1980 有三代四群：第一代第一群的代表為梁漱溟、熊十力、馬一浮、張君勱；第二群的代表為馮友蘭、賀麟、錢穆、方東美；第二代第三群：唐君毅、牟宗三、徐復觀；第三代第四群：余英時、劉述先、成中英、杜維明。[26]

　　順著牟氏論宋明理學所以被稱為「新儒學」的論法，當代新儒學的新是相對於宋明儒學而言，除了如牟氏所言宋明「新儒學」之所以為新是在內聖學方面有所承繼與開展，關於當代新儒學所以為新，學界已有相當多的討論，歸結後可發現熊十力、馬一浮、張君勱、唐君毅、牟宗三、徐復觀等不僅在內聖學對宋明儒學有所承繼與開展，承繼的是繼續強調道德主體是根本，開展的是藉由西方哲學的新方法、新觀點來詮釋心性學；另方面在外王部分，明顯較宋明儒開出一大步，梁漱溟、熊十力、張君勱、徐復觀非常強調外王的重要，對外王議題多所探討。牟氏因強調內聖學為本，但結合西方的民主、科學來談新外王議題，肯定科學方法及民主觀念的重要，以及中國傳統政治制度的限制，思考如何從內聖開出新外王。因此，1920-1980 當代新儒學在內聖學、外王學關心新的時代議題，中國的革命及西方民主思潮的衝擊，透過結合西方科學、民主的新觀念、新方法，對傳統儒學作

---

[26]　劉述先：〈現代新儒學研究之省察〉《中國文哲研究集刊》第 20 期
　　（2002 年 3 月），頁 375-376。該文後收入在劉述先：《現代新儒學之
　　省察論集》（臺北：中央研究院中國文哲研究所，2004 年）。

出反省與開展，建立出具時代特色的儒學。

　　關於唐、牟、徐之後的儒學發展，業師林安梧提出「後新儒學」的概念，此概念是指在唐、牟、徐代表的新儒學之後應該要有新的轉折，即公民儒學的概念。當然這種「後新儒學」論法在林師的體系內是不成問題的，但若就當代儒學發展來論則易造成誤解，認為當代新儒學分成兩截，前一節是已完成的前新儒學，後一節是發展中的新儒學。個人以為當代新儒學在前輩熊十力、馬一浮、張君勱、唐君毅、牟宗三、徐復觀等人的努力下開出新局，若後來的儒學仍朝著為儒學時代性而發展，則仍可視為是當代新儒學的一部分，因此，當代新儒學是還在發展中的儒學，因此無須區分前後，這方面的評價，有待後人來完成。

　　既然新儒學還在發展中，當如何有效發展，關於此，可參考前輩所做的努力，如何承繼傳統儒學的精神，並進一步開展，同時亦就現今時代議題提出思考並嘗試解決。關於承繼與開展傳統儒學方面，可採取三條進路：一是透過新方法、新觀念繼續就傳統儒學經典進行研究；二是對當代新儒學提出不同的切入向度，提出新的發展方向；三是著重儒學與不同宗教、不同文化的交流對話。

　　透過新方法、新觀念繼續就傳統儒學經典進行研究方面，岑師溢成可作為代表，透過學術研究，對中國哲學提出極富洞見的看法，主要有兩方面，即哲學議題新探與經學研究。哲學議題新探方面，包括重探孟、荀思想，指出孟告之辨具有倫理學意義，對楊墨的批判是基於人倫立場，並指出荀子為積極的人文主義者。論魏晉思想，著重王弼的「大衍義」及「名」、「稱」之辨及「名」、「稱」的兩種使用，並扣緊魏晉的重要論題「言意之

辨」指出「言意之辨」的兩個層面，且指出嵇康的獨特處在於透過實踐展現莊子思想。隋唐學術則致力於窺基《因明大疏》之研究，並對印度佛教的「因明學」作深入探討。宋明學術則關注朱熹的思想系統及透過王艮（心齋）的「安身」說見出王學泰州派思想之特色。清代學術則關注阮元、戴震及焦循的人性論。經學研究這部分，明顯補足前輩先生的不足，包括漢代、宋代、清代經學，尤以清代經學為要。包括致力乾嘉焦循、惠棟、王念孫父子的《易》學研究，並對清代學術史「漢宋之爭」、「吳皖之別」的公案提出精彩見解。其貢獻在透過紮實的中西學根柢，致力找出並解決重要的學術問題。

對當代新儒學提出不同的切入向度，提出新的發展方向方面，業師林安梧可作為代表，他致力思考「後新儒學」的可能性，期建立新的思想體系，於牟先生「兩層存有論」之後，進一步提出「存有三態論」，並結合馬克思主義哲學、西方哲學而開啟了一批判性思維，強調「社會公義」優先於「心性修養」，主張「由現代化新外王的學習」進一步重新調節出一「公民社會」下的「倫理道德」。並思考以建立儒、道、佛三教意義治療學的可能性，並思考「中國詮釋學」議題。

著重儒學與不同宗教、不同文化的交流對話這部分可以杜維明為代表，林月惠〈杜維明先生與跨文化對話〉一文曾指出：「杜維明的儒學論述，從『第三期儒學發展』的重新提問，在策略上顯然跳脫獨尊西方『現代化』的論述框架與現實焦慮，使儒學進入多元文化與跨文化的對話中。」[27]杜維明將唐、牟對於儒

27　林月惠：〈杜維明先生與跨文化對話〉，收入李明輝等：《儒學、文化

學所面對的時代課題由面對西方現代化的衝擊，中國如何現代
化，轉為中華文化如何與西方文化平等的交流對話。

既然要進行跨文化對話，就得選出合適的對話主題，林月惠
指出杜維明選擇了兩大對話議題「儒學的宗教性」與「儒家人文
主義」，曾云：「多元文化下的宗教對話與全球倫理，是他關注
的重點。因而，『儒學的宗教性』與『儒家人文主義』最能顯示
杜維明在比較哲學上的建樹。」[28]

至於杜維明以儒學進行跨文化對話交流的成果，林月惠言
道：

> 特別在具體的學術實踐上，……直接以英語闡發儒學的核
> 心價值與精神，主動地對西方學術傳統的議題加以質疑。
> 其結果，一方面使儒學的普世價值得以展現契機，另一方
> 面也導致西方學者對自己的傳統作重新的了解和認
> 識。……也能透過與史密斯、列文森、史華慈、狄百瑞、
> 艾律克森、貝拉、芬加勒特等美國學者的對話與論難，思
> 考儒學的創新與轉化。[29]

林月惠最後指出杜維明的貢獻不在建立體系，而是善於提出
哲學問題，曾云：「相較於前輩新儒家學者，杜維明在比較哲學
的學術貢獻，不在思想哲學體系的建構，而在於哲學問題的探

與宗教——劉述先先生七秩壽慶論文集》（臺北：臺灣學生書局，2006
年），頁 257。

[28] 林月惠：〈杜維明先生與跨文化對話〉，頁 258。

[29] 林月惠：〈杜維明先生與跨文化對話〉，頁 258。

問。在這哲學立場的抉擇上，杜維明可說是一個『實存的儒家』。」[30]

　　此外，新材料、新議題有助現代儒學的開展。近世出土文獻為儒學研究提供珍貴的文獻材料，尤其是郭店楚簡[31]中保存許多與儒家思想有關的文獻。李學勤認為儒家的作品可分成兩組：「一組有〈緇衣〉、〈五行〉、〈成之聞之〉、〈尊德義〉、〈性自命出〉和〈六德〉六篇」[32]，「另一組有〈魯穆公問子思〉、〈窮達以時〉兩篇，此外，尚有〈唐虞之道〉、〈忠信之道〉，雖帶儒家色彩，但專講禪讓，疑與蘇代、厲毛壽之流縱橫家有關。」[33]並認為這些儒家作品出現在孟子之前，屬於孔子到孟子之際的作品，有助理解思孟學派的傳承。[34]另一批重要簡帛文獻是上博楚簡，[35]其中，九大冊上博簡圖書中，第一冊[36]的

30　林月惠：〈杜維明先生與跨文化對話〉，頁 259。

31　李學勤指出：「1993 年清理出土的荊門郭店楚簡，在 1998 年公布。」李學勤：《李學勤講演錄‧孔孟之間與老莊之間》（長春：長春出版社，2012 年），頁 135。

32　李學勤：《李學勤講演錄‧郭店楚簡儒家典籍的性質及年代》，頁 158。

33　李學勤：《李學勤講演錄‧郭店楚簡儒家典籍的性質及年代》，頁 158。

34　李學勤：《李學勤講演錄‧郭店楚簡儒家典籍的性質及年代》，頁 160。

35　關於上博楚簡是指上海博物館於 1994 年 5 月起自香港古玩市場陸續購入約 1200 餘支的戰國楚竹書。上海博物館於 2000 年起陸續公開內容並出版九大冊圖書。

36　馬承源主編：《上海博物館藏戰國楚竹書（一）》（上海：上海古籍出版社，2001 年）。

〈孔子詩論〉、〈緇衣〉、〈性情論〉三篇最受學者關注，因內
容涉及孔子的《詩經》學、傳世本《禮記》，以及先秦儒家的性
情觀。現代學者對郭店楚簡中十篇儒家作品的研究，偏重仁義及
性情觀研究，對於上博簡則偏重由〈性情論〉談儒家的性情觀，
對儒家典籍文獻《詩經》、《尚書》、《禮記》、《孔子家語》
的探討，以〈子羔〉[37]談禪讓及五帝事蹟，由〈從政〉、〈季庚
子問于孔子〉[38]、〈孔子見季桓子〉[39]談儒家政治觀，以及〈仲
弓〉[40]、〈君子為禮〉、〈弟子問〉等孔門師生問答。

　　至於新議題方面，關注時代問題一直是儒學重要特色，當代
新儒家亦具有關懷時代的鮮明色彩，不僅對時代議題提出思考並
嘗試提出解決之道。從熊十力先生面對清末衰敗，追隨中山先生
革命以開新局；唐、牟、徐三子則面對抗戰及共黨勢力興起，提
倡以民主、科學精神解決時代困局。

　　受儒學影響的儒學文化圈，包括日本、韓國，或越南、印
尼、馬來西亞及新加坡，日、韓的儒學已成為過去式，僅少數學
者從保存歷史的立場從事研究；越南的儒學，除極少數學者從事
研究外，僅在華人社會的生活中發揮作用；馬來西亞及新加坡在

37　馬承源主編：《上海博物館藏戰國楚竹書（二）》（上海：上海古籍出
　　　版社，2002 年）。

38　〈季庚子問于孔子〉與〈君子為禮〉、〈弟子問〉均收錄於馬承源主
　　　編：《上海博物館藏戰國楚竹書（五）》（上海：上海古籍出版社，
　　　2005 年）。

39　馬承源主編：《上海博物館藏戰國楚竹書（六）》（上海：上海古籍出
　　　版社，2007 年）。

40　馬承源主編：《上海博物館藏戰國楚竹書（三）》（上海：上海古籍出
　　　版社，2003 年）。

官方部分未受到重視，除學界極小眾學者從事研究外，主要盛行
於民間，對社會倫理教化發揮影響。印尼則發展出孔教，將儒學
宗教化，融合印尼文化，建立嚴密的宗教體系，成為華人社會重
要的民間信仰，對印尼社會產生極大影響力。

　　大陸經過十年文革的衝擊，在經濟大幅起飛後，興起強烈的
國學熱、儒學熱，大陸官方在高校的機構設置或教研及出版提撥
許多經費推動儒學教育，大套大套的儒學叢書、諸多精品課程，
呈現一片儒學榮景。百家講堂的推波助瀾，也帶動社會興起儒學
熱潮。不僅在國內，自 2004 年至 2015 年 12 月 1 日，在全球
125 國（地區）設 500 所孔子學院，此外尚有 1000 個孔子課堂。
[41]雖然孔子學院近年來受到部分國家反制，但不容否認，隨著中
國大陸經濟實力擴張，文化的影響力亦自然提升，尤其是學華語
的人口明顯增加。

　　嚴格而言，真正的文化活力是在民間，各種書院講會，特別
是有許多輕人對儒學充滿熱誠，許多臺灣儒學學者在其中亦扮演
重要角色。這股國學熱、儒學熱現象是值得關注的。

　　至於臺灣的儒學研究，雖在戒嚴時期受到政治干預，近年來
受到本土化思維的衝擊，但許多儒學研究者仍能堅持學術中立，
繼續傳承儒家慧命，相較於大陸受到的政治限制，臺灣的儒學研
究是比較開放而多元的。在當代新儒家熊、唐、牟、徐諸位前輩
及承繼者的努力下，既能接續傳統儒學命脈，又能開出時代新
意，使儒學發展得以延續。此外，牟氏弟子王財貴自 1994 年致

41　參見孔子學院／國家漢辦網頁。URL=http://www.hanban.org/confuciousi
nstitutes/node_10961.htm。（2016 年 8 月 9 日瀏覽）

力推廣兒童讀經，是全球兒童讀經教育的開創及推廣者，又將兒童讀經在大陸、新加坡、馬來西亞、加拿大、美國等地推展，影響力甚大。

　　隨著兩岸、港臺儒學界的交流日益頻繁，臺灣的儒學研究扮演相當重要的角色。不容否認，臺灣的儒學研究呈現青黃不接的現象，相較大陸許多年輕人熱心投入經典研究，人才培養確實是當務之急。如何讓儒學被更多年輕人接受，是學界必須努力的方向。

　　對於未來，當繼續延續當代新儒學的使命，對歷代儒學及當代新儒學作更全面、更深入的研究，對儒學經典進行詮釋，或致力闡發儒學思想的現代義涵，或從儒學角度思考時代議題；同時結合民間儒學的資源，擴大研究團隊，讓臺灣在儒學研究有更豐富、更深入的成果，在儒學推廣上也有更大的拓展，使儒學在現代發揮更大作用，讓社會有更好的發展。

第壹篇　傳統儒學的現代啓示

第一章　儒家倫理與經濟發展

一、前言

　　商業模式對人們生活有著重大影響，留心時代問題的人，須時時關注國內及全球經濟的現狀與未來趨勢。面對經濟、金融問題，除了由經濟、金融的專業路數切入外，亦可由與經濟關聯的文化層面進行探討。陳志武認為經濟與文化有其關聯性，曾云：「文化，尤其是家庭和社會的文化在很大程度上，取決於一個社會的金融技術發展與否，或者說許多文化內容都是為了克服金融的不發展而產生並演變出來的。」[1]陳氏強調家庭、社會文化與民生模式有密切關聯。舉例言之，在農業經濟模式下，家庭、社會的型態、文化便與此種經濟模式相關；在工商經濟模式下，家庭、社會的模式與文化，自然異於農業社會。

---

[1]　陳志武：〈金融技術、經濟增長與文化〉，《經濟導刊》第 5 期，2005年，頁 46。

　　過去兩岸對於經濟與文化的關聯性探討，以中國大陸為盛，主要是討論儒家文化與經濟發展的關係，涉及議題包括儒家的倫理觀對中國大陸金融發展的影響[2]，與關於儒商形象的討論，以及儒家倫理觀與商業文化的關聯性等議題[3]。

　　大陸學者論述經濟與儒家倫理的關係，明顯分為中國哲學與經濟學兩種不同進路，因專業立場不同，思考結果亦有不同。站在中國哲學專業立論者，論及儒家倫理與經濟的關聯，經濟方面多採一般性說法，缺乏專業論述；從經濟向度立論者，對該議題的經濟專業論述較多，儒家倫理成為附庸，且多屬一般性認知。可喜的是雙方從各自的專業，對這個時代問題進行思考。既然雙方已提出各自專業主張，下一步需要做的，便是期待經濟學者能就中國哲學學者的論點，在經濟方面加以補充，而中國哲學研究者就經濟學者對於儒家的說法，提出補充與修正，使兩造對該議題作更周密地思考。

　　本章擬從中國哲學的角度，就經濟與儒家倫理關係的相關論著，包括經濟學者關於儒家倫理的論述，考察關於儒家倫理與經濟關聯性的論述能否能成立。本章探討的議題分為兩部分，一是極受學界關注的儒商精神，此議題的論文極多，將就經濟學者、哲學學者對該議題的說法加以釐析。另一部分則是就儒家的家庭倫理與工商社會的關係加以評析。此二議題均關聯儒家倫理，前

---

[2]　關於儒家的倫理觀對中國大陸金融發展的影響，南京大學郭廣銀、王亦清兩位教授，從哲學觀點寫成〈儒家倫理與經濟發展〉。郭廣銀、王亦清：〈儒家倫理與經濟發展〉，《南京社會科學》第 8 期，1999 年，頁 1-4。

[3]　關於儒商議題、儒家倫理與商業文化這部分，將於以下各段中論述。

者是論企業家本身的人格與作為，屬修身到外王的範圍；後者論及家庭倫理，尤其是三綱與孝道，一方面考察儒家的家庭倫理觀為何能盛行於傳統社會，而在現今工商社會，又當如何因應？

藉由審視儒商與儒家倫理諸多觀點，以分判真正屬於儒家特質的觀點，進而考察儒家思想與現今工商社會的關係，如實地指出儒家思想對現今社會的影響，以及思考儒家思想當以何種恰當的方式展現其時代性，皆為本章所關注的課題。

二、關於儒商精神與市場經濟的探討

考察中國大陸以儒商為研究議題的論文，其關注方向幾是以儒商作為現代企業家的理想標準。目前相關論著，幾將孔門高弟子貢列為儒商始祖[4]。但儒商一詞的使用及儒商精神的出現，卻是在明清時期。曹娜認為：「儒商和儒商精神的真正出現卻始于明清時代的『徽商』，當時稱為『儒賈』。」李勁宇亦認為：「明清時期儒商群體就是通過『易儒而賈』或『易賈而儒』的相互轉換而形成的[5]。」

---

[4] 李勁宇：〈論儒商精神及其現實意義〉，《中國世界經濟情況》，2007年 11 月，頁 88。鄭羅平、苗澤華：〈新儒商與現代企業管理的融合〉，《商業時代》第 6 期，2007 年，頁 111。尚有周柳燕教授論子貢云：「他是歷史上最早的一位儒商。」周柳燕：〈略論儒學對儒商經濟倫理的構建〉，《文史博覽》第 20 期，2005 年，頁 23。曹娜教授亦稱子貢為儒商的始祖。曹娜：〈儒商精神與市場經濟條件下企業家的理想人格〉，《蘭州學刊》第 6 期，2004 年，頁 95。

[5] 曹娜：〈儒商精神與市場經濟條件下企業家的理想人格〉，頁 95。李勁宇：〈論儒商精神及其現實意義〉，頁 88。

關於儒商的特質，眾家有不同論述方式。李勁宇指出：

> 學術界普遍認為，與一般商人相比，儒商有著自己獨特之處。儒商以德為商，嚴格遵守商業道德；堅持誠信為本，以質量誠信服務社會；謀取利有度，不謀取非法之利或暴利，實現義和利的統一；競爭有義，不以損人利己為目的；利澤長流，不做一捶子買賣；經營之要，在於寬厚圓融；精於核算[6]。

依李氏的說法，儒商即「以儒家思想理念為指導，從事商品生產經營活動」的商人[7]，與一般商人的差別在於，其人格及作為表現「儒」的德行，義利合一，異全於以營利為目的商人。

周柳燕〈略論儒學對儒商經濟倫理的構建〉一文，則於儒商諸多特質歸結出兩大特點，一是見利思義，一是誠信。

唐任伍於〈儒家文化對「儒商」管理倫理的塑造〉一文，於李氏所言義利合一的特質外，又加入「關懷意識」，即「博施於民，回報社會」。並舉香港被稱為儒商者如霍英東、李嘉誠、邵逸夫、曾憲梓為例，指出「個人生活上崇尚節儉，……把回報社會看成自己不可推卸的責任。他們熱心將個人財富用於光彩事業、賑災捐款、架橋修路、捐資興學、興建各類圖書館等公益事業。」[8]

6　李勁宇：〈論儒商精神及其現實意義〉，頁 88。

7　李勁宇：〈論儒商精神及其現實意義〉，頁 88。

8　唐任伍、盧少輝：〈儒家文化對「儒商」管理倫理的塑造〉，《經濟管理》第 11 期，2006 年，頁 25、26。

　　而鄭羅平、苗澤華於〈新儒商與現代企業管理的融合〉，改動儒商的名稱，提出「新儒商」的概念，指出新儒商不僅要有「誠信儉樸、樂善好施、熱心公益、關心教育、服務社會、造福人類」等傳統美德，還須具備「現代商業理論、知識、意識和思維」[9]，「用中華傳統美德，尤其是儒家思想為核心價值觀來規範自身商業和個人行為模式的企業家。」

　　崔華前〈論儒商的內質及其現代歸依〉亦主此說法，先論及儒商的內在特質，包括注重仁愛、講求誠信、自強不息、勇於創新、嚴於律己、克勤克儉、主張以義制利、貴和、重親情共九項。另外又提到應加入時代性，內容有三點：加強社會主義道德建設、完善社會主義市場經濟體制、促進中華民族振興。[10]

　　上述關於儒商的說法，其論點背後包含著強烈的民族意識。李勁宇言道：「儒商精神都會在海內外華商、儒商中，……引發起他們的故國情懷和道德歸屬感，從而產生在祖國大陸投資發展的願望和信心。」[11]唐任伍在前引文章中，以感性激昂的文字論道：

　　　　現代社會，儒家文化正面臨西方文化的挑戰。正是西方文
　　　　化的入侵，才刺激了具有古老歷史的儒家文化的重建與更
　　　　新。……作為受儒家文化薰陶成長起來的我國企業家，一

---

[9]　鄭羅平、苗澤華：〈新儒商與現代企業管理的融合〉，頁111。

[10]　崔華前：〈論儒商的內質及其現代歸依〉，《華北工學院學報（社科版）》第20卷第3期，2004年，頁7-9。

[11]　李勁宇：〈論儒商精神及其現實意義〉，《中國世界經濟情況》，2007年11月，頁90-91。

> 定要有強烈的憂患意識，要挺起胸，直起腰，……挖掘和
> 借鑑儒家文化資源，繼承並發展儒家經濟倫理的精神遺
> 產。[12]

而崔華前亦指出：「弘揚優秀儒商文化，促進中華民族振興。」[13]

除了從現代商人的特質論儒商外，尚有一論述方式是從儒家
理想人格的現代形象來立論。葛榮晉〈儒家思想和市場經濟發
展〉一文，提出儒商是儒家內聖外王的理想人格的現代轉化，是
「儒家思想在現代商品經濟中的載體」[14]。他認為：「現代儒商
既體現中國古代儒家優秀文化傳統和時代精神的結合，也體現了
西方的科學技術、企業管理技能和中國古代管理之道的統一。」
[15]進而指出現代儒商的條件是：「具有商人的善於運籌，精於操
作的精明；又具有學者淵博知識和哲學智慧，還具有社會活動家
的歷史使命和社會責任感。」[16]

陳志武對於諸多關於儒商的論述提出三點反省，一是認為目
前所談論儒商的特色並非儒商所特有，亦為西方商人所重視。曾

---

[12] 唐任伍、盧少輝：〈儒家文化對「儒商」管理倫理的塑造〉，《經濟管理》第 11 期，2006 年，頁 27。

[13] 崔華前：〈論儒商的內質及其現代歸依〉，《華北工學院學報（社科版）》第 20 卷第 3 期，2004 年，頁 9。

[14] 葛榮晉：〈儒家思想和市場經濟發展〉，《教學與研究》第 2 期，1996 年，頁 19。

[15] 葛榮晉：〈儒家思想和市場經濟發展〉，《教學與研究》第 2 期，1996 年，頁 19。

[16] 葛榮晉：〈儒家思想和市場經濟發展〉，《教學與研究》第 2 期，1996 年，頁 19。

云：

> 如果「儒商」文化是指講誠信，講仁，講義氣的話，不管
> 是華商、儒商，還是歐洲商人、美國商人，任何國家的商
> 人都會提倡，否則市場交易難以長期進行，這並不是儒商
> 特色的東西。這也是為什麼美國的商學院要教商業倫理等
> 課程的原因。

二是認為目前所強調的「以和為貴」及中庸思想，與現今強調的
創新觀念是相衝突的。陳氏云：「中庸……不是追求最好的，反
而是獎勵、激勵平庸；『以和為貴』是要你放棄對屬於自己的利
益和權益的追求。」[17]三是事事講關係，重面子，而不重法律。
彼言道：「由於輕視正式合約、法律的作用，儒商無法把一個成
功的企業委託給職業經理人。……如果沒有可靠的法治保障，企
業所有權和經營權是無法分離的。」[18]

　　陳氏的說法，可提供吾人對諸多肯定儒商的論點，展開新的
思考。在儒商特質方面，誠信是商業社會的根本價值，中西皆
然。至於仁義，許多西方企業家會進行公益捐款或公益贊助，甚
至有企業家身故後，將大筆遺產捐助公益，而非遺留子孫。如此
一來，誠信、仁義的特質並非儒商所特有，故對於儒商的特質有
必要再重新思考。

---

[17]　陳志武：〈儒商走不出去〉，《中國企業家》第 23 期，2006 年，頁
　　40。

[18]　陳志武：〈儒商走不出去〉，《中國企業家》第 23 期，2006 年，頁
　　40。

　　關於中庸及「以和為貴」的觀念，陳氏將之理解為鼓勵平庸，放棄個人權益。此說法看似誤解儒家中庸及貴和[19]思想，但深究後發現，其論點是就經驗層次立論，而非理論層次，基於部分企業人在中庸及貴和的實際表現，作出此論斷。依這個角度來看，確實如陳教授所言，在平庸及表面和諧的企業文化下，無法提倡創新的，因為創新需要的是傑出，能突破現狀。

　　至於陳志武所言，現今儒商重視人脈經營、面子，缺乏法治觀念，亦是從現實經驗歸納出來，並非儒家倫理所表現的樣貌。在重視人脈、面子的企業文化下，較不重視專業，亦不會依法治行事，對企業長遠發展是不利的。

　　陳志武更提出儒商走不出去的論點，曾云：「中國企業在走出去之前和之後，應該把儒家文化留在家裡，不僅不要想把儒商文化帶向世界，而且要接收並習慣基於法律的商業運作。」[20]對於陳教授的說法，有一點必須補充，如果儒商文化是陳教授所稱的負面習氣，自然應該留在家裡，甚至應加以改進；但如果是正面的儒商文化，則可光明帶向國際。至於重視商業法律，這點倒是需要強調，這是商業社會的基本道德與遊戲規則。

　　陳志武教授在一片歌頌儒商的聲浪中，唱出不同論調。其說法可分為消極義及積極義，消極義是指出現代儒商的三大弊端，力排眾議提出提出儒商走不出去的說法；積極義是建議中國企業應由重視儒家倫理，進而注重商業法律。若陳教授能再明確區分

---

[19]　儒家貴和思想最早見於《論語》〈學而篇〉：「有子曰：『禮之用，和為貴』」〔宋〕朱熹：《四書章句集註》（臺北：長安出版社，1991年），頁51。

[20]　陳志武：〈儒商走不出去〉，頁42。

中國企業的現實發展與儒家倫理的表現，即將經驗層與理論層加以區隔，則可免於讀者視為對儒家倫理的批評。

綜觀各家對儒商的論述，可分為兩種層面，一是理論層，一是經驗層。在理論層著重的是就儒家倫理提出可作為現今中國企業家參考的觀點，如誠信、見義思利、關懷意識、中庸等等。而經驗層則是就現實經驗中考察中國現代企業家的具體表現，此則包括受人敬重的企業家，如李嘉誠、邵逸夫等人；這個層面亦包括陳志武所批評儒商重視平庸及表面和諧的負面作為。

關於儒家倫理，透過陳志武上述的說法，可提醒論述儒商的理想特質，需思考那些是儒家思想的特質，而非僅是簡單列出各種德行，無法突顯儒家一貫的精神。關於此問題，建議可將孔子所說的「君子儒」作為儒商的核心特色。孔子將儒區分為「君子儒」與「小人儒」，[21]二者的分別在於，「小人儒」雖有儒者之名，然卻未臻於君子；而「君子儒」在修身、齊家、經世各方面，即使造次顛沛，皆以仁義為依歸。就被封為儒商始祖的子貢而言，孔子稱之為「瑚璉」之器，子貢亦自認能做到「富而無驕」，[22]但孔子的深意是期許子貢進一步成為君子儒，做到「君子不器」，實現「富而好禮」，期勉子貢即使遇到窮途末路，仍

21　《論語》〈雍也篇〉：「子謂子夏曰：『女為君子儒！無為小人儒！』」朱熹：《四書章句集註》，頁88。

22　《論語》〈公冶長篇〉：「子貢問曰：『賜也何如？』子曰：『女，器也。』曰：『何器也？』曰：『瑚璉也。』」《四書章句集註》，頁76。〈學而篇〉「子貢曰：『貧而無諂，富而無驕，何如？』子曰：『可也，未若貧而樂，富而好禮者也。』子貢曰：『詩云：「如切如磋，如琢如磨」，其斯之謂與？』子曰：『賜也，始可與言詩已矣，告諸往而知來者。』」朱熹：《四書章句集註》，頁52-53。

能堅持仁義之道。[23]如果只是專業能力超群，做到富而無驕，這還只是「小人儒」義下的儒商格局，而「君子儒」義下的儒商則是才德兼備，富而好禮的理想人格。

或許有人質疑，這樣的說法不免陳義過高？但個人認為，君子是儒家的理想人格，若要突顯儒商所包含的儒家精神，就應由此立論。以「君子儒」的意義解釋理想的儒商特質，不僅可使儒商更合於儒家精神，也更能因應陳志武現今關於儒商特質的論述沒有特色的批評。

另外，值得思考的問題是，關於企業家的論述，亦需重視法治層面。前所引諸家關於儒商的論述，除陳志武外，均未提及重視商業法律這個問題。綜觀陳氏的說法，明顯發現他極為強調以法治代替人治的觀點，重視守法觀念，而訴求企業主本身的道德要求。

就現實面向而言，可強化守法的精神，無須過度標舉儒商及儒商精神，因為過於強調此目標，反而容易出現「偽君子」，即陳志武所批評的負面習氣。對多數企業主而言，守法反倒是較明確，也較容易做到的目標。提倡守法精神的同時，首要之務是政府先制訂較完善的商業法律，進而企業主努力瞭解相關法律內

23　《史記》〈孔子世家〉記載：「……子路出，子貢入見。孔子曰：『賜，詩云「匪兕匪虎，率彼曠野」。吾道非邪？吾何為於此？』子貢曰：『夫子之道至大也，故天下莫能容夫子。夫子蓋少貶焉？』孔子曰：『賜，良農能稼而不能為穡，良工能巧而不能為順。君子能修其道，綱而紀之，統而理之，而不能為容。今爾不修爾道而求為容。賜，而志不遠矣！』」瀧川龜太郎：《史記會注考證》（臺北：洪氏出版社，1986年9月），卷47，總頁756-757。

容，並嚴格恪守，成為守法的企業主。

　　有朝一日，多數企業主能作到知法、守法，形成風氣；相信少數操守好、有理想企業主，會更努力朝君子儒的目標前進，逐漸形成道德風氣，整個商業活動也更能向上提升。個人以為，用這樣的進路談儒商議題，方有積極的意義，否則易流於形式口號或淪為民族主義的附庸，無法實現其積極價值。

三、家庭倫理與經濟發展

　　關於儒家倫理為何成為中國歷代思想的主流，除了從政治層面論定與帝王基於統治需要而提倡，或從社會層面認為與士大夫及布衣儒者的倡導，或整個社會的重視有關外，亦可從經濟層面加以思考。

　　楊明認為，儒家倫理所以能在中國社會代代相傳具有重要影響，主要便是儒家倫理應合了農業文明的需要。至於儒家極重視的家庭倫理，尤其是孝道觀念，家庭是社會最基本單位，既是親情凝聚之所，亦是基本的經濟體。曾云：

> 中國傳統社會農業文明是以家庭小農業和手工業的自然經濟方式存在的，家庭是經濟生活的基本單位，因而如何維護與促進家庭的穩定和繁榮，則構成了經濟生活所需要解決的第四層問題。[24]

24　楊明：〈儒家倫理與經濟發展〉，《中國哲學史》第 4 期，1996 年，頁 12。

此說法是從經濟層面解釋儒家重家庭倫理，促使家庭富足與安定，對歷代經濟發展有著重大影響。

　　陳志武曾描述農業社會以大家庭、宗族為範圍的金融活動，曾云：

> 農業社會裡的商業，特別是金融保險、借貸、證券業都不發達，……沒有市場提供的互保、互助金融品種，所以家族、宗族就成為主要的經濟互助體和社會共同體，在家庭、家族內部成員間，以及長、晚輩之間實現互通有無，互相幫助等隱性經濟交易，家族像是一個非正式的內部金融市場。[25]

　　既然大家庭是社會經濟的基本單位，家庭的和諧安康是社會安定的基石。而儒家重視家庭倫理，提倡孝道價值，故為歷代社會主流思潮。而許多學者談到儒家的家庭倫理，主要是從兩方面來探討，一是三綱觀念，[26]即父為子綱與夫為妻綱；二是重孝思想。

　　關於三綱及孝道的思考，必須留意是否仍未脫離五四新文化運動批判儒家倫理的思維模式。五四時期對孝道的批判內容，蕭群忠歸結出三點，一是孝是封建專制的精神基礎；二是孝是吃人禮教，剝奪子輩的自由與獨立人格；三批評孝道、孝行的殘酷、

---

[25]　陳志武：〈孝道文化與中國金融業的興起〉，《金融博覽》第 5 期，2007 年，頁 30。

[26]　此處需註明，諸家多使「三綱」的概念，但嚴格而言，與家庭相關的是父子與夫婦二綱，本章採用常用用法，但內容實是指父子與夫婦二綱。

保守與虛偽。[27]郁有學亦指出，這個時期亦連帶批判傳統禮教的核心—三綱之說。[28]

　　在關於現今反省孝道的專論，仍可鮮明見出五四思考模式的影子。如陳志武不僅將儒家的孝道與三綱緊密聯結，認為三綱思想具有威權性，且進一步指出這樣的關係是建立在經濟報酬的基礎上。曾云：

> 子必須服從於父，婦必須服從於夫，弟必須服從於兄。這些服從關係是無條件的，也不管有理還是無理。……這個孔家店只有一個目的：保證父母、兄長，以及其他長者的投資有回報。[29]

陳氏並非從親情層面定位傳統的家庭制度，而是基於經濟需求而建立權利與義務關係。

　　對於五四時期對家庭制度的批判，以及像陳氏這樣基於五四

27　蕭群忠：〈傳統孝道的現代際遇與價值〉，《尋根》第 4 期，2006年，頁 16-17。郁有學亦歸結出三大要點：批判家族本位主義、批判吃人的禮教、批判忠孝合一，所論與蕭教授大體相同，不同的是第三項。郁有學：〈近代中國知識分子對傳統孝道的批判與重建〉，《東岳論叢》第 2 期，1996 年，頁 77-78。李桂梅亦歸結出三點：揭露封建孝道的本質、分析孝道的危害性、抨擊封建孝道的虛偽，其論點與二位先生大致相同。李桂梅、劉彩玲：〈試論五四時期思想家對封建孝道的批判〉，《倫理學研究》第 5 期，2004 年 9 月，頁 30-32。

28　郁有學：〈近代中國知識分子對傳統孝道的批判與重建〉，頁 79。

29　陳志武：〈對儒家文化的金融學反思〉，《制度經濟學研究》，2007年 2 月，頁 6。

觀念而提出的家庭觀，依徐復觀先生來看，是不表贊同的。他認為雖然以家族中心的觀念需要轉變，但一味否認家族制在歷史發展的重要性，並不公允。徐氏云：

> 我們中國文化，是以家族為骨幹而展開的，我們的歷史，是以家族為原動力而延續，……家族制度在現實生活中，經過三千年之久，其中必會積累有許多由現實生活而來的沉澱，須加以洗滌。同時，當進入到近代的時候，人的社會關係，不能再和過去一樣以家族為中心。……但五四運動前後卻不僅完全否定了家的積極意義，並且有些人視家的本身為罪惡的淵藪，這是應當的嗎？[30]

徐氏的說法提醒我們，不可一味從家庭制的負面經驗立論，而應更全面正視家庭制度的意義。

兩岸在現代化過程，各自走各自的路，但皆因著經濟發展型態的改變，由過去以農業為主的社會，到現今以工商為主，重視資本主義的社會，對家庭組織產生極大的衝擊。楊威指出：

> 近代社會隨著隨著資本主義運行機制在中國的引入和發展，以及工商業化程度的提高，自給自足的自然經濟開始土崩瓦解。與此相應，人們的經濟生活不再完全依賴於傳統意義上的大家庭，這就使得封建家長逐漸失去了對家庭

---

[30] 徐復觀：〈文化上的家與國〉，《徐復觀文存》（臺北：臺灣學生書局，1991 年），頁 69。

　　成員的經濟控制權。……近代社會傳統的大家庭漸次析
　　居，分裂為眾多的小家庭。……大工業化的生產方式打破
　　了中國傳統的家庭手工作坊式的生產方式，……西方國家
　　的生活習俗、信仰，也伴隨著新的生活方式，傳入中國。[31]

　　即此可見，傳統以大家庭作為生產單位所形成自給自足的經濟體型態，現今多已轉型成小家庭的經濟體模式。隨著大家庭轉型為小家庭模式，亦影響家庭成員的關係。過去整個大家庭為生存共同體，形成龐大的長幼尊卑的關係結構；而小家庭雖亦有長幼關係，但關係單純許多。此外，西方思想的衝擊，亦對家庭產生影響。

　　除了家庭形式及西方觀念的影響外，現今兩岸社會確實出現許多負面的家庭問題，但目前最迫切的問題便是兩岸皆面臨高齡化及少子化的問題。何愛國依據社會案件，指出大陸出現的五類負面的老人問題：溫飽不保、飽受暴力、驅逐遺棄、物質滿足精神不滿足、生前受苦死後風光。[32]但高齡化問題，在兩岸均會日益嚴重；而臺灣社會存在少子化問題，近年來更出現人口負成長，家庭中年輕成員的家庭負擔將愈來愈重。

　　透過上述說明，明顯見出兩岸的家庭制度與經濟發展有著密切關聯。面對現今及未來出現的高齡化、少子化的家庭問題，學者們從不同角度提出因應之道，雖然說法不同，但大致可歸出兩

31　楊威：〈傳統家庭倫理的近代轉型及其動因〉，《理論探討》第 6 期，
　　2005 年，頁 56。

32　何愛國：〈「新孝道」是否可能〉，《中國社會導刊》第 4 期，2007
　　年，頁 16。

大類，一類是提倡孝道，強調正視親情的重要；一類是透過社會
互助，強調社會保險的重要。

　　強調重孝道、親情的主張，如何尚文認為：「在人口老齡化
高潮到來之際，加強孝道的教育，提倡社會主義的道德責任和道
德義務，顯得更加迫切。」[33]蕭群忠亦認為：「加強孝道教育，
能促使兒女履行自己養敬父母的責任，從而好好地解決中國老齡
社會的養老問題。」[34]葛榮晉亦主張：「既然親情在人的情感世
界和社會生活中如此重要，面對親情的大量失落，現代人不能不
強烈地呼喚親情，把失落的親情再尋找回來。」[35]

　　至於強調從制度面，透過社會互助方式來因應者，赫然認為
政府的角色有四：一是規畫老年事業與經濟、社會的協調發展，
二是各級政府主導老齡工作機構的建設，三是做好老年人權益保
障工作，四是興辦老年服務設施建設。[36]陳志武更主張強化金融
市場的功能，他認為：「金融市場的發展，又將經濟互助交易功
能從家庭剝離而出，使個人從家庭的經濟制約中得以解放。」[37]
並主張強化法治功能，陳氏云：

---

[33] 何尚文：〈中國傳統孝道與現代家庭倫理關係〉，《福建師大福清分校
　　學報》1997 年第 1 期，頁 43。

[34] 蕭群忠：〈傳統孝道的現代際遇與價值〉，頁 21。

[35] 葛榮晉：〈孔子的孝道與構建和諧家庭〉，《東方論壇》第 5 期，2006
　　年，頁 19。

[36] 赫然：〈政府應對人口老齡化問題的制度構想〉，《行政與法》，2007
　　年 11 期，頁 19。

[37] 陳志武：〈對儒家文化的金融學反思〉，《制度經濟學研究》，頁
　　14。

> 正在轉型的中國，沒有別的選擇，就是要靠冷冰冰的，不
> 認人情的法治，重建社會秩序和商業信任架構，而不是一
> 廂情願地重回儒家秩序……從儒家人情文化到法治文化，
> 從強制性的三綱五常社會秩序到自願選擇的契約化社會秩
> 序的轉型。[38]

　　關於這二派說法，各有其必要性，一方面由國家提供必要的
經濟及法治、服務保障，一方面由家庭提供更重要的親情及國家
保障不足的部分，藉由兩方面相互配合，使得老年化、少子化的
社會仍能和諧發展。

　　就臺灣社會而言，自 1992 年提出國民年金制，到 2007 年 7
月完成立法，並預計於 2008 年 10 月開始實施，此作法便是以政
府來推動的保險制度。[39]2017 年政府就年金制度進行大幅改革。
另外，全民健保，以及勞退基金等都是相關的因應機制，近於西
方國家推行多年的社會福利制度。

　　因此，個人相當贊同陳志武主張將家庭定位在純粹培養親
情，而經濟部分，則仰賴合理的經濟、金融制度，透過保險、投
資提供家庭可靠的財源。但這樣的理想，必需靠充分的民主與高
度的教育水平方能實現，做到選賢與能，對政府的政策，有多數
學有專精且具道德感的專業人士負責把關監督各項法規與執行，

---

[38]　陳志武：〈一個中國縣城的商業化進程〉，《中國企業家》33 期，
　　　2007 年，頁 163。

[39]　此論題可參見劉維鈞、石振國：〈國民年金方案的比較研究——政策論
　　　證的分析途徑〉，《中華行政學報》第 4 期，2007 年 6 月，頁 81-
　　　101。

多數人民也具有相當的水平來瞭解各項規定，如此方能真正落
實。但以目前臺灣的狀況來看，雖然人民整體水平較過去有所提
升，但仍應繼續加強，同時政府官員、立法委員、學者專家等更
應做好自我要求，方能實現公平而正義的社會。

　　至於家庭方面，重新提倡家庭倫理，重視親情是極重要的。
唐君毅曾將諸多關於家庭的論述區分為三個類型：家庭成立之經
濟決定論、家庭目的純在本能之滿足論、家庭之暫時存在論，但
唐氏所主張的家庭重建大異此三說，而是提出三點不同思考：一
是家庭為永恆的存在，二是家庭是為了完成人的道德生活，三是
經濟生活的變化，對人的道德意識，並無絕對的決定力量。[40]

　　林安梧亦指出，現今論孝道，可脫離專制皇權的制約，回到
人際的真實互動。曾云：

> 「孝道」就不局限在「血緣性的縱貫軸」來思考，而可以
> 是「人際性互動軸」精神資源的原生處、陶養處。因此，
> 當今的「孝道」已不在原來的「皇權」下，受到不合理的
> 制約，而是面向「公民社會」、「民主憲政」的新局面。[41]

　　人民監督政府做好相關經濟、金融事務，提供人民安定的物
質保障，家庭回歸最根本的親情互動，如此「個人─家庭─國
家」形成良善的循環。

---

[40]　唐君毅：《文化意識與道德理性》（臺北：臺灣學生書局，2003 年
　　　《唐君毅全集》卷 20），頁 66。

[41]　林安梧：〈「父」與「權」：中國文化傳統中「孝道」與「皇權」的糾
　　　結〉，《孝感學院學報》第 26 卷第 1 期，2006 年 1 月，頁 11。

四、結論

在前輩先生及現今諸多學者的努力，儒學在學術界仍具有重要分量，隨著中國勢力的崛起，華文及中華文化，亦隨著經濟實力，席捲全球。相較上一世紀 50、60 年代國家及文化面臨的窘境，前輩大師努力地在晦暗的政局中，從儒家文化找到稀微的希望，一方面深入找出中國的問題在於缺乏民主、科學，一方面嘗試對傳統文化進行深入反省。而 21 世紀的現代，所面臨的則是在全球視為新霸權的中國，如何在全球的關注及防備下，在一片經濟榮景中，正視繁榮背後的真相，如民主發展緩慢，以及重人情、輕法治的觀念，社會價值觀、城鄉差距、民族議題、高齡社會、少子社會的現象等等，這些重要問題，均需加以正視。

儒學的角色是在發掘時代問題，並思考解決對策，大陸關於儒商及家庭倫理的討論，雖不乏精闢見解，但多未能直接點出真正的問題出在缺乏民主與欠缺法治，非常可惜。對兩岸而言，社會的進步，雖需多方面配合，但主要仍是靠執政者的具體施政，雖然對執政者來說，有多方複雜的現實問題必須考量，但重大民生政策，仍須完善的規畫。對多數百姓而言，除了仰賴執政者規畫良善的政策，亦可透過教育、文化的推展，開啟民智，提升人民的民主、法治及各種專業素養，形成由下到上，一股積極有效的改革推力。

不容否認，經濟問題對兩岸社會有著極大影響，包括人民生計、社會風氣等等。執政者當致力發展建全經濟，人民當努力充實相關經濟知識，避免因無知，造成個人或群體的損失，同時亦扮演政府理性的監督者。儒家思想在這個問題上，一方面只能充

作執政者良心之鏡，提醒他們做到勤政愛民，另方面儒家的仁義思想可作為經濟制度的重要價值，例如考量公平、正義的原則等等，足見儒學對現今社會議題仍深具啟發性。

第二章　先秦儒學與老年學

一、前言

　　就現今世界而言，老年議題是必須面對的時代課題。關於老年化問題，孫得雄指出：「人口老化是現代社會特徵之一，也是人口增加型態轉變的必然結果。」[1]以聯合國所訂下 65 歲以上為老年人口來看，據內政部統計處對 2014 年 6 月底臺灣人口結構分析顯示，65 歲以上者 274 萬 8,989 人占 11.75%，扶老比 15.9%，續呈平穩上升趨勢。至於衡量人口老化程度之老化指數則為老化指數為 83.14%，較上年同期增加 5.03 個百分點，呈現緩慢上升趨勢。[2]

　　據內政部統計，2013 年底的老化指數是 80.51%，雖較全世界之 30.77% 及開發中國家之 20.69% 為高，但遠較已開發國家之 106.25% 低。相較主要國家，遠較日本 192.31%、德國 161.54%、加拿大 93.75%、法國 89.47%、英國 88.89%為低；但

---

[1]　孫得雄：〈一起面對高齡化的臺灣〉，《健康世界》第 431 期，2011 年 11 月，頁 30-33。

[2]　參見 2014 年第 30 週內政統計通報，「103 年 6 月底人口結構分析」，內政統計處網頁 URL=http://www.moi.gov.tw/stat/news_content.aspx?sn= 8057。（2014 年 7 月 26 日瀏覽）

比澳洲及美國 73.68%、紐西蘭 70.00%、南韓 68.75%、新加坡
62.50%、中國大陸 56.25%、馬來西亞 19.23%、菲律賓 12.12%
為高。[3]可見高齡化問題不僅是臺灣迫切面臨的問題，亦為世界
各國必須正視的重要課題。

　　探討老年化議題需留意老年族群的狀況千差萬別，不可籠統
談論。依內政部的認定，將 65 歲以上者稱為老年人，但老年族
群的實際狀況有所不同。依身心健康狀況來看，以身心健全的老
年族群來說，有些尚在工作崗位，領取薪俸者；亦有退休後，請
領退休金、年金，或由子女經濟支援，而安享老年生活者；也有
經濟困乏，無依無靠者。就身心有病痛的老年族群，有些雖有部
分病痛，然仍能自主生活者；亦有身心有嚴重病症需特殊照顧
者，此類亦有獨居或與家人同居者等差異。

　　此外，探討老年議題，亦須參考政府機構的相關數據統計，
以及不同學術領域的研究成果，如醫學、心理學、社會學、經濟
學等，以瞭解老年化議題有那些實際現象及問題。老年議題可從
社會、家庭及個人不同面向來看。就社會面而言，不僅涉及龐大
的老年族群，包括身心照顧、經濟需求、經濟消費、社會貢獻
等。同時亦影響青壯族群，如，青壯年提供健康照顧及經濟資助
等；就家庭面而言，包括由年長者代為照顧幼小子女、家中老年
人的身心照顧等；就個人面而言，老年人如何面對自己的生活，
而青壯年又如何安排自己未來的老年生涯等。

　　因此，欲深入探討老年議題，必須留意上述問題，方能相應

---

[3]　參見 2014 年第 3 週內政統計通報，「102 年底人口結構分析」，內政統
　　計處網頁　URL=http://www.moi.gov.tw/stat/news_content.aspx?sn=8057。
　　（2014 年 1 月 18 日瀏覽）

而深刻的探討。學界針對老年議題發展出老年學（Gerontology），雖然老年議題的討論在東西方極早便出現，但成為一門專業學問則是晚至 20 世紀，[4]「老年社會學」（Sociology of Aging）一詞最早是由美國 E.J. 斯蒂格利茨所提出，並有幾部影響現今老年學研究的要著問世。[5]

關於老年學的定義，《老年學理論與實踐》一書指出：「老年學是對人們衰老的研究，這包括從各學科和實際工作領域對衰老過程，從生理、心理和社會方面進行研究。」[6]更具體來說，

---

[4] 袁緝輝指出：「特別是 20 世紀 30 年代，資本主義世界特大的經濟危機之後，老年人失去工作，而儲蓄又消耗殆盡，生活陷於貧困。老齡化過程和老年人諸多問題，引起了學術界對老年問題的關注，促進了老年學各學科的創建和發展，第二次世界大戰之後，老年學的內容和結構也隨之發生了顯著的變化。在英、法、丹麥和美國出現了一個新興的研究領域稱為『社會老年學』（Social Gerontology），它包括了老年社會學、老年經濟學、老年人口學和老年政治學等方面，形成一個綜合研究的系統。」袁緝輝：《當代老年社會學》（上海：復旦大學出版社，1989年），頁 8。

[5] 袁緝輝指出：「美國是世界上開展老年社會學研究較早的國家之一。『老年社會學』（Sociology of Aging）這一術語，是 1943 年首先由美國 E.J. 斯蒂格利茨所使用。與此同時，美國社會姆適研究委員會主席伯吉斯等，在羅斯福總統於 1935 年制定的社會安全法案影響下，首創了以社會學家為主的『老年研究會』，被稱為『第一次對老年的社會學方面進行描述所作的有組織的嘗試』。美國奧托·波拉克所著的《老年的社會調整》（1948 年）是在老齡問題上的第一部社會學著作。另一項老年社會學成就，是 1961 年由羅斯和彼德森主編的《老年人和他們的社會領域》一書，它是美國中西部社會學會一系列會議的產物。」袁緝輝：《當代老年社會學》，頁 8-9。

[6] 梅陳玉嬋等：《老年學理論與實踐》（北京：社會科學文獻出版社，2004 年），頁 1。

老年學的研究範圍及特色，可由以下描述加以說明。

> 老年學以人類個體老齡化和人口老齡化為研究對象，這是
> 一個沒有其他科學研究的領域，使老年學能夠成為一門獨
> 特或獨立的科學；另一方面，由於既要研究個體又要研究
> 群體，就不能不涉及人類的生活方式、行為方式和社會制
> 度等，這就決定了老年學必須運用人類一切科學的理論方
> 法來研究，以獲取新的規律知識，所以老年學必然是一門
> 多學科共同研究同一個問題的學科，具有交叉學科的性
> 質。[7]

　　儒學是一門具極強時代性的學問，現今談儒學亦不宜忽略老
年議題。選定先秦儒學與老年學為題，便是嘗試探討儒學對該議
題可能帶出的省思。

　　目前學界以儒家觀點討論老年議題的研究論文不少，但主要
切入向度有幾方面：一是從孝道談起，強調恢復孝道精神；[8]二

---

[7]　鄒滄萍、姜向群主編：《老年學概論》（北京：中國人民大學出版社，
　　2011 年），頁 26。

[8]　這部分以大陸方面的研究較多。與此議題有關之期刊論文不少，如，楊
　　勇剛：〈儒家孝道觀與老齡社會〉，《河北大學學報（哲學社會科學
　　版）》2012 年 3 期，頁 94-99。徐照偉：〈淺析《論語》中的『孝』思
　　想及其當代意義〉，《山東省農業管理幹部學院學報》2011 年 1 期，
　　頁 138-139。陳運春：〈傳統儒家孝道與當代老齡化社會問題研究〉，
　　《佳木斯大學社會科學學報》2010 年 5 期，頁 16-18。楊衛軍：〈儒家
　　孝道與中國老齡化問題〉，《船山學刊》2010 年 3 期，頁 204-206。曹
　　立前：〈中國傳統文化中的孝與養老思想探究〉，《山東師範大學學報

是重視儒家所提出的養老思想，透過國家機制照顧社會上的老者。[9]這兩方面都有一個共通點，即從群體的角度，由家庭、家族或社會談老年照顧。然尚有一問題值得留意，即個人該如何面對自己的老年生涯。先秦儒家對此問題是有所關注的，而這些觀點值得列入現今老年議題的探討。

　　探討老年學必須留意現有的理論，西方學界提出數派老年學理論，因內容繁多，故文中將簡略介紹，以掌握整體發展。鑑於

（人文社會科學版）》2008 年 5 期，頁 88-91。張踐：〈儒家孝道觀的形成與演變〉，《中國哲學史》2000 年 3 期，頁 74-79。丁原明：〈儒家『孝』文化的現代詮釋〉，《山東大學學報（社會科學版）》2000 年 3 期，頁 7-11。董江愛：〈論儒家孝道思想的現代價值〉，《山西高等學校（社會科學學報）》1999 年 2 期，頁 36-37。

9　這部分臺灣與大陸學者均有所關注，相關期刊論文，如，胡發貴：〈儒家的養老與敬老思想〉，《江蘇大學學報（社會科學版）》2013 年 2 期，頁 14-17。謝楠：〈生命來源觀：中國家庭養老內在機制新探討〉，《中州學刊》2011 年 1 期，頁 125-129。陳金鋒：〈孟子的『養老』觀〉，《齊齊哈爾師範高等專科學校學報》2010 年 6 期，頁 80-82。潘劍鋒、劉峰：〈論先秦時期我國養老敬老體系的初步成型〉，《求索》2010 年 5 期，頁 232-235。趙雪波：〈『養老』、『教養』、儒家『教化』〉，《福建論壇（人文社會科學版）》2010 年 4 期，頁 42-47。胡薳若：〈我國固有的敬老養老思想〉，《實踐博雅學報》第 13 期，2010 年 1 月，頁 119-146。楊三東：〈建立以家庭為重心的養老制度〉，《中山學報》第 13 期，1992 年 5 月，頁 183-200。陳寬政：〈建立一個以家庭為重心的養老制度〉，《今日財經》第 291 期，1986 年 2 月，頁 18-19。黎聖倫：〈我國歷代敬老養老制度〉，《中山學術文化集刊》第 2 期，1968 年 11 月，頁 347-363。梁堅：〈中國古代的養老制度〉，《臺灣省立博物館科學年刊》第 6 期，1963 年 11 月，頁 114-118。楊續蓀：〈古代敬老養老的制度〉，《中國世紀》第 64 期，1963 年 2 月，頁 5-6。

西方老年學理論雖有所見亦有其限制，而以儒學談老年學多侷限在孝道及養老思想的闡發，故嘗試進行對話，一方面見出現今老年學理論的特色及限制，另方面嘗試以儒家觀點建構一套儒家的老年學理論，期能為老年學理論提出補充觀點，亦能見出先秦儒學對老年議題的因應及貢獻。

二、現今西方老年學理論回顧

宏觀西方老年學理論，學者指出：「從目前來看，現有的老年學的主要理論和觀點更多的是從社會學或心理學的某一個角度或者方面闡述個體老齡化進程的，尚未形成一個完整的老年學理論體系。」[10]

顧東輝據《老化與社會》指出老年社會學有五類重要理論：結構功能主義、衝突論、社會交換理論、脫離理論[11]（disengagement theory）、活動理論，[12]並就各理論分別解釋。

關於結構功能主義（structure functionalism）主張，顧東輝言道：「把整個社會視為一個有機組織體，該組織要透過不同架構間的相互依賴來維持平衡，……功能主義者強調社會秩序與穩

---

[10] 鄔滄萍、姜向群主編：《老年學概論》，頁30。

[11] 顧東輝將 disengagement theory 譯為撤離理論，葉肅科亦採此譯法，葉肅科：〈社會老年學理論與福利政策應用〉，《東吳社會學報》第 9 期，2000 年 5 月，頁 77-122。鄔滄萍、姜向群則譯為脫離理論，然因 disengagement 多譯為脫離，故採此譯法。

[12] 顧東輝：《社會工作概論》（上海：復旦大學出版社，2008 年），頁 254。

定，認為社會需要重於個人需求。」「老人在社會體系中也有其價值。老年人累積長期經驗，將文化傳到下一代。老年社會不是隔離孤立的，老年問題可能不在老人本身而在社會結構。」[13]

顧東輝認為德國社會學家達倫多夫（Dahrendorf）的衝突論（conflict theory）主張：「人類社會基本上是一種不均衡權力分配的組合團體，……只有如此，團體成員才會順從與實行團體的行為模式，符合團體規則的要求。」因此，從衝突理論看，「老年問題之發生是因為在年齡階層裡，老年團體被分配的權力或資源不多也不均。他們屬於弱勢團體，為求生存，他們必須與非老年團體抗衡以改變地位和爭取權益與福利。」[14]

霍曼斯（Homans）社會交換論（social exchange theory），顧東輝指出：「該理論相信，社會互動是人與人在交換過程中對利潤和成本、取與給的計算，人們盡量尋求最大酬賞，同時避免得到懲罰。」[15]根據交換理論，「老年問題產生源於他們缺乏交換價值，沒有資源給予社會從而無法獲取社會的尊崇。」[16]

至於昆銘（Cumming）和亨利（Henry）1961 年《年事日增》（*Growing Old*）提出的脫離理論（disengagement theory），顧東輝指出：「他們認為，老年人有脫離社會的傾向，社會現有制度亦會讓老年人自動從社會中脫離出來。」[17]「脫離理論強調，當老人從社會逐步退出時，社會亦有意無意排擠他們參與社會事務。

---

[13]　顧東輝：《社會工作概論》，頁 254。
[14]　顧東輝：《社會工作概論》，頁 255。
[15]　顧東輝：《社會工作概論》，頁 255。
[16]　顧東輝：《社會工作概論》，頁 256。
[17]　顧東輝：《社會工作概論》，頁 256。

如：退休制度半強迫半期待地等老年人從崗位上撤退以利年輕人遞補，這是一種雙向撤離。」[18]

　　羅伯特・哈維格斯特（R.J. Havighurst）、阿爾布雷希特（R. Albrecht）合撰的巨著《老年人》（*Old People*）提出活動理論（activity theory），顧東輝指出該理論強調：「社會互動對每個人都有同等價值，正常的老化過程不能脫離社交活動。」「老年人要在精神和心理上與社會保持接觸，要有活躍的社交生活，才能獲得幸福晚年和維持開朗心境。」[19]

　　鄔滄萍、姜向群又補充另外四類理論：連續性理論、老年次文化群理論[20]、年齡分層理論、交換理論[21]、角色理論。

　　關於連續性理論，鄔滄萍等認為：「連續性理論是對活動理論和脫離理論的挑戰，其重點在於解釋老年人晚年生活的差異性。」「人們中年期的生活方式會延續到老年期。……中年期開朗活躍者在進入老年期以後也會積極投入社會活動；中年期沉穩內向者在老年期一般不會熱衷參與社會活動。」「連續性理論是以對個性的研究為基礎的。」[22]

　　至於羅斯（Rose）提出老年次文化群理論年齡分層理論，鄔

18　顧東輝：《社會工作概論》，頁256。
19　顧東輝：《社會工作概論》，頁257。
20　《老年學概論》一書採用的是「老年亞文化理論」，葉肅科譯為「次文化理論」，葉肅科：〈社會老年學理論與福利政策應用〉，《東吳社會學報》第9期，2000年5月，頁77-122。文章採葉肅科的譯法。
21　鄔滄萍、姜向群譯為「相互作用理論」，葉肅科譯為「交換理論」，葉肅科：〈社會老年學理論與福利政策應用〉，《東吳社會學報》第9期，2000年5月，頁77-122。此譯法簡單明瞭，故採此譯法。
22　鄔滄萍、姜向群主編：《老年學概論》，頁32。

滄萍等指出：「該理論旨在揭示老年群體的共同特徵，而老年亞文化群是老年人重新融入社會的最好方式。」「按照羅斯的觀點，只要同一領域成員之間的交往超出和其他領域成員的交往，就會形成一個亞文化群。老年人口群體正是符合這個特徵的一種亞文化群體。」「老年人通過在亞文化群中的成員身份來保持自我觀念和社會身份；無論是老年人還是其他人，其行為不能用一些綜合的社會標準或規範來衡量，只有在群體成員期望背景下的行為才是得到認同的。」[23]

至於 M.W. 萊利（Riley）和 A. 福納（Foner）提出年齡分層理論，鄔滄萍等指出：「該理論以社會學創立的角色、地位、規範和社會化概念為基礎，分析了年齡群體的地位以及年齡在一個特定社會背景下的含義，形成一個理解老年人社會地位的框架和包括整個人生的老齡化概念。」「認為年齡不是一種個人特徵，而是一個帶有普遍性的標準，是現代社會各方面的一個動態成分。」「認為同批人通過一個年齡層就被看作是進入到一個被期望並得到回報的逐級年齡系統。該理論承認一個階層的成員和另一個階層的成員不僅在生命周期上是不一樣的，在所經歷史時期上也是不同的。」[24]

至於交換理論，鄔滄萍等認為：「主要探討環境、個體及其相互作用對老齡化的影響。該理論包括象徵性相互作用理論、標誌理論和社會損害理論等部分。」象徵性相互作用理論認為：「在老齡化的過程中，環境、個體以及個體與環境結合等因素的

---

[23] 鄔滄萍、姜向群主編：《老年學概論》，頁 34。
[24] 鄔滄萍、姜向群主編：《老年學概論》，頁 34-35。

相互作用具有重要意義。」從象徵性相互作用理論衍生出來的標誌理論認為：「人們在與社會環境裡的他人進行交往的過程中形成自我觀念。……我們是根據他人如何評判自己來看待自己與他人的交往的。」[25]社會損害理論和社會重建理論「都是從標誌理論派生而來的。社會損害綜合徵是指已有心理問題的個人所產生的消極反饋。……社會重建理論認為，通過向老年人提供機會，讓他們生活在不受社會總價值觀念影響和結構適當的環境中，增加其自信心和獨立意識，可以干預這個惡性循環，中斷進行性的損害。」[26]

對於角色理論，鄔滄萍等認為：「角色是個人與社會相互接納的一種形式。社會通過角色賦予個人相應的權利、義務、責任和社會期望。這些角色給一個人確定和描繪了一種社會屬性。」[27]「這些角色通常連續性地排列著，每個角色都和一定的年齡或生命階段相聯系。在大多數社會中，日曆年齡被用來當作進入各種位置的資格，用來評估不同角色的適應性以及不同社會環境下人們的期望。」[28]「人適應衰老的成功與否取決於這個人接受晚年角色變化的成功程度。老年人的角色變化與中年人不同，它不是角色的變換或連續，而是一種不可逆轉的角色喪失或中斷。因此，老年人不僅需要適應與老年相關的新角色，同時他們必須學會適應角色的喪失。」[29]角色理論認為「從社會學角度來說，老

---

[25]　鄔滄萍、姜向群主編：《老年學概論》，頁 36。

[26]　鄔滄萍、姜向群主編：《老年學概論》，頁 37。

[27]　鄔滄萍、姜向群主編：《老年學概論》，頁 37。

[28]　鄔滄萍、姜向群主編：《老年學概論》，頁 37。

[29]　鄔滄萍、姜向群主編：《老年學概論》，頁 37-38。

年人適應衰老的途徑之一是正確認識角色變換的客觀必然性；二是積極參與社會，尋求新的次一級角色。」[30]

綜觀結構功能主義、衝突論、社會交換理論、脫離理論、活動理論、連續性理論、老年次文化群理論、年齡分層理論、相互作用理論、角色理論這九類理論。脫離理論、活動理論、連續性理論、交換理論、角色可歸為一大類，專門針對老年世代探討其特性及生活方式；年齡分層理論、結構功能主義、衝突論、社會交換理論、老年次文化群理論則是從社會結構面，探討老年世代與非老年世代間的區隔及彼此間的關聯性。

考察這兩大類理論，各類中各家說法皆有現實經驗作為依據，然彼此卻存在殊異性甚至對立性。如、第一大類中的脫離理論、活動理論具對立性，而連續性理論又與二者對立；在第二大類亦有同樣現象，如，結構功能主義、衝突論卻處於對立立場。此意味著，老年問題有其多元性，無法簡單規約成一統一理論。

至於先秦儒家[31]對這兩大類議題的思考，以下將深入探究，並與現今老年學理論進行對話。

三、先秦儒學的年齡分層理論、 角色理論及尊老思想

現今對老年的分期，65 歲到 74 歲為初老期（young-old）、75

---

30 鄔滄萍、姜向群主編：《老年學概論》，頁 38。

31 此處所探討的先秦儒學，相關經典有《論語》、《孟子》、《荀子》、《禮記》、《大戴禮記》。其中，《禮記》、《大戴禮記》雖為漢代戴德、戴聖所輯，然各篇內容卻可上溯自先秦，故亦將這兩部經典列入。

歲到 84 歲為中老期（old-old）、85 歲以上為老老期（oldest-old），先秦儒學已有年齡分層理論，《禮記・曲禮》云：「五十曰艾，服官政。六十曰耆，指使。七十曰老而傳。八十、九十曰耄，……百年曰期，頤。」[32]

　　看似以 70 歲稱為老，然 50 歲已屬老年的開始，故「五十曰艾」，鄭玄注：「艾，老也。」[33]《禮記・王制》亦云：「五十始衰」，[34]「六十曰耆」，鄭玄注：「耆，至老境也。」[35]可見，先秦儒學的年齡分層理論以 50 歲為老年期的開端，50 歲為艾年、60 歲為耆年、70 歲為老年、80 與 90 歲為耄年、百歲為期年。意即 60 歲為初老期、70 歲為中老期、80 以上為老老期。

　　先秦儒學對老年期生理狀況的轉變亦有所描述。50 歲身體機能開始衰退，飲食需於壯年不同；60 歲在飲食上需常補充肉食，70 歲需時時準備較好的飲食，且需穿著絲帛的衣物始覺溫暖；80 歲賴他人照料衣食，需隨時準備珍饈及衣物。90 歲的老者，因飲食不時，故需隨時提供食物，但此時即便旁人照顧周全，但因身體機能嚴重衰退，血氣有所不足。《禮記・王制》言道：「五十始衰，六十非肉不飽，七十非帛不暖，八十非人不暖；九十雖得人不暖矣。」[36]又云：「五十異糧，六十宿肉，七

---

[32]　〔漢〕鄭玄注、〔唐〕孔穎達疏：《禮記正義》（臺北：藝文印書館，1989 年十三經注疏本），卷 1，頁 14b-15a。

[33]　鄭玄注，孔穎達疏：《禮記正義》，卷 1，頁 14b。

[34]　鄭玄注，孔穎達疏：《禮記正義》，卷 13，頁 18a。

[35]　鄭玄注，孔穎達疏：《禮記正義》，卷 1，頁 14b。

[36]　鄭玄注，孔穎達疏：《禮記正義》，卷 13，頁 18a。

十貳膳，八十常珍，九十飲食不離寢。」[37]

此外，《禮記・曲禮》這段文字亦包含老年學的角色理論，50 歲尚未退休，仍可可擔任卿大夫之要職，[38]到 60 歲，無論職場或家事可漸漸退居幕後，指導後進從事，故鄭玄云：「六十不與服戎，不親學。」孔疏云：「六十耳順，不得執事，但指事使人也。」[39]到 70 歲正式退休，家族、家庭的決策及執行，完全交付子孫，安心養老。故孔疏云：「六十至老境而未全老，七十其老已至，故言老也。既年已老則傳徙家事，付委子孫，不復指使也。」[40]

至於 80 歲以上稱為耄，則指出此階段老年人的身體及心理出現極大衰退現象，故鄭注云：「耄，惛忘也。」[41]孔疏云：「惛忘即僻謬也。」[42]即出現昏昧糊塗、健忘的邪僻錯誤的狀態或行為。至於百歲之人，身心狀況更走下坡，整個感官能力盡失，需賴他人照顧，故鄭注云：「期，猶要也。頤，養也。不知衣服食味，孝子要盡養道而已。」[43]

對於老年期的角色，則依庶人及貴族身分分別說明。就庶人而言，50 歲不參與耕種、築城等勞役工作，60 歲不參與軍事活動，70 歲不處理接待賓客之事，與「七十曰老而傳」相應；80

---

[37] 鄭玄注，孔穎達疏：《禮記正義》，卷 13，頁 18a。

[38] 孔疏云：「大夫得專事其官政，故曰『服官政』也。」鄭玄注，孔穎達疏：《禮記正義》，卷 1，頁 16a。

[39] 鄭玄注，孔穎達疏：《禮記正義》，卷 1，頁 14b、16a。

[40] 鄭玄注，孔穎達疏：《禮記正義》，卷 1，頁 16a。

[41] 鄭玄注，孔穎達疏：《禮記正義》，卷 1，頁 15a。

[42] 鄭玄注，孔穎達疏：《禮記正義》，卷 1，頁 17b。

[43] 鄭玄注，孔穎達疏：《禮記正義》，卷 1，頁 15a。

歲不參與喪、祭之事。〈王制〉云：「五十不從力政，六十不與服戎，七十不與賓客之事，八十齊喪之事弗及也。」[44]

　　對於貴族身分的卿士大夫，以一般狀況，雖然 50 始衰，然因其賢德，故仍可封爵任官，故云「五十而爵」[45]，但到了七十歲則需退休，故云「七十致政」、「七十不俟朝」[46]。除非有特殊大事方可入朝上奏，〈祭義〉云：「七十者，不有大故不入朝；若有大故而入，君必與之揖讓，而後及爵者。」[47]至於八十、九十則不再上朝，君王若有事徵詢，則需親自造訪。〈祭義〉云：「八十不俟朝，君問則就之，而弟達乎朝廷矣。」[48]〈王制〉云：「九十者，天子欲有問焉，則就其室。」[49]

　　值得注意的是，部分儒學研究者在談及老年議題多強調儒家獨特的敬老、養老概念，並以此標榜為儒家的老年觀的核心。殊不知這樣的敬老概念，在西方早期社會亦存在過。美國著名心理分析學家艾瑞克・艾瑞克森（Erik H. Erikson）指出：

> 從過去的歷史、從神話及傳說、從人類學家及歷史學家口中，我們知道以前的老者，在社會中大都是傳統的傳遞者、祖先價值觀的守衛者、傳承的提供者，他們被尊稱為賢人、族長、先知及高高在上的顧問。晚輩尊老者為顧問

---

[44] 鄭玄注，孔穎達疏：《禮記正義》，卷 13，頁 18b。

[45] 鄭玄注，孔穎達疏：《禮記正義》，卷 13，頁 18b。

[46] 鄭玄注，孔穎達疏：《禮記正義》，卷 13，頁 18b。

[47] 鄭玄注，孔穎達疏：《禮記正義》，卷 48，頁 13b。

[48] 鄭玄注，孔穎達疏：《禮記正義》，卷 48，頁 9b。

[49] 鄭玄注，孔穎達疏：《禮記正義》，卷 13，頁 18a。

或先知並向其請益，因為他們可以根據長期來的經驗、記憶、紀錄預測事件的發生。[50]

綜觀上述，先秦儒學與現今西方老年學相較，相同的是皆有年齡分層理論，且對老年階段亦有區分，亦提出老年角色觀點。但不同處有兩點：

其一，先秦儒學既正視老年期生理、心理的變化，提出士卿大夫 70 致仕，但仍珍視老者的品德與學養，故 70 歲遇特殊大事仍可上朝議事，80 以上，君王仍可親自訪視。足見貴族身分的老者並非完全與社會脫離，此與脫離理論看法略異。

其二，先秦儒學表現出明顯的貴老、尊老意識，自天子至百姓皆如此，[51]但與在西方早期敬老不同的是，先秦儒學所論除專業經驗、人生經驗外，更著重品德學養。

四、西方論老年期的睿智及美德表現

關於世俗對老年的理解，早在古羅馬時期的哲學家庫斯・圖利烏斯・西塞羅（Marcus Tullius Cicero, 106B.C.-43B.C.）在 84 歲時[52]寫

50　〔美〕艾瑞克・艾瑞克森（Erik H. Erikson）、瓊・艾瑞克森（Joan M. Erikson）等著、周怜利譯：《Erikson 老年研究報告——人生八大階段》（臺北：張老師文化事業公司，2012 年），頁 342。

51　關於《禮記》中的養老、敬老思想，可參見杜明德：〈《禮記・王制》的養老主張及其在今日社會的價值〉，《國文學報（高師大）》第 16 期，2012 年 6 月，頁 19-35。

52　西塞羅於該文提到他當時是 84 歲。〔古羅馬〕西塞羅：《論老年、論友誼、論責任》（北京：商務印書館，2003 年），頁 17。

成〈論老年〉（Cato Maior de Senectute）一文，便曾就當時對老年的
四大誤解指出：

> 老年之所以被認為不幸福有四個理由：第一是它使我們不
> 能從事積極的工作，第二是它使身體衰弱，第三是它幾乎
> 剝奪了我們所有感官的快樂，第四是它的下一步就是死
> 亡。[53]

西塞羅不贊同這四點看法，並分別提出回應，關於第一點老
年人不能從事積極工作，他指出：

> 完成人生偉大的事業靠的並不是體力、活動，或身體的靈
> 活性，而是深思熟慮、性格、意見的表達。關於這些品質
> 和能力，老年人不但沒有喪失，而且益發增強了。[54]

針對第二點老年人身體衰弱這項，西塞羅回應道：「老年是
缺乏體力的，……我們不但應當保重身體，而且更應當注意理智
和心靈方面的健康。」[55]至於第三點老年缺乏感官快樂，則指
出：「一個人在經歷了情欲、野心、競爭、仇恨以及一切激情的
折騰之後，沉入籌思，享受超然的生活，這是何等幸福啊！」[56]
對於第四點死亡臨近，他不否認這一點，並言道：「老年人去世

---

[53]　西塞羅：《論老年、論友誼、論責任》，頁 10。
[54]　西塞羅：《論老年、論友誼、論責任》，頁 11。
[55]　西塞羅：《論老年、論友誼、論責任》，頁 18-19。
[56]　西塞羅：《論老年、論友誼、論責任》，頁 25。

就像一團火在沒有任何外力作用的情況下漸漸燒盡而自然熄滅一樣。……我乘坐的船就要在我的故鄉港務局靠岸了。」但認為應該有一種積極正面的態度，言道：「老年沒有固定的界限，只要你能擔負起責任，將生死置之度外，你就是在非常恰當地利用老年。因此老年甚至比青年還自信，還勇敢。」[57]

綜觀綜觀西塞羅對這四項看法的回應，可發現他對老年提出幾個重要看法：一是承認老年確實有其限制，缺乏體力、缺乏感官熱情、接近死亡；二是老年亦有其積極意義，老年人能深思熟慮，性格較成熟，能睿智地表達意見，且能不耽溺於感官欲望，而享受超然的精神生活；三是老年亦有其重要工作，注意身體及理智、心靈的健康，並且超脫生死，擔負應負的責任。

對於整個人生歷程，西塞羅認為：

> 生命的歷程是固定不變的，「自然」只安排一條道路，而且每個人只能走一趟；我們生命中的每一階段都各有特色，因此，童年的稚弱、青年的激情、中年的穩健、老年的睿智—都有某種自然優勢，人們應當適合時宜地享用這種優勢。[58]

西塞羅將人生視為只能往前無法回頭的發展過程，每個階段各有特色及優勢人們需順應且發揮這些優勢，老年階段亦是如此。

西塞羅正視老年的積極面並認為老年具有睿智的特色及優勢

57　西塞羅：《論老年、論友誼、論責任》，頁34。
58　西塞羅：《論老年、論友誼、論責任》，頁18。

的看法，亦表現於現代西方老年學學者所提出老年智慧的主張上。美國著名心理分析學者艾瑞克‧艾瑞克森指出：「一生漫長的記憶及較寬廣的視野，讓緊急的事件都可以變成只是自然世界維持平衡的作用。」「老年人的智慧對於社會體系的運作將可以有重大貢獻和影響。」[59]意即老年人具有豐富的經驗與視野。

美國心理醫師馬克‧艾格洛寧（Marc E. Agronin）更進一步認為：

> 即使在年老而智力衰退或有其他損失的背景下，愛、創造和更新關係的能力反而增強，這是變老而得到的禮物。……威倫特的長期研究資料支持此一主張，透露出人到晚年，包含寬恕、感恩與慈悲在內的優點非常重要，是建立美好關係的基礎。[60]

馬克‧艾格洛寧認為老年人最可貴的品德是具有愛、創造以及寬恕、感恩與慈悲。

關於睿智是如何出現，艾瑞克森注意到經驗與視野的擴展所造成的影響，這理由相當合理，但對於愛與寬容等美德，艾格洛寧只針對執醫經驗提出現象觀察，但如何出現，卻未作說明。關

---

59 〔美〕艾瑞克‧艾瑞克森（Erik H. Erikson）、瓊‧艾瑞克森（Joan M. Erikson）等著、周怜利譯：《Erikson 老年研究報告——人生八大階段》，頁 385。

60 〔美〕馬克‧艾格洛寧（Marc E. Agronin）著、陳秋萍譯：《生命永不落：一個心理醫師追尋老化意義的旅程》（臺北：遠流出版事業公司，2012 年），頁 226。

於此，可回到西塞羅的看法找出解答。

前面所提出西塞羅的四點回應，其實他的論點已預設了這樣的前提，即年輕時已有良好品行的人。他指出：

> 我所讚美的只是那種年輕時代已經打好基礎的老年。……
> 無論是白髮還是皺紋，都不可能使人突然失去威望，因為
> 一個人最終享有威望乃是他早年品行高尚的結果。[61]

西塞羅認為老年是否能受到敬重，倚賴較年輕時所具備的高尚品行。此意味著，美好的品德在晚年不會自然出現，必須靠長期累積。至於如何於年輕時打好基礎，這方面便是先秦儒家所關注的。

五、先秦儒學的工夫論與老年學

關於老年世代的安身，與西塞羅一樣，在更早之前的孔子同樣肯定需於年輕時打好品德基礎，努力修德，否則到老年言行便無可稱述者，無法獲得該有的尊重或成為年輕人學習的榜樣。孔子曾責備故舊原壤「幼而不孫弟，長而無述焉，老而不死是為賊！」[62]孔子秉持愛人以德之心，兩人是故交關係，見原壤伸兩足箕踞以待孔子無禮的儀態，方發出這般深切的責備之語。夫子之志便是「老者安之，朋友信之，少者懷之」，[63]此乃仁德君子

61　西塞羅：《論老年、論友誼、論責任》，頁31。

62　朱熹：《論語・憲問》，《四書章句集注》，頁160。

63　朱熹：《論語・公冶長》，《四書章句集注》，頁82。

自然產生的人格魅力。

　　此外，儒家重視孝道，孔子屢言孝的重要，並言行孝之法。孟子主張由善端存養擴充，肯定舜「大孝終身慕父母」[64]；荀子進路雖與孟子不同，但亦重孝，唯主張經由後天學習禮義而來。因此作為一位仁德君子必然具有孝心、孝行，不遇於時，則行孝於家；得行其道，則以身作責，並透過教化推廣孝道。因此，儒家將孝視為君子必須力行之事，亦鼓勵此良善的孝弟風氣，這是儒家老年學與西方相較下的一大特色。

　　至於西塞羅所說打好品德基礎，儒家有其具體的工夫實踐。孔、孟認為人需正視存在的命限，並致力於實踐道德義命。孟子的一段話，正可展現此觀點。孟子曰：「盡其心者，知其性也；知其性，則知天矣；存其心，養其性，所以事天也；殀壽不貳，修身以俟之，所以立命也。」[65]存養本心，推擴本心便是實踐道德義命：對於上天對每個人壽命長短的安排，能坦然接受，即為安命；並透過修養以安頓身心，這便是立命。這便是儒家的人生態度。

　　在正視命限及安命上，除了接受上天對每個人壽命長短的安排外，包括賢不肖、人世際遇、貧富貴賤等命運，皆能坦然面對。《荀子・宥坐》載孔子語：「夫賢不肖者，材也；為不為者，人也；遇不遇者，時也；死生者，命也。」[66]孔子亦自道：「飯疏食飲水，曲肱而枕之，樂亦在其中矣。不義而富且貴，於

64　朱熹：《孟子・萬章上》，《四書章句集注》，頁 303。

65　朱熹：《孟子・盡心上》，《四書章句集注》，頁 349。

66　王先謙：《荀子・宥坐》，《荀子集解》（臺北：華正書局，1988
　　年），頁 346。

我如浮雲。」[67]

此外，儒家亦指出人生有少、壯、老三大階段，不同階段有不同的生理特色，君子亦為以不同的工夫加以對治。孔子曾云：「君子有三戒：少之時，血氣未定，戒之在色；及其壯也，血氣方剛，戒之在鬥；及其老也，血氣既衰，戒之在得。」[68]此說法意味著，人生是由少壯到老的歷程，生理特徵亦會產生變化。對於老年，面對血氣明顯衰退，對於名利、欲求應該看淡。

對於老年期，除了接受血氣衰退的事實，並淡泊名利外，對於道德理想的追求仍可繼續堅持。故孔子嘗云：「甚矣吾衰也！久矣，吾不復夢見周公！」[69]這也是儒家老年學的另項特色。

實踐義命是儒家認為個人該努力從事的，在工夫上，除了對治血氣外，對於時遇，亦應透過實踐義命。《荀子·宥坐》則指出：「君子博學深謀，修身端行，以俟其時。」[70]孔子自身便是終生致力於此，故自道其生命實踐：十五志於學、三十而立、四十不惑、五十知天命、六十耳順、七十從心所欲不踰矩。[71]亦即孔子的一生是自年少立志，不斷實踐的歷程，方能到 50 歲能充分體悟個人所受之天命，初老期能體悟深奧隱微之理，到中老期能從容中道。

觀孔子一生，正是「博學深謀，修身端行」的最佳寫照。關於孔子的好學，表現在他的勤學、樂學，「發憤忘食，樂以忘

---

[67] 朱熹：《論語·述而》，《四書章句集注》，頁 97。

[68] 朱熹：《論語·季氏》，《四書章句集注》，頁 172。

[69] 朱熹：《論語·述而》，《四書章句集注》，頁 94。

[70] 王先謙：《荀子·宥坐》，《荀子集解》，頁 346。

[71] 朱熹：《論語·為政》，《四書章句集注》，頁 54。

憂，不知老之將至云爾。」[72]然夫子之學並非博雜的攝取知識，而是在聖人之道的基礎上談博學。故云：「述而不作，信而好古」[73]又云：「予一以貫之」[74]，正因以道為依歸，[75]方能通貫，源源不絕。

此外，除了學不厭外，孔子亦誨人不倦，曾自道：「默而識之，學而不厭，誨人不倦」，[76]「德之不脩，學之不講，聞義不能徙，不善不能改，是吾憂也。」[77]孔子好學、好講學便是己立立人，己達達人的表現，既使自家身心得以安頓，實現義命，亦能協助他人達成這樣的理想。

關於修身不輟，孔子與弟子曾參作了最好的示範。在孔子老年重病，弟子以為夫子將不久於人世之際，孔子仍堅守禮法，反對子路讓門人作為自己的家臣。[78]而曾子在臨終之際，不僅仍自省不輟，[79]且仍認真回答孟敬子的提問，[80]無論自身或對社會的

---

[72]　朱熹：《論語・述而》，《四書章句集注》，頁 98。

[73]　朱熹：《論語・述而》，《四書章句集注》，頁 93。

[74]　朱熹：《論語・衛靈公》，《四書章句集注》，頁 161。

[75]　孔子嘗曰：「志於道」，參見朱熹：《論語・述而》，《四書章句集注》，頁 94。

[76]　朱熹：《論語・述而》，《四書章句集注》，頁 93。

[77]　朱熹：《論語・述而》，《四書章句集注》，頁 93。

[78]　《論語・子罕》：「子疾病，子路使門人為臣，病閒，曰：『久矣哉，由之行詐也！無臣而為有臣，吾誰欺？欺天乎？且予與其死於臣之手也，無寧死於二三子之手乎！且予縱不得大葬，予死於道路乎？』」朱熹：《論語・子罕》，《四書章句集注》，頁 113。

[79]　《論語・泰伯》：「曾子有疾，召門弟子曰：『啟予足！啟予手！詩云：「戰戰兢兢，如臨深淵，如履薄冰。」而今而後，吾知免夫！小子！』」朱熹：《論語・泰伯》，《四書章句集注》，頁 103。

使命感，都堅持到最後一刻，真正實踐了他的自我要求：「士不可以不弘毅，任重而道遠。仁以為己任，不亦重乎，死而後已，不亦遠乎。」[81]

綜觀孟子論立命及孔子博學、修身之論，荀子重禮義之教，均可見出儒家認為君子在面對老年，應不憂不懼，坦然面對，此為安命；自少立志學聖人，好學樂道，終身修德，習禮不輟，此為立命；並能進一步愛人以德，誨人不倦，立人達人，幫助他人安立生命。

六、結論

高齡化社會是現今世界的趨勢，相較西方近年來針對老年議題發展出的老年學，臺灣在這方面亦需有所開展。現代西方老年學理論多植基於實際現象的觀察，無論脫離理論、連續理論、角色理論等皆如此。這些理論的特色在於實際依據老年人的現實狀況提出思考，但限制是容易偏於現象的某些方面，或受限於研究的對象，如以健康的老人，或以失智的老人為研究對象；或受限取樣多寡，或調查區域等等，所得出的結論是可能天差地別的。因此，如何綜合各種現象的研究報告或理論，進而作全面性的思考，提出涵蓋面更高的老年學理論，是值得努力從事的。

80　《論語・泰伯》：「曾子有疾，孟敬子問之。曾子言曰：『鳥之將死，其鳴也哀；人之將死，其言也善。君子所貴乎道者三：動容貌，斯遠暴慢矣；正顏色，斯近信矣；出辭氣，斯遠鄙倍矣。籩豆之事，則有司存。』」朱熹：《論語・泰伯》，《四書章句集注》，頁 103。

81　朱熹：《論語・泰伯》，《四書章句集注》，頁 104。

　　先秦儒家認為人生是由少及壯及老，往而不復的發展過程，到老年血氣慢慢衰退，但君子面對此現象，既接受存在命限，故戒之在得，但卻不放棄對人生理想的追求，努力不懈的學習及道德實踐，方能在老年期展現睿智及過人的道德風範，而為年少者所敬仰，並樂於親近學習。

　　至於社會方面則主張，上位者當提倡並實行敬老、養老的思想與具體制度，使老年人得到應有的尊重與生活照顧。

　　先秦儒家的老年學對現今老年學的啟發，既能正視老年期在血氣形軀上的限制，又能安而不憂，且仍能積極致力道德實踐，讓道德生命輝光日新。這樣的觀點不僅為老年世代提供可行的安身立命之法，也為未來會面臨老年期的青、壯世代提出值得參考的方向。對青、壯年而言有數點啟發：一是自覺本心，孝親敬老；二是致力好學、修德，實現義命，發揮現階段的生命意義；三是面對未來的衰老能不憂不懼，坦然面對；四是將道德實踐視為終身使命，力行不輟。

　　對老年建立正確的觀念及態度，並有積極的作為，應是先秦儒家對現今老年學發展的重要貢獻。

第三章　從先秦儒學省思現今恐攻議題

一、前言

現今世界有三大時代困境必須面對與解決：一是人口結構出現高齡化現象，二是國際社會出現嚴重衝突，恐怖攻擊層出不窮；三是氣候變遷造成人類生存危機。這三大議題，各文化、宗教，當然包括儒學必須正視且提出因應之道。本章就第二項造成目前世界動盪不安的恐攻事件加以探討思考，嘗試檢視儒學有那些觀點可提供治本的有效作法。

恐攻問題的出現，早在 2001 年蓋達組織在紐約發動 911 攻擊事件，在事件發生 911 天後，摩洛哥伊斯蘭戰鬥團在西班牙馬德里發動 311 鐵路的連環爆炸案，共造成 191 人死亡，2050 人受傷。[1]2005 年 7 月 7 日有 4 名基地組織支持者在倫敦地鐵引爆自殺炸彈，導致 52 人死亡。

法國與比利時是受到較嚴重威脅的國家，2015 年 11 月 13

1　參見 URL=https://zh.wikipedia.org/wiki/馬德里 311 連環爆炸案。（2016 年 8 月 4 日瀏覽）

日法國巴黎市區多起地點遭攻擊，130 人喪生。早在 2011 年 11 月 2 日《查理周報》巴黎辦公室便曾遭人丟擲汽油彈，幸無人受傷。但 2015 年 1 月 7 日發生查理周刊總部槍擊案，造成 12 死 11 傷的悲劇。同年 11 月 13 日與 14 日凌晨，8 名自殺式炸彈客宣稱為抗議法國出兵敘利亞，於巴黎及其北郊聖但尼發動襲擊，共造成來自 26 個國家的 127 人當場遇難，3 人到院後不治，400 餘人受到輕重傷。[2]2016 年 7 月 14 日在法國尼斯，突尼西亞裔法人蓄意駕駛一輛貨車衝撞尼斯盎格魯街慶祝國慶日的人群，隨後又向民眾開槍，造成至少 84 多人死傷。[3]

　　2014 年 5 月 24 日布魯塞爾的猶太博物館遭 IS 份子闖入開槍，4 人死亡。2016 年 3 月 22，比利時首都布魯塞爾 22 日在國際機場、市區一座地鐵站接連發生爆炸，造成至少 34 人死亡、逾兩百人受傷。[4]

　　此外，英國倫敦、德國也受到一定程度的威脅。2016 年 7 月 23 日慕尼黑傍晚傳出血腥攻擊事件，已知有 9 人死亡，涉案槍手共有 3 人。[5]同年 8 月 4 日倫敦市中心發生恐怖分子砍人事件造成 1 死 5 傷。[6]

---

[2]　URL=https://zh.wikipedia.org/wiki/2015 年 11 月巴黎襲擊事件。（2016 年 8 月 4 日瀏覽）

[3]　URL=https://zh.wikipedia.org/wiki/2016 年尼斯襲擊事件。（2016 年 8 月 4 日瀏覽）

[4]　URL=http://news.ltn.com.tw/news/focus/paper/971314。（2016 年 8 月 4 日瀏覽）

[5]　URL=http://www.setn.com/News.aspx?NewsID=166797。（2016 年 8 月 4 日瀏覽）

[6]　URL=http://udn.com/news/story/5/1872423。（2016 年 8 月 4 日瀏覽）

2017 年 3 月 22 日下午，英國倫敦國會大廈西敏寺附近的西敏寺橋，發生駕駛開車衝撞人群的事故，已造成一名女性死亡，10 多人受傷。同時段在英國國會內，一名持刀男性攻擊者闖進國會持刀刺傷一名員警。據 BBC 報導，攻擊事件已經造成四死，包括凶嫌、1 名員警和 2 名行人。至少 20 人受傷。[7]

同年 4 月 3 日，俄羅斯聖彼得堡昨天下午驚傳地鐵爆炸案。一列地鐵列車行經市中心「先納亞廣場站」前，車上一枚裝滿釘子的土製炸彈突然爆炸，至少造成 10 人死亡、39 人送醫，包括兒童在內。[8]

隔數日 4 月 7 日，一輛遭劫持的大貨車駛入瑞典首都斯德哥爾摩市中心人潮擁擠的購物徒步區，並衝撞一家百貨公司，造成至少三人死亡，多人受傷。[9]

近期的恐攻多以交通工具作為犯罪工具，防犯不易；且犯罪地點常出現在人多的區域，常造成嚴重傷亡。面對層出不窮的恐攻事件，到底問題產生的原因為何？有那些解決之道？儒學又能提供那些治標或治本的有效作法？以下將一一探討。

二、恐攻產生的可能原因

上述種種恐攻事件的出現，從有明顯攻擊目標，如法國查理

---

[7]　URL=https://udn.com/news/story/5/2359474。（2016 年 8 月 4 日瀏覽）

[8]　URL=http://www.appledaily.com.tw/appledaily/article/international/201704
04/37606440/。（2016 年 8 月 4 日瀏覽）

[9]　自由時報 URL=http://news.ltn.com.tw/news/world/paper/1092453。（2017
年 4 月 8 日瀏覽）

周報，轉向無辜群眾；襲擊者從塔利班、IS 成員或伊斯蘭教徒，轉向非特定的社會邊緣人。面對這些現象，業師曾昭旭先生亦曾發文作深入反省，並嘗試從儒家的角度提出治標、治本的作法。並針對恐攻事件提出三點觀察：一是恐攻異於正規軍作戰、游擊戰這兩種作戰方式，「在仇恨的感召下，以孤狼的方式，與子偕亡的手段，對非武裝的平民製造出巨大的殺傷力與震怖效果。」[10]這是第三種戰爭的形態，「既沒有具體目的也沒有終極成果的戰爭，也是極端不對等的戰爭。」[11]

　　這與美國達特茅斯學院教授班傑明所見相同，班傑明指出：「許多類似的攻擊事件處於我們所認定的恐怖主義的邊緣。對部分精神狀態不穩定、自認為某特定理想而犧牲就可獲得救贖的人來說，IS 已經成為他們的避風港。」[12]又指出：「IS 與聖戰運動為某些精神狀況不穩且處境糟糕的人提供慰藉，這些人決定為某個崇高目的而死，以挽救自己頹唐的一生。」[13]

　　天主教教宗方濟各在 2016 年 7 月 28 日發生 84 歲法國神父亞馬勒（Jacques Hamel）遭兩名聲稱 IS 支持者割喉事件，他也指出IS 出於爭奪，正發動戰爭，這有違宗教精神。方濟各指出：「我們不諱言，世界上正處於戰爭之中。但我要澄清，所謂戰爭，是為爭奪利益、金錢、資源、領土而戰，但是宗教本質是不

10　曾昭旭：〈恐攻是第三種戰爭的形態〉，URL=https://zh-tw.facebook.com/曾昭旭-179160222094889/。（2016 年 8 月 4 日瀏覽）

11　曾昭旭：〈恐攻是第三種戰爭的形態〉，URL=https://zh-tw.facebook.com/曾昭旭-179160222094889/。（2016 年 8 月 4 日瀏覽）

12　URL=http://udn.com/news/story/6809/1838411。（2016 年 8 月 4 日瀏覽）

13　URL=http://udn.com/news/story/6951/1861501。（2016 年 8 月 4 日瀏覽）

想打仗的。」[14]

　　曾師又進一步針對社會邊緣人為何會選擇暴力攻擊的原因，一是恐攻源自個人或族群受到體制的不平對待，[15]二是與他人連結的願望被阻斷。[16]進而提出問題根源出在西方文化以科學與民主法治為主要精神的文化，塑造嚴密的體制運作。曾師云：

> 西方近代以科學與民主法治為主要精神的文化，塑造了嚴密的體制運作，造成過度的角色扮演，結果壟斷了人的生活，壓抑乃至消滅了「人」的身分以及「人」應有的自由與感情生活；尤其嚴重的是使人難以避免地把自我的存在價值完全寄託在體制的回饋之上。[17]

　　曾師並非全盤否定西方文化的價值，而是指出一旦無法充分略實可能產生扭曲的結果。曾師云：「本來西方近代文化的客觀分解、平等對列的精神也是極精采偉大的，……當人們無可避免地把價值與感情的需求附著在本當中性的角色扮演之時，體制運

14　URL=http://www.appledaily.com.tw/realtimenews/article/new/20160728/916997/。（2016 年 8 月 4 日瀏覽）

15　曾昭旭：〈恐攻源自個人或族群受到體制的不平對待〉，URL=https://zh-tw.facebook.com/曾昭旭-179160222094889/。（2016 年 8 月 4 日瀏覽）

16　曾昭旭：〈恐攻問題的人性根源在與他人連結的願望被阻斷〉，URL=https://zh-tw.facebook.com/曾昭旭-179160222094889/。（2016 年 8 月 4 日瀏覽）

17　曾昭旭：〈歐美的恐攻威脅其實咎由自取〉，URL=https://zh-tw.facebook.com/曾昭旭-179160222094889/。（2016 年 8 月 4 日瀏覽）

作就變質了！」[18]

　　高柏園亦提出造成恐攻頻傳的原因：1、「終極關懷的遺忘與錯置」，2、「全球化惡質發展」，3、「現代化社會的運作失效」，4、「個人主義與手段抉擇」，5、「文明的自我毀滅─都市化的非自然與反人性」。[19]業師林安梧亦認為問題出在當代文明本身是一「不知止的文明」。[20]

　　上述說法均點出問題出在當代文明本身，過於重視功利價值，過度的發展，忽略終極價值及人的身分。點出根本問題後，該如何解決？

三、從儒學談治本之道及近程作法

　　面對層出不窮的恐攻事件，學者們或從治本之道或從治標層面提出解決之道。高柏園認為治本之道在提升倫理、宗教、藝術。[21]曾師從恐攻事件的產生，見出社會邊緣人以激進的方式反抗社會體制，進而指出西方嚴密的社會體制造成對人身心嚴重的

18　曾昭旭：〈歐美的恐攻威脅其實咎由自取〉，URL=https://zh-tw.faceboo
　　k.com/曾昭旭-179160222094889/。（2016 年 8 月 4 日瀏覽）

19　鵝湖月刊社：〈論當代文明的危機：論恐怖攻擊的威脅及其化解之
　　道〉，《鵝湖》第 459 期（2016 年 8 月），頁 8-9。

20　鵝湖月刊社：〈論當代文明的危機：論恐怖攻擊的威脅及其化解之
　　道〉，頁 19-20。

21　鵝湖月刊社：〈論當代文明的危機：論恐怖攻擊的威脅及其化解之
　　道〉，頁 13。

束縛，再指出治本之道在於「找回『人』的身分」，[22]重新喚起人的自覺，正視人存在的意義和價值。這部分確實是儒學特色所在，透過道德自覺，對體制的束縛，意識型態的控制能隨時覺察。曾師云：

> 所以對體制來源的「知」（包括智力、知識、系統運作）抱持高度警覺。建議人要時時測試自己是否仍保持有自由離開對體制的依賴的能力；不但宜遠離最危險的權力核心，更要警惕不要掉進成心、機心等模式化思維的陷阱（那是更深層的體制運作或說機制運作，其極致就是意識型態）。這樣才能常保「人」的身分，感受到作為「人」的原則性自由與尊嚴。[23]

透過自覺，避免異化確實是避免受制體制及意識型態的根本要法。但是能做到充分自覺，完全自主的，又有幾人？這恐怕是真正的難題所在。

在治標之道方面，高柏園指出：「建立國際公平程序與規則，發展科技，協助人類回應環境問題的諸多挑戰。」[24]李瑞全

22　曾昭旭：〈面對恐攻的治本之道在引導人找回「人」的身分〉，URL= https://zh-tw.facebook.com/曾昭旭-179160222094889/。（2016 年 8 月 4 日瀏覽）

23　曾昭旭：〈面對恐攻的治本之道在引導人找回「人」的身分〉，URL= https://zh-tw.facebook.com/曾昭旭-179160222094889/。（2016 年 8 月 4 日瀏覽）

24　鵝湖月刊社：〈論當代文明的危機：論恐怖攻擊的威脅及其化解之道〉，頁 13。

歸納出國際間各種建議和實際可行的工作，共有七點：包括努力停止戰爭、協助聯合國維和部隊建立難民保護區及地區自主力量、提供戰地人民工作與子女教育、各國收容難民、全力排出民間各種歧視、盡量提供社會弱勢民眾工作機會。[25]這些確實都是應該努力的方向，但似乎忽略了現實執行上的困難。例如，難民收容的問題，德國總理梅克爾主張收容大批難民，但在 9 月 4 日老家梅前邦（Mecklenburg-Vorpommern）邦議會改選，結果梅克爾領導的基督教民主聯盟（CDU）竟敗給靠攻擊難民政策竄起的右翼「德國另類選擇黨」（AfD），這次選舉距離梅克爾開放難民進入歐盟正好滿一年。[26]這說明梅克爾的理念受到德國民眾的質疑。高、李兩位教授的意見固然好，但似乎過於理想。

因此對於近程作法有必要再重新思考。首先，正視偏執意識型態的限制有其必要性。除了 IS 以偏激的伊斯蘭教義洗腦，美國接連發生警察槍殺非裔引發抗議浪潮，繼而接連發生狙殺警察事件，便是種族的意識形態造成的對立衝突。隨時自省，認真面對自己，避免受意識型態操控，才能真正成為獨立自主的人，這確實是脫離 IS 邪惡的宗教觀，及各種政治、種族、性別等意識型態的不二法門。

此外，亦需正視網路及各種通訊媒體的影響力。至於班傑明

---

[25] 鵝湖月刊社：〈論當代文明的危機：論恐怖攻擊的威脅及其化解之道〉，頁 13。

[26] 〈梅克爾家鄉大選執政黨慘敗〉，《自由時報》，2016 年 9 月 6 日。URL=http://news.ltn.com.tw/news/world/paper/1029430。（2016 年 9 月 6 日瀏覽）

所提出反恐治本之道是「預防年輕人走上激進道路。」[27]個人認為這說法有待商榷，一來激進的年輕人不是只會破壞，他們也是社會改革的動力；再者，為何年輕人會變得激進，背後的原因有必要瞭解。試看約旦河西岸年輕人自主組成團體反抗以色列在以巴邊界建立屯墾區，以游擊方式攻擊以色列軍隊，以爭取他們認為原屬於他們的故土；同時他們也反對自己的政府，批評巴勒斯坦自治政府的無能，只在乎鞏固自己的權利，無力發展經濟、國力，無法為他們帶來美好的未來，所以他們只好挺身為爭取美好的未來而與以色列軍隊作戰，這是巴勒斯坦自治區的年輕人變激進的原因。

　　至於 2016 年 3 月 20 日美洲的大事便是歐巴馬在美國與古巴冷戰 88 年後舉行破冰會面，表面看來歐巴馬政府是改善兩國關係的最大推手。但若深究之，歐巴馬政府與勞爾‧卡斯楚只算是官方層面的合解，而民間的合解早就開始，靠的是古巴的年輕人，他們早就擁抱美國文化，靠的便是網路媒體，透過網路媒體古巴年輕人對美國嘻哈音樂相當熟悉，略加改變發展出深受古巴年輕人歡迎的流行音樂雷鬼動，同時年輕的電腦駭客透過觀光客聚集的飯店非法下載取得美國及世界資訊販賣，發展出包裹快遞。這些年輕人無形中助長古巴與美國文化的融合。

　　因此，班傑明預防年輕人走上激進是反恐治本之道的說法，反倒指出另種可能性，世界的改變需要靠年輕人，相較其他年齡層，年輕人較具熱情、理想及可塑性，若能避免受偏執的意識型

---

[27]　URL=http://www.worldjournal.com/3850360/article-美國砸 6500 億-難堵防恐漏洞/。（2016 年 8 月 4 日瀏覽）

態煽動，是可以成為改革的強大力量。網路媒體亦具有載舟、覆舟的可能，IS 利用媒體散布激進觀念，但媒體也可能成為阻止暴力的利器。

　　至於各國的立場及做作法上，主要有兩方面：反抗暴力與安全防範。在反抗暴力方面，各國應團結一致，表明堅持正義，反對暴力，不得輕意示弱妥協，助長 IS 邪惡勢力擴張。遭受 IS 恐攻的各國，該如何面對 IS 直接或間接的傷害？以儒家觀點來看，孔子反對「以德報怨」，主張「以直報怨」（〈憲問〉）。「直」，朱子釋為「一以至公而無私，所謂直也。」[28]邢昺（字叔明，932-1010）解釋為「以直道報讎怨。」[29]兩說相較下，邢昺直接解釋「直」的涵意，朱子較從「報」的部分將「直」解釋為公而無私，前者包括動機與作法都應合於正直的原則，後者則就動機而言，這兩種說法均對孔子「以直報怨」提供極佳的詮釋。朱子進一步闡釋為何孔子反對「以德報怨」，主張「以直報怨」，曾云：

　　　　或問「以德報怨，亦可謂忠且厚矣，而夫子不之許，何哉？」曰「是亦私意之所為，而非天理之正也。夫有怨、有德，人情之所不能忘，而所以報之，各有所當，亦天理之不能已也。顧德有大、小，皆所當報；而怨則有公、私，曲、直之不同，故聖人之教，使人以直報怨，以德報德。以直云者，不以私害公，不以曲勝直；當報則報，不

28　朱熹：《四書章句集注》，頁 157。

29　〔魏〕何晏注，〔宋〕邢昺疏：《論語注疏》（臺北：藝文印書館，1989 年《十三經注疏附校勘記》），卷 14，頁 13b。

當則止，一視夫理之當然，而不為己之私意所囿耳。是則
雖曰『報怨』，而豈害其為公平忠厚哉？然而聖人終不使
人忘怨，而沒其報復之名者，亦以見夫君父之讎，有不得
不報者。」[30]

朱子指出他人對施諸我的恩惠或仇怨，恩惠有大、小之分，仇怨
有公、私及曲，直之別，都須依於天理有恰當回應，當報則報，
不當則止。

　　但無論以直道或是出於天理詮釋孔子「以直報怨」，都只是
就態度上說，至於具體作法則未說明。李隆獻曾指出：「孔子雖
然並未直接對復仇有所論述，但以正當的方式復仇應該是孔子所
認可的。」[31]

　　此外，儒家對於用兵的態度，孔子曾云：「足食、足兵、民
信之矣。」（〈顏淵〉）[32]孟子亦曾指出商湯出兵伐紂，「民望
之，若大旱之望雲霓也。」「誅其君而弔其民，若時雨降，民大
悅。」（〈梁惠王下〉）[33]荀子亦曾指出仁者之兵不是為了私利爭
奪，而是為禁暴除害。且〈議兵篇〉云：

---

[30]　〔宋〕朱熹：《論語或問》，收入《朱子全書》（第 6 冊）（上海：上
　　　海古籍出版社、合肥：安徽教育出版社，2002 年），卷 19，頁 837-
　　　838。

[31]　鄭吉雄主編：《語文、經典與東亞儒學》（臺北：臺灣學生書局，2008
　　　年），頁 298。

[32]　朱熹：《四書章句集注》，頁 134。

[33]　朱熹：《四書章句集注》，頁 223。

> 彼兵者所以禁暴除害也，非爭奪也。故仁者之兵，所存者
> 神，所過者化，若時雨之降，莫不說喜。是以堯伐驩兜，
> 舜伐有苗，禹伐共工，湯伐有夏，文王伐崇，武王伐紂，
> 此四帝兩王，皆以仁義之兵，行於天下也。故近者親其
> 善，遠方慕其德，兵不血刃，遠邇來服，德盛於此，施及
> 四極。[34]

　　《周易》〈師〉卦卦爻辭亦指出：「丈人吉」、「師出以律」、「長子帥師，弟子輿尸」、「開國承家，小人勿用」，[35]強調謹慎用兵的重要，提出君王充分授權，重用有經驗善於帶兵的大將，且出兵要合於天時，遵守軍律；軍事行動結束後，重用賢才興利除弊，不可任用小人。

　　綜合儒家對於軍事的看法，軍隊的設置是必要的，目的是維護國家安全，又能在適當的時機解除他國危難。此外，在用兵方面，強調謹慎用兵，需師出有名，慎選將帥，合乎軍紀，並重視戰後建設。

　　因此，國際社會面對 IS 以武裝暴力危害各國，受害各國可以採取武力制裁，避免 IS 更形囂張，同時阻止勢力擴大，造成更大危害。但各國須審慎用兵，檢視出兵動機的正當性及實際軍事行動是否合宜；另方面，協助戰地重建，爭取百姓認同。如此才能既收恫嚇之效，得到當地多數較溫和的穆斯林真正認同，減

34　王先謙：《荀子集解》，頁 185-186。

35　〔宋〕朱熹著，王鐵校點：《周易本義》（原本）收入《朱子全集》（第 1 冊）（上海：上海古籍出版社、合肥：安徽教育出版社，2002年），頁 38。

少無辜百姓傷亡，才能避免不當用兵導致 IS 轉向地下化或變得更激進。李瑞全亦引米亞（Henning Meyer）的說法指出：「在回擊恐攻而空襲穆斯林國所佔據的地區時，應區分恐攻者與一般穆斯林信徒，同時應遵守國際法進行有限度的武力行動。」[36]

此外，IS 所以能迅速擴張影響力與媒體傳播大有關聯，若能有效阻止激進主張的散布，亦能減少 IS 的影響力。

面對恐攻，國際應團結抵制，嚇阻暴力擴張，但真正解決問題，還有賴中東政局的安定。中東的情勢極為複雜，民族、宗教、政治、經濟問題的糾結，實非一朝一夕能解決，歐美及亞洲各國可透過國際會談、訪問的形式，林師亦提出「迎接文明交談的時代之來臨」的呼籲，[37]透過不斷與中東各國進行溝通，透過對話交流，增進瞭解，進而改善關係。

四、結論

面對接連的恐攻事件，各國政府採取高度的警戒。從儒學的觀點來看，真正的問題是人心，不管是社會邊緣人或受某些意識型態影響者，選擇激進的方式表達自己的訴求。真正的治本作法是所有人受到該有的尊重，但現實上卻是資源有限，人欲無窮，人與人間無止境的競爭；世界充斥各種差異性，不同的民族、性別、世代、歷史文化、宗教、意識型態等。這些差異造成多元

---

[36] 鵝湖月刊社：〈論當代文明的危機：論恐怖攻擊的威脅及其化解之道〉，頁 12。

[37] 鵝湖月刊社：〈論當代文明的危機：論恐怖攻擊的威脅及其化解之道〉，頁 21。

性，但也產生各種對立。儒家的由近及遠的仁愛思想，以直抱怨的主張，以及建立安居樂業的社會與大同世界的理想，無論近程、遠程都能提供很好的啟發，端看為與不為而已。

第四章 先秦儒學
與永續發展新探

一、前言

2015 年 11 月 17-21 日世界科學院 TWAS（World Academy of Sciences）在奧地利維也納召開第 26 屆年會，近 60 國 300 名院士參加。在開幕式後，由唐獎法治獎得主奧比‧薩克思（Albie Sachs）發表專題演說，講題為「古魯邦（Grootboom）的兩難：永續發展與消弭貧窮」。薩克思指出「永續發展」是今年聯合國氣候變遷會議（COP21）重要的課題，但永續發展不只是環境與人類追求物質生活的平衡，更重要的是追求文明發展的同時，應重視貧窮與永續發展息息相關，應盡力消弭貧窮與不公。

同年年底在巴黎召開第 21 屆聯合國氣候變化大會（COP21），經過兩星期的談判，參加大會的 195 個國家代表於 12 月 12 日通過《巴黎協議》，主要協議內容有九條，其中特別值得注意的是第 1、2、7 條，第 1 條是「氣溫目標：遏制溫室氣體排放的長期目標，確保全球氣溫升幅於 2100 年之前遠低於攝氏兩度，並力爭達到升溫不高於攝氏一點五度。」第 2 條提到「由 2023 年開始，每 5 年檢討一次全球的減排進度。」第 7 條

則是「氣候援助資金：發達國家必須提供援助資金，透過《聯合國氣候變化框架公約》之財務支援機制，協助貧窮國家緩解減排和適應氣候變化。」又：「富裕國家此前已承諾於 2020 年之前，每年撥款 1000 億美元作抗暖化資金，並會於 2025 年之前釐定新的撥款數目。」[1]

2016 年 9 月 3 日，G20 峰會，中國、美國聯合批准巴黎氣候變化協定，習近平和歐巴馬在專門舉行的儀式上，先後向聯合國秘書長潘基文提交中國和美國氣候變化《巴黎協定》批准文書。[2]

其後，同年 10 月在蒙特婁舉行的航空業碳中和會談，全球航空業訂下目標，自 2020 年至 2035 年，每年要投注多達 240 億美元資金於環境相關計畫上。[3]

今年 10 月 10-14 日 197 多國代表在非洲盧安達參與「蒙特婁破壞臭氧層物質管制議定書」（簡稱蒙特婁議定書）締約方第 28 次會議（MOP 28）。各國代表在 15 日就逐年淘汰用於冰箱和空調的溫室氣體「氫氟碳化物」（HFCs）達成具法律約束力的重大協議，這也是本月全球對抗氣候變遷方面獲致的第三個成就，前兩

---

[1]　以上內容參見香港「商界環保協會」〈專題摘要〉第 12 期，2015 年 12 月 24 日。URL=https://bec.org.hk/files/images/BEC_Topical_Digest/Issue_12_Topical_Digest_Chi.pdf。（2016 年 12 月 2 日瀏覽）

[2]　以上內容參見 BBC 中文網，2016 年 9 月 3 日。URL=http://www.bbc.com/zhongwen/trad/china/2016/09/160903_us_china_climate_agreement。（2016 年 12 月 2 日瀏覽）

[3]　參見「財經新報」，2016 年 11 月 17 日。URL=http://finance.technews.tw/2016/11/17/bp-buys-jet-fuel-made-from-garbage-to-curb-airline-pollution/。（2016 年 12 月 2 日瀏覽）

項為歐盟與印度批准巴黎氣候協定。[4]世界各國依發展程度分成三組，各有各的目標和期限。美國、歐盟和其他富裕國家將率先從 2019 年起，減少氫氟碳化物的使用至少 10%。如果這項修正案能夠徹底執行，預計到 2050 年，可減少大氣層中，相當於700 億公噸二氧化碳的效力。不過，排碳大國，中國和印度，分別要等到 2024 和 2029 年才會開始凍結使用氫氟碳化物。[5]

隨後又有新的進展，《巴黎協定》在同年 11 月 4 日正式成為國際法。因《巴黎協定》需要達到 55 個國家、溫室氣體排放比例 55%的支持，方可成為國際法。依照協定內容，此條件達成後 30 日內生效。聯合國氣候首長埃斯皮諾薩（Patricia Espinosa）5 日宣布，《巴黎協定》目前有 72 國加入，佔溫室氣體總排放量 57%，已達通過門檻，將於 30 日內，也就是 11 月 4 日正式生效。正可趕在 2016 年摩洛哥聯合國氣候大會（COP22）前有所進展。[6]

從去年到今年，國際間關於氣候變遷協議，陸續達成許多具體結果。各國已由理念宣示走向具體行動，由少數國家到歐、美及亞洲各大國參與支持。鑑於永續發展已漸取得各國共識並有具體進程，未來如何具體落實，相當值得關注。儒學面對永續發展

---

[4]　以上內容參見「聯合新聞網」，2016 年 10 月 26 日報導。URL=http://udn.com/news/story/6947/2044270。（2016 年 12 月 2 日瀏覽）

[5]　以上內容參見民視 2016 年 10 月 16 日報導。URL=http://news.ftv.com.tw/NewsContent.aspx?ntype=class&sno=2016A15I07M1#。（2016 年 12月 2 日瀏覽）

[6]　以上內容參見環境資訊中心（TEIA）網頁，該網頁相關內容整理自2016 年 10 月 7 日外電。URL=http://e-info.org.tw/node/200319。（2016年 12 月 2 日瀏覽）

取得明顯進展的同時，能否在觀念上繼續發揮作用。

　　關於儒學在永續發展議題的運用，學界已有不少論著，李瑞全教授對該議題關注甚早，有不少究論著，其中，〈儒學之「永續發展」基本理念〉一文便曾論及儒學與永續發展。對於永續發展，曾云：

> 「永續發展」並不是環境倫理學所最先探討的概念或最關注的課題。它毋寧是經過近二十多年激烈爭辯和環保運動之後的一種共識，即，人類往前發展不能不正視資源的有限，更不能不同時關注環境倫理。而這多年的爭議基本上是環繞人與自然、人與其他生物和與後代子孫的權益問題。[7]

　　該文又進一步論就儒學與永續發展提出八點看法：一、「大自然同時也是儒家所說的天道表現之處。」二、「不只使天地萬物得以各盡其性分，……甚至在天地之自然化育中有所遺憾之處，以人道來補足它。」三、「儒家自然也了解人作為一種具有生命的生物，自有必要以肉食或蔬菜等以維持生命的延續。這在自然生態系統上可說是人作為自然界一份子所不可免的狀況，並無自由選擇餘地，實無不道德的問題。」四、「由於人具有道德反省能力，人與其他生物的苦難可以感通。」五、「儒者基本上以節儉惜物為生活行事的原則。」六、「在食用之必需時，也要

7　該段所引〈儒學之「永續發展」基本理念〉文獻，出自李瑞全：〈儒學之「永續發展」基本理念〉，《應用倫理研究通訊》第 10 期，1999 年 4 月，頁 21-24。

保持物種的繼續繁衍。」七、「人對後代子孫負有安排照料的自然責任，保存物種的多樣性與自然生態的永續發展，不只是對自然的義務，同時也是對未來世代的後人的責任。」並由儒家保護資源的觀念推導出第八點看法，即「照顧環境的承受力，作自然的節育，以免人口超過自然與生態的承載力，也是有道德自覺能力的人類所應參贊天道的表現。」[8]

上述八點指出儒學對永續議題的啟發，包括儒家的天道觀及人道觀，正視人的欲望並主張節制，愛物惜物的觀念，照顧子孫後世的未來，重視環境永續。

過去在談儒學與永續發展的議題，多由孔、孟思想切入，許多觀點都談得差不多，難有新意。相較下，荀子關注天的自然義，談天人之分。正視人的欲望，強調人的社會性，以及如何建立理想的行政體系，推動具有人文精神安居樂業的和諧社會，這些觀念都暗合永續發展的精神，與現今永續發展議題可以產生更多的對話，使先秦儒學在永續發展議題上，還有許多開發空間。故本章特別就荀子思想在永續發展議題上的運用加以論析，期能藉由儒家智慧對現今重要世界性問題提出解決之道。

二、「永續發展」的定義與目標

關於「永續發展」的概念，英文為「sustainable development」，中文譯成「可持續的發展」。傑佛瑞・薩克斯（Jeffrey D. Sachs）指出「永續發展」概念的歷史，言道：

---

[8] 李瑞全：〈儒學之「永續發展」基本理念〉，頁 21-24。

　　　　1972 年，在斯德哥爾摩舉行的聯合國人類發展會議，首
　　　　次將追求經濟成長和發展的同時，維持永續是各國必須正
　　　　視的當務之急。……雖然永續發展的挑戰在 1972 年就始
　　　　浮現，這個名詞本身卻在 8 年後，才在深具影響力《世界
　　　　保育策略：永續發展的生存資源保育》這份報告中被正視
　　　　提出。[9]

又云：「報告的前言即開宗明義指出：『人類在追求經濟發展，
享受自然的豐饒時，必須與有限的資源和生態系統承載能力的現
實，取得妥協，同時也必須考慮未來世代的需求。』」[10]
　　至於「永續發展」的定義，傑佛瑞‧薩克斯指出早期強調
「跨世代」的需求。曾云：

　　　　聯合國環境與發展委員會……為永續發展的概念下了一個
　　　　經典的定義，沿用 25 年之久：「永續發展指的是，發展
　　　　能夠滿足目前的需求，卻不犧牲未來的世代，而致他們無
　　　　法滿足自身的需求。」[11]

又云：「1992 年里約地球高峰會議所發布的『里約宣言』，即
聲明『今天的發展不可威脅今世和後代的需要。』」[12]傑佛瑞‧

---

[9]　傑佛瑞‧薩克斯著，周曉琪、羅耀宗譯：《永續發展新紀元》（臺北：
　　　遠見天下文化出版公司，2015 年 6 月），頁 19。

[10]　傑佛瑞‧薩克斯：《永續發展新紀元》，頁 19。

[11]　傑佛瑞‧薩克斯：《永續發展新紀元》，頁 19。

[12]　傑佛瑞‧薩克斯：《永續發展新紀元》，頁 19-20。

薩克斯亦發現「永續發展」的定義更務實：「減少聚焦在跨世代的需求上，而更著重連結經濟發展、社會包容性和環境永續的全方位作法。」[13]

因此，我們在探討永續發展議題，需留意時代對這個概念所提出不同的定義，不宜陷在「布倫特蘭委員會」最早的定義框架中。

傑佛瑞‧薩克斯便順著出永續發展定義的改變，指出永續發展作為知識性的探求，試圖理解三個複雜的系統互動：世界經濟、全球社會和地球實體環境。[14]並指出永續發展的規範面必須包含四大支柱：經濟繁榮、社會包容性和凝聚、環境永續，及政府及企業的良善治理。[15]其中，良善的治理包括公、私部門，私人部門尤其指跨國大型企業，良善的治理是其他三項的基礎，對永續發展起著成敗的核心作用。[16]

對於永續發展的目標，傑佛瑞‧薩克斯認為：

> 應該是行動導向、簡明與容易溝通、數目有限、夢寐以求的，性質上是全球的而且對所有國家一體適用，同時考慮到不同國家的現實狀況、能力，以及尊重各國政策與優先性的發展水準。[17]

---

[13]　傑佛瑞‧薩克斯：《永續發展新紀元》，頁 20。

[14]　傑佛瑞‧薩克斯：《永續發展新紀元》，頁 17。

[15]　傑佛瑞‧薩克斯：《永續發展新紀元》，頁 18。

[16]　傑佛瑞‧薩克斯：《永續發展新紀元》，頁 455。

[17]　傑佛瑞‧薩克斯：《永續發展新紀元》，頁 438。

亦即永續發展所擬訂的目標必須具備可行性、簡易明白，是值得
各國共同追求的理想，且能尊重各國的差異性。

　　至於那些必須面對的具體問題，傑佛瑞・薩克斯指出他受聯
合國秘書長委託，打造「永續發展解決方案網絡」，提出幾點需
解決的問題：「包括健康、教育、農業、都市、能源系統、生物
多樣性的保育等各種永續發展的挑戰。」[18]並向聯合國建議十個
永續發展的目標：一、終結赤貧，包括飢餓；二、在地球的極限
內打造經濟發展；三、確保所有兒童與年輕人為了人生與生計而
有效學習；四、為所有人達成性別平等、社會包容與人權；五、
達成所有人不分年齡的健康與福祉；六、改進農業體系與提升
鄉村生產力；七、授權人們建立具有包容性、生產力與有韌性的
都市；八、阻遏人類導致的氣候變遷與確保永續的能源；九、保
障生態系統的服務能力與生態多樣性；十、為永續發展轉型治
理。[19]

　　對於上述十點目標，充分指出現今世界存在的嚴重問題，飢
餓、不平等、氣候變遷、環境污染等等，但能否解決？傑佛瑞・
薩克斯對這個問題的回答是：「永續發展也是一種過程，一種和
平的、全球的解決問題的方式，運用的是我們的科技、我們的知
識，以及全球共同的道德標準，處理我們共同的需求。」[20]

　　可以確定的是，上述十點行動方案，確實存在且重要，但絕
非一蹴可幾，尤其是宗教、文化上的差異，如性別歧視，以及政
治衝突所代來的貧窮及難民問題，都需經歷很長一段時間的努

18　傑佛瑞・薩克斯：《永續發展新紀元》，頁 439。
19　傑佛瑞・薩克斯：《永續發展新紀元》，頁 440-442。
20　傑佛瑞・薩克斯：《永續發展新紀元》，頁 462。

力，有賴各國放下歧見，多溝通，相互合作。

　　除了前面所引李瑞全教授的觀點外，先秦儒學還有那些觀點可與「布倫特蘭委員會」對永續所下的定義及傑佛瑞‧薩克斯所提出的經濟繁榮、社會包容性和凝聚、環境永續，及政府及企業的良善治理四大面向中的十點具體方案相互對話。以下將由荀子思想進行考察。

三、荀子的天人觀與永續發展

　　荀子提出天人之分，而以天生人成確立人在天地間的定位。牟宗三先生云：「其所化成者為『性』與『天』：以心治性，以人治天。故由『隆禮義』一基本義，復開出另一基本原則，即為『天生人成』。」[21]

　　關於天人之分，荀子云：

> 天行有常，不為堯存，不為桀亡。應之以治則吉，應之以亂則凶。彊本而節用，則天不能貧；養備而動時，則天不能病；脩道而不貳，則天不能禍。故水旱不能使之飢，寒暑不能使之疾，祅怪不能使之凶。本荒而用侈，則天不能使之富；養略而動罕，則天不能使之全；倍道而妄行，則天不能使之吉。故水旱未至而飢，寒暑未薄而疾，祅怪未至而凶。受時與治世同，而殃禍與治世異，不可以怨天，

21　牟宗三：《歷史哲學》（臺北：臺灣學生書局，1988 年），頁 123。

> 其道然也。故明於天人之分，則可謂至人矣。[22]

意即天人各有其職分，天的運行與人事的吉凶禍福是無關的，若治國重視農務本業，個人重視健康及道德修養，上天不能降禍災；反之，人若失職，上天亦不能致福。

荀子強調，禹、桀之世，一治一亂，與天時、地利完全無關，全是因人為施政之故。曾云：

> 治亂，天邪？曰：日月星辰瑞厤，是禹桀之所同也，禹以治，桀以亂，治亂非天也。時邪？曰：繁啟蕃長於春夏，畜積收藏於秋冬，是禹桀之所同也，禹以治，桀以亂，治亂非時也。地邪？曰：得地則生，失地則死，是又禹桀之所同也，禹以治，桀以亂，治亂非地也。[23]

對於流星、日蝕、月蝕、木鳴、風雨不調，在古時認為是天降災以示警的現象，荀子提出他獨特的思考。曾云：

> 星隊木鳴，國人皆恐。曰：是何也？曰：無何也！是天地之變，陰陽之化，物之罕至者也。怪之，可也；而畏之，非也。夫日月之有蝕，風雨之不時，怪星之黨見，是無世而不常有之。上明而政平，則是雖並世起，無傷也；上闇而政險，則是雖無一至者，無益也。夫星之隊，木之鳴，

22　王先謙：《荀子集解‧天論》，卷11，頁205。

23　王先謙：《荀子集解‧天論》，卷11，頁207-208。

> 是天地之變，陰陽之化，物之罕至者也；怪之，可也；而
> 畏之，非也。[24]

意即將流星、日蝕、月蝕、木鳴、風雨不調視為天地偶然的特殊
現象，可以覺得驚奇，但不需因此恐懼。同時，真正該關注的是
施政是否清明，若政治清和，即使出現天地異象，亦不足畏；若
倒行逆施，即便未出現任何異象，仍應有所檢討。

　　對於古時於日、月蝕時以敲擊救日、月儀式，與久旱不雨的
祈雨儀式，以及遇大事占卜的儀式，荀子亦提出他的見解：

> 雩而雨，何也？曰：無何也，猶不雩而雨也。日月食而救
> 之，天旱而雩，卜筮然後決大事，非以為得求也，以文之
> 也。故君子以為文，而百姓以為神。以為文則吉，以為神
> 則凶也。

荀子於此區分一般百姓及君子對儀式的不同心態，一般百姓是希
望借助天神的力量解除災厄，但在君子看來這些儀式都是人文精
神的展現，不是借助神秘力量的妄求。

　　既明「天人之分」，又進一步提出「聖人不求知天」及「聖
人知天」的主張，表面看似矛盾，實為不同層面的思考。關於
「不求知天」，荀子言道：

> 不為而成，不求而得，夫是之謂天職。如是者，雖深、其

24　王先謙：《荀子集解‧天論》，卷11，頁209。

人不加慮焉；雖大、不加能焉；雖精、不加察焉，夫是之
謂不與天爭職。……列星隨旋，日月遞炤，四時代御，陰
陽大化，風雨博施，萬物各得其和以生，各得其養以成，
不見其事，而見其功，夫是之謂神。皆知其所以成，莫知
其無形，夫是之謂天功。唯聖人為不求知天。[25]

星宿運行、日月輪照、四時遞嬗、風雨之作用，及陰陽二氣之變
化，皆屬天職、天功，聖人不會探究這些自然變化的原理、原
因，以此而稱「不求知天」。

至於「知天」，荀子首先指出上天賦予人能力及權利，荀子
云：

天職既立，天功既成，形具而神生，好惡喜怒哀樂臧焉，
夫是之謂天情。耳目鼻口形能各有接而不相能也，夫是之
謂天官。心居中虛，以治五官，夫是之謂天君。財非其類
以養其類，夫是之謂天養。順其類者謂之福，逆其類者謂
之禍，夫是之謂天政。[26]

意即上天賦予人具有情緒、感官、心的認知及思慮能力，以及運
用天然資源以保存生命的權利，與運用資源以保民的施政作法。
荀子又進一步談到如何「知天」。曾云：

---

[25]　王先謙：《荀子集解‧天論》，卷11，頁205-206。
[26]　王先謙：《荀子集解‧天論》，卷11，頁206。

> 暗其天君，亂其天官，棄其天養，逆其天政，背其天情，
> 以喪天功，夫是之謂大凶。聖人清其天君，正其天官，備
> 其天養，順其天政，養其天情，以全其天功。如是，則知
> 其所為，知其所不為矣；則天地官而萬物役矣。其行曲
> 治，其養曲適，其生不傷，夫是之謂知天。[27]

意即善用上天賦予人能力及權利，使情緒發而中節，善用感官能力，發揮心的認知及思慮能力，以及善用天然資源以保存生命，與順理運用資源以保民。如此便是盡人之本分。反之，則有失人的職分。故荀子明白當為與不為，盡人的本分，便是「知天」的表現。

　　既然確定人的職分，荀子又論及人面對天、地應採取的態度。曾云：

> 所志於天者，已其見象之可以期者矣；所志於地者，已其
> 見宜之可以息者矣；所志於四時者，已其見數之可以事者
> 矣；所志於陰陽者，已其見和之可以治者矣。官人守天，
> 而自為守道也。[28]

荀子認為聖王或聖人只須順著天時，因應地宜，運用自然資源以養民，至於高深的天文觀測及研究，交給專業官員負責即可。又云：

27　王先謙：《荀子集解·天論》，卷11，頁207。
28　王先謙：《荀子集解·天論》，卷11，頁207。

> 大天而思之，孰與物畜而制之！從天而頌之，孰與制天命
> 而用之！望時而待之，孰與應時而使之！因物而多之，孰
> 與騁能而化之！思物而物之，孰與理物而勿失之也！願於
> 物之所以生，孰與有物之所以成！故錯人而思天，則失萬
> 物之情。[29]

荀子再次強調人當盡人之職分，與其一味尊天，不如蓄積生存所
需之物並裁制之；與其歌頌上天，莫如順上天之美意而適度取用
資源；與其望時而待，不如因應四時而耕牧；與其期望收成自己
變多，不如透過適當人力增加生產；與其想據物為己有，不如順
理治理而勿失；與其探究物所以生之理，不如致力物所以成。

　　荀子即此歸結出，人盡其治以參贊天地的理想。指出：「天
有常道矣，地有常數矣，君子有常體矣。」[30]又云：「天地合而
萬物生，陰陽接而變化起，性偽合而天下治。天能生物，不能辨
物也，地能載人，不能治人也；宇中萬物生人之屬，待聖人然後
分也。」[31]又云：「天有其時，地有其財，人有其治，夫是之謂
能參。」[32]天有天時，能生物；地有地利，能負載萬物；但天不
能辨物，的不能治人，人須因應天時、地利，善於發揮上天所賦
予我們的生存能力，並善用上天提供的自然資源以保存生命，聖
人致力推行禮義之教，建立人文社會。

　　牟宗三指出荀子論天，在先秦儒學有其特殊性。曾云：

29　王先謙：《荀子集解・天論》，卷 11，頁 211-212。
30　王先謙：《荀子集解・天論》，卷 11，頁 208。
31　王先謙：《荀子集解・禮論》，卷 13，頁 243。
32　王先謙：《荀子集解・天論》，卷 11，頁 206。

荀子之天，非宗教的，非形上的，亦非藝術的，乃「自然的」也。以人為禮義法度（即人度）治天，則能參。在荀子，性與天俱是被治的，亦俱是「自然」義。對於天，不加慮，不加能，不加察，不與天爭職，此是一義；而於「治之」之中而知之，又是一義。（此義為荀子所函）孔孟言與天合德，其天乃形上的天，德化的天。荀子不至此義，而與天無可合。參義，則孔孟荀皆可言。孔孟之天是正面的，荀子之天是負面的，故在被治之列。[33]

依牟氏的說法，荀子所說的天是形下的、自然的、被治的、負面的天；異於孔、孟所說的天是形上的、德化的、天人合德的、正面的天。

雖然牟氏以正面、負面區分孔、孟與荀子所天，但只能說明所採取的立場不同，並非有優劣之別。至於天是被治的，則是就自然義的天與人是相對的，以及就人的情緒、感官、使用自然資源而言。此外，需澄清一點，荀子的「不求知天」不可逕理解為反科學，而是荀子主張聖王與專門官員分職的結果。

但也意味著，荀子從自然義論天，更符合永續發展的立場。在這樣的立場下，不強調天人合一，也不強調天地的道德義，而是就人生天地間，談天人之分，強調天、人各有職分。

在這樣的觀點下，對待自然的方式，各國應以推行善政養民為本，對於自然的研究交給專家從事。至於人治的部分，人必須珍視大自然的資源，整個資源是有限的，必須謹慎善用，以維持

---

[33]　牟宗三：《歷史哲學》，頁 123。

人生存的基本需求，而不在滿足人的欲望，因人的欲望無窮，是
需要被節制的。具體作法上，一方面強調順應天時、地利，勤奮
生產，並以適當方式增加生產，使衣食無虞；另方面，節省用
度，藉學習禮義，克制欲望，使基本生存需求得以長期不竭。

　　此外，荀子的天人之分及參贊天地，亦強調人應善盡責任，
不僅應維繫社會秩序，同時愛護自然生態，若社會秩序、自然生
態遭受破壞，導致種種災難，完全與天意無關，而是人沒有盡好
人治的工作，發揮人參贊天地的理想。透過這樣的天人觀，可讓
現代人重新反省並正視人類的本份，及在自然界中的定位，如此
才能使永續發展的行動發揮治本之成效。

四、荀子性惡論及禮義之教與永續發展

　　二千多年前荀子，已注意到人欲無窮，資源有限的問題。故
荀子云：「然則從人之欲，則執不能容，物不能贍也。」[34]若不
節制人的欲望，將會產生爭奪，造成紛亂，破壞社會秩序。荀子
云：「人生而有欲，欲而不得，則不能無求。求而無度量分界，
則不能不爭。爭則亂，亂則窮。」[35]

　　荀子亦指出人們會因考慮資源有限，為了能長期享用資源，
會節省用度。荀子云：

　　　　人之情，食欲有芻豢，衣欲有文繡，行欲有輿馬，又欲夫

---

[34]　王先謙：《荀子集解·榮辱》，卷2，頁44。
[35]　王先謙：《荀子集解·禮論》，頁231。

餘財蓄積之富也；然而窮年累世不知不足，[36]是人之情
也。今人之生也，方知畜雞狗豬彘，又蓄牛羊，然而食不
敢有酒肉；餘刀布，有囷窌，然而衣不敢有絲帛；約者有
筐篋之藏，然而行不敢有輿馬。是何也？非不欲也，幾不
長慮顧後，而恐無以繼之故也？於是又節用御欲，收斂蓄
藏以繼之也。是於己長慮顧後，幾不甚善矣哉！今夫偷生
淺知之屬，曾此而不知也，糧食大侈，不顧其後，俄則屈安
窮矣。是其所以不免於凍餓，操瓢囊為溝壑中瘠者也。[37]

關於荀子的人性論，荀子不從人天生具有道德善端論人性，
而是從氣性、欲望論人性。但荀子的性惡論，不是性本惡，而是
指人天生的氣性、欲望，氣性、欲望本身不具道德義，且是中性
的，無好壞之分，然而順著人天生的氣性、欲望發展而不節制，
則易產生不好的作為。荀子云：

今人之性，生而有好利焉，順是，故爭奪生而辭讓亡焉；
生而有疾惡焉，順是，故殘賊生而忠信亡焉；生而有耳目
之欲，有好聲色焉，順是，故淫亂生而禮義文理亡焉。然
則從人之性，順人之情，必出於爭奪，合於犯分亂理，而
歸於暴。[38]

---

36 楊倞注：「『不知不足』當為不知足。」〔周〕荀況著，〔唐〕楊倞注：
《荀子・榮辱》（上海：上海古籍出版社，1989 年），卷 2，頁 22。

37 王先謙：《荀子・榮辱》，卷 2，頁 42。

38 王先謙：《荀子集解・性惡》，卷 17，頁 289。

意即將好利、嫉惡、感官欲求作為性的實質內容，並指出順著人天生性情發展不節制，必流爭奪或為非作歹。

　　岑溢成教授詮釋荀子的性惡論指出，荀子對於性的形式定義只是認為「『天生的』是『性』的必要條件，意謂『天生的才算是性』。」[39]「按照荀子對『性』的實質內容的界定，荀子並沒有把所有天生的東西都看做『性』；換言之，荀子不見得會把『天生的』視為『性』的充分條件。」[40]至於荀子論性的實質內容，包括生理本能、心理欲求、感官能力或情緒，[41]這四類都符合「天生的」形式義，之所以認為荀子並未將所有天生的東西都看做性，主要是就心的認知及思慮能力而言。並進一步指出：「從常識的立場來看，無論是生理本能、心理欲求、感官能力或情緒，都是中性的，很難說是『惡』。」[42]

　　雖說生理本能、心理欲求、感官能力或情緒是中性的，但卻易於惡，故荀子提出「化性起偽」的主張。曾云：「故必將有師法之化，禮義之道，然後出於辭讓，合於文理，而歸於治。用此觀之，人之性惡明矣，其善者偽也。」[43]又云：「先王惡其亂也，故制禮義以分之，以養人之欲，給人之求。使欲必不窮於物，物必不屈於欲。兩者相持而長，是禮之所起也。」[44]亦即先

---

[39]　岑溢成：〈荀子性惡論析辯〉，《鵝湖學誌》第 3 期，1989 年 9 月，頁 40。

[40]　岑溢成：〈荀子性惡論析辯〉，頁 40。

[41]　岑溢成：〈荀子性惡論析辯〉，頁 40-41。

[42]　岑溢成：〈荀子性惡論析辯〉，頁 45。

[43]　王先謙：《荀子集解・性惡》，卷 17，頁 289。

[44]　王先謙：《荀子集解・禮論》，卷 13，頁 231。

王透過制訂禮義之教以教民，人們透過向聖王及官師學習禮義之教，便能學會辭讓、是非，進而節制欲望，言行合禮中節，社會秩序得以維繫。

荀子強調人天生沒有禮義，須透過後天教養學習。對此岑氏提出弱義的性惡及強義的性惡詮釋荀子的性惡論。曾云：

> 人欲無窮而資源有限，由此可能引起爭奪混亂，使現有的禮義遭受破壞，所以可以說「性惡」；就禮義的破壞而言，是強義的「性惡」。另一方面，「性」中只有生理本能和以這些本能為基礎發展出來的心理欲求，並不具備禮義，所以可以說「性惡」；單就禮義的缺乏而言，是弱義的「性惡」。[45]

意即弱義的性惡是指維持天生本能狀態，不學禮義；強義性惡則是因不學禮義導致社會秩序被破壞。又云：

> 無論是強義或弱義，「性惡」這個消極概念都有一種積極的規範作用。強義的「性惡」表示，假如不守禮義，就無法「限禁人之為惡與姦者也」〈彊國篇〉，社會秩序就無法維繫，所以應該而且必須守禮義。弱義的「性惡」的意義就更積極了：人天生並沒有禮義，假如人只是維持其天生的自然狀態，也是「惡」，所以應該而且必須創制及篤守禮義。換言之，「善」是有待人為的努力去創造的，作

45　岑溢成：〈荀子性惡論析辯〉，頁56。

> 惡固然是惡，沒有創造出善來，也是惡。在這裏是不容許
> 有所謂無善無惡的。……而荀子的「性惡論」，也許不是
> 荀子正面的主張，但它實在表現了一種至為積極的人生態
> 度。這可說是某種意義的人文主義，甚至是一種極端的人
> 文主義。荀子「性惡論」的義諦，正在於此。[46]

意即荀子的性惡論不是指性本身是惡的，而是就人不學禮義人
文，沒創造出善，即此而言惡。

　　順此觀點，若運用在永續發展議題上。人天生具有本能欲
求，且欲望本身是無窮的，但人們透過經驗傳承，認識到資源有
限，應該節省用度，讓自己可以長期滿足需求。並透過後天透過
教育，學習禮義，節制自己的欲望，表現合宜的行為，並瞭解社
會運作及社會秩序。為了深入瞭解環境議題，透過教育，經由各
種學習管道，掌握永續發展的相關知識、觀念與訊息，如此便能
節制自己的欲望，讓永續發展觀念成為行為準則，透過專業能力
為永續的理念貢獻心力。透過學習、實踐禮義之教及永續理念，
便能成就具現代性人文精神的人格。

五、透過理想的政治體制推動永續發展

　　孟子的性善論是以人具有善端說明人禽之辨，荀子雖然不承
認人天生有道德善端，反而從天生的生理心理本能與欲求、情
緒、感官能力論人性，但仍有獨特的人禽之辨，指出人異於草

46　岑溢成：〈荀子性惡論析辯〉，頁 56。

木、禽獸之處在於人能明禮義，以及人的群體性。荀子云：「草木有生而無知，禽獸有知而無義，人有氣、有生、有知，亦且有義，故最為天下貴也。力不若牛，走不若馬，而牛馬為用，何也？曰：人能群，彼不能群也。」[47]

　　但群居性並非人所獨有，草木、禽獸亦各從其類，荀子云：「草木疇生，禽獸群焉，物各從其類也。」[48]何以荀子特別強調人的群居性？再者，既然荀子強調人欲無窮，若一味順著人欲，易流於爭亂，如此一來，如何可能合群？

　　關於這兩個問題，必須連著前段引文中的「有義」來看，亦即草木、禽獸的群聚是出於本性、本能，基於生存需求。而人卻能自覺的創造人類文明。故荀子云：「故人生不能無群，群而無分則爭，爭則亂。」[49]又云：

　　　　人何以能群？曰：分。分何以能行？曰：義。故義以分則
　　　　和，和則一，一則多力，多力則彊，彊則勝物，故宮室可
　　　　得而居也。故序四時，裁萬物，兼利天下，無它故焉，得
　　　　之分義也。[50]

　　荀子指出人不能不群居，但合群的關鍵在於「分」，而「分」的樞要在於君王。故云：「故無分者，人之大害也；有分

47　王先謙：《荀子集解・王制》，卷5，頁104。
48　王先謙：《荀子集解・勸學》，卷1，頁4。
49　王先謙：《荀子集解・王制》，卷5，頁105。
50　王先謙：《荀子集解・王制》，卷5，頁105。

者，天下之本利也；而人君者，所以管分之樞要也。」[51]又云：
「天之立君，以為民也。」[52]此人君必須是明主。故稱「君者，
民之原也，原清則流清。」[53]又云：「君者，儀也，儀正則景
正；君者，槃也，槃圓而水圓。」[54]賢德之君方能為萬民之表
率。「君者，善群也。」[55]賢君如何善於使人合群？因人君掌握
「分」的大權，所謂「分」是何指？即進行差異分配。荀子云：
「古者先王分割而等異之也，故使或美，或惡，或厚，或薄，或
佚或樂，或劬或勞。」[56]且強調差異分配是依據「分義」作為原
則。曾云：「有夫分義，則容天下而治；無分義，則一妻一妾而
亂。」[57]

　　至於「分義」，即分配的原則為何？其核心精神是承繼先王
的仁義之道。荀子云：「今以夫先王之道，仁義之統，以相群
居，以相持養，以相藩飾，以相安固邪？」[58]荀子云：「故尚賢
使能，等貴賤，分親疏，序長幼，此先王之道也。」[59]再依仁義
原則進行區分，認定差等；再依差等，據禮進行分配。即依據親
疏遠近、功勞多寡而有仁恩差等，依據地位尊卑、賢德與否，及
長幼之序而有倫理差等。荀子云：「親親、故故、庸庸、勞勞，

51　王先謙：《荀子集解・富國》，卷6，頁116。
52　王先謙：《荀子集解・大略》，卷19，頁332。
53　王先謙：《荀子集解・君道》，卷8，頁154。
54　王先謙：《荀子集解・君道》，卷8，頁154。
55　王先謙：《荀子集解・王制》，卷5，頁105。
56　王先謙：《荀子集解・富國》，卷6，頁116。
57　王先謙：《荀子集解・大略》，卷19，頁340。
58　王先謙：《荀子集解・榮辱》，卷2，頁41。
59　王先謙：《荀子集解・君子》，卷17，頁302。

仁之殺也；貴貴、尊尊、賢賢、老老、長長、義之倫也。……
仁、愛也，故親；義、理也，故行。」[60]確認賢不肖、貴賤、親
疏、長幼的差別後，便依據差別依禮進行分配，公正而無私。荀
子云：「以禮分施，均遍而不偏。」[61]如此，便能實現荀子所
云：「聖王在上，分義行乎下，則士大夫無流淫之行，百吏官人
無怠慢之事，眾庶百姓無奸怪之俗，無盜賊之罪，莫敢犯上之大
禁。」[62]的理想。

　　因人類能藉由區分差等，依禮進行資源分配，以此維繫社會
秩序，故能團結和諧，所以能勝過其他生物，且能裁制萬物，運
用資然資源而得以生存，繼續繁衍。

　　荀子王制理想，強調明君尚賢使能，可見並非將希望全寄託
在君王一人，而是透過「明主急得其人」，[63]建立理想的行政系
統。君王位於行政體系的頂端，主要任務在重視並推行禮義及尚
賢使能。荀子云：「故上好禮義，尚賢使能，無貪利之心，則下
亦將慕辭讓，致忠信，而謹于臣子矣。」[64]除此，尚有具體作
法，主要有四點：「善生養人者也、善班治人者也、善顯設人者
也、善藩飾人者也。」[65]嚴格而言實分成兩類，一是善於養民，
透過增加生產，照顧百姓生計；二是建立良善的管理體系，使官
員各盡本分，並得到該有的獎勵及名位。理想的管理制度包括善

---

[60]　王先謙：《荀子集解・大略》，卷19，頁324。
[61]　王先謙：《荀子集解・君道》，卷8，頁152。
[62]　王先謙：《荀子集解・君子》，卷17，頁300。
[63]　王先謙：《荀子集解・君道》，卷8，頁151。
[64]　王先謙：《荀子集解・君道》，卷8，頁152。
[65]　王先謙：《荀子集解・君道》，卷8，頁156。

於設官分職，使官員各盡其職；又能依職位高低、貢獻多寡，賦予不同社會地位；又能依不同地位，作不同的獎勵分配。

　　整個行政體系，尚有龐大的臣屬。荀子區分為負責器物制度的專業官吏，及負責禮義政教的君子。荀子云：「故械數者，治之流也，非治之原也；君子者，治之原也。官人守數，君子養原。」[66]荀子特別強調君子在行政體系的重要，認為法治雖是施政的始點，但君子卻是法治的本源。[67]

　　在荀子的觀念中，賢君透過任賢使能，建立理想行政體系，落實「分義」，依據仁義精神，區分差等，並依禮進行分配，以建立社會秩序，促成社會和諧。不僅人類社會得以安立，同時亦能使人們衣食無虞，也因人的欲望得到節制，使資源得以永續。故荀子云：「君者，善群也。群道當，則萬物皆得其宜，六畜皆得其長，群生皆得其命。故養長時，則六畜育；殺生時，則草木殖；政令時，則百姓一，賢良服。」[68]又云：

> 王者之等賦、政事、財萬物，所以養萬民也。田野什一，
> 關市幾而不征，山林澤梁，以時禁發而不稅。相地而衰
> 政。理道之遠近而致貢。通流財物粟米，無有滯留，使相
> 歸移也，四海之內若一家。[69]

66　王先謙：《荀子集解・君道》，卷 8，頁 152。

67　荀子云：「法不能獨立，類不能自行。得其人則存，失其人則亡。法者，治之端也；君子者，法之原也。」王先謙：《荀子集解・君道》，卷 8，頁 151。

68　王先謙：《荀子集解・王制》，卷 5，頁 105。

69　王先謙：《荀子集解・王制》，卷 5，頁 102。

荀子的養民觀念與孟子相近，二子皆肯定王政，並強調使山林澤梁資源永續以養民。但不同的是，孟子雖亦言「徒善不足以為政，徒法不足以自行」，[70]但較強調君王推擴仁心，具體作法談的較簡略，包括為君當推恩行仁、尊德貴士、與民同好惡，以及為民制產、薄其賦斂、重人倫之教、保民、以佚道使民等政策。但荀子論王制，談到君王之佐、王政制度（衣服、宮室、士卒、喪葬器械）、君王的用人之道、養民作法，[71]整個論述較為完整。

荀子正視人的群居性、社會性，發揮儒家重人倫的精神，透過建立一套公平正義的分配原則，使人得以安居樂業。荀子以儒家的仁義精神，結合親親尊尊的思想，加上任賢使能的標準，作為認定社會地位及分配資源的依據，不同於於功利主義，亦非現今社會正義的原則，具有道德義及鮮明的人文主義色彩。

荀子所提出政治理想暗合永續發展的觀念，當人類社會面對資源有限，人欲無盡的情況下，如何藉由公正合理的分配使社會和諧，是相當重要的課題。領導者本身須重視仁義倫常，具備愛民及尚賢使能的觀念，依據賢能、貴賤、親疏、長幼的差等來定位及分配資源。這樣的觀念正好與傑佛瑞・薩克斯的理念不謀而合，規範面的四大支柱中的三項：社會包容性和凝聚、環境永續，及政府及企業的良善治理。

70　〔宋〕朱熹：《四書章句集註・孟子集註》（臺北：長安出版社，1991年），卷7，頁275。

71　王先謙：《荀子集解・王制》，卷5，頁101-102。

六、結論

　　先秦儒學對永續發展所提出的最重要啟發，應該是從根源處、整體面提醒重新審視人在整個自然界中的定位，及整個人類的本務所在。荀子思想暗合永續發展的理念，在論天人關係，不由孔、孟從道德義談天人合一，而是談天人各有職分，談天人之分及天生人成，即此確立人在天地間的定位。人性論方面著重在天生的生理、心理本能與欲求、感官能力及情緒，並就人的欲望無盡易流於惡，提出性惡論，期望透過禮義之教以化性，讓個人具有人文精神。但荀子人性論更積極的意義顯現在荀子強調人宇宙間的獨特性是人的群性，即社會性。他關注的是如何在資源有限，人欲無窮的情況下建立和諧社會。他提出建立一理想的行政體制，進行養民及使百姓各安其位，各司其職，並將資源做合理分配。

　　這樣的觀念在現今社會仍有參考價值，可結合現今民主及多元價值一起思考。就現今而言，透過政府及企業的良善治理，便能合理節制欲望並依公正原則進行合理分配，避免各種爭亂，建立安定和諧的群體，同時與自然環境和諧共生。

　　荀子也為我們揭示世界一家的藍圖，荀子云：「四海之內若一家，故近者不隱其能，遠者不疾其勞，無幽閑隱僻之國，莫不趨使而安樂之。」[72]世界一家的觀念對永續發展的推動大有助益，各國能擯棄自我中心，而以地球村的理念與他國和諧共處，便能結成一心解決現今面臨的困境。

---

[72] 王先謙：《荀子集解・王制》，卷5，頁102。

　　雖然時空不同，人類的生活方式及所面對的問題亦有變化，包括經濟模式的改變，科技化、都市化及宗教文化的差異等等。但透過人們對自身定位及本務的反省，仍可使各種行為得到節制。真正的問題仍在於人們過度放縱自己的欲望，忽視意識型態所造成限制，導致各種人為災害、衝突，進而破壞生態環境。

　　面對永續問題，不是只提出理想願景，空談口號，或只重視表面數據，世界各國在這個議題上應有命運共同體的觀念，進而透過對話、溝通，找出共同目標。正如傑佛瑞・薩克斯所說：「制訂明確的目標有助全球的個人、組織、政府站在同一個方向上。」[73]各國在現有的作法上繼續前進，同時持續彼此的交流、對話，凝聚共識。先秦儒學在重新思考人在自然界中的定位，如何正視人的欲望，人的行為該有那些限制，人類社會秩序的建立，這些都有助於從根本且全面性的解決問題，對永續發展的思考及行動作出的貢獻。

---

[73]　傑佛瑞・薩克斯：《永續發展新紀元》，頁 443。

第五章　王通受用孔子思想的現代啟示

一、前言

　　王通（584-618，[1]字仲淹）為隋代大儒，著有《禮論》、《樂論》、《續書》、《續詩》、《元經》、《贊易》，[2]尚有弟子薛收、姚義等編纂之《中說》，[3]僅《元經》、[4]《中說》傳世。

---

[1] 據李小成考訂，肯定杜淹〈文中子世家〉所說「開皇四年，文中子始生，……十三年，江都難作，子有疾，……」的說法，認為王通生於開皇 4 年（584），卒於大業 14（618）年，享年 35 歲。李小成：《文中子考論》（上海：上海古籍出版社，2008 年），頁 53-54。

[2] 杜淹〈文中子世家〉云：「《禮論》25 篇，列為 10 卷；《樂論》20 篇，列為 10 卷；《續書》150 篇，列為 25 卷；《續詩》360 篇，列為 10 十卷；《元經》50 篇，列為 15 卷；《贊易》70 篇，列為 10 卷。」〔隋〕王通撰、〔宋〕阮逸注：《中說》（臺北：臺灣中華書局，1966 年據《四部備要本》、明代世德堂刊本），卷 10，頁 8a。

[3] 王福畤〈王氏家書雜錄〉記載：「淹曰：『昔門人咸存記焉，蓋薛收、姚義綴而名曰《中說》。茲書，天下之昌言也，微而顯，曲而當，旁貫大義，宏闡教源。門人請問之端，文中行事之跡，則備矣。子盍求諸家？』」王通：《中說》，卷 10，頁 15b。

　　考察現今可見的哲學史、思想史著作，於隋代思想多以佛學為代表，罕言及儒學，談及王通者甚少，僅三部著作論及，依年代先後分別為鍾泰《中國哲學史》、任繼愈等著《中國哲學發展史（隋唐）》，張豈之《中國思想學說史（隋唐卷）》。[5]此現象值得關注。

　　至於學界對王通的專家研究，或著重生平及著作考辨者，李小成《文中子考論》，則針對王通的家世、生平、門人及交遊，以及《中說》、《元經》、續六經之考辨，為後人研究王通其人及著作的重要參考。或著重其整體學術思想，駱建人《文中子研究》分別就學術、政治、教育、倫理進行論述，並曾簡要評述云：「文中子生當晉隋季世，慭然憂聖學之不彰，閔王道之將墜，故上窺天地之心以得其中，下修人事之正以立其命，修史述經，申周紹孔，主盡性以立五常之本，行仁以開五常之始，以弘

---

[4]　世傳《元經》作者並非王通，陳師道據東坡說法指出：「……師道言聞之東坡，世所傳王通《元經》、《關子明易傳》及《李靖問對》皆阮逸偽撰，逸嘗以草示奉常公云。奉常公者，老蘇也。」參見〔宋〕馬端臨：《文獻通考——經籍考（下）‧李衛公問對三卷》（臺北：新文豐出版公司，1986 年），卷 48，頁 1113-1114。

[5]　《中國哲學史》第 20 章〈王通〉，鍾泰：《中國哲學史》（臺北：臺灣商務印書館，1967 年）。《中國哲學發展史（隋唐）》〈王通的哲學與新經學〉，分別討論「一、王通的新經學及其政治思想」、「二、王通的哲學思想」、「三、王通的儒者氣象」。任繼愈等：《中國哲學發展史（隋唐）》（北京：人民大學出版社，1994 年），頁 27-54。《中國思想學說史（隋唐卷）》第 3 章〈王通的儒學思想〉第 1 節〈王通的生平著作及其新的解經學〉、第 2 節〈王通對儒學的再認同與「三教可一」論〉。張豈之：《中國思想學說史（隋唐卷）》（桂林：廣西師範大學出版社，2008 年），頁 152-161。

道為己任。」又云：「文中子之思想，蓋以《中庸》為本，皇極為歸，故《中說》一書，大中至重。」[6]或關注王通思想在學術發展的定位，葛世萱《王通與道統——王通學在宋代地位之變化及時代意義》第三章〈王通在宋代「道統」中的地位變化〉、第四章〈從「理學」與「經世」角度觀宋人對王通思想之詮釋〉，對王通在宋代的接受研究進行深入考察。[7]足見學界對王通其人、論著及思想、學術影響已有可觀的研究成果。

綜觀學界對王通在學術史的定位，大抵是將王通視為南、北經學後的新經學或新儒學的代表，是漢晉經學向宋明理學的過渡，影響宋明儒學復興。李小成《文中子考論》亦承此說指出云：「對南學與北學最早作反思的人是文中子，……而他所著續六經完全不同於南、北經學。」[8]張豈之《中國思想學說史（隋唐卷）》亦云：「王通寫作續六經，重新組織經學體系，其最終目的並不在經學本身，而是想在由佛道興盛而造成的對儒家排擠的狀況下，重樹儒學在社會和思想學術上的中心地位。在儒學史上，他是從漢晉經學向宋明理學過渡的重要環節。」「啟迪中唐以後及宋明的儒學復興運動。」[9]《中國哲學發展史》則云：「王通的本意是要建立儒家新經學，但他的續六經的體系並未產生多大影響。不過他重建儒學的權威的努力，他關於新儒學的一

6　駱建人：《文中子研究》（臺北：臺灣商務印書館，1990 年），頁105、114。

7　葛世萱：《王通與道統——王通學在宋代地位之變化及時代意義》（臺北：臺灣大學中文所博論，2013 年），頁 100-285。

8　李小成：《文中子考論》，頁 141。

9　張豈之：《中國思想學說史（隋唐卷）》，頁 157、161。

些思想，頗引人注目，使他無意中成為理學的先導。」[10]又：
「他為周禮之道的復興呼號，提出以儒家思想為核心，內修仁義
禮智信，外建王道政治的理想。他探討了道的超越性和普遍性，
研究了性情善惡等問題，在價值取向與基本思想路上在為後來理
學探索道路。」[11]楊東蓀《中國學術史講話》云：「王通以直承
周、孔自任，而通變取捨，卻又言三教合一。從這點來看，可知
王通之學，實啟宋代理學之端。」[12]尹協理、魏明《王通論》亦
指出「他非常重視倫理思想的建設，提出一系列新的主張和範
疇，對宋明理學的形成，起了開創性的作用。」又：「特別是關
於人心和道心、窮理盡性以至於命、敬慎戒懼與誠敬等範疇，已
經雕塑了理學在道德修養方面的理論雛型。」[13]

　　龔鵬程則由家族之學論王通，指出王通與王弼都是少年天
才，但王通不認為他的學問出於天才，而是得自家學。[14]「從這
個意義上說，王通的《中說》或其已佚之《續經》，與顏之推的

---

[10]　任繼愈等：《中國哲學發展史（隋唐）》，頁 53。

[11]　任繼愈等：《中國哲學發展史（隋唐）》，頁 53。

[12]　楊東蓀：《中國學術史講話》（南京：江蘇教育出版社，2005 年），
頁 147。

[13]　尹協理、魏明：《王通論》（北京：中國社會科學出版社，1984
年），頁 201、212。

[14]　龔鵬程云：「王通可以說是一位早熟的思想家。魏晉南北朝的學術，開
啟於王弼，收束於王通，而二人都是少年英特的奇才，不能不說是一樁
巧妙的偶合。……凡熟悉六朝學術的人，都曉得那是個講才性的時代，
肯定天才，即使王通也不例外。像他稱贊漢武帝，……可是他不承認自
己的學問是由於天才。主要的原因，是王通之學大抵得自世業家學。」
龔鵬程：《唐代思潮‧北朝最後的儒者：王通》（北京：商務印書館，
2007 年），頁 7。

《顏氏家訓》應極為接近。都代表了世族家學，只不過一為承結
先人之業，一為戒示子孫之言而已。後人不明此義，故論斷王通
時，往往失中。」[15]「由這個觀點來看，王通就不必再視為隋代
『一位』思想家，而可以看成北朝一大家族學問的收束或完成。
更擴大來說，王通可說是北朝最後一位儒者，代表北朝儒學的終
結。」[16]

　　綜觀學界的研究，主要針對王通關注三教、直承周、孔，以
及心性、工夫的議題對宋明發展新儒學有啟發作用，說明王通的
重要性。龔氏的說法雖能修訂學界僅從王通個人進行研究的限
制，然只能說明其學術淵源，無法說明思想的特色，且易誤解王
通只為傳衍家學，而忽略他為傳衍儒學所作的努力。

　　學界的研究幾乎站在講論的角度研究王通，卻無法指出王通
有那些新議題或新方法的突破。這樣的問題或許出在王通本身，
新議題或新方法的突破或許不是他關注的焦點，致使從講論的角
度無法見出其特色及重要性，因此，本章擬在前賢基礎上，透過
王通思想的接受研究，以及從「受用」的角度見出王通思想的特
色，以重新審視王通思想的特色及定位，以見出王通在學術史上
的重要性，亦期由王通「受用」孔子思想作為吾人實踐儒學之典
範。

---

[15]　龔鵬程：《唐代思潮》，頁 8。
[16]　龔鵬程：《唐代思潮》，頁 12。

二、程朱、陸王對王通思想的理解與評價

　　宋明儒者對王通極為重視，以下便以程朱、陸王作為代表。關於程、朱如何評價王通思想，[17]伊川曾針對王通回應魏徵與董常關於聖人是否有憂、有疑及心跡之辨的問題提出辨析。關於聖人是否有憂、有疑的問題，《中說・問易篇》云：

> 魏徵曰：「聖人有憂乎？」子曰：「天下皆憂，吾獨得不憂乎？」問：「疑？」子曰：「天下皆疑，吾獨得不疑乎？」徵退，子謂董常曰：「樂天知命，吾何憂？窮理盡性，吾何疑？」[18]

　　伊川肯定王通的說法，認為：「如此自不相害，說得極好。」[19]又指出聖人有情，當然有憂、有怨，亦認為對聖人是否有憂、有怨的討論不可過於簡單，須視情而定。伊川云：

---

[17] 李小成《文中子考論》第四章從立專節討論宋代個人著述中對文中子及《中說》的著錄與評論，其中亦包含程、朱。李氏云：「程頤、程顥是北宋著名的理學家，他們在與人言談或其書中，對文中子都有較為客觀的評價。」又云：「作為大學者的程頤、程顥和朱熹等人對文中子能正確對待，『他雖有不好處，也須有好處』，他們對文中子所持的態度代表當時學術界的主流思想。」「朱子很敏銳地認識到了文中子的思想價值。」李小成：《文中子考論》，頁 124、128、129。但可惜的是，李小成並未深入就程、朱為何如此評斷王通其人與思想，僅順著文獻解說，或僅列出相關文獻，本章則作進一步的分析比較。

[18] 王通：《中說・問易》，卷5，頁 1a-1b。

[19] 〔宋〕程顥、程頤：《河南程氏遺書》，卷18，頁 220。

怨只是一個怨，但其用處不同。舜自是怨，如舜不怨，卻
不是也。學須是通，不得如此執泥。如言「仁者不憂」，
又卻言「作《易》者，其有憂患」，須要知用處各別也。
天下只有一個憂字，一個怨字，既有此二字，聖人安得無
之？如王通之言甚好。[20]

至於後半，《中說・問易篇》所云：

常曰：「非告徵也，子亦二言乎？」子曰：「徵所問者跡
也，吾告汝者心也。心、跡之判久矣，吾獨得不二言
乎？」常曰：「心、跡固殊乎？」子曰：「自汝觀之則殊
也，而適造者不知其殊也，各云當而已矣，則夫二未違一
也。」[21]

王通指出魏徵從跡的角度提問，故以聖人之跡回答；董常從心的
角度提問，故由聖人之心回應；又進而指出見道者體悟聖人之跡
與聖人之心通而為一，一般人則有心跡為二之惑。

　　王通的說法涉及兩個層面，一是就聖人方面而言，論聖人之
跡與聖人之心，二是就觀察者、評論者而言，觀察者、評論者的
修養境界影響對聖人心、跡是否一致的看法。

　　就第一層面而言，王通肯定聖人有情，故聖人之跡顯情；亦
肯定聖人能樂天知命、窮理盡性故聖人內心實無負累，故無憂、

20　〔宋〕程顥、程頤：《河南程氏遺書》，卷18，頁219-220。
21　〔隋〕王通：《中說・問易》，卷5，頁1a-1b。

無疑。就第二層面而言，觀察者、評論者若能見「道」，便能體悟聖人有情（跡）卻不累於物（心）；若不能見「道」則產生聖人心、跡不一致的疑惑。

伊川並未順著王通的兩重思路，而逕談跡、心一致。伊川云：「下面數句言心、跡之判便不是，此皆人人附會，適所以為贅也。」[22]又云：「有是心則有是跡，王通言心、跡之判，便是亂說。」[23]伊川認為可見的跡能充分表達不可見的心，心、跡是完全一致，不應出現王通所說心與跡不一致的情形。朱子的看法與伊川一致。朱子云：「若孟子不忘天下之憂，而亦不害其樂天知命之樂，其幾是乎？」[24]又云：「心、跡之判久矣，便亂道。」[25]

此外，朱子對王通的論點亦多予肯定，例如，王通所云：「美哉乎藝也！古君子志於道，據於德，依於仁，而後藝可遊也。」[26]以及「輕施者必好奪」[27]的說法，朱子認為「此說得亦近人情」。[28]

---

[22] 〔宋〕程顥、程頤：《河南程氏遺書》，《二程集》（第 1 冊）（臺北：漢京文化事業公司，1983 年），卷 18，頁 220。

[23] 程顥、程頤：《河南程氏遺書》，卷 15，頁 155。

[24] 朱熹：《四書或問・孟子或問》，《朱子全書》第 6 冊（上海：上海古籍出版社、合肥：安徽教育出版社，2002 年），卷 4，頁 942-943。

[25] 程顥、程頤：《河南程氏遺書》，卷 19，頁 262。

[26] 王通：《中說・事君》，卷 3，頁 2b。

[27] 王通：《中說・王道》，卷 1，頁 4b。〔宋〕黎靖德編：《朱子語類（壹）》，《朱子全書》（上海：上海古籍出版社、合肥：安徽教育出版社，2002 年），卷 34，頁 1222。

[28] 黎靖德編：《朱子語類（貳）》，卷 29，頁 1063。

　　朱子亦肯定王通論時事及文史的說法。朱子云：「文中子論時事及文史處，儘有可觀。於文取陸機，史取陳壽，曾將陸機文來看，也是平正。」[29]

　　然對於王通「權義舉而皇極立」[30]的說法，朱子提出修正，主張將「權義」改為「經權」。朱子云：

> 文中子云：「權義舉而皇極立」，若云經權舉則無害。今云「權義舉」，則義字下不得，何故？卻是將義來當權，不知經自是義，權亦是義，義字兼經權而用之。若以義對經，恰似將一個包兩物之物，對著包一物之物。[31]

　　依王通的說法，王通以「義」言經，故「權義」即是指「經權」。但朱子作更細部區分，認為無論經、權都須合於義，認為王通「權義」並舉，亦被人誤解成經須合於義，權則否。深究之，二子均肯定守經行權的重要，只是朱子從字詞使用的嚴謹度指出王通以兼經權而言的「義」與「權」並論，用法上不嚴謹。

　　關於陸、王對王通思想的理解，象山推崇王通，然對王通混通三教有所批評。言道：「王通則又渾三家之學，而無所譏貶，

---

[29]　黎靖德編：《朱子語類（伍）》，卷 137，頁 4252。

[30]　王通云：「《元經》有常也，所正以道，於是乎見義；《元經》有變也：所行有適，於是乎見權。權義舉而皇極立矣。」王通：《中說‧魏相》，卷 8，頁 2b。

[31]　黎靖德編：《朱子語類（貳）》，卷 37，頁 1384-1385。

浮屠、老氏之教遂與儒學鼎列於天下。」[32]

　　陽明則認為王通著作並非皆為弟子偽託。曾云：「論者猶以文中子之書乃其徒偽為之而託焉者，未必其實然也。」[33]又指出不可全盤否定王通著作，且認為其著述概要明確可見，只是因年代久遠，無法完全見出全貌。陽明云：「若文中子，則又不可謂之不知學者，其書雖多出於其徒，亦多有未是處，然其大略，則亦居然可見，但今相去遼遠，無有的然憑證，不可懸斷其所至矣。」[34]

　　象山、陽明亦對王通續經、擬經加以討論。象山認為《續書》乃欺世盜名之作為，且認為《續書》始於漢，影響後人認識王道。象山云：「欺世盜名之號，夫又焉得而避之。《續書》何始於漢？吾以為不有以治王通之罪，則王道終不可得而明矣。」[35]針對《續書》始於漢使王道不明的看法，與朱子一致。陽明認為「續經亦未可盡非」[36]，並云：

　　　自秦漢以降，文又日盛，若欲盡去之，斷不能去，只宜取
　　　法孔子。錄其近是者而表章之，則其諸怪悖之說，亦宜漸
　　　漸自廢。不知文中子當時擬經之意如何？某切深有取於其

32　〔宋〕陸九淵：《象山全集・策問》（臺北：臺灣中華書局，1987年），卷24，頁2b。

33　〔明〕王守仁撰、吳光等點校：《王陽明全集・續編三・書同門科舉題名錄後》（三）（上海：上海古籍出版社，2014年），卷28，頁1125。

34　王守仁：《王陽明全集・語類二・答陸原靜書》（一），卷2，頁78。

35　陸九淵：《象山全集・拾遺・續書何始於漢》，卷32，頁8b。

36　王守仁：《王陽明全集・語錄一》（一），卷1，頁22。

事，以為聖人復起，不能易也。[37]

陽明認為王通擬經實則師法孔子，其用心與孔子相同，皆欲於虛文雜說盛行之際，取法先聖之言，推行先聖之道。

至於《中說》，象山認為與《法言》著述宗旨相同。言道：「王文中《中說》與揚子雲相若，雖有不同，其歸一也。」[38]

相較程朱論王通，偏重在王通的說法，考察其立論是否適切。象山雖肯定王通為大儒，但卻側重批評王通混通三教與《續書》宗漢。陽明的論點與三子迥異，指出王通擬經的用心與作法實師法孔子，對王通有極高評價。

三、《中說》與《法言》之異同

揚雄仿《論語》作《法言》與《中說》形式相類，岑溢成認為：「《法言》是企圖模倣《論語》的，但無論體例上，內容的範圍和重點上，都與《論語》有點距離。」[39]又云：

> 《論語》的內容，談的大多是君子成己成物的成德之學，而成德之學的基礎則在於「仁」。《法言》則包含對諸子學說的議論，對於歷史人物的品評，對於當代經學的批駁；而且雖然也談到「仁」，但他的理解顯然跟《論語》

---

[37]　王守仁：《王陽明全集・語錄一》（一），卷1，頁9。

[38]　陸九淵：《象山全集・語錄》，卷35，頁3a。

[39]　王邦雄等：《中國哲學史》，頁290。

　　有距離。[40]

《法言》確實包含議論諸子，包括楊朱與墨子、[41]公孫龍子、[42]申不害與韓非、[43]莊子與鄒衍、[44]董仲舒[45]等；對歷史人物的品評，包括呂不韋、[46]白起與王翦、[47]蒙恬[48]等；對當代經學的批

---

[40]　王邦雄等：《中國哲學史》，頁 290。

[41]　《法言・吾子》：「古者楊墨塞路，孟子辭而辟之，廓如也。後之塞路者有矣，竊自比於孟子。」〔漢〕揚雄、汪榮寶撰、陳仲夫點校：《法言義疏》（北京：中華書局，1987 年），頁 81。

[42]　《法言・吾子》：「或問：『公孫龍詭辭數萬以為法，法與？』曰：『斷木為棋，挍革為鞠，亦皆有法焉。不合乎先王之法者，君子不法也。』」揚雄：《法言義疏》，頁 63。

[43]　《法言・問道》：「申、韓之術，不仁之至矣。」揚雄：《法言義疏》，頁 130。

[44]　《法言・問道》：「或曰：『莊周有取乎？』曰：『少欲。』『鄒衍有取乎？』曰：『自持。至周罔君臣之義，衍無知於天地之間，雖鄰不覿也。』」揚雄：《法言義疏》，頁 134-135。

[45]　《法言・修身》：「公儀子、董仲舒之才之邵也，使見善不明，用心不剛，儔克爾？」揚雄：《法言義疏》，頁 91。

[46]　《法言・淵騫》：「或問：『呂不韋其智矣乎，以人易貨。』曰：『誰謂不韋智者與？以國易宗。不韋之盜，穿窬之雄乎？穿窬也者，吾見擔石矣，未見洛陽也。』」揚雄：《法言義疏》，頁 431。

[47]　《法言・淵騫》：「『秦將白起不仁，奚用為也？』『長平之戰，四十萬人死，蚩尤之亂，不過於此矣。原野厭人之肉，川谷流人之血，將不仁，奚用為！』『翦？』曰：『始皇方獵六國，而翦牙欵！』」揚雄：《法言義疏》，頁 435。

[48]　《法言・淵騫》：「或問：『蒙恬忠而被誅，忠奚可為也？』曰：『塹山堙谷，起臨洮，擊遼水，力不足而死有餘，忠不足相也。』」揚雄：《法言義疏》，頁 429。

駁，如，批評司馬遷認為五經文字不如《老子》簡約的說法。[49]
當然，更重要的是《法言》論「仁」與《論語》的說法明顯不
同，誠如岑溢成所言「在揚雄的觀念中，『仁』並不諸德的首，
也不是諸德的本，而只是諸德之一。」[50]如，《法言‧問道》
云：「道、德、仁、義、禮，譬諸身乎？夫道以導之，德以得
之，仁以人之，義以宜之，禮以體之，天也。合則渾，離則散，
一人而兼統四體者，其身全乎！」[51]「仁」不再是諸德根本，而
是諸德之一。

　　但同樣以擬《論語》的《中說》來看，無論在體例、內容或
思想重點，皆與《論語》相類。該書乃弟子記載王通言行的記
錄，以言說形式為例，如，王通云：「仁者，吾不得而見也，得
見智者，斯可矣。智者，吾不得而見也，得見義者，斯可矣。如
不得見，必也剛介乎？剛者好斷，介者殊俗。」[52]又云：「我未
見嗜義如嗜利者也。」[53]此論說形式與《論語》近似。

　　甚至與弟子言志向亦極相類。《中說‧天地》有段文字與與
《論語》「盍各言爾志」極為相似，言道：

49　《法言‧寡見》云：「或問：『司馬子長有言曰，五經不如《老子》之
　　約也，當年不能極其變，終身不能究其業。』曰：『若是，則周公惑，
　　孔子賊。古者之學耕且養，三年通一。今之學也，非獨為之華藻也，又
　　從而繡其鞶帨，惡在其《老》不《老》也。』」揚雄：《法言義疏》，
　　頁 222。

50　王邦雄等：《中國哲學史》，頁 290。

51　揚雄：《法言義疏》，頁 222。

52　王通：《中說‧王道》，卷 1，頁 6a。

53　王通：《中說‧王道》，卷 1，頁 6b。

> 子觀田，魏徵、杜淹、董常至。子曰：「各言志乎？」徵
> 曰：「願事明王，進思盡忠，退思補過。」淹曰：「願執
> 明王之法，使天下無冤人。」常曰：「願聖人之道行於
> 時，常也無事於出處。」子曰：「大哉！吾與常也。」[54]

　　王通極重視「仁」，論述方式與《論語》相類。如，王通
云：「美哉乎藝也！古君子志於道，據於德，依於仁，而後藝可
遊也。」[55]對於仁、智，言道：「智者樂，其存物之所為乎？仁
者壽，其忘我之所為乎？」[56]且認為當以仁為本。言道：「仁以
為己任。小人任智而背仁為賊，君子任智而背仁為亂。」[57]又
云：「仁以守之，不能仁則智息矣，安所行乎哉？」[58]與《法
言》不同者，王通將「仁」視為諸德之首，《中說‧述史》記
載：「薛收問仁。子曰：『五常之始也。』」[59]

　　《中說》亦重視「孝」，並指出「孝」為「忠」之本。如，
王通云：「仁義不修，孝悌不立，奚為長生？甚矣，人之無厭
也！」[60]又曾回答楊玄感問「孝」云：「始於事親，終於立
身。」並回應問「忠」，指出：「孝立則忠遂矣。」[61]

　　此外，在外王思想方面，《中說》承繼承繼孔子重仁義禮樂

[54] 王通：《中說‧天地》，卷2，頁3b-4a。

[55] 王通：《中說‧事君》，卷3，頁2b。

[56] 王通：《中說‧天地》，卷2，頁1a。

[57] 王通：《中說‧天地》，卷2，頁2a-2b。

[58] 王通：《中說‧問易》，卷5，頁6a。

[59] 王通：《中說‧述史》，卷7，頁3b。

[60] 王通：《中說‧禮樂》，卷6，頁6a。

[61] 王通：《中說‧周公》，卷4，頁7a-7b。

之教的理想，王通云：「仁義其教之本乎？先王以是繼道德而興禮樂者也。」[62]主張以仁義為本，以禮樂落實。曾回應提問：「君子仁而已矣，何用禮為？」答道：「不可行也。」[63]亦曾讚許弟子問禮樂之本。《中說·周公》記載：「凌敬問禮樂之本。子曰：『無邪。』凌敬退，子曰：『賢哉，儒也！以禮樂為問。』」[64]

又指出禮為治國之要法，言道：「禮其皇極之門乎？聖人所以嚮明而節天下也。其得中道乎？故能辯上下，定民志。」[65]又自言他所重視的是端正當時禮樂得失，曾云：「吾於禮樂，正失而已。如其制作，以俟明哲，必也崇貴乎？」[66]

王通並指出冠禮、喪禮、祭禮尤為重要，言道：「冠禮廢，天下無成人矣；昏禮廢，天下無家道矣；喪禮廢，天下遺其親矣；祭禮廢，天下忘其祖矣。嗚呼！吾末如之何也已矣。」[67]對於婚禮主張重德不重財，言道：「婚娶而論財，夷虜之道也，君子不入其鄉。古者男女之族，各擇德焉，不以財為禮。」[68]王通亦將理念具體落實，《中說·事君》記載：「子之族，婚嫁必具六禮。曰：『斯道也，今亡矣。三綱之首不可廢，吾從古。』」[69]

62　王通：《中說·禮樂》，卷6，頁4a。
63　王通：《中說·禮樂》，卷6，頁2a。
64　王通：《中說·周公》，卷4，頁4a。
65　王通：《中說·禮樂》，卷6，頁4a。
66　王通：《中說·禮樂》，卷6，頁1a。
67　王通：《中說·禮樂》，卷6，頁3a。
68　王通：《中說·事君》，卷3，頁7a。
69　王通：《中說·事君》，卷3，頁7a。

　　至於《中說》亦議論前賢、時人、時事，但基本上仍本著上述觀點提出看法。若從體例、內容、思想重心來看，多承自《論語》，實無新意，也因此前賢就這方面評論王通，評價並不高，往往僅評其思想純粹，如此而已。然從「受用」[70]的角度來看，便有不同的意義。

　　王通《中說》的與揚雄《法言》形式雖同為擬《論語》之作，但宗旨不同，揚雄重在講論，自建體系，王通則以「受用」為主，體現孔子思想。

四、受用孔子思想的事功之學

　　前面已探討朱子對王通思想的評析，但朱子更關注的是王通的事功之學。關於王通的事功之學。王通就歷史發展，指出三皇之治以無為、五帝之治以德、三代之治以義、五霸之治以智、強國之治以兵。[71]

　　關於三皇之治，王通指出三皇無為而治，社會自足淳樸。王通云：

70　此處「受用」概念乃參考前輩岑溢成的觀點，岑氏云：「我們將提出『受用』和『講論』的區分，指出哲學史家們一般的做法只強調了思想的理論性的『講論』一面，忽略了實踐性的『受用』一面。」岑溢成：〈嵇康的思維方式與魏晉玄學〉，《鵝湖學誌》第 9 期，1992 年 12 月，頁 27。

71　王通云：「強國戰兵，霸國戰智，王國戰義，帝國戰德，皇國戰無為。天子而戰兵，則王霸之道不抗矣，又焉取帝名乎？故帝制沒而名實散矣。」王通：《中說·問易》，卷 5，頁 6b。

古者聖王在上，田里相距，雞犬相聞，人至老死不相往
來，蓋自足也。是以至治之代，五典潛，五禮措，五服不
章。人知飲食，不知蓋藏；人知群居，不知愛敬。上如標
枝，下如野鹿。何哉？蓋上無為，下自足故也。[72]

對於堯舜之治，王通稱其治國之方針、制度為「帝制」。堯
舜帝制，寬廣宏大，包容萬端，君民上下安和平靜，其施政千變
萬化而守中道。王通云：

帝者之制，恢恢乎其無所不容。其有大制，制天下而不割
乎？其上湛然，其下恬然。天下之危，與天下安之；天下
之失，與天下正之。千變萬化，吾常守中焉。其卓然不可
動乎？其感而無不通乎？此之謂帝制矣。[73]

而三代之治以仁義為依歸，其施政方正簡易，[74]春秋時期，
五霸之制興，崇尚智力，即便如此，尚存仁義之風。[75]王通云：
「齊桓尊王室而諸侯服，惟管仲知之；……昔周制至公之命，故
齊桓、管仲不得而背也。」[76]

---

[72] 王通：《中說・立命》，卷9，頁4a。

[73] 王通：《中說・周公》，卷4，頁6a。

[74] 王通云：「夏、商之道直以簡。」王通：《中說・天地》，卷2，頁4b。

[75] 王通云：「三代之末，尚有仁義存焉。」王通：《中說・事君》，卷3，頁5a。

[76] 王通：《中說・周公》，卷4，頁2b-3a。

　　五霸之後則強國迭起，崇尚兵力。王通對戰國之弊及秦的暴政是有批評的。[77]但對於漢代七位君主[78]卻給予相當的肯定，稱為「七制之主」，以其能建立理想制度。王通屢稱：「七制之主，其人可以即戎矣。」[79]「七制之主，道斯盛矣。」[80]或回應杜淹問七制之主。曰：「有大功也。」[81]均可見出王通對漢高、文、景等七位君主的高度肯定。

　　朱子對王通肯定漢代君主有不同看法。對於王通既志在效法伊尹、周公，[82]但卻又肯定漢七制之主，認為是因王通不能堅持王道，而急於近功之故。朱子云：

> 文中子他當時要為伊、周事業，見道不行，急急地要做孔子。他要學伊、周，其志甚不卑，但不能勝其好高自大，欲速之心，反有所累。二帝三王卻不去學，卻要學兩漢，此是他亂道處。[83]

77　參見前回應薛收「《續書》之始於漢」的提問。王通亦云：「六代之季，仁義盡矣。」王通：《中說・事君》，卷3，頁5a。

78　關於漢代七制之主，包括漢高帝、文、武、宣、光武、明、章七位皇帝。王通云：「仁若文帝，感緹縈去肉刑；義若武帝，殺鈎弋防后族之亂；公若明帝，不許管陶求郎；恕若章帝，救楚王徙者是也。」王通：《中說・天地》，卷2，頁4b。

79　王通：《中說・王道》，卷1，頁6a。

80　王通：《中說・禮樂》，卷6，頁2a。

81　王通：《中說・述史》，卷7，頁6b。

82　王通云：「不以伊尹、周公之道康其國，非大臣也。」王通：《中說・立命》，卷9，頁1b。

83　黎靖德編：《朱子語類（伍）》，卷137，頁4243。

　　關於朱子批評王通肯定兩漢事功這點，朱子的批評有其說服力，既然王通肯定王道仁政，便應堅持推行王道仁政，不宜降低標準。然其中認為王通基於速成之心而欲學兩漢，有待商榷。考察《中說》，王通欲推行禮樂之心，至死未改初衷。《中說·魏相》記載：「江都有變，子有疾，謂薛收曰：『道廢久矣，如有王者出，三十年而後禮樂可稱也，斯已矣。』……『十年平之，十年富之，十年和之，斯成矣。』」[84]

　　從王通方面來看，王通與其宗族六代致力推行王政的理想，可惜未遇明主也，曾深深感慨：「甚矣！王道難行也。」[85]故他只得退而著述以存其志。[86]再者，王通透過考察歷史發展，肯定漢七制之主的施政，減輕百姓負擔，表現出仁、義、公、恕的德政，故能得民心。但王通認為若能在此基礎上推行禮樂之教，則合於三代之治。王通云：

　　　　二帝三王，吾不得而見也，舍兩漢將安之乎？大哉七制之
　　　　主！其以仁、義、公、恕統天下乎？其役簡，其刑清，君
　　　　子樂其道，小人懷其生。四百年間，天下無二志，其有以
　　　　結人心乎？終之以禮樂，則三王之舉也。[87]

84　王通：《中說·魏相》，卷8，頁4a。

85　王通：《中說·王道》，卷1，頁1a。

86　承上句，王通云：「吾家頃銅川六世矣，未嘗不篤於斯，然亦未嘗得宣其用，退而咸有述焉，則以志其道也。」王通：《中說·王道》，卷1，頁1a。

87　王通：《中說·天地》，卷2，頁4a-4b。

　　王通並指出雖然漢代雖亦稱帝制，但與堯舜帝制明顯不同。其最大優點在於為勞役少、獄政清明，但畢竟不同於堯舜及三代之主的存心及施政單純美善。七制之主雖具仁、義、公、恕之心，但其施政理念混雜百王之道，亦有種種充滿權詐的施政作為，為政苟且簡略，草率簡陋，故有其限制。王通云：

> 後之帝者，非昔之帝也。其雜百王之道，而取帝名乎？其心正，其跡譎。其乘秦之弊，不得已而稱之乎？政則苟簡，豈若唐、虞、三代之純懿乎？是以富人則可，典禮則未。[88]

　　除此，對七制之主中的漢武行封禪亦有所批評，曾云：「封禪之費，非古也，徒以誇天下，其秦、漢之侈心乎？」[89]伊川肯定此說云：「此言極好。古者封禪非謂誇治平，乃依本分祭天地，後世便把來做一件矜誇底事，如〈周頌〉告成功，乃是陳先王功德，非謂誇自己功德。」[90]

　　可見王通並非以漢代制度為理想，真正的政治理想仍是堯舜、三代之治，曾云：唐、虞之際，斯為盛。大禹、皋陶，所以順天休命也。」[91]對周、孔充滿景仰之情。曾云：「卓哉！周、孔之道，其神之所為乎？順之則吉，逆之則凶。」[92]又云：

88　王通：《中說・問易》，卷5，頁5a。

89　王通：《中說・王道》，卷1，頁4a-4b。

90　程顥、程頤：《河南程氏遺書》，卷19，頁262。

91　王通：《中說・禮樂》，卷6，頁2a。

92　王通：《中說・王道》，卷1，頁3a。

吾視千載已上，聖人在上者，未有若周公焉，其道則一，
而經制大備，後之為政，有所持循。吾視千載而下，未有
若仲尼焉，其道則一，而述作大明，後之修文者，有所折
中矣。[93]

王通推崇周公制禮作樂及孔子透過述作保存周文。他期許自己承
紹孔子，曾云：「千載而下，有紹宣尼之業者，吾不得而讓
也。」[94]甚至欲效法周公，他指出堯舜之道方正而廣大，夏、商
之道方正而簡易，但後世欲行聖王之治，需賴聖人推行，並自言
欲法周公將聖王之治推行於天下。王通云：

唐、虞之道直以大，故以揖讓終焉，必也有聖人承之，何
必定法？其道甚闊，不可格於後。夏、商之道直以簡，故
以放弒終焉，必也有聖人扶之，何必在我？其道亦曠，不
可制於下。如有用我者，吾其為周公所為乎？[95]

王通於當時致力正禮樂，亦是效法周、孔的作為。王通云：「吾
於禮樂，正失而已。如其制作，以俟明哲，必也崇貴乎？」[96]

　　王通雖然屢屢感慨世道衰頹，曾云：「悠悠素餐者，天下皆
是，王道從何而興乎？」[97]又感慨當時不重禮樂之教，不重文質

93　王通：《中說‧天地》，卷2，頁4b-5a。

94　王通：《中說‧天地》，卷2，頁4b-5a。

95　王通：《中說‧天地》，卷2，頁4b。

96　王通：《中說‧禮樂》，卷6，頁1a。

97　王通：《中說‧王道》，卷1，頁5b。

兼備，言道：「今言政而不及化，是天下無禮也；言聲而不及雅；是天下無樂也；言文而不及理，是天下無文也。王道從何而興乎？吾所以憂也。」[98]但王通仍懷著天下太平，興復王道的理想，重視禮樂之教，續修《詩》、《書》。王通云：「王道之駁，久矣，禮樂可以不正乎？大義之蕪甚矣，《詩》《書》可以不續乎？」[99]肯定弟子凌敬問禮樂之本，並以「無邪」為禮樂之本回應。[100]

因此，王通既正視歷史發展的現實，見出由皇制、帝制、王制、霸制、強國之制的發展歷程，但亦由歷史發展中見出發展理則及道德價值，並非如朱子所批評的「二帝三王卻不去學，卻要學兩漢」，而是見出漢代可取處及其限制，彼所肯定者是七制之主，可取處在於為政省勞役、刑罰清，君王具仁義之心，故能得民心；不足處在於政治理念雜駁，政蹟有謀詐、誇侈之弊。故提出若能強化禮樂之教，則近於三代之治，便可為當世施政的參考。

可惜朱子對王通的理解不夠透徹。他肯定王通胸懷天下，且對三代制度有深入瞭解，言道：「文中有志於天下，亦識得三代制度，較之房、魏諸公，文稍有些本領。」[101]透過與董仲舒、揚雄、韓愈的比較，[102]最後認為王、韓二子較近似。朱子曾論

---

[98] 王通：《中說・王道》，卷1，頁 3b。

[99] 王通：《中說・天地》，卷2，頁 4b。

[100] 〈周公篇〉「凌敬問禮樂之本。子曰：『無邪。』凌敬退，子曰：『賢哉，儒也！以禮樂為問。』」王通：《中說・周公》，卷2，頁 4a。

[101] 黎靖德編：《朱子語類（伍）》，卷 137，頁 4243。

[102] 《朱子語類》：「先生令學者評董仲舒、揚子雲、王仲淹、韓退之四子

王、韓高下，聚焦在兩人對事功的態度，一出於私，一本於公。
認為韓愈雖然寫了〈原道〉，高談仁義道德、談先王之教，[103]
只在言語、文字上符合六經，實際工夫不足，由平日做詩、博
奕，酣樂等作為，實與修道相違，其初心在謀得官職，但為官並
無可稱道者，並非真正關心民生。反觀王通，雖未高談明道、體
道，但卻出於公心，關心民生，欲實際建立事功。即此二子高下
立判。朱子云：

> 看來文中子根腳淺，然卻是以天下為心，分明是要見諸事
> 業，天下事他都一齊入思慮來，雖是卑淺，然卻循規蹈
> 矩，要做事業的人，其心卻公。如韓退之雖是見得個
> 「道」之大用是如此，然卻無實用功處。它當初本只是要
> 討官職做，始終只是這心，他只是要做得言語似六經，便
> 以為傳道，至其每日功夫，只是做詩、博奕，酣飲取樂而
> 已。觀其詩便可見都襯貼那〈原道〉不起，至其做官臨
> 政，也不是要為國做事，也無甚可稱，其實只是要討官職

優劣。或取仲舒，或取退之。曰：『董仲舒自是好人，揚子雲不足道，
這兩人不須說，只有文中子、韓退之這兩人疑似，試更評看。』」黎靖
德編：《朱子語類（伍）》，卷 137，頁 4243。

[103] 〈原道〉云：「夫所謂先王之教者，何也？博愛之謂仁，行而宜之之謂
義，由是而之焉之謂道，足乎己無待於外之謂德。其文，詩書易春秋；
其法，禮樂刑政；其民，士農工賈；其位，君臣父子師友賓主昆弟夫
婦；其服，麻絲；其居，宮室；其食，粟米果蔬魚肉：其為道易明，而
其為教易行也。」〔唐〕韓愈：《韓昌黎集》（臺北：河洛圖書出版
社，1975 年），卷 1，頁 10。

而已。[104]

但朱子亦指出王通事功之學受道家思想影響，言道：「只本原上工夫都不曾理會，若究其議論本原處，亦只自老、莊中來。」[105]又進一步認為王通事功之學的根本限制在於未立儒家明德大本，致使格局不足。朱子云：「如說禮樂治體之類，都不消得從正心、誠意做出。」[106]又云：

> 略知明德、新民，而不求止於至善者，如前日所論王通便是。看他於己分上亦甚修飭，其論為治本末，亦有條理，甚有志於斯世，只是規模淺狹，不曾就本原上著功，便做不徹，須是無所不用其極，方始是。[107]

朱子肯定王通事功之學論治國本末有其條理，然可惜未能於內聖下工夫，追求王道仁政的至善目標。

對於朱子的兩點批評，首先，就朱子認為王通事功之學本於道家這點來看，應與前面曾談及王通論三皇無為而治，上下安居的淳樸社會有關，然王通僅是就歷史事實作陳述，並非以三皇之治為理想。

其次，關於王通事功之學未立儒家明德大本這點，考之《中說》實不然也。王通於《續書》體例區分「制」、「命」、

---

104 黎靖德編：《朱子語類（伍）》，卷137，頁4243。
105 黎靖德編：《朱子語類》，卷137，頁4243。
106 黎靖德編：《朱子語類（伍）》，卷137，頁4252。
107 黎靖德編：《朱子語類（壹）》，卷17，頁580。

「志」、「事」，並云：「『制』、『命』，吾著其道焉，
『志』、『事』吾著其節焉。」阮逸注：「道兼天下，節守一
身。」[108]「制」談的是天子建立的制度，「命」指的是君臣協
力，掌握天時地利，解民疾苦，而得天命。[109]「志」指的是王
者的心志，所謂「志以成道」。[110]「事」及事業、事功。
「志」、「事」、「命」、「制」亦即王者發心，付諸事業，合
於天命，建立典制。明主發仁義之心，運用謀略成就事業，[111]
順應天命而得天下，建立愛民保民，長治久安的典章制度。

　　由王通於《續書》體例，設有「志」的體例，且求他體例強
調以仁義之心為本，便可見出強調王者欲行道於天下，需先立大
本，發心行仁義。王通云：「事之於命也，猶志之有制乎？非仁
義發中，不能濟也。」[112]至於《續書》「詔」（詔令）體例，亦
與君王之心志有關。王通云：「言以宣志。詔其見王者之志乎？
其恤人也周，其致用也悉。一言而天下應，一令而不可易。非仁
智博達，則天明命，其孰能詔天下乎？」[113]又云：「達制、命
之道，其知王公之所為乎？其得變化之心乎？達志、事之道，其

---

[108] 王通：《中說·問易》，卷5，頁3b-4a。

[109] 「《續書》之有命，邈矣！其有君臣經略當其地乎！其有成敗於其間，
　　天下懸之，不得已而臨之乎！進退消息，不失其幾乎！道甚大，物不
　　廢，高逝獨往，中權契化，自作天命乎！」王通：《中說·問易》，卷
　　5，頁2a。

[110] 王通：《中說·問易》，卷5，頁2a。

[111] 「事者，其取諸仁義而有謀乎？」王通：《中說·問易》，卷5，頁
　　2a。

[112] 王通：《中說·問易》，卷5，頁2a。

[113] 王通：《中說·問易》，卷5，頁1b-2a。

知君臣之所難乎？其得仁義之幾乎？」[114]

　　除此，王通談為政、談教化、談用兵皆強調以仁義為本。王通主張德政，先德而後刑，[115]為政主張「不以天下易一民之命。」[116]並以仁義為禮樂之教的根本，言道：「仁義其教之本乎！先王以是繼道德而興禮樂者也。」[117]又指出用師之道及決勝之道在於行仁義。[118]溫大雅問如之何可使為政。子曰：「仁以行之，寬以居之，深識禮樂之情。」[119]

　　關於心性、工夫實踐，王通雖然未多談，但仍可見出實本於孔、孟思想。王通曾論及道德性，以人具有道德性故能行仁義，並以道德性為五常之根本。《中說・述史》記載：「問性。子曰：「五常之本也。」」[120]又云：「我未見欲仁好義而不得者也。如不得，斯無性者也。」[121]此外，亦談直心、推誠、正心。曾回應張玄素問禮，言道：「直爾心，儼爾形，動思恭，靜

---

[114] 王通：《中說・問易》，卷5，頁4a。

[115] 王通云：「古之為政者，先德而後刑，故其人悅以恕；今之為政者，任刑而棄德，故其人怨以詐。」王通：《中說・事君》，卷3，頁1b。

[116] 「李密問王霸之略。子曰：『不以天下易一民之命。』」王通：《中說・天地》，卷2，頁2b。

[117] 王通：《中說・禮樂》，卷6，頁4a。

[118] 「楚公問用師之道。子曰：『行之以仁義。』曰：『若之何決勝？』子曰：『莫如仁義。過此，敗之招也。』」王通：《中說・問易》，卷5，頁4b。又：「李密見子而論兵。子曰：『禮信仁義，則吾論之；孤虛詐力，吾不與也。』」王通：《中說・天地》，卷2，頁1b。

[119] 王通：《中說・述史》，卷7，頁4a。

[120] 王通：《中說・述史》，卷7，頁3b。

[121] 王通：《中說・述史》，卷8，頁6b。

思正。」[122]言推誠云：「推之以誠，則不言而信。」[123]又曾回應「敢問化人之道」，指出：「正其心。」[124]又言及正性，曾云：「《詩》以正性」[125]亦言及思過預防的工夫，曾云：「『人心惟危，道心惟微』，言道之難進也。故君子思過而預防之，所以有誠也。」[126]亦言及推己及人的恕道，曾云：「為人子者，以其父之心為心；為人弟者，以其兄之心為心。推而達之於天下，斯可矣。」[127]亦強調窮理盡性之功，如，前言及王通云：「窮理盡性，吾何疑？」又云：「心者非他也，窮理者也。」[128]

　　朱子對王通的批評，實與朱子疑慮永嘉學派過度推重王通有關。朱子曾指出重事功的陳亮等永嘉學派學者推崇文中子思想，王通對江、浙學風影響極大。朱子云：「陳同父學已行到江西，浙人信向已多。家家談王伯，不說蕭何、張良，只說王猛；不說孔、孟，只說文中子，可畏！可畏！」[129]對於永嘉學派好文中子之學，朱子批評格局不高，以其不能師法孔子，僅願學文中子。《朱子語類》載道：「或曰：『永嘉諸公，多喜文中子。』曰：『然。只是小。它自知定學做孔子不得了，才見個小家活子，便悅而趨之。譬如泰山之高，它不敢登，見個小土堆子，便

122　王通：《中說·魏相》，卷8，頁3a。

123　王通：《中說·周公》，卷4，頁5a。

124　王通：《中說·事君》，卷3，頁1a。

125　王通：《中說·述史》，卷8，頁1b。

126　王通：《中說·問易》，卷5，頁2b-3a。

127　王通：《中說·天地》，卷2，頁2b。

128　王通：《中說·立命》，卷9，頁5a。

129　黎靖德編：《朱子語類（伍）》，卷123，頁3872。

上去只是小。」[130]

　　朱子對陳亮事功學的批評立場與對王通事功學看法的一致。
朱子、陳亮曾爭論漢唐事功，牟宗三以道德判斷與歷史判斷的分
判指出二子的差異，而此亦可用以說明朱子與王通對漢代事功的
不同評價。牟氏云：

> 朱子是理性主義，對於歷史只停在道德判斷上，而不能引
> 進歷史判斷以真實化歷史，其理性本體只停在知性之抽象
> 階段中。而陳同甫力爭漢唐，謂天地並非架漏過時，人心
> 并非牽補度日，漢唐英雄之主亦有價值。此儼若能引進歷
> 史判斷以真實化歷史。然考其實，彼只是英雄主義，直覺
> 主義，只能瞭解自然生命之原始價值，而非真能引進歷史
> 判斷以真實化歷史者。[131]

　　對於道德判斷與歷史判斷的爭論，牟氏指出此二者對討論歷
史皆不可獲缺，道德判斷保住價值理想，歷史判斷維護歷史的真
實性。牟氏云：

> 對於歷史，道德判斷與歷史判斷無一可缺。道德判斷足以
> 保住是非以成褒貶，護住理性以為本體，提挈理想以立綱
> 維；而歷史判斷足以真實化歷史，使歷史成為精神之表現
> 與發展歷史，每一步歷史事實皆因其在精神之表現與發展

---

[130] 黎靖德編：《朱子語類（伍）》，卷 123，頁 3866。
[131] 牟宗三：《政道與治道》（臺北：臺灣學生書局，1991 年），頁 223。

上有其曲折之價值而得真實化。[132]

　　王通對於歷史的看法與評論實兼具歷史判斷與道德判斷，基於歷史判斷肯定漢代事功，但仍依道德判斷推崇堯舜、三代的王道仁政及禮樂之教，且對於漢代七制之主的肯定仍是就其仁義公恕之德政予以肯定。

　　王通對歷史的理解與評價以及事功之學實受用孔子觀點，其一，王通肯定堯、舜及三代聖君，及強調德政，實受用於孔子「為政以德」[133]及孟子「行一不義、殺一不辜而得天下，皆不為也。」[134]的思想。

　　其二，王通重視禮樂之教，亦受用於孔子以禮治國[135]，重視禮之本，[136]以及禮制的因革損益[137]思想。

　　其三，王通對漢制的肯定，實受用孔子不僅推崇古聖王，亦

---

[132] 牟宗三：《政道與治道》，頁 223。

[133] 《論語・憲問》「為政以德，譬如北辰，居其所而眾星共之。」〔宋〕朱熹：《四書章句集註・論語集註》（臺北：長安出版社，1991年），卷 1，頁 53。

[134] 朱熹：《孟子・公孫丑上》，《四書章句集註・孟子集註》，卷 3，頁 234。

[135] 《論語・為政》：「齊之以禮」朱熹：《四書章句集註・論語集註》，卷 1，頁 54。《論語・里仁》：「能以禮讓為國乎？何有？不能以禮讓為國，如禮何？」朱熹：《四書章句集註・論語集註》，卷 2，頁 72。

[136] 《論語・陽貨》：「禮云禮云，玉帛云乎哉？樂云樂云，鐘鼓云乎哉？」朱熹：《四書章句集註・論語集註》，卷 9，頁 178。

[137] 《論語・為政》：「殷因於夏禮，所損益，可知也；周因於殷禮，所損益，可知也；其或繼周者，雖百世可知也。」朱熹：《四書章句集註・論語集註》，卷 1，頁 59。

能正視後世君王的事功。孔子雖推崇堯、舜及三代聖君，但對春秋時期的齊桓公霸業亦肯定其心志方正，[138]且肯定立下保存中原文化的大功。[139]

其四，王通肯定漢代七制之主，並主張於漢制基礎強化禮樂之教則可恢復三代之治，此乃受用孔子「齊一變，至於魯；魯一變，至於道」[140]的觀點。

透過朱子對王通事功之學的理解與評價，可見出朱子從道德判斷論歷史，推崇三代之治，批評漢唐事功，而王通則兼取道德判斷與歷史判斷，既正視歷史發展及現實現制，又能堅持王道理想，確立道德價值，其事功之學實受用孔子思想，並欲施用當世，唯從此向度理解王通，方能見出其事功之學的特色及價值。

五、王通的修身「受用」孔子之教

程朱、陸王對王通其人的評價，伊川肯定王通是有德的君子，讚許為「隱德君子」，即有德不顯的君子；並認為其論著雖有後人附會處，但其思想菁華處則勝於荀子、揚雄。《程氏遺書》記載：「問：『王通』，曰：『隱德君子也。當時有些言

---

[138] 《論語・憲問》：「晉文公譎而不正，齊桓公正而不譎。」朱熹：《四書章句集註・論語集註》，卷7，頁153。

[139] 《論語・憲問》：「桓公九合諸侯，不以兵車，管仲之力也。如其仁！如其仁！」又曰：「管仲相桓公，霸諸侯，一匡天下，民到於今受其賜。微管仲，吾其被髮左衽矣。豈若匹夫匹婦之為諒也，自經於溝瀆，而莫之知也。」朱熹：《四書章句集註・論語集註》，卷7，頁153。

[140] 《論語・雍也》，朱熹：《四書章句集註・論語集註》，卷3，頁90。

語，後來被人傅會，不可謂全書。若論其粹處，殆非荀、揚所及也。』」[141]

　　至於朱子，則指出王通的可取處，肯定王通具有真知卓見，對人情世故，歷史興革，經世致用皆有深入見解，且深明仁義禮樂之大作用。唯如前所言未能於心性本體多所關注有所限制。朱子云：

> 然王通比荀、揚又夐別，王通極開爽，說得廣闊，緣他於事上講究得精，故於世變興亡，人情物態，更革沿襲，施為作用，先後次第都曉得。識得個仁義禮樂都有用處，若用於世，必有可觀，只可惜不曾向上透一著，於大體處有所欠闕，所以如此，若更曉得高處一著，那裡得來，只細看他書，便見他極有好處，非特荀、揚道不到，雖韓退之也道不到。[142]

又指出王通於事功，初學周公，見時不可為而改學孔子著書，並批評《中說》一書只從形跡學習孔子。朱子云：

> 這人於作用處曉得，急欲見之於用，故便要做周公的事業便去上書，要興太平。及知時勢之不可為，做周公事業不得，則急退而續《詩》、《書》、續《元經》，又要做孔子的事業。……他只是急要做個孔子，又無佐證，故裝點

---

[141] 程顥、程頤：《河南程氏遺書》，卷18，頁231。
[142] 黎靖德編：《朱子語類（伍）》，卷137，頁4239。

　　　　幾個人，做堯舜、湯、武，皆經我刪述，便顯得我是聖
　　　人，如《中說》一書都是要學孔子。[143]

　　陸、王亦推崇王通，象山將王通與荀、揚、韓三子並稱，言
道：「孟子之後，以儒稱於當世者，荀卿、揚雄、王通、韓愈四
子最著。」[144]陽明推崇王通乃孔、孟之後「具體而微」的大
儒，甚至超過董仲舒、韓愈。陽明云：「文中子庶幾具體而微，
惜其早死。」[145]又云：「予嘗論文中子，蓋後世之大儒也。自
孔、孟既沒，而周、程未興，董、韓諸子未或有先焉者。」[146]
對於韓愈與王通，陽明認為韓愈是極出色的文人，卻盛讚王通為
賢儒。陽明云：「退之，文人之雄耳；文中子，賢儒也。後人徒
以文詞之故，推尊退之，其實退之去文中子遠甚。」[147]
　　程朱、陸王對王通其人的評斷，大體是肯定的。《中說》對
於王通其人有極詳實記載。《中說・事君》記載不仕的心志：

　　　　楊素使謂子曰：「盍仕乎？」子曰：「疏屬之南，汾水之
　　　曲，有先人之敝廬在，可以避風雨，有田可以具饘粥，彈
　　　琴著書、講道勸義自樂也。願君侯正身以統天下。時和歲

[143] 黎靖德編：《朱子語類（伍）》，卷 137，頁 4237-4238。

[144] 陸九淵：《象山全集・策問》，卷 24，頁 2a。

[145] 王守仁：《王陽明全集・語錄一》（一），卷 1，頁 22。

[146] 王守仁：《王陽明全集・續編三・書同門科舉題名錄後》（三），卷
28，頁 1125。

[147] 王守仁：《王陽明全集・語錄一》（一），卷 1，頁 8。

豐，則通也受賜多矣，不願仕也。」[148]

雖選擇不仕，但卻關懷天下，明確表示追隨孔子，以傳承夫子之道自期。曾云：

> 吾視千載已上，聖人在上者，未有若周公焉；其道則一，而經制大備，後之為政，有所持循。吾視千載而下，未有若仲尼焉；其道則一，而述作大明，後之修文者，有所折中矣。千載而下，有申周公之事者，吾不得而見也；千載而下，有紹宣尼之業者，吾不得而讓也。[149]

王通曾自道擬經意在明「道」，藉續《詩》、《書》以保存漢、晉史實，反應六代[150]社會風俗；作《元經》乃明南朝、北朝的正統性，贊《易》以述孔子之旨。[151]並指出其擬經，或述而不作，或論而不辯，或辯而不議，其間的差別，實依據事理的可與不可。贊《易》重在知命窮理，故承述夫子《易》理而不須爭論；禮、樂的制度義有因革損益，故論損益得失而不爭辯；《詩》、《書》重在端正性情與明王道曲直，故需辯明得失，然

---

148 王通：《中說‧事君》，卷3，頁1a-1b。

149 王通：《中說‧天地》，卷2，頁4b-5a。

150 六代指晉、宋、北魏、北齊、北周。張沛：《中說譯注》（上海：上海古籍出版社，2011年），頁160。

151 「吾續《書》以存漢、晉之實，續《詩》以辯六代之俗，修《元經》以斷南、北之疑，贊《易》道以申先師之旨，正《禮》、《樂》以旌後王之失。如斯而已矣。……吾於道，屢伸而已。其好而能樂，勤而不厭者乎？聖與明吾安敢處？」王通：《中說‧禮樂》，卷6，頁4a。

不需決斷。[152]

王通於倫常日用鮮明見出師法孔子的痕跡。包括，閒居時神情莊重，行動從容，容止若思，行為謹慎。[153]對物質要求相當簡約，儉樸的衣著，飲食配合時令與當地性。《中說‧事君》記載：「子之服儉以潔，無長物焉，綺羅錦繡，不入於室。」[154]、「子宴賓無貳饌，食必去生，味必適。果菜非其時不食，……非其土不食。」[155]治父喪，哀思忘食，謹守禮制，不舖張。[156]在應對進退方面，王通敬老慈幼。[157]與他人相處，隱惡揚善。[158]亦善處鄉里，與人無爭，平日順應眾議，遇事亦能挺身任事，[159]且積極參與鄉里社祭。[160]且協助鄉人治喪。[161]

---

[152] 王通云：「議，天子所以兼采而博聽也，唯至公之主為能擇焉。」王通：《中說‧禮樂》，卷6，頁2b。又：「吾於贊《易》也，述而不敢論；吾於禮、樂也，論而不敢辯；吾於《詩》、《書》也，辯而不敢議。」「或問其故。子曰：『有可有不可。』……『可不可，天下之所存也，我則存之者也。』」王通：《中說‧事君》，卷3，頁5b-6a。

[153] 「子閒居儼然，其動也徐，若有所慮；其行也方，若有所畏。」王通：《中說‧事君》，卷3，頁6a。該句原文用「間」字，此當為「閒」字。又：「子濟大川，有風則止，不登高，不履危，不乘悍，不奔馭。」王通：《中說‧事君》，卷3，頁6b。

[154] 王通：《中說‧事君》，卷3，頁6a。

[155] 王通：《中說‧事君》，卷3，頁6a。

[156] 「銅川府君之喪，勺飲不入口者三日。……棺槨無飾，衣衾而舉，帷車而載，塗車芻靈，則不從五世矣。」王通：《中說‧事君》，卷3，頁6b。

[157] 「其接長者，恭恭然如不足；接幼者，溫溫然如有就。」王通：《中說‧事君》，卷3，頁6a。

[158] 王通：《中說‧事君》，卷3，頁6a-6b。

[159] 「鄉人有水土之役，則具畚鍤以往。曰：『吾非從大夫也。』」王通：

王通所論多順承發揮孔子思想，並未自立新說，建構體系。但擬經及整部《中說》皆是「受用」孔子思想的具體展現，在講學及具體實踐皆體現孔子主張的「仁」及王道思想。相較荀、揚、董、韓諸儒透過思辨建立個人特色，王通則透過紹述、實踐孔子思想發揮影響力。

六、結論

相較現今學術史及專家研究多從講論的立場，探討王通到底講了什麼，而程朱、陸王雖亦就王通的思想論析，但卻能針對王通其人進行理解與評價，認為王通為賢儒、隱德君子，也啟發後人應對王通的志業作更深入瞭解。

程朱、陸王大抵肯定其思想，雖然程、朱批評心跡之判，朱、陸批評肯定漢代事功，但基本上仍肯定王通的講論合於儒家本色。但象山批評王通混融三教，這點必須澄清，否則影響符合儒家本色的評價。考察《中說》論及老、釋的文句，皆是藉用《老子》文字，而非關涉老子思想。[162]但對釋氏卻曾評論，一

《中說・事君》，卷 3，頁 6b。

[160] 「萬春鄉社，子必與執事翼如也。」王通：《中說・事君》，卷 3，頁 6b。

[161] 「鄉人有喪，子必先往，反必後。」王通：《中說・事君》，卷 3，頁 6a。

[162] 王通云：「君子不責人所不及，不強人所不能，不苦人所不好。夫如此，故免。老聃曰，吾言甚易行，天下不能行。信哉！」王通：《中說・魏相》，卷 8，頁 6a-6b。又云：「仁生於歉，義生於豐。故富而教之，斯易也。古者聖王在上，田里相距，雞犬相聞，人至老死不相往

方面肯定釋迦牟尼佛為聖人，但亦認為佛教乃西方宗教，不適合中土。《中說·周公》記載：「或問佛。子曰：『聖人也。』曰：『其教何如？』曰：『西方之教也，中國則泥。軒車不可以適越，冠冕不可以之胡，古之道也。』」[163]單就這段文字，只能見出王通肯定釋迦牟尼為西方聖人及佛教為西方宗教，何來象山所融會釋氏之學，連同藉用《老子》兩段文字，何來融會三教之說？

對於王通的學術定位，若僅由講論來評斷，難以具體論斷，以王通既未提出新學術議題、新的研究方法，亦未建立學術系統的緣故。致使學界僅能泛論王通之學異於南、北經學，開啟唐代、宋明理學的端緒。唯有從「受用」角度，見出王通的志向及其具體實踐實「受用」孔子思想，方能指出他的思想特色及在學術發展的定位及重要性所在。

王通的為人及事功之學皆「受用」孔子思想，期於當世落實孔子之教，推行王政理念。當孔子思想經歷孟、荀及漢儒、魏晉、南北朝至隋代的發展，已衍生出多元的儒學思想，也愈顯的細微、紛雜，與孔子之道漸行漸遠。透過王通歸本孔子，發揮孔子重視仁德，重視時變的精神，結合時代問題，找出具體可行的作法喚起後世重新正視孔子思想，從這點來看王通對唐代及宋明儒學發展的影響方有其意義。即便如龔鵬程所云：「宋代理學之論王道，固然以王通為先導，可是自程伊川以後，理學其實已發展出自己的方向和對道的理解，其義理及規模，業以突破王通的

来，蓋自足也。」王通：《中說·立命》，卷9，頁4a。此二句皆是借用《老子》文句耳。

[163] 王通：《中說·周公》，卷4，頁4b。

形態。」[164]但王通所承繼的儒家精神及體現出的儒者氣象，透過宋明學者的評析，可見出王通的深遠影響，但此影響不是理論思辨上的，而是透過具體證悟、實踐產生的影響。王通是實踐型的儒者，透過自身證悟孔子思想，體現孔子思想及作為，透過講學、著述，於南、北朝衰世之際，宣揚儒學，對儒學的傳衍具有重大貢獻。王通不是理論型的學者，正可解釋何以後人不易指出王通理論的特色，以及通史類哲學史、思想史罕言王通的緣故，「受用」孔子思想正是王通之學的特色及學術影響所在。王通「受用」孔子思想亦足為後人師法學習。

---

[164] 龔鵬程：《唐代思潮》，頁 53。

第六章　邵雍的觀物思想與由智生樂的現代啓示

一、前言

　　宋・邵雍（字堯夫，諡康節，1010-1077）乃北宋著名的思想家。關於邵雍的著作，《宋史》指出邵雍著有《皇極經世》、《觀物內篇》、《觀物外篇》、《漁樵問對》、《伊川擊壤集》。[1]其中，《皇極經世》收錄邵雍重要的哲學觀點以及自創的皇極數，[2]侯外廬等指出該書是一部系統性著作，對宇宙、人生提出一系統性的理論架構。曾云：

---

[1]　〔元〕脫脫撰：〈道學傳一〉，《新校本宋史并附編三種》（第 16 冊）（臺北：鼎文書局，1994 年），卷 427，頁 12728。因《漁樵問對》的作者尚有爭議，故本章暫不引用及討論。

[2]　本章所採《皇極經世》的文獻，以《中華道藏》本為主，其所依據的底本是明代《正統道藏》，並參校文淵閣《四庫全書》。為求慎重，對於《皇極經世》中的〈觀物內篇〉、〈觀物外篇〉，筆者亦參考郭彧點校的《邵雍集》。郭彧採取《文淵閣四庫全書》、《道藏》本、張行成《皇極經世觀物外篇衍義》，加以點校，〔宋〕邵雍：〈前言〉，《邵雍集》（北京：中華書局，2010 年），頁 11。

> 邵雍的主要代表作《皇極經世書》，體系龐大，……即力
> 求制造一個囊括宇宙、自然、社會、人生的完整體系，還
> 企圖找到貫穿於整個體系的最高法則，並聲言只要人們掌
> 握了這個體系及其法則，就可以上知宇宙，下應人事而不
> 疲。[3]

　　此外，邵雍尚有重要的《易》學成果──先天《易》圖與後
天《易》圖，這些圖式保存在宋・朱震（字子發，?-1138 年）的
《周易卦圖》[4]、朱子《周易本義》[5]及與蔡元定（字季通，號西山，
1135-1198）合著《易學啟蒙》[6]所附的圖。

　　關於邵雍的思想，學者最常討論者便是「觀物」，且多就
《皇極經世》、《伊川擊壤集》中論「觀物」加以探討。然而，
邵雍不僅提出觀物思想，亦於生活中具體實踐。據《宋史》記
載：「春秋時出遊城中，風雨常不出。出則乘小車，一人挽之，
惟意所適。」[7]

　　值得思考的是，若觀物是指是觀察大自然，則早在孔子便有

3　侯外廬等：《宋明理學史》（上冊）（北京：人民出版社，1984
　　年），頁 182。

4　〔宋〕朱震：《周易卦圖》，《通志堂經解》（第 1 冊）（揚州：江蘇
　　廣陵古籍刻印社，1996 年），頁 273、274。

5　朱熹著，王鐵校點：《周易本義》（原本），頁 19-22。

6　〔宋〕朱熹、蔡元定合著，王鐵校點：《易學啟蒙》，收入《朱子全
　　書》（第 1 冊）（上海：上海古籍出版社、合肥：安徽教育出版社，
　　2002 年），頁 219-237、241。

7　脫脫：〈道學傳一〉，《新校本宋史并附編三種》（第 16 冊），卷
　　427，頁 12727。

觀山、觀水的記錄，北宋的理學家亦多有類似說法與作法。如，宋‧程顥（字伯淳，人稱明道先生，1032-1085）記宋‧周敦頤（原名惇實，字茂叔，號濂溪，1017-1073）言道：「周茂叔窗前草不除去。問之云：『與自家意思一般。』」又論宋‧張載（字子厚，1020-1077）道：「子厚觀驢鳴，亦謂如此。」[8]宋‧張九成（字子韶，號無垢，又號橫浦居士，1092-1159）嘗言程顥亦有不忍除窗前草及置盆畜魚之事，其理由是「欲常見造化生意」及「欲觀萬物自得意」。[9]

然筆者以為，即便周子、明道、張載皆有觀察大自然的行徑與相關論述，但三子並未特別標舉觀物思想。對三子而言，「觀物」的重要性遠不及主靜、識仁、變化氣質這些主張。由邵雍屢屢標舉觀物思想來看，確實與周、程、張三子有所不同。

既然「觀物」在邵雍思想有其特殊性，順此，有兩點值得探究的問題。首先，邵雍為何會特別標舉「觀物」思想？其次，在整個邵雍思想，「觀物」是否能通貫其他主張？如，「觀物」與先天《易》是否相關？與皇極經世數是否關聯？若能解決這兩大問題，則可說明邵雍是系統性的思想家，「觀物」思想便是通貫其思想的核心。探究「觀物」思想的基礎、內容與定位，實為本

---

[8] 〔宋〕程顥、程頤：《河南程氏遺書》，《二程集》（第 1 冊）（臺北：漢京文化事業公司，1983 年），卷 3，頁 60。

[9] 《宋元學案‧明道學案》記張橫浦曰：「明道書窗前有草茂覆砌，或勸之芟。明道曰：『不可。欲常見造物生意。』又置盆池畜小魚數尾，時時觀之。或問其故，曰：『欲觀萬物自得意』」〔清〕黃宗羲、黃百家等著，吳光點校：《宋元學案》，《黃宗羲全集》（第 9 冊）（杭州：浙江古籍出版社，1993 年），卷 14，頁 696。

章重心所在。並期透過對邵雍「觀物」思想之研究作為吾人實踐
之參考。

二、論觀物（事）明理與格物窮理

此處將就邵雍的觀物思想與程頤（字正叔，1033-1107）的格物
窮理作比較，對顯觀物思想的特色。伊川主張的格物窮理，
「格」是至的意思，「物」則包括物與事。且指出格物窮理的作
法是多元的，無論讀書、論人物、應事接物皆可。並認為應由自
身言行、接物作工夫，更為深切。曾云：「格，至也。……凡一
物上有一理，須是窮致其理。」[10]又云：「窮理亦多端，或讀
書，講明義理；或論古今人物，別其是非；或應事接物，而處其
當，皆窮理也。」[11]又道：「致知在格物。格物之理，不若察之
於身，其得尤切。」[12]可見彼所言格物窮理，並非出於追求知識
的目的，而是為了明義理，別是非，在應事接物上有恰當合宜的
表現。至於格物窮理的目標，伊川主張積累日久，便能豁然貫
通。彼云：「須是今日格一件，明日又格一件，積習既多，然後
脫然自有貫通處。」[13]

若將邵雍的觀物思想與格物窮理作比較，可發現幾點相異
處：一是邵雍所說的「物」是指自然物，而不包括事。而伊川所
說的「物」是包括物與事，尤其重視事。二是邵雍所說的「觀」

---

[10] 程顥、程頤：《河南程氏遺書》，卷 18，頁 188。

[11] 程顥、程頤：《河南程氏遺書》，卷 18，頁 188。

[12] 程顥、程頤：《河南程氏遺書》，卷 17，頁 175。

[13] 程顥、程頤：《河南程氏遺書》，卷 18，頁 188。

有觀察、思維、體悟等意思，而伊川所說的「格」，僅是說明
「至」的意思，「觀」的涵義較「格」更為明確。三是關於二子
對「理」的認定，邵雍所言的「物理」，是指自然物所具有客觀
存在的天性、形體等；而伊川較重視的是德性之理與倫理。其中
第三點更是邵、程二子根本差異之所在。

　　透過觀物思想與格物窮理，可對比出邵雍與伊川在思想上的
根本差異。謝上蔡記載道：

> 堯夫易數甚精。……伊川謂堯夫曰：「知易數為知天？知
> 易理為知天？」堯夫云：「須還知易理為知天。」因說今
> 年雷起甚處。伊川云：「堯夫怎知，某便知。」又問甚處
> 起？伊川云：「起處起。」堯夫愕然。[14]

　　即此可見邵雍重視易數。邵雍言數本於理，理是指數本身即
具有客觀性的原理；至於伊川所說的理即普遍義的「性命之
理」，即指普遍義的存在之理，為萬物生命之本源。此外，伊川
重本源之理，而邵雍兼重個殊之理。二程對於與邵雍之學的殊
異，亦也深切理會。嘗云：「堯夫之學，先從理上推意、言、
象、數，言天下之理，須出於此四者。我得此大者，則萬事由
我，無有不定。」[15]

14　程顥、程頤：《河南程氏遺書》，卷 12，頁 428。
15　程顥、程頤：《河南程氏遺書》，卷 2 上，頁 45。

三、由智生樂的境界

　　學者論邵雍觀物（事）的目的有兩派不同主張，一是探求物理，一是追求樂境。唐明邦主張前者，認為：「他又主張通過『觀物』的原則以求物理。」[16]許志信則屬後者，彼於〈邵雍的觀物思想〉一文，以觀物思想貫穿整個邵雍哲學，[17]在「邵雍的觀物思想與其精神樂境」與「邵雍融入莊子思想的『以物觀物』」[18]這二節指出，「邵雍最反對功利，一直是能體悟孔顏之樂的人物」，又言道：「邵雍的觀物很有老莊氣息」。[19]

　　此外，學者在論及邵雍追求樂境這點時，所據文獻幾出自《伊川擊壤集》，為何邵雍僅於詩作中表現追求樂境，而在其他著作則否？到底追求樂境在邵雍思想中的定位為何？首先，關於邵雍所追求的樂，彼嘗指出三種不同的樂：人世之樂、名教之樂與觀物之樂三種，而彼所重者乃觀物之樂。彼云：「予自壯歲，業於儒術，謂人世之樂，何嘗有萬之一二，而謂名教之樂，固有萬萬焉，況觀物之樂，復有萬萬者焉。」[20]既然彼所肯定的樂是指觀物之樂，此樂屬何種意義的樂？曾云：「伊川翁自樂之詩

---

[16]　唐明邦：《邵雍評傳》（南京：南京大學出版社，2006 年），頁 239。

[17]　許志信言道：「邵雍的學問核心可說是以『觀物』為核心。」該文並指出「觀物」這個概念最早出於老子。許志信：〈邵雍的觀物思想〉，《東吳中文學報》第 17 期，2009 年 5 月，頁 131、110。

[18]　許志信：〈邵雍的觀物思想〉，頁 110。

[19]　許志信：〈邵雍的觀物思想〉，頁 108。

[20]　〔宋〕邵雍：《伊川擊壤集》，《邵雍集》（北京：中華書局，2010年），卷 14，頁 180。以下引自《邵雍集》之文獻，為使行文簡潔，不另標點校者。

也，非唯自樂，又能樂時，與萬物之自得也。」[21]此說法包含三種意義，一此樂是自得的，二此樂使自身不為環境所困，三此樂使我與萬物一體。

但這樣的理想，被朱子理解為保身的生活哲學。侯外廬等便指出，在邵雍一千五百餘首詩中，「樂天安命，優游閒適，上文引朱熹所謂『只管說樂』的，占大多數。」[22]並認為朱子對邵雍作這類詩的理解與評論是相當深刻的，並綜合《語類》中朱子的相關言論，認為：「總的意思是指邵雍安時順處，自得其樂，不事妄求，目的是借以保全自己。……這些都是邵雍飽歷世情以後的人生哲學。」[23]

若順著朱子的理解，邵雍所說的樂僅流於此？侯氏認為，雖然邵雍詩作有朱子所講自保自樂的面向，但亦有對社會深切的關懷之情。侯氏並舉出許多詩例作為說明。彼云：「由於他對於社會和歷史有較深的觀察，所以其詩句中隱藏著對當時社會的憤激和悲觀的情緒。」[24]雖然侯氏就朱子所說邵詩中多為保身自樂的詩，補充詩作中亦有多關懷人生的感慨詩篇，但此說法正好指出邵雍所說的樂有兩個重點，一是邵雍主張的樂是植基於具體的生活世界；二是彼所說的樂，不是純美學意義的樂，是涵著價值意義的樂。

邵雍所說的樂實與理有關，而彼所說的理，又可分為個殊義的物（事）理與普遍義的天理。值得注意的是，邵雍已認為任何

21　邵雍：《伊川擊壤集》，頁 209。

22　侯外廬等：《宋明理學史》（上冊），頁 207。

23　侯外廬等：《宋明理學史》（上冊），頁 209。

24　侯外廬等：《宋明理學史》（上冊），頁 209。

事物皆有天理,彼於此前提下,進一步提出窮究個殊之理的主張。彼云:「事無巨細,皆有天人之理。」[25]

雖然邵雍已肯認萬事萬物皆有天理,但仍需進一步指出透過觀物(事)的工夫,不斷探求物(事)理,最終方能真知。曾云:「天下之物莫不有理焉,……所以謂之理者,窮之而後可知也。……此三知者,天下之真知也。」[26]至於聖人則能作到「一以貫之」。邵雍云:「聖人知天下萬物之理,而一以貫之。」[27]

但如何窮究事物之理?邵雍以為,或如聖人生知,或如賢者學知,二者皆須出於至誠。曾云:「資性得之天也,學問得之人也。資性由內出者也,學問由外入者也。自誠明,性也;自明誠,學也。」[28]到了通達的境界,不僅能不為榮辱禍福所動,同時能體悟造化之理。彼言道:「天下之事皆能以道致之,則休戚不能至矣。」又云:「能循天理動者,造化在我也。」[29]如此,自然身心從容自在,自然能表現出樂境。在〈樂樂吟〉自道:「樂天四時好,樂地百物備。樂人有美行,樂己能樂事。此數樂之外,更樂微微醉。」[30]又如明道手撰〈康節先生墓誌銘〉對邵雍的描述:「邵玩心高明,觀天地之運化,陰陽之消長,以達乎

25　〔宋〕邵雍:〈觀物外篇上〉,《皇極經世》,收入張繼禹主編:《中華道藏》(第 17 冊)(北京:華夏出版社,2004 年),卷 12,頁 657。以下引自《皇極經世》之文獻,為使行文簡潔,不另標點校者。

26　邵雍:〈觀物篇六十二〉,《皇極經世》,卷 11,頁 636。

27　邵雍:〈觀物外篇下〉,《皇極經世》,卷 12,頁 661。

28　邵雍:〈觀物外篇上〉,《皇極經世》,卷 12,頁 649。

29　邵雍:〈觀物外篇上〉,《皇極經世》,卷 12,頁 654、653。

30　邵雍:《伊川擊壤集》,卷 9,頁 312。

萬物之變，然後頹然其順，浩然其歸。」[31]

　　因此，邵雍言樂，並非出於避世，而是通達天理而有的真樂，此種樂是由智慧而生。到底這樣的樂，是屬儒家，或道家？若逕以論著提到莊子論魚樂，便以為屬道家式，並不諦當，因邵雍亦言及孔子、顏子之樂，此問題實值得深究。

　　筆者發現《皇極經世》與《莊子》有關者，基本上是討論該書的思想及部分內容，並不涉及樂境的問題。該書討論莊子論魚樂，肯定莊子以無我之心論魚。彼云：「莊子與惠子遊於濠梁之上。莊子曰：『鯈魚出遊從容，是魚樂也。』此盡己之性，能盡物之性也，非魚則然，天下之物皆然，若莊子者可謂善通物矣。」[32]又肯定「庖丁解牛」及「孔子觀呂梁之水」皆合於天理。彼云：「莊子雄辯，數千年一人而已。如庖丁解牛曰：『躊躇四顧』，孔子觀呂梁之水曰：『蹈水之道無私』，皆至理之言也。」[33]

　　至於邵雍論樂與顏子之樂的關聯，在《皇極經世》並未見到，該書論及顏回「不遷怒，不貳過」。彼云：「顏子不遷怒，不貳過。遷怒、貳過，皆情也，非性也，不至於性命，不足以謂之好學。」[34]至於四庫館臣指出邵雍的志趣與顏子近似，則是就邵雍的生活型態與顏回相較而言的。彼云：「邵子抱道自高，蓋

---

[31]　邵雍：〈邵堯夫先生墓誌銘〉，《邵雍集》，頁 579。

[32]　邵雍：〈觀物外篇下〉，《皇極經世》，卷 12，頁 660。

[33]　邵雍：〈觀物外篇下〉，《皇極經世》，卷 12，頁 654。

[34]　邵雍：〈觀物外篇下〉，《皇極經世》，卷 12，頁 654。

亦顏子陋巷之志。」[35]

因此《皇極經世》並未強調莊子之樂與孔顏樂處，反而在《伊川擊壤集》詩作中屢屢反應樂境。詩作中常提及的典型，有莊子、顏子，尚有陳摶、陶淵明，甚至上古羲皇。如，〈川上觀魚〉云：「因思濠上樂，曠達是莊周。」[36]言顏子之樂者，〈和王安之少卿秋遊〉云：「為屢空濫得同顏子」，又〈坐右吟〉詩：「顏淵方內樂，天下事難任。」[37]。〈放言〉云：「既得希夷樂，曾無寵辱驚。」[38]〈後園即事三首〉云：「始信淵明深意在，北窗當日比羲皇。」[39]

邵雍詩作言及諸賢之樂，是就諸賢的事蹟，或心境，強調諸賢曠達、閒適，不慕榮利的涵養。而彼詩作言及個人樂境，亦多表現個人閒適、豁達的心境與態度。如，〈獨坐吟〉云：「鶯花春乍暖，風月雨初晴。靜坐澄思慮，閒吟樂性情。誰能事閒氣，浪與世人爭。」[40]或表現觀物之樂，或表現生活之樂。如，〈堯夫何所有〉詩云：「堯夫何所有？一色得天和。夏住長生洞，冬居安樂窩。鶯花供放適，風月助吟哦。竊料人間樂，無如我最多。」[41]

綜觀前述，邵雍並未特別強調樂境，而是藉由詩作加以展

---

35 〔清〕永瑢等：《四庫全書總目》（下冊）（北京：中華書局，1995年），卷153，頁1322。
36 邵雍：《伊川擊壤集》，卷4，頁239。
37 邵雍：《伊川擊壤集》，卷16，頁436；卷14，頁411。
38 邵雍：《伊川擊壤集》，卷3，頁180。
39 邵雍：《伊川擊壤集》，卷5，頁240。
40 邵雍：《伊川擊壤集》，卷13，頁399。
41 邵雍：《伊川擊壤集》，頁398。

現。此外，吾人亦可考察邵雍自身具體實踐，見出彼如何經由明
天理而產生智慧，自然表現樂境。這樣的現象意味著，邵雍思想
的重心不在樂境，而在觀物（事）以探求物（事）之理。對邵雍而
言，樂境是隨著充分體現天理而自然展現，即由智生樂是也。

四、觀物思想、觀物方法及觀物目的

（一）觀物的定義

何謂「觀物」？學者對「觀」有兩種看法，一是指觀察，一
是指理解。至於「物」，一是指事物，一是指自然界，甚至指整
個世界。馮友蘭便將「觀」解釋為觀察，「物」解釋為事物。曾
云：「具體的事物因其極為複雜，單靠演繹法是不行的，必須對
於事物作觀察，這就叫『觀物』。」[42]陳來看法稍異，認為
「觀」除了作觀察外，尚有理解的意思；「物」則是指自然界，
甚至整個世界。彼云：「『觀物』當然包括對自然世界的觀察、
了解，其實更指人對身在其中的整個世界的態度和覺解。」[43]馮
氏的看法是屬於認識論層次，將「觀物」理解為觀察事物，將事
物視為被人觀察的對象。陳氏雖然也有觀察這層意思，但他又另
增新意，指出觀察是為了理解，理解人們所處的世界，人就在世
界之中。

對於上述二說，首先就「物」來看，邵雍將「物」視為外吾

---

[42] 馮友蘭：《中國哲學史新編》（第 5 冊）（北京：人民出版社，1992
年），頁 80。

[43] 陳來：《宋明理學》（瀋陽：遼寧教育出版社，1992 年），頁 122。

身的客觀存在。曾云：「物者身之舟車也，物傷則身亦從之矣。」[44]彼以舟車為喻，即指物乃身的行動所依賴者。至於「物」的內容與範圍，曾云：「物之大者無若天地。」[45]亦即「物」是指個別自然物，大至天地，皆可稱之。

考察邵雍著作後發現，邵雍在使用「物」這個詞，確實與「事」有所區分。如〈觀物吟〉「物不兩盛，事難獨行。」又〈觀物吟〉云：「物有枯榮，……事有廢興。」[46]有時是以「物情」、「人事」相對言。如〈天津感事二十六首〉云：「著身靜處觀人事，放意閒中鍊物情。」[47]

至於「觀」的涵義，考察《擊壤集》中的詩作，確實有許多觀山、觀花、觀水的詩作，並記下其思考與體悟。以〈觀物吟〉一詩論之。詩云：「柳性至柔軟，一年長丈餘。雖然易得榮，奈何易得枯。」[48]邵雍觀柳樹，發現柳樹的兩項天性，一是柳枝極柔軟，二是柳葉很容易生長，但也容易枯萎。這兩點既是指出柳樹的生物特質，但亦可藉以說明人事。

綜言之，邵雍所說的觀物，「觀」是包含觀察與理解，「物」則指天地及天地間的自然物。前賢所論雖稍有歧異，大抵皆合於邵雍的說法，但需指出邵雍將「物」與「事」加以區分。

---

[44] 邵雍：《伊川擊壤集》，卷 14，頁 180。

[45] 邵雍：〈觀物篇五十一〉，《皇極經世》，卷 11，頁 623。

[46] 邵雍：《伊川擊壤集》，卷 14，頁 409、405。

[47] 邵雍：《伊川擊壤集》，卷 4，頁 233。

[48] 邵雍：《伊川擊壤集》，卷 15，頁 438。

（二）論觀物與數

關於數與物的關係，邵雍指出：「象起於形，數起於質」，又云：「有象必有數」。[49]亦即凡有形質的存在物，皆有數。至於數如何來？朱伯崑認為邵雍主張數源於「太極」，而太極是指「不動之心」，並云：「邵雍把人心視為奇偶二數的根源，這在易學史上還是第一次。」又云：「同其『心為太極』，可稱之為道心，⋯⋯此心同樣『不立私意』，所以成為推理、推算以及奇偶二數變化的根源。」[50]

朱氏指出推理、推算出於人心的認知思維能力是合理的，但認為數的根源出於人心的論點則有待商榷。依邵雍所言「以物觀物」，一方面包括無私意的心，另方面亦包括肯定物的客觀存在。若依朱氏所論，則偏於就觀物者來立論，而忽略邵雍所承認存在物有其客觀性。如，彼言道：「日、月、星、辰共為天，水、火、土、石共為地，耳、目、鼻、口共為首，髓、血、筋、骨共為身，此乃五之數也。」[51]彼將天與日、月、星、辰視為一組，其數為五；地與水、火、土、石，其數亦為五。

既然邵雍肯定數有客觀性，則數的本源究竟為何？邵雍認為本源是眾數之始的「一」，曾云：「一者，數之始，而非數也。」[52]又云：「蓍者，用數也；卦者，體數也。用以體為基，

49　邵雍：〈觀物外篇上〉，《皇極經世》，卷12，頁649、648。

50　該段所引朱氏說法，參見朱伯崑：《易學哲學史》（第2冊）（臺北：藍燈文化事業公司，1991年），頁184、185、186。

51　邵雍：〈觀物外篇上〉，《皇極經世》，卷12，頁651。

52　邵雍：〈觀物外篇上〉，《皇極經世》，卷12，頁644。

故存一也。」[53]可見邵雍將一視為數之本體，又稱之為「太一」。[54]

至於，邵雍重數與觀物思想有何關聯。彼云：「數也者，盡物之體也。」[55]因彼關注天地宇宙的變化，故以抽象的數代表具體事物，並主張透過觀物且用數來表現觀物的結果。彼云：「天奇而地耦，是以占天文者觀星而已；察地理者，觀山水而已。觀星而天體見矣，觀山水而地體見矣。」[56]

至於朱伯崑先生數起於吾心的說法，筆者並不贊同，擬從兩方面加以說明。一是邵雍所說的數與吾心並無關聯，而是萬物本身的客觀存在及天地之心有關。曾云：「元有二，有生天地之始，太極也；有萬物之中各有始者，生之本也。」[57]又云：「天地之心者，生萬物之本也。」[58]彼嘗稱讚揚雄《太玄》能體悟萬物之本源而言。彼云：「揚雄作《玄》，可謂見天地之心者也。」[59]可見朱氏未能相應理解邵雍所說的心，與數有關者實指天地之心

二是朱氏的說法不合於邵雍所言數本於理的說法。邵雍所說的理是指數本身即具有普遍性的原理，而非出於人心創造。曾云：「天下之數出於理，違乎理則入於術。世人以數而入術，故

---

53 邵雍：〈觀物外篇上〉，《皇極經世》，卷12，頁643。

54 邵雍云：「太一，數之始也。」邵雍：〈觀物外篇下〉，《皇極經世》，卷12，頁661。

55 邵雍：〈觀物篇五十四〉，《皇極經世》，卷12，頁627。

56 邵雍：〈觀物外篇上〉，《皇極經世》，卷12，頁647。

57 邵雍：〈觀物外篇下〉，《皇極經世》，卷12，頁660。

58 邵雍：〈觀物外篇下〉，《皇極經世》，卷12，頁660。

59 邵雍：〈觀物外篇上〉，《皇極經世》，卷12，頁654。

失於理也。」[60]因此,邵雍以理為數所以成立的條件,並非如朱氏所主張的數出於吾心。

(三)論觀物方法——「以物觀物」與「以理觀物」

至於觀物方法,學者多提及邵雍「以理觀物」及「以物觀物」。邵雍云:「夫所以謂之觀物者,非以目觀之也,非觀之以目,而觀之以心也;非觀之以心,而觀之以理也。」又云:「不以我觀物者,以物觀物之謂也。既能以物觀物,又安有我於其間哉?」[61]學者們提出不同解釋。馮友蘭僅論「以物觀物」,並認為「以物觀物」是指「尊重事物的本來面目」,如何做到這點,則需觀物者不能有個人主觀成見,且需集合眾人意見。[62]侯外廬等則兼論「以理觀物」及「以物觀物」[63],認為「以理觀物」是指觀物者無思無為的頓悟方法,或稱「禪觀式的直觀主義方法」,而「以物觀物」是指掌握天地萬物的本源。[64]陳來亦兼論

---

60 邵雍:〈觀物外篇上〉,《皇極經世》,卷12,頁649。

61 邵雍:〈觀物篇六十二〉,《皇極經世》,卷11,頁636。

62 馮友蘭云:「在觀察事物的時候,不要有主觀的成見,要避免主觀的影響,避免感情用事,這就叫『邵觀物』,這就是說,要尊助事物的本來面目。……邵雍又認為,所謂『以物觀物』,就是要集中眾人的意見。……以認識事事物的全面。」馮友蘭:《中國哲學史新編》(第5冊),頁80-81。

63 侯外廬等云:「除了『以理觀物』,邵雍還提出『以物觀物』。」侯外廬等:《宋明理學史》(上冊),頁203。

64 侯外廬等云:「邵雍不說由『我』觀物,而說以『理』觀物。這一點他在《皇極經世書》的另一個地方又說,人們觀物應該『无思无為』,以此來『洗心』,這也叫作『順理』。……這是否說是按照事物的本來面目去認識事物呢?不是的。實際上這是无思无為的內心自省的頓悟方

「以理觀物」及「以物觀物」，並解釋道：「只有以理即一定的精神境界，才能把握到事物的本性。」[65]又云：「順應事物的本性、狀態，不要以自己的好惡摻雜在對待事物的態度之中。」[66]馮氏、陳氏不免落於二元思維，侯氏則屬一元思維，藉由直觀頓悟體悟萬物的存有（Being）。馮氏與陳氏將「物」兼事與物言，但邵雍對「物」與「事」有所區分的，應將觀物的「物」解釋為自然物。此外，三子對「以物觀物」的第一個「物」看法不同。馮氏指的是本來面目，侯氏指的是形上本源，陳氏指的是本性、狀態。至於「以理觀物」，侯氏、陳氏均認為是就觀物者而言，侯氏認為是指心的直觀能力，陳氏則泛言某種精神境界。

對於三子說法的異同，首先，邵雍是將「以心觀物」與「以我觀物」等同，而將「以理觀物」與「以物觀物」等同。對於邵雍所說的心，彼於〈自序〉以城郭為喻，將心喻為性的外城，言道：「性者，道之形體；心者，性之郭郭也。」[67]依彼所論，心不是性，性體即道體內具於人，而心乃性之所居。心能發用，有

法，或者叫作禪觀式的直觀主義方法。」又云：「『物』含義是什麼？一是指客觀事物，一是從哲學含義上說的，指凡是被『太極』或『道』所創造的東西，即謂之『物』。……他最終是想說明，如果人們從常識性出發去認識物，那就不可能有正確的認識；如果不以『我』觀物，而『以物觀物』，就會發現……『道』或『太極』是天地萬物之本源。」該段所引侯氏說法皆參見侯外廬等：《宋明理學史》（上冊），頁202-203。

[65] 陳來：《宋明理學》，頁122。

[66] 陳來：《宋明理學》，頁123。

[67] 邵雍：《伊川擊壤集》，頁179。

私意，有欲望。曾云：「利害，民之常情」[68]，又云：「遷怒、貳過皆情也，非性也。」[69]彼並指出若欲使心不受私意、欲望所牽引，須使心虛靜，方能照見所觀的自然物。邵雍詩云：「其或經道之餘，因閒觀時，因靜照物。」[70]

可見邵雍主張觀物者當靜心觀物。而以心觀物是即彼所反對「以我觀物」一致，彼認為若有我，則不免會因私意、欲望而有所偏蔽。彼云：「任我則情，情則蔽，蔽則昏矣。」[71]

至於邵雍所肯定的「以理觀物」的「理」有二義，或指個別或某些門類自然物存在的原理、原則，如生死、榮枯等等；亦可指天地萬物的普遍之理。曾云：「聖人知天地萬物之理而一以貫之。」[72]又云：

> 天下之物莫不有理焉，莫不有性焉，莫不有命焉。所以謂之理者，窮之而後可知也；所以謂之性者，盡之而後可知也；所以謂之命者，至之而後可知也。此三知者，天下之真知也，雖聖人無以過之也，而過之者非所以謂之聖人也。[73]

68　邵雍：〈觀物篇五十七〉、〈觀物外篇下〉，《皇極經世》，卷 11，頁 631。

69　邵雍：〈觀物篇五十七〉、〈觀物外篇下〉，《皇極經世》，卷 12，頁 654。

70　邵雍：《伊川擊壤集》，頁 180。

71　邵雍：〈觀物外篇下〉，《皇極經世》，卷 12，頁 651。

72　邵雍：〈觀物外篇下〉，《皇極經世》，卷 12，頁 661。

73　邵雍：〈觀物篇六十二〉，《皇極經世》，卷 11，頁 636。

　　至於觀物者的表現，邵雍認為觀物者對於悲喜或好惡皆需中節不失。彼言道：「以物喜物，以物悲物，此發而中節者也。」[74]因此，邵雍所說「以理觀物」、「以物觀物」其義相通，就觀物者而言，強調不以個人主觀私意觀物，對物表現的情感需合理中節。就被觀的物而言，需重視自然物的本能、天性。

　　對於邵雍「以物觀物」、「以理觀物」的觀物法，馮友蘭從認識論立論，認為邵雍非主唯物論，仍是唯心論，是客觀的唯心論。曾云：「在觀察事物的時候，不要有主觀的成見，要避免主觀的影響，避免感情用事，這就叫作『以物觀物』，這就是說，要尊重事物的本來面目。」[75]又云：「他的觀察不是從感覺出發，而是從理性出發，……這說明他的唯心論不是主觀唯心論，而是客觀唯心論。」[76]馮氏分別就觀物者及所觀之物分別立論，此是合於邵雍的。對於以「理性」說明邵雍所說的「性」，雖然就不流於主觀意欲這點可相通，但其他方面則未盡相應。至於以「客觀唯心論」解釋「以物觀物」，雖然關注邵雍從觀物者立論的面向，以及合於非出於主觀的說法，但對於邵雍所關注之「心」、「物」關係的說明則尚未充盡。

　　至於勞思光則認為「以理觀物」、「以物觀物」是吾心認知各存在物的理。彼言道：「此謂人之智慧在於能就個別存在各觀其理，……人有此種能力，故一心可籠罩天地萬物矣。……今謂人之可貴在於能觀天地萬物之理，而此一能力即是認知主體之主

---

[74] 邵雍：〈觀物外篇上〉，《皇極經世》，卷12，頁651。

[75] 馮友蘭：《中國哲學史新編》（第5冊），頁80。

[76] 馮友蘭：《中國哲學史新編》（第5冊），頁80-81。

宰性。」[77]勞氏強調「觀物」的「觀」是指心的認知活動，「物」是指天地萬物。彼所重仍是在人而非物的方面。

　　綜觀上述，三家說法雖不盡同，但有幾個共同點：一是對邵雍所說的「觀物」，皆不從知識論，即不談客觀知識及如何得到客觀知識，而是從人如何認知世界或理解世界。二是三家均側重人如何觀物，且皆將重心放在「心」。至於三家的限制，則在於忽略深入解析邵雍所說的「心」及「物理」。對邵雍的說法有所見亦有所限。

五、先天《易》圖與皇極經世圖

（一）先天《易》圖之建立

　　關於先天《易》學，在宋代時期並未將著作權歸於邵雍。自明・歸有光（字熙甫，號震川，1506-1571）始質疑朱子所稱伏羲所畫的四個圖式。彼云：「《易》圖非伏羲之書也，此邵子之學也。」[78]此議題亦受清代《易》學家的關注，[79]咸認定這些圖式

77　勞思光：《新編中國哲學史》（第 3 冊上）（臺北：三民書局，1990 年），頁 167。

78　〔明〕歸有光著，周本淳校點：〈經解・易圖論上〉，《震川先生集》（臺北：源流文化事業公司，1983 年），卷 1，頁 1。

79　對於宋代圖書之學及清代《易》學家論圖書之學，可參考以下數部論著與期刊論文。如，朱伯崑：《易學哲學史》（第 4 冊）。鄭吉雄：《易圖象與易詮釋》（臺北：國立臺灣大學出版中心，2004 年）。汪學群：《清初易學》（北京：商務印書館，2004 年）。許朝陽：《胡渭《易圖明辨》之研究》（中壢：中央大學中國文學研究所碩士論文，1994 年）。戴君仁：〈重談宋人圖書之學〉，《中國書目季刊》第 11

並非出於伏羲，而是出自邵雍。如清·錢澄之（原名秉鐙，字幼光，一作飲光，號田間，1612-1693）認定先天圖與邵雍有關，並採取歸有光所說的「因《傳》以作圖」的主張。[80]清·黃宗羲（字太沖，號梨洲，1610-1695）《易學象數論》亦嘗論斷先天圖。一方面參考宋·朱震（字子發，1072-1137）及朱子的說法，另方面依據劉牧的圖說，斷定先天圖並非全出自邵雍，而是前有所承。[81]清·黃宗炎（字晦木，1616-1686）《圖學辨惑》認為先天圖當為道教丹道養生之學。彼言道：「其云乾南坤北也，實養生家之大旨。」[82]清·胡渭（初名渭生，字朏明，一字東樵，1633-1714）認為先天圖與邵雍有關，但與《易》無關。[83]

卷 3 期（1977 年 12 月），頁 3-6。

[80] 錢氏言道：「然既謂因《傳》而有圖，則《傳》者圖所從出也。」〔清〕錢澄之撰、吳懷祺校點：《田間易學》，《錢澄之全集》之一（合肥：黃山書社，1998 年），卷首上，頁 25b。

[81] 黃氏言道：「凡先天四圖，其說非盡出自邵子也。朱震〈經筵表〉云：『陳摶以先天圖傳种放，放傳穆修，修傳李之才，之才傳邵雍。……』故朱子云：『伏羲四圖，其說皆出邵氏。』然觀劉牧《易數鉤隱圖》……則知先天圖之傳不僅邵氏得之也。」此處黃氏誤將劉牧的《易數鉤隱圖》寫作《鉤深索隱圖》，特此更正。〔清〕黃宗羲著，吳光點校：《易學象數論·先天圖二》，《黃宗羲全集》第 9 冊（杭州：浙江古籍出版社，1993 年），卷 1，頁 20。

[82] 黃氏言道：「就邵子四圖論之，則橫圖義不可通，而圓圖別有至理。何則？以其為丹道之所寓也。……故吾謂先天之圖與聖人之《易》，離之則雙美，合之則兩傷。」〔清〕黃宗炎：〈先天八卦方位六十四卦方圓橫圖辨〉，《圖學辨惑》，收入《影印文淵閣四庫全書》（第 40 冊）（臺北：臺灣商務印書館，1983-1986 年），卷 1，頁 11a。

[83] 〔清〕胡渭：〈易圖明辨題辭〉，《易圖明辨》，《續經解易類彙編》（臺北：藝文印書館，1992 年），頁 3b。

經錢、黃、胡諸《易》學家深入考訂，咸認定先天圖與邵雍有關。到現今《易》學，皆已將四組先天圖式視為邵雍《易》學的一部分，且多認為其特色在於重「數」。如，前輩朱伯崑論道：「邵雍《易》學的特點，當時被稱為數學。」[84]王鐵亦云：「邵雍標榜自己的《易》學是先天學，就是說明他要直追伏羲，只在象數上下工夫」[85]

先天四圖已確定與邵雍有關，但先天圖是否僅有四組圖式？朱伯崑分別考訂宋・張行成（字文饒）所提出的十四個圖式，以及宋・朱子（字元晦，號晦翁 1130-1200）、宋・蔡元定（字季通，號西山，1135-1198）所提出的四個圖式。彼言道：「張氏所說的十四圖，是否（是）邵雍的先天圖原本，已不可考。但他認為其基本圖式為象數二圖，是有依據的。」[86]又云：「邵氏的先天圖並非僅此四圖，卻道出了邵氏先天學的基本內容。……此四圖，實際上是兩類圖式：卦次圖和方位圖，……即張行成所說的象數二圖。」[87]因此，朱氏認為朱、蔡所說的四個圖式足以代表邵雍的先天《易》學，並歸約為：八卦和六十四卦次序圖、八卦和六十四卦方位圖。

邵雍《易》學是以創造建構先天學為其重心。邵雍思考《易》在卦畫、卦爻辭之前的形式，最後得出的答案是圖式。邵雍《易》學的成就，不在經傳注釋，而在具有創造性的《易》學哲學。即朱伯崑所說：「他一生的主要工作是解說《周易》的原

84　朱伯崑：《易學哲學史》（第 2 冊），頁 134。

85　王鐵：《宋代易學》（上海：上海古籍出版社，2005 年），頁 228。

86　朱伯崑：《易學哲學史》（第 2 冊），頁 135-136。

87　朱伯崑：《易學哲學史》（第 2 冊），頁 135-136。

理。他的哲學體系，同周敦頤一樣，是以其《易》學為核心而建立起來的。」[88]

對於先天《易》學如何形成的問題，相關論述甚多，從清代到現代，學者們多從外部的師承來討論，指出邵雍受宋・陳摶（約 871-989）、李之才（字挺之，?-1045）的影響。就學承淵源的發生義而言，邵雍確實受陳摶、李之才的影響，故此說法並無問題。但是就邵雍如何建立此套系統，尚需進一步思考。

關於邵雍如何建立這套系統，學者多依據邵雍的兩段重要文句，即「先天之學，心法也，故圖皆自中起，萬化萬事生乎心也。」以及「先天學主乎誠，至誠可以通神明，不誠則不可以得道。」[89]

勞思光認為邵雍論心不成系統性，只是零星的見解。曾云：「康節雖曾言『心為太極』，又云：『先天之學，心也。』但總嫌未對『心性』有明確理論，則此種強調主體性之論點雖可注意，但仍只能視為零星見解。」[90]但馮友蘭與朱伯崑咸認為先天圖出於心的思維。馮氏認為邵雍先天圖的「加一倍法」[91]是一種先驗的思想方法，並稱之演繹法。言道：「『加一倍法』是他的數學的方法。這種方法作為一種思想方法，是演繹法，作為一種

---

[88]　朱伯崑：《易學哲學史》（第 2 冊），頁 131。

[89]　邵雍：〈觀物外篇下〉，《皇極經世》，卷 12，頁 655。

[90]　勞思光：《新編中國哲學史》（第 3 冊上），頁 168。

[91]　此語出自程顥，彼用以稱邵雍次序圖。謝上蔡記載道：「（明道）出謂堯夫曰：『堯夫之數，只是加一倍法』。」程顥：《河南程氏外書》，收入《二程集》（第 1 冊），卷 12，頁 428。

認識論是先驗論。」。[92]朱氏亦將先天圖的提出視為一項思維活動，提出先驗的唯心論說法。曾云：「這種先驗的數學觀，使他的先天圖終於成為一種先驗模式。」朱氏又提出邵雍的主張的心是主觀唯心論的心。曾云：「主觀唯心論者，總是認為先有人心，後有世界，世界依賴於人心，邵雍亦是如此。其『心為太極』說最終陷入了主觀唯心論。」[93]

　　對於馮氏、朱氏將邵雍所說的「心」解釋為思維，是相當有見地的解法。朱氏更指出「心為太極」的「心」是「遵循天理法則的心」，亦可稱為「邏輯的心」。並指出與程朱相同的是「不立私意」，然異於程朱「倫理學上的毫無私欲的心」。[94]此說法明確點出邵雍所說的心與程朱論點的根本殊異。

　　至於先天《易》的意義及重要性，朱伯崑有其獨到見解。彼認為八卦與六十四卦次序圖的意義在於：「僅用來解釋八卦的形成，而且說明世界形成的過程，此圖式又具有世界觀或宇宙論的意義。」[95]對於「加一倍法」，朱氏認為：「此法則既有發生論，又有結構論的意義。……表示萬物在形成和發展的過程中，始終存在著對立面，……其對立面既相依存，又相滲透。」[96]至於八卦與六十四卦方位圖的意義，朱氏認為八卦方位圖的意義在於「說明一年四季的變化乃陰陽消長的過程。」並認為六十四卦方位圓圖的意圖則在於「表達陰陽互為消長的過程」，其意義亦

---

[92]　馮友蘭：《中國哲學史新編》（第5冊），頁80。

[93]　朱伯崑：《易學哲學史》（第2冊），頁189、190。

[94]　朱伯崑：《易學哲學史》（第2冊），頁185-186。

[95]　朱伯崑：《易學哲學史》（第2冊），頁145。

[96]　朱伯崑：《易學哲學史》（第2冊），頁149。

在於「說明一年節氣的變化」，「而且進一步來說明萬物的盛衰。」[97]

（二）宇宙大年譜——皇極經世圖

邵雍有兩組重要圖式，一是先天《易》圖，一是皇極經世圖。朱伯崑指出皇極經世圖乃邵雍「為宇宙歷史而制定的年譜」，又指出該圖是由六十四卦圓圖推衍而來。[98]此宇宙大年譜，談的是宇宙的消長變化。關於此說法，可引邵雍說法為證。彼言道：「《易》之數窮天地終始。或曰：『天地亦有終始乎？』曰：『既有消長，豈無終始？』」[99]

皇極經世圖是一套的系統性圖式。其組成有三大部分，一是曆法的部分，邵雍提出「元」、「會」、「運」、「世」的概念，以此配年、月、日的計算；二是《易》卦部分；三是曆、《易》結合，將乾、兌、離、震、巽、坎、艮、坤，分別配以元、會、運、世、歲、月、日、時。以此建構一套《易》、曆結合的系統。對於此套系統，邵雍言道：「一生二為〈夬〉，當十二之數也；二生四為〈大壯〉，當四千三百二十之數也；四生八為〈泰〉，當五萬五千九百八十七萬二千之數也；……三十二生六十四為〈坤〉，當無極之數也，是謂長數也。」[100]邵雍以加一倍法，舉幾個卦說明各卦所代表的數。乾宮的八個卦，〈乾〉的數為 1，〈夬〉居乾宮第二位，$1 \times 12 = 12$，故其數為 12。

[97] 朱伯崑：《易學哲學史》（第 2 冊），頁 155、163、164、165。

[98] 朱伯崑：《易學哲學史》（第 2 冊），頁 175。

[99] 邵雍：〈觀物外篇上〉，《皇極經世》，卷 12，頁 657。

[100] 邵雍：〈觀物外篇上〉，《皇極經世》，卷 12，頁 639。

〈大有〉居乾宮第三位，$12 \times 30 = 360$，故其數為 360。〈大壯〉居乾宮第四位，$360 \times 12 = 4320$，故其數為 4320。

因此，六十四卦所代表的數，是有規律可循的。朱伯崑與郭彧皆提出其中的變化規律。朱氏指出，「每宮的八個卦，居奇位數的則乘以十二，居偶位數的則乘以三十。」[101]郭彧則提出，以乾宮為例，「各卦所當之數，〈大有〉是 1 乘以 360，〈小畜〉是 1 乘以 360 的二次方，〈履〉是 1 乘以 360 的四次方，〈同人〉是 1 乘以 360 的八次方，〈姤〉是一乘以 360 的十六次方。」[102]郭氏又針對上述邵雍的內容解釋道：「各卦所當之數，〈夬〉是 12，〈大壯〉是 12 乘以 360，〈泰〉是 1 乘以 360 的 3 次方，〈臨〉是 12 乘以 360 的 7 次方，〈復〉是 12 乘以 360 的 15 次方，〈坤〉是一乘以 360 的 31 次方。」[103]郭氏更於點校本《邵雍集》末頁附上他所整理的「邵雍六十四卦易數表」。

表面看來，朱氏與郭氏不同，但經驗算後，結果相同。但朱氏的說法尚需修訂，依彼所言「居奇位數的則乘以十二，居偶位數的則乘以三十」，此說法雖點出居奇位，偶位分別乘以不同的數，但對於奇、偶位的認定，則會出現問題。因此，當改為居奇數位乘以 30，偶數位乘以 12。如此便無問題。至於郭氏的說法，則是將除〈乾〉之數為 1 之外，其餘居奇數位之卦其數的規律，分別為 1 乘以 360 的 1 次方至 31 次方，而居偶數位者，除〈夬〉之數為 12，其餘居偶數位之卦其數的規律，分別為 12 乘

---

[101] 朱伯崑：《易學哲學史》（第 2 冊），頁 175。

[102] 邵雍：〈觀物外篇上之中〉，《皇極經世》，頁 70。

[103] 邵雍：〈觀物外篇上之中〉，《皇極經世》，頁 72。

以 360 的 1 次方至 31 次方。其作法便是將變化規則，以 360 為定數，考察其次方之變化，在分別奇、偶位，配以 1 或 12。

綜觀朱氏與郭氏的說法，雖然對於《易》數的規則說法不同，但皆指出邵雍的說法是不離 1、12、30 這三個數，及 1 年有 12 個月，一月有 30 天，這樣的基本數。朱氏的說法重在說明六十四卦易數先後的規則，而郭氏的說法重在分別就奇數位、偶數位的卦之易數找出其規則。

邵雍對於曆的這般說法，明・黃道周（字幼元，號石齋，1585-1646）提出批評認為，邵雍言曆只舉通數，略去閏餘，而非實際日數。曾云：「故邵堯夫只以十二經三十統舉成數，不及餘分。後人因之，以推先天圖，立一期之局，以冒三年之閏，遂使歲月日時，元會運世，通成泛譜。」[104]因此，依嚴格曆法來看是須考慮閏餘的部分，但邵雍僅取整數，年代一久，便與實際的日數出現落差。

對於黃道周的批評，邵雍是否不知閏餘的事實？筆者以為不然。邵雍嘗言及閏餘原理，曾云：「曆不能無差」，又云：「日以遲為進，月以疾為退；日月一會而加半日、減半日，是以為閏餘也。日一大運而進六日，月一大運而退六日，是以為閏差也。」[105]因此，邵雍並非不講閏餘，但何以在宇宙大年譜中卻略而不言？筆者以為，若單就人類歷史發展來論，閏餘必須考慮進去，但就宇宙大年譜而言，既然時間有億萬年之久，閏餘的計

---

[104] 〈六十四體卦上下圖圖第六〉，〔明〕黃道周：《易象正》，收入《景印文淵閣四庫全書》（第 35 冊）（臺北：臺灣商務印書館，1983-1986年），卷初上，頁 15a。

[105] 邵雍：〈觀物外篇上〉，《皇極經世》，卷 12，頁 654、647。

算就不再重要，而黃道周所關注者在於吾族歷史三千餘年間的發展，閏餘問題就顯得必要，方合於實際日數。

須留意的是，在邵雍建構的宇宙大年譜，說明了吾族歷史的發展。在邵雍的一元的漫長時間中，吾族歷史自以元經會之六開始，其數為 2157，此為唐堯之世。[106]一直發展到以元經會之七，其數為 2270，此時為邵雍所處之宋仁宗朝。[107]這樣的圖式，代表著吾族看似漫長的歷史，不過是大宇宙的一小段發展罷了。

對於這套圖式的意義，從曆法的面向來看，朱伯崑認為：「他依據陰陽消長的法則得出天地有終始的結論，……認為宇宙存在許多層次和周期。」[108]從《易》的面向來看，朱氏云：「將卦氣說中的陰陽消長法則加以推廣，用來解釋宇宙和人類社會變化的規律」。[109]朱氏更指出，「他依據陰陽消長的法則和天地有生滅的理論，提出一種『觀物』的人生觀。」[110]朱氏並認為這套人生觀是「冷眼觀物」的人生觀。[111]

事實上，因邵雍的「觀物」思想是一套包含觀念、方法、目的的豐富系統，絕非「冷眼觀物」一語可簡單帶過。邵雍這套系統絕非邵雍憑空構作，是鑽研《易經》並透過觀天地、人事，及研究人類歷史發展，參考前賢成果構建而成。如〈安樂窩中一部

106　邵雍：〈觀物篇之六〉，《皇極經世》，卷2，頁193。

107　邵雍：〈觀物篇之七〉，《皇極經世》，卷2，頁195。

108　朱伯崑：《易學哲學史》（第2冊），頁180。

109　朱伯崑：《易學哲學史》（第2冊），頁179。

110　朱伯崑：《易學哲學史》（第2冊），頁180。

111　朱伯崑：《易學哲學史》（第2冊），頁181。

書〉詩云：「《春秋》《禮》《樂》能遺則，父子君臣可廢乎？
浩浩羲軒開闢後，巍巍堯舜協和初。炎炎湯武干戈外，恂恂桓文
弓劍餘。日月星辰高照耀，皇王帝伯大鋪舒。幾千百主出規制，
數億萬年成楷模。」[112]就此而言，皇極經世圖與觀物（事）思想
確實有關聯。而皇極經世圖的建立亦會反過來影響邵雍看待事物
的態度，如此，朱氏的說法方可成立。

六、論學與樂

邵雍晚年言行表現出自在自樂的形象，但吾人切不可遽認為
彼只在追求樂境，而應留意邵雍對後天工夫的重視。對此，朱子
曾經提出他的看法。《語類》記道：

> 問：「近日學者有厭拘檢，樂舒放，惡精詳，喜簡便者，
> 皆欲慕邵堯夫之為人。」曰：「邵子這道理，豈易及哉？
> 他腹裏有這個學，能包括宇宙，終始古今，如何不做得
> 大，放得下？今人却恃個甚後敢如此！」[113]

至於邵雍具體的工夫實踐，可從彼自身的學思歷程見出。據
《宋史・道學傳》記載：

---

[112] 邵雍：《伊川擊壤集》，卷9，頁318。

[113] ［宋］黎靖德著，鄭明等校點：〈邵子之書〉，《朱子語類》，收入
《朱子全書》（第 17 冊）（上海：上海古籍出版社、合肥：安徽教育
出版社，2002 年），卷 100，頁 3341。

雍少時，自雄其才，慷慨欲樹功名，於書無所不讀。始為
學，即堅苦刻厲，寒不爐，暑不扇，夜不就席者數年。已
而歎曰：「昔人尚友於古，而吾獨未及四方。」於是踰
河、汾，涉淮、漢，周流齊、魯、宋、鄭之墟。久之，幡
然來歸。曰：「道在是矣。」遂不復出。[114]

　　從邵雍的「所為」來看，少時堅苦讀書與用心遊歷四方是其
思想形成的歷程。至於從「所說」——即思想主張來看，亦可見
出彼確實肯定「學」的重要，並提出「學」的理想及具體工夫。

　　邵雍論「學」可歸成四大重點：一是「學」的定義，「學」
是指後天工夫，是相對於「性」（性指天性）而言。邵雍云：「資
性得之天也，學問得之人也；資性由內出者也，學問由外入者
也。自誠明，性也；自明誠，學也。」[115]二是「學」的範圍與
內容，「學」是以天人之際為範圍，具體內容則為觀物、識人情
與讀書。邵雍云：「學不際天人，不足以謂之學。」[116]而究天
人之際，是為了明物理與人情事理。邵雍云：「中庸非天降地
出，揆物之理，度人之情，行其所安，是為得矣。」又云：「學
以人事為大，今之經典，古之人事也。」[117]三是「學」的目
的，邵雍主張的是君子之學，目的在探求天理。認為明天理則處
世通達，自能安頓身心。曾云：「記問之學未足以為事業。」又

---

[114] 脫脫撰：〈道學傳一〉，《新校本宋史并附編三種》（第 16 冊），卷
427，頁 12727。

[115] 邵雍：〈觀物外篇上〉，《皇極經世》，卷 12，頁 654。

[116] 邵雍：〈觀物外篇上〉，《皇極經世》，卷 12，頁 654。

[117] 邵雍：〈觀物外篇上〉，《皇極經世》，卷 12，頁 655。

云：「君子之學以潤身為本。」又云：「得天理者，不獨潤身，亦能潤心；不獨潤心，至於性命亦潤。」又云：「人而無學，則不能燭理。不能燭理，則固執而不通。」[118]四是「學」的境界，真樂是「學」的最高境界。邵雍云：「學不至於樂，不可謂之學。」[119]此句所說的「樂」，有二義，一是指學習者的態度，同於孔子所言「好之者不如樂之者」，即樂於學的態度。二是指學習後的境界。邵雍云：「天下言讀書者不少，能讀書者少。若得天理真樂，何書不可讀？何堅不可破？何理不可精？」[120]

七、結論

關於邵雍其人及思想，不可逕由邵雍晚年自得的行徑及詩作所呈現曠達意境來評斷其特色，應留意其年少刻苦好學及論著中強調「學」的內容；但亦不宜僅著重邵雍的工夫進路，以其無法顯出這套工夫可能達至的境界。若能由「學」與「樂」兩端兼衡論析，方能相應地理解邵雍其人及思想特色。

此外，對於前輩勞思光指出：「邵氏並非精思之學人，其出語每不足以嚴格表現其思想。」[121]經深入探究邵雍觀物思想後，深以為邵雍的論點具有系統性，以觀物思想為核心，構作出先天《易》及皇極經世數，對整個人類歷史、生活世界，甚至大

---

[118] 邵雍：〈觀物外篇上〉，《皇極經世》，卷 12，頁 661、〈觀物外篇上〉，《皇極經世》，卷 12，頁 653、656。

[119] 邵雍：〈觀物外篇上〉，《皇極經世》，卷 12，頁 654。

[120] 邵雍：〈觀物外篇上〉，《皇極經世》，卷 12，頁 654。

[121] 勞思光：《新編中國哲學史》（第 3 冊上），頁 168。

宇宙的生命，提出一套變化原則及規律的模式。

　　而邵雍思想的真工夫全在「學」上，「觀物（事）」是「學」的具體實踐，詩作呈現他感性的體悟，先天《易》圖及皇極經世圖，展現了他理性的圖式構造力，觀物哲學則反應其理性哲思。若論「學」之動力為何？當在「心」上。然邵雍所理解的心不是孟子一系的道德心，而是認知心。此心具有觀察力、認知力、思考力，能認知自身的天性、本能，亦能認知整個生活世界，甚至推斷宇宙發展。

　　誠如勞思光所說：「邵氏之『世界觀』斷定世界之演變全屬『命定』；則其自身治學之意義何在必須有一交待。今謂人之可貴在於能觀天地萬物之理，而此一能力即是認知主體之主宰性。……顯現此主體性，則能統署一切對象。」[122]這種正視心的認知主體性，便是邵雍思想重要特色之一。邵雍一方面承認心的認知主體性，另方面亦肯定人類歷史、整個生活世界，甚至大宇宙有其客觀存在性，這一點，是人力無法完全控制的。

　　依邵雍看來，人的價值在於能無私而理性客觀地認識自身的存在，以及大環境中的一切，不會任意私心妄作。對於人生際遇及生活世界的變化，能坦然以對，故能不憂不懼，甚至能體會到人生及世界的美好，產生不受拘束的樂。這樣的樂是真樂，真樂出於真知。觀物明理與由智生樂是邵雍留給後人最珍貴的資產，值得用心理解與實踐。

---

[122] 勞思光：《新編中國哲學史》（第 3 冊上），頁 167。

第七章　方以智《東西均》生死哲學的現代啟示

一、前言

　　方以智（字密之，號曼公，1611-1671）為明末清初重要思想家，著有《藥地炮莊》、《物理小識》、《東西均》、《浮山文集前編》、《浮山後集》，[1]另與其祖、父合撰《周易時論合編》。

---

[1]　關於方氏現存著作，《中國思想通史》曾作相關考訂，參見侯外廬等：《中國思想通史》第 4 卷下冊（北京：人民出版社，1992 年），頁 1123-1124。劉君燦亦曾作過相關考訂，參見劉君燦：〈有關方以智的書目〉，《書目季刊》第 21 卷 2 期，1987 年 9 月，頁 92。然以蔣國保所作的考訂較完整，蔣氏云：「方以智的著作，除有目可考的幾十種佚著外，尚存世的有《通雅》、《物理小識》、《醫學會通》、《內經經絡》、《切韻聲原》、《正叶》，以上為中醫學、聲韻學、博物學的著作；《博依集》、《流寓草》、《癢訊》、《瞻旻》、《流離草》、《無生寱》、《借廬語》、《建初集》、《鳥道吟》、《合山樂廬占》、《五老約》、《藥集》、《禪樂府》，以上為詩詞集；《膝寓信筆》、《浮山文集前編》、《浮山文集後編》、《浮山此軒別集》，以上為文集；《東西均》、《易餘》、《一貫問答》、《性故》、《藥地炮莊》、《周易圖象幾表》，以上為哲學著作。」王茂等：《清代哲學》（合肥：安徽人民出版社，1992 年），頁 500-501。

學界對方以智的研究甚多，[2]就研究成果來看，筆者發現早

2　有關方以智的研究，專書方面，如，余英時：《方以智晚節考》（臺
北：允晨文化實業公司，1986 年）。劉君燦：《方以智》（臺北：東
大圖書公司，1988 年）。蔣國保：《方以智哲學思想研究》（合肥：
安徽人民出版社，1987 年）。蔣國保：《方以智與明清哲學》（合肥：
黃山書社，2009 年）。羅熾：《方以智評傳》（南京：南京大學出版
社，1999 年 12 月）。張永堂：《方以智的生平與思想》（臺北：臺灣
大學歷史研究所博士論文，1976 年）。謝仁真：《方以智哲學方法學
研究》（臺北：臺灣大學哲學研究所博士論文，1994 年 6 月）。廖肇
亨：《明末清初遺民逃禪之風研究》（臺北：臺灣大學中國文學研究所
碩士論文，1994 年 6 月）。劉浩洋：《從明清之際的青原學風論方以智
晚年思想中的遺民心志》（臺北：政治大學中國文學研究所博士論文，
2004 年 6 月）。劉浩洋：《方以智《東西均》思想研究》（臺北：政治
大學中國文學研究所碩士論文，1997 年 6 月）。傅諾銘：《對劉蕺山、
方以智、王夫之生命實踐理論之研究——從道器關係為論》（臺北：輔
仁大學哲學研究所博士論文，2010 年 6 月）。至於近期與哲學相關的期
刊論文與專書論文，如呂妙芬：〈儒釋交融的聖人觀：從晚明儒家聖人
觀與菩薩形象相似處及對生死議題的關注談起〉，《近代史研究集刊》
32 期，1999 年 12 月，頁 165-207。楊儒賓：〈儒門別傳——明末清初
《莊》、《易》同流的思想史意義〉，收入鍾彩鈞，楊晉龍主編：《明
清文學與思想中的主體性與社會——學術思想篇》（臺北：中央研究院
中國文哲研究所，2004 年），頁 245-289。汪惠娟：〈方以智氣火一體
思想管窺〉，《哲學與文化》387 期，2006 年 8 月，頁 123-136。廖肇
亨：〈藥地生死觀探析——以《東西均》與《藥地炮莊》為討論中
心〉，收入鍾彩鈞，楊晉龍主編：《明清文學與思想中的主體性與社會
——學術思想篇》（臺北：中央研究院中國文哲研究所，2004 年），
頁 211-244。廖肇亨：〈天崩地解與儒佛之爭——明清之際逃禪遺民價
值系統的衝突與融合〉，《人文中國學報》13 期，2007 年 9 月，頁 409-
455。徐聖心：〈火・爐・土・均——覺浪道盛與無可弘智的統攝之
學〉，《臺大佛學研究》14 期，2007 年 12 月，頁 119-121、123-157。
戴景賢：〈論方以智王船山二人思想之對比性與其所展顯之時代意

期的關注焦點在方氏哲學屬唯物論或唯心論；[3]後一階段則將焦點轉向方氏會通三教，如侯氏於《宋明理學史》提出方氏三教合一[4]；近來的研究則或從禪學，或從儒學的立場探討方氏對禪學、儒學的反省。如，鄧克銘、廖肇亨從禪學的面向，考察方氏對禪學的反省與開展，均認為方氏並非只是浮泛地會通三教，且認為方氏哲學是相當豐富的。

　　本章關注點在探討方氏《東西均》的生死哲學。身處世變之際，生死問題實為重要課題。明亡之際，不少士人對世變及生死皆有深刻體認。呂妙芬指出，當時士子多關注生死問題，對臨終多預作安排。呂妙芬言道：「和前代儒者傳記相比，明末理學家

　　義〉，《文與哲》12 期，2008 年 6 月，頁 455-528。廖肇亨：〈藥地愚者禪學思想蠡探──從「眾藝五明」到「俱鎔一味」〉，《中國文哲研究集刊》33 期，2008 年 9 月，頁 173-203。謝明陽：〈覺浪道盛《莊子提正》寫作背景考辨〉，《清華學報》42 卷 1 期，2012 年 3 月，頁 135-168。

3　在 1960 年至 1961 年間，侯外廬於《中國思想通史》從「戰鬥的社會思想和唯物主義」的向度來理解方氏哲學，對於《東西均》則理解為「其中唯物主義和樸素辯證法的觀點是頗光輝的。同時，它又充滿著相當正確的對遺產批判繼承的態度，以及對唯心主義和神學的嚴肅的戰鬥精神。」參見侯外廬等：《中國思想通史》第 4 卷（下冊），頁 1121-1188，及侯外廬：〈方以智《東西均》一書的哲學思想，《人民日報》（1961 年 8 月 6 日）。馬數鳴寫了數篇文章，從唯心論與形上學的立場反駁侯氏的觀點。馬氏云：「本文打算就侯外廬先生《東西均・序言》所提出的幾個問題，進一步論述方以智的唯心論和形上學思想。」馬數鳴：〈對方以智哲學思想的再探討──與侯外廬先生商榷〉，《江淮論壇》1965 年 1 期，頁 35-41。

4　〔清〕方以智撰，龐樸注釋：《東西均注釋・生死格》（北京：中華書局，2001 年），頁 121。

的傳記對於臨終前的描摹有明顯增加的情形，筆者以為此正呼應著生死議題在當時普遍受到關注的現象。」[5]

在研讀方氏著作發現，「生死」在方氏哲學實為一重要概念，其論生死有狹義與廣義。狹義是指一般常說的人生命存在與否，廣義則是包括天地間事物的小生死與宇宙的大生死。廣義的部分，實為方氏洞見所在，小生死即方氏所稱「一呼吸即一生死」、「一日之生死為晝夜」、「一月之生死為朔晦」、「一歲之生死為春冬」，大生死則如方氏所稱「天地之生死為元會」[6]。將生死區分為小生死與大生死，實為方氏獨到見地。

本章亦擬探討方氏如何解釋萬物的存在，是主心、主理，還是主氣？抑或是有更獨特的主張？此外，筆者亦將探討方氏無執的生死哲學──「隨生死」、「泯空生死」（「泯生死」）、「貫生死」（「統生死」）加以探討。前輩學者侯外廬、蔣國保採用黑格爾的辯證法正－反－合的觀念解釋，但深入研究方氏的觀點，發現並不相應，故亦會就此問題作深入說明。最後亦就方氏就無執生死所提出的工夫實踐加以探討，以完整見出方氏生死哲學的特色。並期透過對方氏生死觀的研究，對吾人面對生死大事有所啟發。

5　呂妙芬：〈儒釋交融的聖人觀：從晚明儒家聖人觀與菩薩形象相似處及對生死議題的關注談起〉，頁 192-193。

6　關於廣義的大生死與小生死將於第三小節說明。此處引文參見方以智撰，龐樸注釋：《東西均注釋‧三徵》，頁 51。

二、以交、輪、幾論宇宙生成

關於方氏的思想，到底是主心、主理，抑或是主氣？亦即萬物由人心所變現？或依理而存在？或由氣之聚散所構成？即此可論斷方氏主張屬主理、主心或主氣。

（一）對主心、主理、主氣之反省

考察方氏著作，常兼用心、理、氣，尤其是心與氣的概念，若不深究其核心思想，容易將方氏視為主心派或主氣派；而與現代哲學對宋明理學的詮解，主心派的象山、陽明視為一系，或與主氣派的張載、王廷相視為同路。

筆者深入方氏的思想發現，方氏既不主心，亦不主氣，亦不主理。方氏反對單談理、心、氣。

至於主心說，方氏雖然重視心，曾言：「因言氣理，而質論、通論之，皆歸一心」[7]，但方氏反對主心論，言道：「一切唯心而不能徵天地，又謂徵天地為向外馳求，以阱其肉心者，此真所謂一往不反、迷於一指者矣。」[8]意即過於強調心，而不求天地萬物，亦成為向內的執著。

至於主氣說，方氏亦肯定天地有氣的流行，言道：「形本氣也」[9]，又云：

> 考其實際，天地間凡有形者皆壞，惟氣不壞。人在氣中，

---

[7]　方以智撰，龐樸注釋：《東西均注釋・聲氣不壞說》，頁 229。

[8]　方以智撰，龐樸注釋：《東西均注釋・所以》，頁 222。

[9]　方以智撰，龐樸注釋：《東西均注釋・所以》，頁 221。

> 如魚在水；……由此徵之，虛空之中皆氣所充實也明甚。
> 人不之見，謂之「太虛」。虛日生氣，氣貫兩間之虛者、
> 實者，而貫直生之人獨靈。[10]

方氏認為萬物形體由氣所生，且生存不離於氣；然形體會毀壞，氣卻不壞。天地為一氣所充滿，因氣無法為目所識，故稱為虛。方氏對於以「虛」言氣相當贊同，理由是恐人執著於氣。[11]

對於主理說，方氏亦肯定理的存在，曾云：

> 心有善、惡之嫌，而指當當然然者，號之曰「理」。既曰
> 「理」，則亦哆哆和和而理之，此固無所迴避者也，豈知
> 膠柱之理成障乎？……剔理於氣外，猶之剔心於緣心，而
> 無真、妄之真真即統理、氣之至理。[12]

方氏認為理在心中，是心中的道德原則；亦認為理在氣中，為氣變化的規律。但方氏認為僅強調理，一方面易造成對理的執著，另方面對理氣關係無法清楚說明，易流於理氣為二。

綜觀方氏反對單重心、氣、理的理由在於，未能掌握根本，而成為法病。曾云：「向外馳求，病矣；向內馳求，非病耶？內、外馳求，病矣；內、外不馳求，非病耶？」[13]

---

[10]　方以智撰，龐樸注釋：《東西均注釋・所以》，頁219-220。

[11]　方氏云：「氣有清、濁，恐人執之，不如言『虛』。」方以智撰，龐樸注釋：《東西均注釋・所以》，頁221。

[12]　方以智撰，龐樸注釋：《東西均注釋・所以》，頁219。

[13]　方以智撰，龐樸注釋：《東西均注釋・所以》，頁222。

　　對於如何說明萬物的存在，方氏不贊同由萬物由人心所生的主張，言道：

> 先儒止曰人心即太虛，愚謂太虛非空闊之太虛。凡天地間有形有聲、一木一石，皆太虛也，以無實而非虛，無虛而非實也。苟非徹見自心，安能信此心之即天地萬物乎？[14]

方氏認為天地萬物皆由氣所生，氣不可見稱之為太虛，物有形而稱之為實，虛實不二，即此可見天地萬物有其客觀性。方氏更指出，若真正證悟心之根源，安能遽說萬物與吾心為一體。

（二）論心、理、氣之根源

　　故方氏於心、氣、理的概念外，提出「所以」的概念，認為此乃心、氣、理的根源。方氏云：

> 所以為心者，即所以為理、所以為氣、所以太極、所以自然者也。明心者，明此無善惡、不生滅之心，適用其善統惡之心；養氣者，養此無清濁、不生滅之氣，適用其清統濁之氣；窮理者，窮此無是非、不生滅之理，適用其是統非之理。明至無可明，養至無可養，窮至無可窮，則又何心、何氣、何理乎？又何不可心之、氣之、理之也乎？既知生即無生矣，心即無心，又何異於理即無理、氣即無氣

14　方以智撰，龐樸注釋：《東西均注釋·所以》，頁224。

也乎?[15]

方氏認為心、氣、理並非萬物之本源,遂提出所以為心、所以為氣、所以為理,並指出所以為心、所以為氣、所以為理並非為三,而是為一。

方氏更指出這些概念皆為說明萬物形上根源而設,言道:「氣也、理也、太極也、自然也、心宗也,一也,皆不得已而立之名字也;聖人親見天地未分前之理,而以文表之。」[16]此處所說的氣與理,是指所以為氣、所以為理,與太極、自然、心宗這些語詞都屬稱謂用以指稱形上主宰,皆為聖人說明天地未分前的狀態,亦即萬物之形上根源,不得已而設。

至於「心宗」,方氏認為人心為天所生,而心宗是指天地之心。方氏云:「天以心予人,人心即天;天以為宗,即心以為宗也。」[17]對於天地之心,方氏言道:「則謂未有天地,先有此『心』可也,謂先有此『所以』者也。」[18]

對於氣,方氏亦曾稱氣的「所以」為「生生之幾」,又稱為「氣炁」,言道:「生生之幾皆氣也,氣(炁)者,……氣凝而成天地,天地之虛,仍是未凝之氣,相代而化,旋出入而橐籥焉。」[19]方氏以形上語詞「虛」、「無」,以及較具體的「橐籥」來說明氣的根源具無限性。

---

[15] 方以智撰,龐樸注釋:《東西均注釋・所以》,頁222。

[16] 方以智撰,龐樸注釋:《東西均注釋・所以》,頁216。

[17] 方以智撰,龐樸注釋:《東西均注釋・所以》,頁217。

[18] 方以智撰,龐樸注釋:《東西均注釋・所以》,頁217。

[19] 方以智撰,龐樸注釋:《東西均注釋・釋諸名》,頁163。

（三）以氣之根源與形下之氣論宇宙生成

方氏亦進一步氣之根源與形下之氣、萬物的關係，言道：「生生者，氣之幾也，有所以然者主之。所以者，先天地萬物，後天地萬物，而與天地萬物煙熅（氤氳）不分者也。既生以後，則所以者即在官骸一切中。」[20]方氏認為氣生生不已是因氣有主宰，即所謂「氣之所以」，此「所以」不在氣之外，即在氣機中，亦在形下之氣中，也在萬物形體中。

筆者認為方氏所說的「氣之所以」，就其為二氣生生不已之樞機，可稱為氣機；就其虛無寂靜，純粹無雜，為氣之根源，可稱之為元氣。

前已指出方氏認為天地萬物有其客觀性，而氣便是解釋萬物存在的重要依據。若考察天地未生及天地已生元氣與陰陽之氣的關係，方氏云：「混沌生於有，開闢生於無。混沌非終無，開闢非始有。有、無不可分，而強分之曰：未生以前，有在無中；既分以後，無在有中。」[21]亦即元氣與已分之氣不可分別為二，在天地之先，陰陽二氣已在元氣中；天地已生之後，元氣在陰陽二氣中。

正因氣有其主宰，不僅能生生不已，且具有兩種相反性質之交互作用。對於氣生生不已，方氏云：「論氣之幾幾，如泉之滴滴。」[22]「然氣有時散，陰終歸陽，其久暫（暫）也。」[23]至於兩

---

[20] 方以智撰，龐樸注釋：《東西均注釋·所以》，頁220。

[21] 方以智撰，龐樸注釋：《東西均注釋·三徵》，頁40。

[22] 方以智撰，龐樸注釋：《東西均注釋·論鸞氣不壞說》，頁229。

[23] 方以智撰，龐樸注釋：《東西均注釋·無如何》，頁276。

種相反性質之交互作用，則云：「虛實也，動靜也，陰陽也，……盡天地古今皆二也。」[24]

　　並進一步將氣由元氣所生且元氣作用其間的想法，以「二而一」及「無二無一」說明之，指出「兩間無不交，則無不二而一者，相反相因，因二以濟，而實無二無一也。」[25]而這「二而一」及「無二無一」的觀念，方氏又以「交、輪、幾」加以說明，並解釋交、輪、幾云：「交以虛實，輪續前後，而通虛實前後者曰貫，貫難狀而言其幾。」[26]

　　筆者研究發現，明・來知德（字矣鮮，號瞿唐，1525-1604）自創的太極圓圖實為方氏論宇宙生成的極佳圖示。即便筆者考察方氏父子合著之《周易時論合編・圖象幾表》[27]並未言及來氏太極圖，亦未論及來氏《易》學，但仍可借用來氏的圖解說方氏的觀點。

24　方以智撰，龐樸注釋：《東西均注釋・三徵》，頁39-40。

25　方以智撰，龐樸注釋：《東西均注釋・三徵》，頁39-40。

26　方以智撰，龐樸注釋：《東西均注釋・三徵》，頁37。

27　〔明〕方孔炤撰，〔清〕方以智編：《圖象幾表》，收入《周易時論合編》（第5冊）（臺北：文境文化事業有限公司，1983年據清順治17年刊本）。

來氏釋自創圓圖言道：「白者，陽儀也；黑者，陰儀也；黑白二路者，陽極生陰，陰極生陽，其氣機未嘗息也，即太極也，非中間一圈乃太極之本體也。」[28]來氏強調圓圖中間一圓並非實體，亦即非氣之外另有一太極本體，而是二氣生生不已的氣機，如漩渦般，表現出氣機虛無寂靜的特質，來氏稱此即是太極，筆者將之理解為元氣。陰陽二氣由元氣變化而來，而陰陽二氣既生後，元氣仍作用其間。[29]

　　回到方氏的說法。方氏對太極如是論道：「不落有、無，又莫妙於《易》矣。太極者，先天地萬物，後天地萬物，終之、始之，而實泯天地萬物，不分先後、終始者也。」[30]方氏以不落有、無來論太極，像極圓圖中間的漩渦，即元氣生成陰陽二氣，故云「先天地萬物」；二氣作用，生成萬物，元氣仍作用其間，故云「後天地萬物」。

　　方氏曾以赤、白二丸比喻之陰陽二氣流行不已。方氏云：「代而錯者，莫均於東西赤白二丸。白本於赤，二而一也。……東起而西收，東生而西殺。東西之分，相合而交至；東西一氣，尾銜而無首。」[31]此正像圓圖中間的氣機，即筆者所稱的元氣。

28　〔明〕來知德：《周易集註・來圖補遺》（臺北：武陵出版有限公司，1997 年），頁 44。來氏又云：「對待者數，主宰者理，流行者氣。」來知德：《周易集註・來瞿唐先生圓圖》，頁 23。來氏此圖表次示三點意義：一是以黑、白對稱表現陰陽對待之象，二是以陽極生陰，陰極生陽表現氣之流行，三是指對待及流行有其主宰。

29　關於來氏太極圖的分析，可參見拙作《明代學術論集・來知德易學特色——錯綜哲學》（臺北：萬卷樓圖書公司，2008 年），頁 130-182。

30　方以智撰，龐樸注釋：《東西均注釋・三徵》，頁 46-47。

31　方以智撰，龐樸注釋：《東西均注釋・東西均開章》，頁 5。

元氣分化成陰陽二氣，陰陽二氣，陰極而陽，陽極而陰，流行不已。透過此圖示，亦有助理解方氏三個重要術語—「交」、「輪」、「幾」。

方氏所謂的「交」，既可說明元氣與陰陽二氣的虛實相交，又可說明陰陽二氣本身的陰陽相交。方氏云：

> 一不可量，量則言二，曰有曰無，兩端是也。虛實也，動靜也，陰陽也，形氣也，道器也，晝夜也，幽明也，生死也，盡天地古今皆二也。兩間無不交，則無不二而一者，相反相因，因二以濟，而實無二無一也。[32]

至於「輪」，既可說明元氣與陰陽二氣相推不已，又可說明陰陽二氣的前後相繼。方氏云：

> 何謂前後輪？曰：因有推無者，必推無始，推之則念念有無始矣。……一呼吸即一生死也。一呼而一吸中有前後際焉，察此前後際，然後能察無始，而人不能察此幾微，故以大表小，於是言一日之生死為晝夜，一月之生死為朔晦，一歲之生死為春冬，天地之生死為元會。明天地之大生死，即明一呼吸之小生死，而人一生之生死明矣。[33]

至於「幾」是指相即、相貫之處，既可指元氣與陰陽二氣生

---

[32] 方以智撰，龐樸注釋：《東西均注釋·三徵》，頁39-40。

[33] 方以智撰，龐樸注釋：《東西均注釋·三徵》，頁43。

生不已之樞機，亦可指陰陽二氣相生之樞機。方氏云：

> 何謂幾？曰：交也者，合二而一也；輪也者，首尾相銜
> 也。凡有動靜往來，無不交輪，則真常貫合於幾，可徵
> 矣。無終始而有終始，以終即始也。……是前即後、後即
> 前，原在前而後、後而前之中，謂之本無前後，而亦不壞
> 前自前、後自後也。晝即夜、夜即晝，原在晝而夜、夜而
> 晝之中，謂之本無晝夜，而亦不壞晝自晝、夜自夜也。則
> 生死、呼吸、往來、動靜無不相即，並不相壞，皆貫者主
> 之。[34]

若以方氏交、輪、幾的觀點說明宇宙論，不僅可說明大宇宙
的生生，亦可解釋小宇宙的生生。

然有一點必須說明，方氏認為心、理、氣之根源所指相同；
因此，元氣或氣機亦即天地之心，亦即天地之理，所指稱者皆為
萬物的形上根源。

三、對執生死的理解與批評

方氏曾指出歷來論述生死不外藉由「一懼而四勝」[35]，即利
用畏心及勝心教誡眾人。對於這些利用人的畏懼心假佛家福報、
罪業、六道輪迴觀教誡百姓者，方氏認為只能使人出於畏懼死後

34　方以智撰，龐樸注釋：《東西均注釋・三徵》，頁 57-58。
35　方以智撰，龐樸注釋：《東西均注釋・生死格》，頁 121。

下場，而於生前行善避惡，這只是一時權宜的作法，無法真的看
清生死。方氏云：

> 大端一懼而四勝。臨之以罪福，聳之以六道。故小民聞雷
> 則顫，見神則禱。毗沙無間，猶以怖死，陰救殉財、漁
> 色、誇權、憑生之生死。言之既熟，雖黠者撥之，而已漬
> 於夢寐；神者權乎！[36]

方氏又逕引宋・劉子翬（字彥沖，自號病翁，1101-1147）的說
法，[37]說明以四勝心對治生死，方氏云：

> 其勝之以理者曰：存亦樂，亡亦樂，是齊生死也；聚則
> 有，散則無，是泯生死也；名立不朽，沒而愈光，是輕生
> 死也；安時俟命，力不可為，是任生死也。齊、泯、輕、
> 任謂之四勝。[38]

齊生死是不以生為樂，死為哀，而是將生死皆視為樂。泯生死則
是認為生乃氣之聚，死乃氣之散，生死不過一氣之聚散。輕生死
則是指雖人的生命有限，但卻可藉特殊而偉大的行徑，建立不朽
的名聲。任生死則是接受氣命的安排，不以人力改變。方氏指出
四勝的說法，實非真見生死之本，而是在無奈的處境下，藉由言

---

[36]　方以智撰，龐樸注釋：《東西均注釋・生死格》，頁122。

[37]　〔宋〕劉子翬：《屏山集》，《影印文淵閣四庫全書》（第 1134 冊）
　　　（臺北：臺灣商務印書館，1983-1986 年），卷1，頁 15a-15b。

[38]　方以智撰，龐樸注釋：《東西均注釋・生死格》，頁122。

說以義理戰勝生死的限制。並認為這四種觀點，仍不免為生死所局限，並非真知生死。

　　方氏並以百姓、聖人相較，指出聖人明生死之故。方氏云：「知其莫可誰何，而立言廣意以勝之，然終為生死所圍，非真知生死者也。百姓日用不知；聖人通晝夜而知，「朝聞道，夕死可矣」，知其故矣。」[39]其中，方氏認為四勝未能真知生死，此亦承劉子翬所論，劉氏云：「簾窺壁聽，髣髴未真，姑立言廣意以勝之，終為生死所圍。」[40]

　　對於莊子的生死觀，方氏贊同宋·楊簡（字敬仲，1141-1226）所提出的批評。楊簡云：

> 莊子又曰：「勞我以生，息我以死」，是又思慮之紛紛也，是又樂死而厭生也。樂死而厭生，與貪生而懼死同。桑戶之歌曰：「而已反其真，而我猶為人」，以死為反真，以生為不反真，其梏於生死又如此。[41]

---

[39] 方以智撰，龐樸注釋：《東西均注釋·生死格》，頁 122。

[40] 劉氏云：「畏生死者未達也，達者不畏焉；不畏者猶未能踐形也，常流乎四勝之間。何謂四勝？或曰：『存亦樂，亡亦樂』，是齊生死也；或曰：『聚則有，散則無』，是泯生死也；或曰：『名立不朽，沒而愈光』，是輕生死也；或曰：『安時俟命，力不可為』，是任生死也。齊、泯、輕、任是四勝也。簾窺壁聽，髣髴未真，姑立言廣意以勝之，終為生死所圍。」劉子翬：《屏山集》，卷 1，頁 15b。

[41] 〔宋〕楊簡：《慈湖遺書》，《影印文淵閣四庫全書》（第 1156 冊）（臺北：臺灣商務印書館，1983-1986 年），卷 14，頁 14a。方氏的記載稍有更動，即「『勞我以生，逸我以死』，是樂死而厭生也。」其餘

　　方氏順此指出，莊子逃生死的說法，仍屬言說技術，無法真的使人看透生死，反而使人執生避死。方氏云：

> 彼殆病世之偏重於生，故偏為此不得不然以勝之，是巧於說勝者也。其曰：「汝神將守形，形乃長生」，本為我故，究重於養生，惟以逃生死之說為敵生死之勢，以平其養生之懷耳，其流必愛生而避死矣。[42]

　　方氏對於以四勝論生死皆以「技」視之，所謂技可指技術、技能，以其可透過反覆練習而得。方氏云：「言四勝之生死而可以鐸人，可以糊口，亦一技也。」[43]綜觀上述，方氏針對數類生死觀加以說明，並指出眾說不免為生死所限圍。然則方氏的生死觀又是如何？以下將予以探析。

四、無執的生死智慧
——隨生死、泯生死、貫生死

　　前已指出方氏對執生死的批評，但方氏並不完全反對齊、泯、輕、任四種勝生死的方法，但認為四勝仍不免執於生死，尚需無執的工夫。方氏云：「四勝雖以廣意，意廣而定，定而忘其定，則學問參悟之路，安在不可以壒九級、采縣崖哉？」[44]方氏

　　相同。方以智撰，龐樸注釋：《東西均注釋‧生死格》，頁 122-123。

[42]　方以智撰，龐樸注釋：《東西均注釋‧生死格》，頁 122。

[43]　方以智撰，龐樸注釋：《東西均注釋‧生死格》，頁 126。

[44]　方以智撰，龐樸注釋：《東西均注釋‧生死格》，頁 126。

認為若能實踐四種克服生死的方法，且取消執著之心，如此便能達到更高的境界。方氏又進一步提出無生死的思維，以下將深入論析。

　　無生死是方氏生死觀的根本。「無生死」與四勝的生死觀並不相同。四勝的生死觀仍執定於以生死為對治的對象，而方氏的無生死是連對治的對象都取消。方氏云：「無生死，不求脫離，累亦不累。」[45]又云：「生即無生，無生長生。生生於不生，死死於不死。惟送死可以當大事。人能送生，乃以送死。」[46]

　　方氏在「無生死」的基礎上，提出不求脫離，主張即隨即空的實踐。既談不為生死所困，故言捨生死；但捨生死又本於空生死，而真正的空生死又需在現實困境中證得。方氏云：「不勝生死，則為生死累。不舍（捨）則不能勝，不空則不能舍（捨），不險則不能空。」[47]

　　即隨即空的實踐，便是方氏所提出從容門、塗毒門、居易門合一的生死觀。方氏云：

> 公和得薪之指，是殆善燒滅者也，是不待於空生死，而動不為生死所累者也，從容門生死也；知怖生死，而先燒滅以空之者，第二義最親切者也，塗毒門生死也；知生死必然之理，自勝四勝，而學問遊心者，居易門生死也。[48]

---

[45]　方以智撰，龐樸注釋：《東西均注釋‧盡心》，頁 69。

[46]　方以智撰，龐樸注釋：《東西均注釋‧盡心》，頁 80。

[47]　方以智撰，龐樸注釋：《東西均注釋‧生死格》，頁 126。

[48]　方以智撰，龐樸注釋：《東西均注釋‧生死格》，頁 123。

從容門、塗毒門、居易門諸概念乃方氏所創，以說明不同類型的生死觀。從容門生死是指，能明傳火在於得薪，無待於明生死為空，而能隨順生死，不為生死所累。塗毒門生死是指，將執著生死的心燒滅，臻於悟生死為空。居易門生死則是，既不執於隨生死，亦不執於空生死，而達到既能隨生死，又能空生死的境界。

　　從容門、塗毒門、居易門三種生死觀，又與方氏所說隨生死、空生死、貫生死相合。既能隨順生死，[49]又能泯滅生死，故能於現實中不為生死所累。方氏云：

> 隨生死、空生死，而貫生死，一心三諦，莫方便於此矣。在世出世：忘身以適，遊心無心；明而不恃，係（繫）而不纏；方步康莊，踐躒荊棘；唱平水調，裂石過雲。不盡，豈知此哉？[50]

方氏以天臺宗慧文大師的一心三觀說明這三種生死觀皆可具於一心，隨生死偏於觀有，空生死偏於觀空，貫生死則兼有、空兩端，可稱為中。此三者皆為讓人明生死的方便法門。

　　蔡振豐對隨、泯、統（貫）三者，提出他的理解，言道：

> 「隨」是指順應事物的認識，「泯」表示不為事物之現象所左右，深入到事物內部的認識；「統」是指取消肯定認識（隨）與否定認識（泯）的差別，在認識中將二者統一起

49　方氏云：「以順為逆，逆以為順，是謂隨順。」方以智撰，龐樸注釋：《東西均注釋・盡心》，頁68。

50　方以智撰，龐樸注釋：《東西均注釋・盡心》，頁69。

來。[51]

亦即將「隨」理解為認識事物表象，「泯」是關注事物的本質，「統」是將二者統一。

值得注意的是，蔡振豐又將「貫」與「統」加以區別，言道：「『貫』之意不僅止於『統』之不落二邊的否定論法，而是指『統、泯、隨』三者互為指涉，貫通無別之意。」[52]意即將「統」理解為兼取「隨」、「泯」兩端，而「貫」則是指「隨」、「泯」、「統」三者相互通貫，亦即即「隨」即「泯」即「統」，三者圓融無礙。

然筆者以為，方氏將隨生死、空生死、貫生死稱為「一心三諦」，只合於慧文大師的「一心三觀」，隨生死、空生死、貫生死類擬於觀假、觀空、觀中，而兼合真空與假有而稱中，與智者大師的「圓融三諦」，即空、假、中三諦圓融仍有不同。故筆者不贊同蔡振豐將「統」與「貫」區分，而認為「統」與「貫」同意，即兼合「隨」與「泯」而言。

對於方氏的「隨」、「空」、「貫」，早期學者如侯外廬、蔣國保是採用黑格爾的辯證法正－反－合的觀念來理解。侯氏云：

> 「隨」原義為從順，在方以智書中有時與「存」通用，義指肯定或正命題。「泯」原義為盡，在方以智書中以

51　蔡振豐：〈方以智三教道一論的特色及其體知意義〉，《臺灣東亞文明研究學刊》第 7 卷 1 期，2010 年 6 月，頁 178。

52　蔡振豐：〈方以智三教道一論的特色及其體知意義〉，頁 179。

「泯」與「存」對立，如說「有即無，存即泯」，義指否
定或反命題。「統」是綜合「隨」、「泯」而「進一層」
的「隨」，方以智有時也稱之為「超」，即相似於否定之
否定或合命題。「隨、泯、統」的公式，方以智用形象的
圖式表示為「∴」。王船山在贈方以智的詩中說：「哭笑
雙遮∴（音「伊」）字眼」……，即指他的這一公式。[53]

侯氏以黑格爾（Georg Wilhelm Friedrich Hegel, 1770-1831）辯證法
——「正」、「反」、「合」理解方氏所說的「隨」、「空」、
「貫」，其中「合」是指否定的否定，即矛盾的統一。侯氏所據
者乃方氏所云：「泯一切法，貴使人深；合明暗之天地而統一切
法，貴使人貫。」[54]，並將重點落在方氏所說的「貫」，並以黑
格爾辯證法中的「合」來詮釋。

蔣國保對此觀點稍作修訂，強調方氏強調「反」，即對立的
概念，以此作為「貫」的基礎。蔣氏云：

在矛盾的對立與統一關係問題上，尤為突出的是，方以智
看到了鬥爭性是統一性的先決條件，……不但指出「反」
對「因」的決定作用，而且把「相反相因」這一法則提高

到最高的哲學法則來認識。[55]

對於黑格爾的辯證法，吳康簡要解釋道：

> 第一範疇為正論，第二範疇為反論，第三範疇為合論。合
> 又為正，正又有反，正反對待，又復有合，削除矛盾，交
> 替更生，由思辨玄想之程，以達於最後範疇——絕對的理
> 念。此最高理念為遍在，存於一切實在，一切經驗之中，
> 亦存於吾人自身之中也。[56]

黑格爾的辯證法—「正」、「反」、「合」是持續發展的過
程，第一階段發展到「合」，「合」又成了第二階段的「正」，
又有「反」與之相對，接著發展到「合」，整個歷程一直發展至
絕對精神才告終止。

依此觀之，方氏的「隨」、「空」、「貫」（「隨」、
「泯」、「統」）與正反不斷辯證的發展歷程，實不相應，故不宜
因方氏亦講正反相對，以及通貫正反，便視為等同黑格爾的辯證
法。

至於如何知生死之道，方氏認為關鍵在「心」。對於心，方
氏一方面從特性上指出心有「公心」、「獨心」之別，另方面從
作用上指出公心、獨心相即不分。方氏云：「概以質言，有公

---

55 蔣國保：〈方以智的「合二而一」新論〉，《方以智與明清哲學》（合
   肥：黃山書社，2009 年），頁 13。
56 吳康：《黑格爾的哲學》（臺北：臺灣商務印書館，1996 年），頁
   62。

心，有獨心；……獨心則人身之兼形、神者，公心則先天之心而寓於獨心者也。」[57]所謂的形是就形體，神是指靈明。對於公心，方氏更具體說明道：

> 未有天地，先有此心；邈邈言之，則可曰太極，可曰太一，可曰太無，可曰妙有，可曰虛滿，可曰實父，可曰時中，可曰環中，可曰神氣，可曰煙熅（氤氳），可曰混成，可曰玄同。以其無所不稟，則謂之為命；以其無所不生，則謂之為心；以其無所不主，則謂之為天。[58]

　　因此，方氏一方面就心稟清明的元氣而生，而為靈明的心，具有知的能力。言道：「心虛而神明棲之，故靈，名其靈曰知。」[59]另方面又進一步指出，此心既是道心，亦是人心，以其兼具元氣及陰陽二氣所生，既有靈明的知覺力，亦有其生理及心理本能、欲求。言道：「總以徵心，心即生死、不生死之原。微哉！危哉！道心即人心也，惟其危，所以微。」[60]

　　對於心的知覺能力，正因心兼有道心與人心，表現在知覺上亦是如此，既有真知，亦有無知。因此，方氏認為無需將心強分為道心、人心，而是道心即在人心中，人心中自有道心，二者渾然無間。亦無需強分真知與無知，真知即涵無知，無知中有真知。此乃方氏對於心及心知的特殊見地。方氏云：「心心無心，

---

[57]　方以智撰，龐樸注釋：《東西均注釋・釋諸名》，頁167。

[58]　方以智撰，龐樸注釋：《東西均注釋・釋諸名》，頁166。

[59]　方以智撰，龐樸注釋：《東西均注釋・釋諸名》，頁163。

[60]　方以智撰，龐樸注釋：《東西均注釋・生死格》，頁124。

知而無知矣。生死者，虛妄心也。心心無心，則無分虛妄心、真
實心之心，並無無心可得之心，又何處為容受生死之隙哉？」[61]

　　既然吾心是道心、人心渾融，對於明生死，自然能體悟真正
的生死之道是生本不生，死本不死之理。方氏云：

> 世有白刃可蹈，而富貴貧賤見不破者；有富貴貧賤可破，
> 而愛增（憎）不破者；此非真知生死之故也。故也者，生
> 本不生，死本不死之故也。知其故，有何生死？[62]

　　對於吾人如何明生死之道，以下將探討方氏如何藉由工夫實
踐達到無執生死的境界。

五、無執生死的工夫實踐（一）
——悟、學兼行

（一）解悟工夫

　　但對於方氏如何談實踐「泯」與「貫」的工夫，侯、蔣二子
並未說明。鄧克銘對此曾提出解釋，鄧氏云：

> 瞭解萬物的本質規律而不以偏執的心去揣測即是「無
> 我」、「無心」、「無物」，達到內外一體，心物為一的
> 自由理境。而欲瞭解物之本質，依方以智的看法，學

61　方以智撰，龐樸注釋：《東西均注釋・生死格》，頁127。
62　方以智撰，龐樸注釋：《東西均注釋・生死格》，頁127。

> 《易》是一條可行之路。……方以智雖借用《易》學思想
> 說明宇宙人生之原理,但此只是一種思維方式。[63]

鄧氏認為「泯」、「貫」生死的實踐可透過思維方式的改變,以及由學《易》的方式來理解宇宙人生道理。筆者以為鄧氏的說法實相應於方氏的主張。

但若進一步問,方氏所說的「知」是否只是瞭解萬物的本質規律的認知活動,對此蔡振豐與戴景賢又稍作補充詮解。蔡振豐提出方氏所說的知是實踐之知或稱體知,屬於解悟,此解悟需透過內斂而參與方能達至。蔡氏云:

> 「統、泯、隨」作為實踐之知或體知之知的解悟原則,其最根本意義在於內斂而參與。……統、泯、隨所示的三個知識形式,必須工具式的內斂於致知者的身心之中,而非作為思想或意識的參照面。致知者能如是面對一切的知識對象,則能依「時」而有「攝泯於隨」、「統在泯中」的整合之知。[64]

戴景賢則強調方氏所說的知不是思辨義,而是智證義;[65]並

63　鄧克銘:〈方以智的禪學思想〉,《漢學研究》第 27 卷 2 期,2009 年 6 月,頁 324-325。

64　蔡振豐:〈方以智三教道一論的特色及其體知意義〉,頁 191。

65　戴景賢云:「藥地之思想,乃以『證智』為本。」戴景賢:〈論方以智、王船山二人思想之對比性與其所展顯之時代意義〉,頁 486。

指出方氏先區分識與智，作為質測與通幾兩重之學的基礎，[66]並指出方氏的認識論有兩層預設，第一層是心物一體的形上義，第二層是智體的圓滿性。戴氏云：

> 第一層預設，在於形上義的「心、物一體」；藥地以前所敘及之「所以」之說說之，在此預設下，理氣論之可憑信，基礎在於「智」，而非在於「識」；而其所可憑信之範圍，與其可詮之意義，亦皆由智之判分所決定，而非「質測」；故與執名言為理解之方式不同。而第二層預設，則在於智體之圓滿性。藥地取義於唯識學中所標示之「藏識」義，以之為直得公因之「中」，故有「讀書知見助阿賴識」之說。而因有此義，彼所謂「經隨、泯而通幾」之說，始有可能。……而推究藥地所以有此兩層預設，則應出自一種價值之信仰；此一信仰對藥地而言，即是確信以無分別智可以盡知一切差別，而無涯之道藝，則醫古今無涯之生累。[67]

戴氏認為方氏基於肯定無分別智的價值觀，預設透過智可達

---

66 戴景賢云：「就藥地而言，藥地之融合儒釋，必要之環節，在於須於真、妄之間，確立相對性知識之定位，故取用唯識之說，分別『識』與『智』，以為『質測』與『通幾』二重之學所以得以建立之詮解。」戴景賢：〈論方以智、王船山二人思想之對比性與其所展顯之時代意義〉，頁521。
67 戴景賢：〈論方以智、王船山二人思想之對比性與其所展顯之時代意義〉，頁507-508。

至心物一體，以及肯定智體圓滿。

　　綜觀諸子的詮解，說法雖不盡相同，但皆肯定方氏從「真知」來明生死之道，而真知是透過體悟或智證而來。這樣的理解與方氏所論：「上者解悟，其次證悟。不能，必大困而後徹。」[68]是相契合的。

（二）肯定學的工夫

　　雖然方氏重視智證，但亦屢屢強調「學」。鄧克銘曾關注方氏重視學對禪宗及佛學的影響，彼認為方氏重視學，一方面藉以修正禪宗，另方面推崇覺浪道盛「妙葉（葉）兼中」的方式，以此可會通三教，使佛法普行於世間。[69]

　　對於學的涵義，方氏指出有爻、孝、效、教、覺之義。方氏藉由字形加以論析。首先指出「學」的字型包含爻、孝（孝）。就爻而論，可比附人的形軀，二乂中虛，為心所居，即此指出學與心有關；且人以爻天，又與自覺、覺人的「覺」有關。至於孝（孝），子弟當效法父親，又認為人當效法天地，方有大功效，即此而言學有效的涵義。至於教，學與教並行，故學亦有教的涵義。方氏云：

68　方以智撰，龐樸注釋：《東西均注釋・盡心》，頁70。

69　鄧克銘云：「對於禪宗專究自心，遺棄事物之弊，方以智曾嚴予批評，提出『舍心無物，舍物無心』、『因物用物』的看法，主張探究事物之規律以修正禪宗偏離學問之路線，而對於所有知識學問之地位及價值，方以智非常推崇覺浪道盛之妙葉兼中的方式，認為這是會通三教，並使佛法久住於世間的好辦法，而這也符合其集學問之大成的基本觀念。」鄧克銘：〈方以智的禪學思想〉，頁327。

> 諸釋名「人身當爻，則心正當二爻之中，此義至精，絕非
> 強解。爻從子當學，子即效父，即謂之孝。「學」也者，
> 爻也、孝也、效也、教也、覺也，一以交萬，人以交天，
> 而自覺、覺人之幾也；兼參悟、誦讀、躬行，合外內、本
> 末，無所不具者也。古原通用，後「學」分老部，作
> 「學」以別之。學即教，……學有效義，有覺義。……人
> 效天地，乃大功效。自覺覺世，乃盡孝之分量。[70]

　　方氏肯定學的重要，此與方氏的人性論有關。方氏一方面從
特性將性區分為公性、獨性，公性本於元氣而生，獨性本於陰陽
二氣，為人所獨有的人性。另方面亦從實存來看，獨性、公性一
體渾融。方氏云：

> 概以質言，……有公性，有獨性。……公性則無始之性，
> 獨性則水火草木與人物各得之性也。此無所不學則無所不
> 能者，即「不慮而知，不學而能」者也，是人之性也，是
> 獨性也。所以為獨性者，無始以前之公性也。[71]

　　方氏任為學不是為了為對治習氣，他批評以學對治習氣的主
張，認為此非確知人性，他認為人既生之後，純粹無染的性即與
習氣相融一體，此便是為學所必須體認的真相。方氏云：

---

[70]　方以智撰，龐樸注釋：《東西均注釋‧盡心》，頁170。
[71]　方以智撰，龐樸注釋：《東西均注釋‧釋諸名》，頁167。

> 虛高者以學為習氣。不知人生以後，一切皆有而無在其
> 中，性在習中。天地既分，天地亦有習氣，五行之習氣更
> 重矣。一切皆病，一切皆藥，學正「回習還天」之
> 藥。……習氣之說，……吾嘗曰：不能除而必言除之，適
> 得其平。若悟得天地未分前者，事事無礙，何須管帶？管
> 帶亦無礙矣。[72]

此外，方氏重視學的工夫，與對空談玄學、空談心性的理學
家及不重讀書的禪學家[73]的反省有關，指出廢學之弊。方氏云：
「一悟則永不須學者，錮萬劫之鐵圍山也。」[74]又云：「其自誇
無事人，惟恐齒及學者，……又偷安，又斥人，狡矣！」[75]

方氏並非完全否定上述三者重視解悟，但方氏認為世人上根
器者少，多數為中等或中下根器，因此應強調學的工夫。方氏
云：「設非利根，大悟大徹，則一往任之，病更不小，故聖人只
以好學為言。」[76]又云：「愚嘗折中上達，勸天下之士讀書，得
毋與不立文字之指悖乎？豈惟不悖，千萬年從此泯矣。」[77]

至於方氏所說的學，所學何事？方氏提出學天地，以盡人
事，如此方能不虛度生命，死得其所，即明生死之道，並踐履

---

[72] 方以智撰，龐樸注釋：《東西均注釋・道藝》，頁186。

[73] 龐樸指出：「其自誇無事人，指空談心性、反對讀書的理學家與禪學
家。」方以智撰，龐樸注釋：《東西均注釋・東西均開章》，頁13。

[74] 方以智撰，龐樸注釋：《東西均注釋・奇庸》，頁133。

[75] 方以智撰，龐樸注釋：《東西均注釋・東西均開章》，頁13。

[76] 方以智撰，龐樸注釋：《東西均注釋・顛倒》，頁120。

[77] 方以智撰，龐樸注釋：《東西均注釋・不立文字》，頁190。

之。方氏云：

> 聖人曰：人在此天地間，則學天地而已矣。盡人事以不負
> 天地，則言人事而天地之道可推矣；人能盡其所見見之
> 事，而不可見者坐見之，則往來之道可推矣；知天地、人
> 事之往來，而畫夜、生死、呼吸一矣。[78]

又云：

> 故聖人原始反終，通畫夜知其故，而教人以知生者畢之。
> 莊子外生死，惟以善吾生乃所以善吾死。則學者於人間
> 世，欲無忝所生，不負天地，獨在從本心不愧怍而已。不
> 虛生，不浪死，不學又何為哉？弦歌則弦歌，刪述則刪
> 述，不厭不倦，優哉遊哉![79]

　　那些學問與盡人事有關？依方氏的說法，道德、事功、學
問、文章皆為學的範圍。方氏云：「道德、事功、學問、文章，
本一也，後日益分，分則好高。其道愈高，其偽愈多，惟學問九
真而一偽。」[80]順此亦可解釋方氏為何重視質測之學。方氏認為
透過認識世界，不僅使個人能安立於世，亦有助社會民生，成就
事功，如此便不虛度人生。
　　至於學的指導原則，方氏提出「均」的概念，以此作為出入

78　方以智撰，龐樸注釋：《東西均注釋・奇庸》，頁 134。
79　方以智撰，龐樸注釋：《東西均注釋・無如何》，頁 277。
80　方以智撰，龐樸注釋：《東西均注釋・神跡》，頁 157。

各家的重要原則。方氏云：「迷而悟、悟而迷，又何異於呼而吸、吸而呼哉？矜高傲卑，幾時平泯？吾無以均之，惟勸人學均以為饔飧。眾藝五明，皆樓閣也；蟲吟巷語，皆棓喝也。」[81]

（三）悟、學並重

雖然方氏重學，然亦指出不可溺於學。方氏云：「溺學者，藥病也；而忌學者，根病與藥病相投，其病難治，故須以聖人中道藥之。」[82]最理想的目標是悟、學並重，並提出藏悟於學的主張。方氏云：「為藏悟於學之，即無悟、無學也。」[83]又云：「學道人平心自問，行解果相應乎？」[84]又云：「故知天地間，隨之，一切可隨；除之，一切可除；參之，一切可參；學之，一切皆學。大悟自非學習，而必言學習者，則為古今留此總棘栗蓬也。」[85]

方氏又認為即使臻於悟道境界，仍不可廢學，以學可保存、守住此悟道境界之故。方氏云：

> 真大悟人，本無一事，而仍以學問為事，謂以學問為保任也可，謂以學問為茶飯也可。盡古今是本體，則盡古今是工夫。天在地中，性在學問中。寡天無地，乃死天也。學

[81] 方以智撰，龐樸注釋：《東西均注釋・東西均開章》，頁 13。

[82] 方以智撰，龐樸注釋：《東西均注釋・道藝》，頁 186-187。

[83] 方以智撰，龐樸注釋：《東西均注釋・疑信》，頁 261。

[84] 方以智撰，龐樸注釋：《東西均注釋・疑信》，頁 261。

[85] 方以智撰，龐樸注釋：《東西均注釋・茲燚黀》，頁 286。

道人守住淨妙境界，即是惡知惡見。[86]

對於頓、漸工夫，方氏指出頓漸一致的觀點。方氏云：

> 頓、漸一致也，猶之動、靜──〈震〉〈艮〉，相反相因
> 者也。漸無不頓，頓無不漸，本無頓漸，故貫頓漸。然有
> 專門之別路，而正路者正喜此別路為正路之一路也。黑白
> 二路，各有先後，交互用之，凡技皆然。初射者數日即
> 中，久之反不中矣；不中之後乃可學射。[87]

即此可見，方氏的理想是希望任何人，皆能透過悟學兼修的
工夫，對人性有更相應的體悟，即純粹的人性與雜染的人性，渾
融一體，此皆本於天地元氣與陰陽二氣之作用。此觀點體現方氏
隨、泯、貫一體的獨特思維。

六、無執生死的工夫實踐（二）
──盡（爐）心

方氏除了談悟、學兼行的觀念與作法外，尚有一值得留意的
主張，即盡心的工夫，盡心亦屬學的工夫。戴景賢論方氏
「隨」、「泯」工夫時，亦曾指出方氏「燒生死」的主張。戴氏
云：

---

[86]　方以智撰，龐樸注釋：《東西均注釋・道藝》，頁187。

[87]　方以智撰，龐樸注釋：《東西均注釋・茲燚𤑔》，頁284。

故其所謂「存、泯同時」，必先「以死燒生」。蓋生死本
情執之幻，故「燒之則能盡，盡之則能空，空之則能舍，
舍之則能出」。一但心空一切空，則可以「入而無礙」
矣。[88]

戴氏的說法正視方氏「燒」的工夫，但值得留意的是，戴氏
僅言及燒生死，但所燒者，除生死外，是否別無他物，亦值得思
考。

方氏在論及心如何真知生死，提出盡心的工夫，但方氏所說
的盡心並非盡合於孟子。方氏將盡字解釋為「古燼字」，[89]然筆
者考察《說文》發現，古燼字當為「㶳」，《說文》釋「㶳」
云：「火之餘木也。[90]從火聿聲，一曰薪也。」段玉裁引《左
傳》、《大雅箋》的文脈，並徵引《方言》解釋道：

火之餘木曰㶳。死火之㶳曰灰。引伸為凡餘之稱。《左
傳》：「收合餘燼」，《大雅箋》：「災餘曰燼」，《方
言》：「藎，餘也。」周鄭之間曰藎，或曰子。藎者，叚
借字也。從火，聿聲。臣鉉等曰：「聿非聲，疑從津省，
徐各切，十二部。俗作燼，一曰薪也。」《方言》：「自

88 戴景賢：〈論方以智、王船山二人思想之對比性與其所展顯之時代意
義〉，頁 460。
89 方以智撰，龐樸注釋：《東西均注釋·盡心》，頁 85。
90 段玉裁注云：「各本作火餘也，今依唐初玄應本『火之餘木曰㶳。』」
〔漢〕許慎撰、段玉裁注：《說文解字》（臺北：書銘事業公司，1990
年），10 篇上，頁 48a。

關而東，秦晉之間，燒薪不盡曰藎。」[91]

對於「盡」，《說文》釋云：「器中空也，從皿聿聲。」[92]
方氏將「盡」解為「燼」，基於釋義的立場將「盡」、「燼」解
為古今字，認為「盡」、「燼」相通。筆者以為方氏的說法，在
解釋上有所跳躍。原因是，方氏除了指出「盡」為從聿從火從皿
外，[93]應進一步說明「盡」與「聿」有聲音上的關係，方能得出
「盡」為古「燼」字。至於徐鉉的說法可作為補充，徐鉉指出
「聿」俗作「燼」，既然前面已說明「盡」與「聿」有聲音的關
聯，自然亦可將「盡」與「燼」相關聯，皆有餘灰的意思。

誠如上述，可見出方氏極為重視「火」這項自然元素。方氏
論五行，曾言及火於物理現象及人身的重要性。[94]《物理小識》
言道：「凡運動皆火之所為，神之屬也。」[95]又云：「氣動皆
火，氣凝皆水，凝積而流，動而不停運。」[96]方氏亦以火之冶煉
為喻，說明自己欲融貫眾家思想。方氏云：

---

91 許慎撰、段玉裁注：《說文解字》，10 篇上，頁 48a。
92 許慎撰、段玉裁注：《說文解字》，5 篇上，頁 48b。
93 方以智撰，龐樸注釋：《東西均注釋‧盡心》，頁 67。
94 汪惠娟曾指出：「他企圖透過氣火一體的氣論思想建構，以解釋宇宙萬
有的物質性與運動變化的律則，並且本著『五行尊火』的原則，以為火
非旦是自然界變化的動力根源，火亦是萬物所以能生的根源，其思想中
特別強調，將火之思想應用在人體生命活動原理上。」汪惠娟：〈方以
智氣火一體思想管窺〉，《哲學與文化》第 33 卷 8 期，2006 年 8 月，
頁 133-134。
95 〔清〕方以智：〈天類〉，《物理小識》（臺北：臺灣商務印書館，
1978 年），卷 1，頁 11。
96 方以智：〈人身類〉，《物理小識》，卷 3，頁 79。

> 我以十二折半為爐，七十二為鞲，三百六十五為課簿，環
> 萬八百為公案，金剛智為昆吾斧，劈眾均以為薪，以毋自
> 欺為空中之火，逢場烹飪，煮材適用，應供而化出，東西
> 互濟，反因對治，而坐收無為之治，無我、無無我，圓三
> 化四，不居一名。可以陶五色之素器，燒節樂之大壎，可
> 以應無商之圜鍾，變無徵之四旦；造象無定，聲歙歸元。[97]

　　方氏所說的盡心是指將心燒掉使成灰燼，抑或是指將心中之
物燒掉使成灰燼？龐樸的注解是採前者，龐樸云：「燒心使其化
為灰燼。」[98]關鍵在「其」字，當如何解？順龐氏解釋「生死即
此心」所云：「生死亦因心而生，生即此心生，死即死此心。」
[99]將龐樸所說的兩句話並觀，可知「其」字當指心而言。

　　對於方氏所說的盡心，簡單地從事實來論斷，若將心完全燒
成死灰，則心便不存在，心既不存在，又能有何作為？因此，筆
者以為，關鍵全在燒的目的為何，故不宜將盡心理解為將心燒成
灰燼，倒可理解為藉著火燒以冶煉心中所具之物。

　　此處再以方氏的說法論斷之。其一，既然方氏云：「心即生
死、不生死之原」，心為生死之道的根源，豈可將之完全燒滅？
其二，若心已完全燒滅，何來真知？其三，若心已完全燒燬，則
方氏所云「能出則可以入而無礙矣」便不可解，因已無心可出入
矣。其四，就前所引方氏以「十二折半為爐」之喻，便可見出彼
所欲冶煉者乃眾家思想。

97　方以智撰，龐樸注釋：《東西均注釋·東西均開章》，頁20。
98　方以智撰，龐樸注釋：《東西均注釋·盡心》，頁69。
99　方以智撰，龐樸注釋：《東西均注釋·盡心》，頁69。

　　即此四點，便可證知方氏不是將心完全燒成灰燼，而是心經過火燒，使心中雜染化成灰燼，繼而將灰燼取出，如此心可空。因此，心空不是指心被燒掉而不存在，而是指心中之物，即欲望、觀念等。心空便能如方氏所說「心空者，不為心所累而已」，[100]方能捨身，而心方能出入無礙。

　　但方氏亦指出藉由盡心的工夫，雖可使心空而無所執定，但若在過程中火候控制不當，則會出現焦灰的結果。方氏云：「然心何以得空？故從而縛之，爇之，煆之，淬之，此不得已用〈大過〉之薪也。本自無別，不壞世相，而〈大過〉偏勝，又焦芽灰死矣。」[101]

　　至於方氏何以主張盡心於泯生死、貫生死實為重要工夫，此與方氏欲藉盡心以見性，見無生死的本性有關。方氏云：「但肯盡心，自然見性。」[102]又云：

> 黃塾老曰：汝以滅為生，非汝之能也；我以生為滅，亦非我之能也。生生死死，皆蒼父主之，知乎不邪（耶）？乃尋蒼父，合其恩仇朋友五人，極乎南北，旋乎東西，歷九階而扣之，惟有蒼父所用者七公，而蒼父竟不可得見。見最明者，曰：盡心則見，本無生死。生死勿自欺，欺則不能逃乎鬼神。[103]

---

[100] 方以智撰，龐樸注釋：《東西均注釋·盡心》，頁 68。

[101] 方以智撰，龐樸注釋：《東西均注釋·盡心》，頁 69。

[102] 方以智撰，龐樸注釋：《東西均注釋·公符》，頁 106。

[103] 該句中的「黃塾老」一詞，龐樸注釋道：「塾，小丘。……黃塾老，喻

　　方氏盡心說的獨特處在於以燒鍛為喻，肯定後天修養工夫的重要。至於修養工夫，無論儒、道、釋的工夫，只要有助明性，皆可視為盡心工夫。方氏云：「吹毛塗毒，石激電拂，皆燒人盡心之法也。」[104]此為釋家盡心法。又論儒家的盡心法言道：

> 其實盡心之聲義，用心之至矣：有知而無知之義焉，有成人究竟之義焉，有勇猛到頭之義焉，有薪盡火傳之義焉。愚以「盡變化」三字明荀子之針、蠶、雲，明孟子之「盡心」九句；即孔子之「誌知從」六句，亦可瞭然矣。[105]

方氏將盡心的涵義區分為四類，「知而無知」即是知而無執於知，「成人究竟」即是徹底地行孔子成人之教，「勇猛到頭」便是一往無前，死而後已之意；「薪盡火傳」則見於莊子〈養生

　　土。」〔清〕方以智撰，龐樸注釋：《東西均注釋・無如何》，頁281。

[104] 該段引文參見方以智撰，龐樸注釋：《東西均注釋・盡心》，頁 75。「吹毛塗毒」乃禪宗常用語，「吹毛」是指利劍，「塗毒」是指塗毒鼓。龐樸對「塗毒」注釋道：「塗毒之鼓，皮面塗以毒藥之鼓，相傳可使人聞聲即死；禪宗以喻師家令學人滅盡貪嗔之機言。」方以智撰，龐樸注釋：《東西均注釋・開章》，頁 12。「石激電拂」，龐樸注釋道：「猶石火電光，喻生滅之速。」方以智撰，龐樸注釋：《東西均注釋・盡心》，頁 75。

[105] 關於「荀子之針、蠶、雲」出自《荀子・賦篇》，原文「針」作「箴」。荀子對針、蠶、雲此三物加以描述，說明此三物之理。〔周〕荀卿著，〔唐〕楊倞注：《荀子》（上海：上海古籍出版社，1989年），頁 150-152。方以智撰，龐樸注釋：《東西均注釋・盡心》，頁 85-86。

主〉，亦說明薪火延續不滅之意。可見方氏的盡心說，兼貫儒、道，強調透過盡心工夫，以能明吾性本無生死，自無需為外物所累。

七、結論

曾與方氏交遊的黃宗羲（字太沖，號梨洲，1610-1695）與王船山（字而農，號薑齋，1619-1692）[106]，對於興亡、生死有深刻體悟。就梨洲而言，不僅得面對國破家亡之痛，亦須面對亡子、兩次祝融之災的折磨。彼曾作詩描述其沉痛心境，詩云：「於今屈節幾回死，未死猶然被病眠。劫火燒餘此病身，更無思慮染秋塵。」[107]

---

[106] 關於二子與方氏之交遊記載，黃宗羲《思舊錄‧方以智》記道：「方以智，字密之，桐城人，明敏多藝。吳子遠之甥也。己卯，餘病瘶。子遠拜求茅山道士，得藥一丸致餘。餘知其為絕瘶丹也，念朋友之真切，不忍虛其來意，些少服之，而委頓異常。密之為我切脈，其尺脈去關下一尺取之，亦好奇之過也。壬午，在京師言河洛之數，另出新意。從永曆為相隨，後削法為僧，法名無可。」〔清〕黃宗羲撰、吳光等校點：《思舊錄》，《黃宗羲全集》（第 1 冊）（杭州：浙江古籍出版社，1994 年），頁 263-364。王船山亦曾記道：「方密之閣學逃禪潔己，受覺浪記莂，主青原，屢招餘將有所授，誦『人各有心』之詩以答之；意乃愈迫，書示吉水劉安世之詩，以寓從臾之至，餘終不能從，而不忍妄其繾綣，因錄於此。『……何不翻身行別路，孤落出沒五湖煙。』」〔清〕王船山撰，楊堅編校：〈南窗漫記〉，第 29 則，《薑齋詩話》，《船山全書》（第 15 冊）（長沙：嶽麓書社，1996 年），卷 3，頁 887。

[107] 黃宗羲撰，吳光編校：〈臥病旬日未已聞書所憶〉，《南雷詩曆》，《黃宗羲全集》（第 11 冊）（杭州：浙江古籍出版社，1994 年），卷 1，頁 224。

又云：「半生濱十死，兩火際一年。」[108]至於船山，一樣面對
改朝異代，晚歲更為疾病所苦。然其心志可於名句「六經責我開
生面，七尺從天乞活埋」[109]見出。又嘗作〈絕筆詩〉道盡飄零
的心境。詩云：「荒郊三徑絕，亡國一臣孤。霜雪留雙鬢，飄零
憶五湖。差足酬清夜，人間一字無。」[110]

　　此外，二子在個人生命臨終之際皆預作安排。梨洲於去世前
七年，「築生壙於忠端公隴畔，內設石牀」，臨終之際叮囑「即
於次日舁至壙中，斂以時服，一被一褥，安放時牀，不用棺槨，
不作佛事，不作七七，凡鼓吹、巫覡、銘旌、紙幡、紙錢，一概
不用。」並囑子弟於望柱刻上「不事王侯，持子陵之風節；詔鈔
著述，同虞喜之撰文」一副聯。[111]考察梨洲的行徑，一方面希
望自我表述畢生心志，另方面為自己的喪禮形式預作抉擇，即不
採佛、道儀式，亦不用棺槨。對於不用棺槨，依黃氏自己的說法
是欲不循流俗，[112]全祖望則理解為「公以自身遭國家之變，期

108　黃宗羲撰，吳光編校：〈五月復遇火〉，《南雷詩曆》，《黃宗羲全
　　集》（第 11 冊），卷 1，頁 250。

109　〔清〕王船山撰，楊堅編校：《船山詩文拾遺》，《船山全書》（第
　　15 冊），卷 1，頁 921。

110　王船山撰，楊堅編校：《船山詩文拾遺》，《船山全書》（第 15
　　冊），卷 1，頁 921。

111　築生壙一事，據黃氏七世孫黃炳垕所作《年譜》記載：「（康熙）二十
　　七年戊辰，公七十九歲。」去世之日則記道：「（康熙）三十四年乙
　　亥，公八十六歲。」此處所論，參見〔清〕黃炳垕撰，吳光校點：《黃
　　梨洲先生年譜》，《黃宗羲全集》（第 12 冊）（杭州：浙江古籍出版
　　社，1994 年），頁 52、55-56。

112　全祖望撰，吳光校點：〈梨洲先生神道碑文〉，《黃宗羲全集》（第
　　12 冊），頁 10。

於速朽。」[113]至於船山，曾預作〈自題墓石〉云：「報劉越石之孤憤而命無從致，希張橫渠之正學而力不能企。」[114]並於臨終之際交待後事。據《行狀》記載：

> 二日清晨，起坐不懌，指先祖〈行狀〉、〈墓銘〉付長孫若曰：「汝慎藏之。」謂敔曰：「勿為吾立私謚也。」良久，命整衾，時方辰，遂就簀，正衾甫畢而逝。……遺命禁用僧、道。[115]

船山亦於生前表達自己未竟志業，又於臨終前，整衣、就簀，並交待勿立私謚及勿用僧、道儀式治喪。梨洲與船山在臨終前的行徑，皆表現遺民孤憤之心境，並尊從儒家古禮，足見二子正視個人的生死大事。

　　對於方以智的評斷，船山提出異於時人的見解，對於方氏的思想，船山云：

> 青原晚號「極丸」，取一峰「太極丸春」之旨。此足見其存主處，與沉溺異端者自別。顧一峰太極丸中，羞惡、辭

113　邵廷采撰，吳光校點：〈遺獻黃文孝先生傳〉，《黃宗羲全集》（第12冊），頁65。

114　船山並言道：「墓石可不作，徇汝兄弟為之，止此不可增損一字。」足見此乃船山對自己一生之整體評價。參見〔清〕王船山撰，楊堅編校：《薑齋文集補遺》，《船山全書》（第15冊），頁227-228。

115　〔清〕劉毓崧撰，楊堅編校：《王船山先生年譜》，《船山全書》（第15冊），頁271。

> 讓、是非具足於惻隱之中，而密翁似以知和之和為太和，
> 故深取莊子兩行之說以為妙用，意熊掌與魚可以兼取，則
> 兼不得時必兩失也。[116]

船山肯定方氏非沉溺異端之人，並指出方氏汲取儒家四端之心、
「知和而和」，並結合莊子兩行的思維來構作他的思想。至於方
氏皈依佛門的方氏，船山並非視之為佛門中人，而是節義之士，
並評其為「狂者可狷」。船山云：

> 方密之閣學之在粵，恣意浪遊，節吳歈，鬥葉子，謔笑不
> 立崖岸，人皆以通脫短之。……乃披緇以後，密翁雖住青
> 原，而所延接者類皆清孤不屈之人士，且興復書院，修
> 鄒、轟諸先生之遺緒，門無兜鍪之客。其談說，借莊、釋
> 而欲縶之以正。又不屑遣徒眾四出覓資財。道隱則以崇土
> 木、飯髡徒之故，不擇人而屈下之，與尚氏往還，稱頌之
> 不怍。有金公絢者，亡賴幕客之長，持尚氏之權，漁獵嶺
> 海，乃與聯族而兄事之。作海幢於廣州，營丹霞於仁化，
> 所費至數萬金，以此盡忘其本色。狂者可狷，狷者一狂，
> 則蕩閑無所止，有如此夫？[117]

　　船山對方氏的思想認為是綜合儒、道，並將其行徑理解為孔
子所說的狂者，船山的評論大抵相應。這樣的生命型態，如何面

---

[116]　〔清〕王船山撰，楊堅編校：《搔首問》，《船山全書》（第 12 冊）
　　（長沙：嶽麓書社，1996 年），頁 635-636。

[117]　王船山撰，楊堅編校：《搔首問》，頁 635。

對現實世變與生死，廖肇亨言道：

> 方以智認為死亡不是理性處理的對象，或者更確切的說，
> 理性充其量只是面對死亡的一個起點。真誠的面對死亡，
> 不只在於擁抱外在超越的存有，或者以坦然的態度輕鬆面
> 對臨終的時刻而已，更重要的是：在死亡之前，必須積極
> 地安排生命的意義，而此必須在社會脈絡當中才有充分實
> 踐的可能與價值，而不能僅止於一己死生之超脫。⋯⋯方
> 以智以為：只有清明靈妙的主體性，才可能將現世的艱難
> 轉變成為個人道德意識與處理現實的能力的提昇與超
> 越。⋯⋯經由死亡的談論，以理性與知識為出發點，將對
> 死亡的恐懼與驚疑，轉化成為生命歷程中堅定的步伐。[118]

　　筆者相當贊同廖氏的說法，方氏並非將生死視為理性處理的
對象，亦不是以肯定外在超越的存有來視生死，也不是簡單輕鬆
坦然去看待，而是在死亡前過靈明的主體性，積極安排生命的意
義。

　　本章扣緊方氏的生死哲學來探討，「生死」為《東西均》的
重要術語。方氏不僅關注人的生死問題，更將範圍擴大，思考天
地未生及天地已生後的萬物變化。

　　不少學者著重在方氏如何會通三教，或關注方氏如何以
「易」會通三教。但筆者認為，這樣的研究向度，無法見出方氏

---

118 廖肇亨：〈藥地生死觀探析——以《東西均》與《藥地炮莊》為討論中
　　心〉，頁 241-242。

的問題意識。方氏確實曾出入儒、道、釋三家,並承繼三家的部分觀點,然彼真正關切者並非如何會通三教,而是如何理解人的存在,以及有關人存在的意義。

就生死議題而言,方氏不將問題拘限在三家所論如何面對個人的生死,而是將討論範圍擴大,思考天地未生前及天地已生後的狀態,主張天地未生前為渾淪未分的元氣,而元氣中已蘊涵陰陽之氣;天地已生之後,陰陽二氣不斷作用,元氣亦涵蘊其間。元氣與陰陽二氣一體不二,流行不已。正因元氣與陰陽二氣,生生不已,何來生死之分,即此發展出「無生死」的觀點。

在「無生死」的基礎上,指引出人看待世界、面對存在問題的思維,提出近於一心三觀智慧的隨生死、泯生死、貫生死的生死智慧。

方氏亦指出欲具體實現此觀念,不能單靠解悟,尚需有「學」的工夫。方氏重視質測之學亦屬於學的工夫,既然世界不離陰陽二氣,人生存其間,豈能不加認知學習?但方氏亦反對耽溺於學,主張學是為了見性,其盡心說便是這樣的工夫,藉此透徹體悟無生死的本性。

至於方氏生死哲學的意義,在方氏看來,儒、道、釋三家仍局限在將生死視為對治對象,而他提出無生死的思維,不僅讓吾人不再僅關注個人生死問題,而能將個人與人類歷史,甚至宇宙加以連結,無疑解消個人生死問題對吾人的禁錮,反而以更寬廣的向度正視人的存在,及思考人的存在意義,可作為現代人面對生死關卡的另項選擇。

第貳篇　對當代新儒學的理解與詮釋

第一章　論唐、牟、徐三先生的荀子研究對荀學發展之意義

一、前言

　　本章選定唐、牟、徐三位前輩作為研究對象，一來是因三子對荀學研究有其創見，再者，針對學界有不少看法認為新儒家皆本於孟子性善論，指出荀子心性論的不足。如胡可濤指出：「新儒家對荀子的研究最大問題是『門戶之見』。他們一致高度重視『心性』之學，視孔孟為正宗，其他學派思想則為『歧出』。……而且毫無例外地認為荀子在人性的認識上，要低孔孟一截。」[1]劉又銘亦認為：「程朱、陸王學派及當代牟宗三、蔡

─────────────

[1]　胡可濤、葛維春：〈海外新儒家視野中的荀學──以牟宗三、徐復觀、

仁厚等人對荀子哲學的詮釋，基本上是以孟子哲學典範為片面的、單一的標準，來論證荀子哲學的不足和不能成立，藉以凸顯孟子哲學的正統性。」[2]有鑑於此，本章將深入論析唐、牟、徐三子的荀學成果，並放在歷代荀學發展中加以考察，以見出其重要性。

　　本章亦參考歷代論荀的重要說法，漢代的揚雄、唐代的韓愈，宋代的程顥、程頤、蘇軾、朱熹、葉適，分別代表理學與非理學的立場。明代的歸有光（字熙甫，1506-1571）、李贄（字宏甫，號卓吾，1527-1602），清代的戴震（字東原，一字慎修，1724-1777）等。[3]

　　學界對唐、牟、徐三子的《荀子》研究，可分為綜論與分論。前者有劉振維〈從「性善」到「道德心」──論當代儒學對人性概念的探討〉，及胡可濤、葛維春〈海外新儒家視野中的荀學──以牟宗三、徐復觀、唐君毅為中心〉二文。[4]至於後者，在牟氏研究方面，有東方朔〈客觀化及其限制──牟宗三先生《荀學大略》解義〉、陳迎年〈荀子命運的歷史沉浮與中國哲學

　　唐君毅為中心〉，《雲南民族大學學報（哲學社會科學版）》2008 年第 5 期，頁 125。

[2]　劉又銘：〈荀子的哲學典範及其在後代的變遷轉移〉，《漢學研究集刊》第 3 期，2006 年 12 月，頁 34。

[3]　此處所列代表人物，乃就其曾對荀子思想作較完整且深入之評論且對後世有影響者。

[4]　劉振維：〈從「性善」到「道德心」──論當代儒學對人性概念的探討〉，《哲學與文化》第 36 卷 8 期，2009 年 8 月，頁 101-118；胡可濤、葛維春：〈海外新儒家視野中的荀學──以牟宗三、徐復觀、唐君毅為中心〉，頁 122-126。

的現代意識——兼評牟宗三的荀子研究〉。[5]唐、牟合論者有鄭炳堅〈唐、牟二先生論荀子〉。[6]專論唐氏者有張倩〈唐君毅論荀子之統類心〉[7]一文。這些文章幾關注於心性論[8]及禮義之統[9]

---

[5]　東方朔：〈客觀化及其限制——牟宗三先生《荀學大略》解義〉，《北京青年政治學院學報》2005 年第 4 期，頁 38-44。陳迎年：〈荀子命運的歷史沉浮與中國哲學的現代意識——兼評牟宗三的荀子研究〉，《華東理工大學學報（社會科學版）》2008 年第 3 期，頁 104-108。其他尚有胡士頴：〈牟宗三先生論荀子「禮義之統」〉，《南昌教育學院學報》2010 年第 2 期，頁 38、54；及陳林：〈荀子「以禮化心」工夫論初探——兼對牟宗三關于荀子「大本不立」之定位獻疑〉，《西安社會科學》2009 年第 3 期，頁 25-29。

[6]　鄭炳堅：〈唐、牟二先生論荀子〉，《新亞學報》28 期，2010 年 3月，頁 111-120。

[7]　張倩：〈唐君毅論荀子之統類心〉，《新亞學報》28 期，2010 年 3月，頁 155-169。

[8]　鄭炳堅曾就唐、牟論《荀子》之心、性加以比較，參見鄭炳堅：〈唐、牟二先生論荀子〉，頁 115-120。張倩認為唐氏將荀子所說的心理解為統類心，並從三方面加以解析：一、依類以通達，二、至虛而涵攝，三、為善之曲折。張倩：〈唐君毅論荀子之統類心〉，頁 156-169。

[9]　東方朔指出：「就儒門學說客觀化之理論的系統闡釋而言，荀子以前尚沒有過於荀子者，故牟先生認為，其精神表現為『莊嚴穩定足為外王之極致，於中國文化史上，蓋亦無以倫匹也。』」東方朔：〈客觀化及其限制——牟宗三先生《荀學大略》解義〉，頁 42。胡士頴亦指出：「牟先生進一步指出，荀子之道，最根本地說，即是禮義之統，……第一，牟先生強調禮義之統需要忠實踐行，……第二，……因此荀子的禮義之道實則為成全萬事之道；第三，牟先生認為荀子之禮義之統、禮義之道對國家治理而言，即為禮憲之道，是人文化成、統攝天人之行為之道。……即可看出牟先生對荀子禮義之統的內涵有著深刻認識，對其意義的揭示也是前所未見的。」胡士頴：〈牟宗三先生論荀子「禮義之統」〉，頁 38。胡可濤曾就堂牟、徐二氏論荀子禮義之統言道：「在

的議題上。

至於作為與新儒家對照的歷代荀學，其表現形式可分為傳注與評論兩類，本章所關注的是後者。學界有不少關於歷代荀學的研究，包括通史性及斷代史的研究。[10]這些研究成果的研究進

牟先生看來，要瞭解荀子『邏輯之心靈』，就必須先把握荀學的『大體』——『禮義之統』，此為『求善解』的途徑。……徐復觀評價了荀子對『禮』所作的貢獻，……不過，在具體內容上，他對荀子的『禮』論頗有微辭，認為荀子將禮外在化、政治化，遂使禮逐漸具有強制性和機械化，並讓人最終喪失自主性。它潛藏著走向獨裁政治的可能性，其根源即在荀子的人性問題上。」胡可濤、葛維春：〈海外新儒家視野中的荀學——以牟宗三、徐復觀、唐君毅為中心〉，頁 122-123。

10　（一）關於荀學的通史性研究，如馬積高：《荀學源流》（上海：上海古籍出版社，2000 年）。廖名春：《荀子新探》（臺北：文津出版社，1994 年）。張才興：〈論「荀子」與群經及其在儒學史上的定位〉，《逢甲人文社會學報》第 6 期，2003 年 5 月，頁85-111。郭志坤：〈淺說荀子及其荀學之浮沉〉，《學術月刊》1994 年第 3 期，頁 44-50。宋立卿：〈試論荀學的歷史命運——中國文化史上一樁千古未決的懸案〉，《河南大學學報》1990 年第 4 期，頁 146-151、157。（二）漢代荀學研究方面，如高安澤：〈荀學淵源及其對漢代學術的影響〉，《中原文獻》33 卷第 1 期，1981 年 1 月，頁 4-8。（三）魏晉荀學方面，如林郁迢：〈略論魏晉荀學之發展〉，《漢學研究集刊》第 9 期，2009 年 12 月，頁81-104。（四）唐、宋荀學，如王永平：〈荀子學術地位的變化與唐宋文化新走向〉，《學術月刊》2008 年第 6 期，頁 129-135。（五）清代荀學方面，如田富美：《清代荀子學研究》（臺北：政治大學中國文學研究所博士論文，2005 年）。田富美：〈清儒心性論中潛藏的荀學理路〉，《孔孟學報》85 期，2007 年 9 月，頁 289-316。劉仲華〈清代荀學的復活〉，《蘭州大學學報（社會科學版）》，2001 年 1 期，頁 50-56。（六）近現代荀學，如韋政通：〈荀學在思想史上的地位及其影響——兼論荀學在近代的復興〉，收於氏著：《儒家與現代中國》（臺北：東大圖書公司，1991 年），頁 45-74。

路，可歸為幾個類型：一是討論荀子的地位，包括尊荀或反荀與
論孟荀高下等。如馬積高《荀學源流》下篇第 10 章至第 13 章，
分別探討漢魏六朝時期荀學的升降、唐代尊崇荀學、宋元明時期
荀學的衰微及清代荀學的復興和尊荀與反荀的論爭。在該書之
後，許多論著多仿此作法。

　　二是荀子的接受研究，將重要思想家的觀點與荀子思想相比
較，包括人性論、政治論，或禮樂論等。如林郁迢〈略論魏晉荀
學之發展〉一文，將漢末荀悅（字仲豫，148-209）、徐幹（字偉長，
170-217）、仲長統（字公理，179-219），及魏晉杜庶（字伯務，198-
252）、傅玄（字休奕，217-278）、袁準（字孝尼，237-316）、裴頠（字
逸民，267-300）的人性論、政治論、禮樂論等觀點與荀子思想相
較，指出其承繼關係。

　　三是就歷代重要思想家對荀子的評論加以論析。如劉仲華
〈清代荀學的復活〉一文，嘗就清代荀學對荀子思想之論述，整
理出四個重心：性惡、法後王、李斯與韓非、荀子有功於六經。
田富美《清代荀子學研究》亦有類似看法，指出：「考據學興
起，促使《荀子》獲得重新被檢視的契機，……有關荀子思想的
討論，多半是宋、明時代儒者所論及議題的反駁。如性惡、非
孟、弟子李斯等，因此，在深究荀學思想體系脈絡的論述上則相
對貧乏。」[11]

　　經由上述分析，可見出一現象，雖然已有如馬積高《荀學源
流》對荀學作通史性研究，就現今學術分工來看，荀學橫跨哲
學、經學、政治學、小學、文學諸領域，若全面論述，則不免旁

---

[11]　田富美：《清代荀子學研究》，頁 103。

雜。因此，本章鎖定在上述三類研究中的第三類，即思想（哲學）領域，考察當代新儒家唐、牟、徐三位前輩的荀學研究，並以歷代幾位立論深入且影響較大的思想家作為對照組，以對顯新儒家荀子學的特色及重要性。

　　筆者考察新儒家及歷代荀學代表，所關注的議題不外三大類：荀子與孔學之關聯、荀子的心性論、荀子的禮義之統。以下將依這三點，對比新儒家與前賢說法的異同，以見出其特色，進而見出三位前輩對《荀子》思想的詮釋在《荀》學發展史上的意義及貢獻；同時亦提出在唐、牟、徐三子荀學研究之後的可能發展，指出未來荀學可能的開展方向。

二、論荀子與孔學之關聯

（一）歷代荀學論荀子與孔學之關聯

　　歷來論荀子與孔學的關聯，主要評斷有二，即大純小疵與雜而不純。主張大純小疵者，如揚雄、韓愈、歸有光、戴震等；認為雜而不純者，如程頤、蘇軾、朱子等。肯定荀子思想屬於儒家，且可與孟子並立者，首推揚雄。彼言道：「吾於荀卿歟，見同門而異戶也，惟聖人為不異。」[12]

　　韓愈亦承繼揚雄的觀點，將孟、荀並稱，以其能承繼並發揚孔子之道，此評價影響後世甚深。韓愈云：「臧孫辰、孟軻、荀卿，以道鳴者也；楊朱、墨翟、管夷吾、晏嬰、老耼、申不害、

---

[12]　汪榮寶撰，陳仲夫點校：〈君子卷第十二〉，《法言義疏》（下冊）（北京：中華書局，2010 年），卷 18，頁 499。

韓非⋯⋯之屬皆以其術鳴。」[13]但韓愈亦指出孟、荀二子之差異，並分判出大純與大純而小疵之別。韓愈云：「昔者孟軻好辯，孔道以明；⋯⋯荀卿守正，大論是弘。⋯⋯是二儒者吐辭為經，舉足為法，絕類離倫，優入聖域。」[14]又道：「及得荀氏書，于是又知有荀氏者也。考其辭時若不醇粹，要其歸，與孔子異者鮮矣。抑猶在軻、雄之間乎？⋯⋯孟氏醇乎醇者也，荀與揚大醇而小疵。」[15]

歸有光在宋儒之後，承繼揚、韓之說，肯定荀子傳承孔子之道，足與孟子並列。歸氏云：

> 當戰國時，諸子紛紛著書，惑亂天下。荀卿獨能明仲尼之道，與孟子並馳。故其為書者之體，務富于文辭，引物連類，蔓衍夸多，故其間不能無疵。至其精造，則孟子不能過也。自揚雄、韓愈皆推尊之，以配孟子。迨宋儒，頗加詆黜，今世遂不復知有荀氏矣。[16]

綜觀三子之說，純與疵分別就不同層面評論，據韓愈所稱：「考其辭時若不醇粹，要其歸，與孔子異者鮮矣。」歸氏所道：「能明仲尼之道」、「其為書者之體，務富于文辭，引物連類，

13　〔唐〕韓愈：〈送孟東野序〉，《韓昌黎文集》（下冊）（臺北：新文豐出版公司，1077 年），卷 19，頁 7。

14　韓愈：〈進學解〉，《韓昌黎文集》（上冊），卷 12，頁 73。

15　韓愈：〈讀荀子〉，《韓昌黎文集》（上冊），卷 11，頁 67-68。

16　〔明〕歸有光：〈荀子敘錄〉，《震川先生集》（臺北：源流文化事業公司，1983 年），卷 1，頁 20。

蔓衍夸多」，「純」是就合於孔子之道而言，「疵」則是就表達方式而言。

此外，戴震亦認同荀子能承繼孔子之道，戴震云：「孔子之後，異說紛起，能發明孔子之道者，孟子也；卓然異于老聃、莊周、告子而為聖人之徒者，荀子也」。[17]

至於認為荀子思想雜而不純者，如程頤便主此說，彼反對韓愈評荀子大醇小疵之說。伊川云：「荀卿才高，其過多；揚雄才短，其過少。韓子稱其大醇，非也，若二子可謂大駁矣。」[18]

蘇軾亦點出韓非、李斯的所作所為，不免與荀子有干係，問題出在荀子喜異說高論之故。相較之下，孔子言語文章謹守先王之道，平易正直，故有賢弟子。蘇軾云：

> 嘗讀孔子世家，觀其言語文章，循循然莫不有規矩，不敢放言高論，言必稱先王。……夫子以為後世必有不足行其說者矣，必有竊其說而為不義者矣。是故其言平易正直，……要在于不可易也。昔者嘗怪李斯事荀卿，……及今觀荀卿之書，然後知李斯之所以事秦者，皆出於荀卿而不足怪也。荀卿者，喜為異說而不讓，敢為高論而不顧者也。……荀卿明王道，述禮樂，而李斯以其學亂天下；其高談異論有以激之也。孔孟之論，未嘗異也，而天下卒無

---

[17] 〔清〕戴震：《緒言》，卷下，《戴震全書》（修訂本）（第六冊）（合肥：黃山書社，2010 年），卷 30，頁 139。

[18] 〔宋〕程顥、程頤：《河南程氏遺書》，《二程集》（上冊）（臺北：漢京文化事業公司，1983 年），卷 18，頁 231。

有及者，苟天下果無有及者，則尚安以求異為哉！[19]

　　蘇軾的這番說法，亦見於朱子。朱子言道：「正如荀子不睹是逞快，胡罵亂罵，教得箇李斯出來，遂至焚書坑儒。若使荀卿不死，見斯所為如此，必須自悔。」[20]又云：「如世人說坑焚之禍起於荀卿，荀卿著書立言，何嘗教人焚書坑儒？只是觀他無所顧藉，敢為異論，則其末流，便有坑焚之理。」[21]朱子雖然認為荀子並未主張焚書坑儒，但認為荀子立言的方式，其末流易出現偏差作為。

　　朱子認為荀子雜法家之學，可由《荀子》書中可見。〈王氏續經說〉云：「荀卿之學雜於申、商」[22]，又云：「荀卿則全是申、韓，觀〈成相〉一篇可見。他見當時庸君暗主，戰鬪不息，憤悶惻怛，深欲提耳而誨之，故作此篇。然其要，卒明法制，執賞罰而已。」[23]正因認為荀子思想雜而不純，故對韓愈的說法加以修正並詮釋道：「韓子說荀、揚大醇是泛說，與田駢、慎到、

19　〔宋〕蘇軾：《應詔集‧荀卿論》，《蘇東坡全集》（臺北：河洛圖書出版社，1975 年），卷 9，774。

20　〔宋〕黎靖德：《朱子語類》，《朱子全書》（第 17 冊）（上海：上海古籍出版社、合肥：安徽教育出版社，2002 年），卷 104，頁 3437。

21　黎靖德：《朱子語類》，《朱子全書》（第 18 冊），卷 137，頁 4238-4239。

22　〔宋〕朱熹：《晦庵先生朱文公文集》，《朱子全書》（第 23 冊）（上海：上海古籍出版社、合肥：安徽教育出版社，2002 年），卷 67，頁 3283。

23　黎靖德：《朱子語類》，《朱子全書》第 18 冊，卷 137，頁 4237。

申不害、韓非之徒觀之，則荀、揚為大醇。」[24]

　　考察三子之說，雖然皆評荀子思想純而不雜，但評論依據稍有不同。其一，程頤與朱子皆認為荀子論性有所偏失，認定其學不純。[25]其二，朱子認為荀子思想不純，因其思想已有「明法制，執賞罰」的主張，故認定雜於申韓。其三，蘇軾與朱子皆認為荀子在觀點表達喜異說高論，易逞才氣，致思想異化為韓非、李斯的法家思想與作為。關於第三項，雖然李贄認為不應將弟子之罪過逕歸於人師，[26]但李氏的立論向度與蘇、朱二子仍屬不同，李氏只論斷荀與韓、李的師生關係，並未就其中的思想或表達方式立論。這三項論據，前兩項涉及荀子思想本身，就其論性及重法而言，第三項則就表達方式而論。

（二）唐、牟、徐論荀子與孔學之關聯

　　對於前儒兩種截然不同評價，唐、牟、徐的看法與大純小疵的主張較接近。與二程說法相較，新儒家亦認同荀子不能從本體談誠，故誠屬於後天外加的工夫；亦批評荀子無法如孟子肯定人天生具有道德心性，只從生理本能與心理欲求言性。相異處在於，新儒家不因荀子不談道德心性，便否定其合於儒家精神，而能肯定荀子重客觀精神的特色。

---

[24]　黎靖德：《朱子語類》，《朱子全書》第 18 冊，卷 137，頁 4258。

[25]　此部分將於心性論中言及。

[26]　李贄云：「宋人謂卿之學不醇，故一傳于李斯，即有坑儒焚書之禍。夫弟子為惡而罪及師，有是理乎？若李斯可以累荀卿，則吳起亦可以累曾子矣。」〔明〕李贄：〈宋人議荀卿〉，《焚書》（臺北：漢京文化事業公司，1984 年），卷 5，頁 218。

　　相較於蘇軾、朱子二子認為荀子的立言及思維方式容易異化，故教出韓、李之徒；唐、牟、徐則不認為荀子的立言及思維方式有問題，反而認為荀子重視禮義人文，法家則否。

　　綜而言之，唐、牟、徐三子皆認定荀子屬於儒家系統，但卻不如孟子言性善那麼純粹，且更進一步指出荀子在儒家的特殊性，即開出儒家的客觀精神。對於荀子開出重客觀精神的路數。唐氏云：「荀子以心治性化性，為入聖賢之途，亦兼成聖王之治。」[27]牟氏亦云：「荀子特順孔子外王之禮憲而發展，客觀精神彰著矣。」[28]徐氏的說法，如前所引：「荀子的大貢獻，是使儒家的倫理道德，得到了徹底客觀化的意義。」對於肯定荀子開出儒家客觀精神的路數，實為唐、牟、徐三子論荀的特點之一。

三、論荀子心性論的特色

（一）歷代荀學論荀子心性論的特色

　　在心性論方面，宋儒討論甚多。首先，關於荀子論心，程顥不贊同荀子所說的心，批評荀子不知誠。《二程外書》記道：「荀子曰：『養心莫善於誠。』周茂叔謂，荀子元不識誠。伯淳曰：『既誠矣，心焉用養邪？荀子不知誠。』」[29]依明道的觀

---

[27]　唐君毅：《中國哲學原論：原性篇》（臺北：臺灣學生書局，1984年），頁89。

[28]　牟宗三：《名家與荀子》（臺北：臺灣學生書局，1990年），頁203。

[29]　〔宋〕程顥、程頤：《河南程氏外書》，《二程集》（上冊）（臺北：漢京文化事業公司，1983年），卷2，頁365。

點，誠是道德本心的充盡發用，是境界義而非工夫義，故批評荀子以誠作治心的工夫。至於朱子，則著重於荀子論心的特性及工夫的部分，並給予肯定。如荀子論心能不斷活動，〈解蔽篇〉云：「心臥則夢，偷則自行，使之則謀。」[30]朱子亦曾深體之。言道：「某自十六、七讀時，便曉得此意。蓋偷心是不知不覺自走去底，不由自家使底，倒要自家去捉他。使之則謀，這却是好底心由自家使底。」在工夫上，如「荀子曰：『君子大心則天而道，小心則畏義而節。』此二句說得好。」[31]又：「荀子說：『能定而後能應』，此是荀子好話。」[32]

其次，伊川對荀子論性提出兩點批評，一是荀子不能肯定性善，已失大本；二是因大本不立，故所重禮義皆缺乏本源依據。伊川云：「荀子極偏駁，只一句性惡，大本已失。」[33]又云：「孟子言人性善是也，雖荀、揚亦不知性。孟子所以獨出諸儒者，以能明性也。性無不善，而有不善者才也。性即是理，理則自堯舜至於途人一也。」[34]又云：

> 荀子曰：「始乎為士，終乎為聖人。」……荀子雖能如此說，却以禮義為偽，性為不善，他自情性尚理會不得，怎生到得聖人？大抵以堯所行者，欲力行之，以多聞多見取

30　〔清〕王先謙：《荀子集解》（臺北：華正書局，1988 年），頁 264。

31　黎靖德：《朱子語類》，《朱子全書》（第 14 冊），卷 16，頁 520。

32　黎靖德：《朱子語類》，《朱子全書》（第 18 冊），卷 137，頁 4235-4236。

33　程顥、程頤：《河南程氏遺書》，卷 19，頁 262。

34　程顥、程頤：《河南程氏遺書》，卷 18，頁 204。

之，其所學者皆外也。[35]

朱子對荀子論性，亦認為荀子言性未得其本，朱子道：

> 如荀卿言性惡，揚雄言善惡混，但皆說得下面一截，皆不
> 知其所以謂之故者如何，……荀卿之言，只是橫說如此，
> 到底滅這道理不得。只就〈性惡篇〉謂「塗之人皆可為
> 禹」，只此自可見。[36]

對於「故」，朱子釋道：「故是已然之跡，如水之下、火之上、
父子之必有親，孟子說四端皆是。」[37]

　朱子與伊川相同，皆主張性即理。朱子云：「性即理也，當
然之理，無有不善者，故孟子之言性，指性之本而言。然必有所
依而立，故氣質之稟，不能無淺深厚薄之別。」[38]朱子批評荀子
以氣稟言性，言道：「荀子只見得不好人底性便說做惡。」[39]正
因認為荀子不以理言性，故視其論性未得其本。朱子云：「或言
性，謂荀卿亦是教人踐履。先生曰：『須是有是物，而後可踐
履。今於頭段處既錯，又如何踐履。」[40]

　戴震對荀子論性亦有相同的看法。戴震云：「荀、揚所謂性

35　程顥、程頤：《河南程氏遺書》，卷18，頁191。

36　黎靖德：《朱子語類》，《朱子全書》（第15冊），卷57，頁1846。

37　黎靖德：《朱子語類》，卷57，頁1845。

38　黎靖德：《朱子語類》，《朱子全書》（第14冊），卷4，頁196。

39　黎靖德：《朱子語類》，卷4，頁209。

40　黎靖德：《朱子語類》，《朱子全書》（第18冊），卷137，頁4236。

者，實古今所同謂之性，人、物以氣類區別者也，宋儒稱為『氣質之性』。」[41]

（二）唐、牟、徐論荀子心性論的特色

相較前儒對荀子論心、性的理解與批評。唐、牟、徐三子對於荀子言心、性的認定有兩點共通處：一是指出荀子所說的心為認知心，二是荀子所說的性是指天生的本能與欲求。對於荀子所說的心，唐氏依據荀子所說知統類，強調此心為知統類的理智心，且能將所知加以落實，同時具有自主性能力，並能以自身所識得之理，建立社會秩序。唐氏云：

> 荀子言心之知，不只是一知類心，而兼是一明統心。荀子言心亦不只為一理智心及有實行理智所知者之志之心，……而實兼為一能自作主宰心。……且為本身能持統類秩序，以建立社會之統類秩序，以成文理之心。[42]

牟氏則指出荀子所說的心為認知思辨的智心，而非道德心。牟氏云：

> 荀子於心則只認識其思辨之用，故其心是「認識的心」，

---

[41] 戴震：《緒言》卷中，《戴震全書》（修訂本）（第 6 冊），卷 30，頁 109。此相類說法亦見於戴震：《孟子字義疏證》卷中，《戴震全書》（修訂本）（第六冊），卷 31，頁 186。

[42] 唐君毅：《中國哲學原論：導論篇》（臺北：臺灣學生書局，1986 年），頁 132-133。

非道德的心也；是智的，非非仁義禮智合一之心也。可總
之曰以智識心，不以仁識心也。此智心以清明的思辨認識
為主。[43]

徐氏亦指出荀子所說的心是認知心，但強調認知心雖可以成
就知識，但無法保證能成就道德行為。徐氏云：

荀子一方面要靠心知，以使人由知道而通向善；但另一方
面又要以道來保證心知的正確性。……心的主宰性，是由
其認識能力而來；心的主宰性之不可信賴，即是心的認識
能力之不可信賴。……要使心的認識能力，成為可信賴
的，則必須先依據外在的道，以規正認識的方向。[44]

綜觀三氏均將荀子所說的心理解為認知心，具有認知思辨及
自主性能力。但須說明的是，徐氏所說的「知識」，不是現今所
說的科學知識，而是指與道德、倫理有關的知識。徐氏言道：

荀子重知的目的，並不在於知識的自身，而是在由知識以
達到行為的道德。知識對行為而言，本是無顏色的，於是
他便不能不先以道德來保證知識的方向。……，而只能求
之於聖王的法（倫、治）。[45]

---

[43] 牟宗三：《名家與荀子》，頁 224。

[44] 徐復觀：《中國人性論史（先秦篇）》（臺北：臺灣商務印書館，1990
年），頁 240、242。

[45] 徐復觀：《中國人性論史（先秦篇）》，頁 248。

　　對於荀子所說的性，牟氏認為荀子是從人的動物性去談的，內容包括生理本能與心理欲求。牟氏云：

> 從好利，疾惡，耳目之欲方面言，則性是喜怒哀樂愛惡欲之心理現象，是即人欲之私也。從飢而欲飽，寒而欲煖，勞而欲休方面言，則性是生物生理之本能。自人欲之私與生物生理之本能而言性，是即等於自人之動物性而言性。[46]

　　徐氏指出荀子言性是「以欲為性」，又云：「荀子對性的內容的規定……有官能的欲望，與官能的能力兩方面。」[47]唐氏一方面從性的形式義指出荀子與告子、莊子之說法有相近處，唐氏云：「荀子以『生之所以然者謂之性』，與告子言『生之謂性』，莊子言『性者生之質也』，又相似。」[48]另方面亦指出荀子言性的內容為「目明耳聰」、「好利之心」等。[49]

　　在荀子心性論的議題上，與宋儒相較，新儒家一樣關注荀子的心性議題，但相異處，除了以現代哲學語言論析荀子所說的心、性外，更重要的是正視荀子心性論的價值。在荀子論心這點上，牟氏肯定荀子重視知性主體的重要性，認為知性主體與道德主體皆為人的精神表現。牟氏云：

> 荀子一往是知性用事。……然而他忘掉智的本源，……宋

46　牟宗三：《名家與荀子》，頁 223。
47　徐復觀：《中國人性論史（先秦篇）》，頁 234、238。
48　唐君毅：《中國哲學原論：原性篇》，頁 47。
49　唐君毅：《中國哲學原論：原性篇》，頁 50、51。

明儒尊孟而抑荀，不為無因。而不識其所表現之型態之價
值而予以融攝與開發，亦是大不幸。須知：道德主體、思
想主體，以及絕對實體，俱是精神之表現，無一可缺。[50]

　　唐氏更進一步指出此知性主體，所認知的內容是歷史文化，
故亦稱荀子所說的心是歷史文化之心。彼言道：「其心即為一知
聖王之禮義之統類之心，又可稱為一歷史文化心。荀子之聖王，
亦即真在歷史文化之統類中生活者」[51]
　　唐、牟、徐三子對於荀子的心性論，既能結合西方哲學的術
語加以解釋，顯豁荀子論心性的現代意義；同時，亦能較宋儒更
公允地評斷荀子心性論的價值，此便是三子在這方面所作的貢
獻。

四、論荀子禮義之統的特色

（一）歷代荀學論荀子禮義之統的特色

　　歷代荀學對荀子論禮的討論，主要集中在兩個議題，一是禮
與法的關係，二是禮的根源義[52]的問題。尤以後者，探討最為熱

---

[50] 牟宗三：《歷史哲學》，頁 127。

[51] 唐君毅：《中國哲學原論：原性篇》，頁 89。

[52] 本章所使用「禮的根源義」，乃援引岑溢成的說法。岑氏云：「是就禮
之根源而說的。仁、義、禮、智，都是良知善性之德性。恭敬之心、辭
讓之心……也就是禮之原初具體而微的表現，……這就是禮之根源。」
岑溢成：〈道德的兩重經常義〉，《鵝湖月刊》第 5 卷 5 期，1979 年
11 月，頁 21。

烈。前者以朱子為代表，朱子：「荀卿之學雜於申、商」，又：
「荀卿則全是申、韓。」亦即荀子雖重禮，但卻強調法治的重
要，易流於法家。其中原因，筆者以為與第二點禮的根源義不立
有關。

　　對於禮的根源義的問題，前儒多認為荀子未能肯定禮的根源
義，致使禮成為外在的原理、原則。如程頤云：「荀卿才高學
陋，以禮為偽，以性為惡，不見聖賢。」[53] 又云：「荀子曰：
『始乎為士，終乎為聖人。』……荀子雖能如此說，却以禮義為
偽，性為不善，他自情性尚理會不得，怎生到得聖人。大抵以堯
所行者，欲力行之，以多聞多見取之，其所學者皆外也。」[54] 明
顯見出伊川對荀子不從根源義談禮，將禮視為後天外在工夫，深
不以為然。

　　朱子亦有相同看法，前已指出朱子云「須是有是物，而後可
踐履。今於頭段處既錯，又如何踐履。」亦可視為對荀子於禮之
根源處不立所作的批評。此外，在〈答趙致道〉一文中，對趙致
道所云：

　　　　荀子言性惡禮偽，其失蓋出於一，大要不知其所自來，而
　　　　二者亦互相資也。其不識天命之懿，而以人慾橫流者為
　　　　性；不知天秩之自然，而以出於人為者為禮，所謂不知所
　　　　自來也。至於以性為惡，則凡禮文之美，是聖人制此以返
　　　　人之性而防過之，則禮之偽明矣。以禮為偽，則凡人之為

53　程顥、程頤：《河南程氏外書》，卷 10，頁 403。

54　程顥、程頤：《河南程氏遺書》，卷 18，頁 191。

禮，皆反其性矯揉以就之，則性之惡明矣。此所謂互相資也。告子杞柳之論，則性惡之意也；義外之論，則禮偽之意也。[55]

這段文字主要指出荀子言禮出於聖人之偽，即告子「義外」之說。朱子對這段說法是認同的。故評曰：「亦得之」。

葉適亦嘗對荀子論禮提出批評，認為荀子所言「禮者養也」，僅言及禮之文，而未及禮之實。葉適云：

按：孔子教顏淵「非禮勿視，非禮勿聽，非禮勿言，非禮勿動」，謂能自克以復禮。夫自克則不費乎物而後禮行焉，而荀卿謂制禮以為養，使耳目口鼻百體之類，必皆有待於禮，則禮者欲而已矣。且顏子簞食瓢飲陋巷，不改其樂，孔子亟稱之，故獨許以復禮。今為費以求多於禮，筋骸通塞，紛紛乎拳養於外物之不暇，而安所復哉？然則養者，禮之文也，非禮之實也。[56]

葉適認為荀子以養來說明禮的作用，有兩點限制：其一是若以養口體為禮，則禮即欲也。筆者以為這點看法，並不諦當。雖然彼亦見出荀子就禮的起源而說「禮者養也」，[57]但就荀子系統

---

[55] 朱熹：《晦庵朱文公文集》，《朱子全書》（第 23 冊），卷 59，頁 2865-2866。

[56] 〔宋〕葉適：《習學記言序目》（下冊）（北京：中華書局，2009年），卷 44，頁 651-652。

[57] 〈禮論篇〉：「人生而有欲，欲而不得，則不能無求；求而無度量分

而言，欲是需要被治化的對象，禮是為化性而設，故禮是偽，而非如葉適所說理是欲。其二，若以種種養口體之作法視為禮，則僅言及禮的形式而不及於禮的精神。這點可與伊川、朱子批評荀子言禮為義外的說法相呼應。葉適與程、朱皆認為荀子言禮的限制，在將禮視為屬於外在制約，而未能言及禮的根源義。

　　戴震對荀子論禮亦有所批評，彼言道：「荀子知禮義為聖人之教，而不知禮義亦出於性；知禮義為明於其必然，而不知必然乃自然之極則，適以完其自然也。」[58]對於戴震所說的「自然」與「必然」，岑溢成解釋道：

> 與「必然」相對而言，戴震所謂「自然」的內容雖然包含「血氣心知」，但在「自然」與「必然」相對的場合裡，卻偏重「天生的欲求」（即「性之欲」）及基於這些欲求而產生的日常行為。與這種意義的「自然」相對而言，戴震所謂的「必然」指的是「動作威儀之則」，亦即「禮義」。[59]

界，則不能不爭；爭則亂，亂則窮。先王惡其亂也，故制禮義以分之，以養人之欲，給人之求；使欲必不窮乎物，物必不屈於欲，兩者相持而長，是禮之所起也。故禮者養也。」〔清〕王先謙：《荀子集解》，頁231。

[58]　〔清〕戴震：《孟子字義疏證》卷中，《戴震全書》（修訂本）第六冊，卷31，頁186。此相類說法亦見於《緒言》卷中，《戴震全書》（修訂本）第六冊（合肥：黃山書社，2010年），卷30，頁109。

[59]　岑溢成：〈戴震孟子學的基礎〉，收入黃俊傑編：《孟子思想的歷史發展》（臺北：中央研究院中國文哲研究所，1995年），頁210。

至於戴震所說荀子不能肯定「自然乃必然之極則」，岑氏又云：

> 心知的功用也許對於禮義的實現有積極的作用，但到底還是自然。戴震把禮義稱為「必然」，是由於他認為禮義是人必定會而必須要實現的價值。他屢屢說「必然為自然之極則」，就是以「必然」為「自然」的價值的完全的、充分的實現。這種意義的「必然」，當然不可能外在于「自然」的；換言之，「禮義」不可能外在於「性」。[60]

綜觀程、朱、葉、戴四子對荀子言禮之批評，皆是就其未能從根源處言禮，致使禮成為外在的行事原則。

（二）唐、牟、徐論荀子禮義之統的特色

對於唐、牟、徐三子而言，亦皆認為荀子思想的核心在於禮義之統。唐氏指出荀子的性惡論，只是突顯文化對個人及社會的重要，其重心實在於道德文化的理想主義。唐氏云：

> 唯人愈有理想，乃欲轉化現實，愈見現實墮性之強，……人遂愈本其理想，以判斷此未轉化之現實，為不合理想中之善，為不善而惡者。故荀子之性惡論，不能離其道德文化之理想主義而了解。今若只視荀子為自客觀經驗中見種

60　岑溢成：〈戴震孟子學的基礎〉，收入黃俊傑編：《孟子思想的歷史發展》，頁 210。

　　　　種人性惡之事實，乃歸出此性惡之結論，或先有見於天性
　　　　之惡，然後提倡人偽以化性，皆一間未達之言。[61]

　　唐氏的說法點出性惡論並非荀子的積極主張，真正的重心是
在文化理想。牟氏亦有類似的看法，結合時代因素及對孔子思想
的繼承，見出荀子堅持文化理想的價值。彼言道：「荀子處於否
定文化生命、文化理想之時代中，相承周文之統一性，自覺地經
由其所釐清之『知性主體』，重新提供一『禮義之統』之文化理
想。」[62]徐氏亦指出荀子對儒家倫理客觀化所作的貢獻，言道：
「荀子的大貢獻，是使儒家的倫理道德，得到了徹底客觀化的意
義。」[63]

　　可見三子均認為荀子的中心思想在禮義之統，並肯定荀子對
孔子重禮的繼承，及肯定荀子的禮義之統的價值。

　　三子對於荀子思想的限制，亦皆認為荀子未能正視人的道德
主體性。牟氏認為荀子不能肯定人具有內在的道德心性，使得禮
義成為外在客觀原理、原則，缺乏內在根緣性，故無必然保證。
牟氏云：

　　　　仁義非外在者，……荀子於此不能深切把握也，故大本不
　　　　立矣。大本不立，遂轉而言師法，言積習。其所隆之禮義
　　　　繫於師法，成於積習，而非性分中之所具，故性與天全成
　　　　被治之形下的自然的天與性，而禮義亦成空頭的無安頓的

61　唐君毅：《中國哲學原論：原性篇》，頁 75。
62　牟宗三：《歷史哲學》（臺北：臺灣學生書局，1988 年），頁 127。
63　徐復觀：《中國人性論史（先秦篇）》，頁 259。

外在物。[64]

　　東方朔曾指出唐氏未如牟氏能指出荀子人性論的限制。東方
朔云：

> 不能不說，唐先生之詮釋頗顯獨特，也有道理，他從對人
> 的現實生命的下墮現象的關注而認為荀子言性惡「實較孟
> 子為深切」，想必也是有感而發。不過唐先生的這種詮釋
> 中，荀子思想內部本身所存在的問題則不免隨之暗而不
> 彰。對荀子的性論，牟先生則十分注意從孟子性善論的對
> 顯中，從人所以異於禽獸者幾希的對顯中加以把握。[65]

　　東方朔認為唐氏雖相應地理解荀子的人性主張，但卻無法指
出荀子的限制，唯牟氏透過孟、荀對比做到。然實際考察唐氏論
著，彼嘗言：「唯其裂心與性情為二，貴心而賤性情，未能真切
認識孟子的性情心，遂不能直由心之善處，以指證性善，則荀子
之大缺點所在耳。」[66]足見唐氏亦能見出荀子思想的不足處。
　　徐氏亦強調荀子不從根源處言仁，否定人的超越性，使得荀
子所重的禮義、禮法成為外在的客觀秩序，甚至可能流為壓迫人
們的工具。徐氏云：

---

[64]　牟宗三：《名家與荀子》，頁 198。

[65]　東方朔：〈客觀化及其限制——牟宗三先生《荀學大略》解義〉，頁
　　　39-40。

[66]　唐君毅：《中國哲學原論：導論篇》，頁 133。

> 孔孟由仁的無限地精神境界，以上透於天命的人性，這是
> 人性的超越的一面。人性的超越性，實際即是人性對自我
> 以外的人與物的含融性。……因為仁沒有在荀子的精神中
> 生根，所以由他所強調的禮，完全限定於經驗界中，否定
> 了道德向上超越的精神，實際便否定了人性對人與物的含
> 融性。……缺少精神中的互相含融，而僅靠外在的禮、
> 法、勢等，作平面性地規定與安排，勢必墮入於強制性地
> 權利機括之中，使社會有秩序而沒有和諧，沒有自由；此
> 種秩序，終將演變而為壓迫人類的工具。[67]

　　對於上述說法，或許有人認為徐氏忽略荀子除了重禮，亦強
調樂的重要。但事實並非如此。因徐氏指出：「禮多而樂少，則
人與人之間，會導致精神上的隔離。但深一層看，不以仁心為基
底的禮，不論如何安排，也會得到『離』的結果。」[68]即此可
見，徐氏認為荀子未能將禮植基於內在道德性，實為其最大限制
所在。

　　正因三子皆指出荀子雖肯定禮義人文，但卻未能肯定人天生
具有道德善性，致使禮義、禮法缺少根源依據，且無法為人皆可
以成就道德提出必然保證。故對於荀子所稱「塗之人可以為
禹」，[69]三子均認為缺少必然保證。牟氏認為由荀子所言人皆有
「知仁義法正之質，皆有能仁義法正之具」，並無法保證人皆有
成聖的可能。牟氏云：

---

[67]　徐復觀：《中國人性論史（先秦篇）》，頁258。
[68]　徐復觀：《中國人性論史（先秦篇）》，頁258。
[69]　出自〈性惡篇〉。〔清〕王先謙：《荀子集解》，頁295。

其所言之「皆有知仁義法正之質，皆有能仁義法正之
具」，此中之質與具亦不指仁義之心言，而指才能，如
是，遂有「可知可能而不必真能知真能行」之函義，此則
真為大過矣。[70]

　　唐氏則認為荀子的說法只是「單純的可能」，而非「實際上
的必能」。[71]徐氏將牟氏以「才能」解釋荀子所說的「質」與
「具」，更明確地指出前者指心，後者指耳目感官的能力與作
用。同時亦指出這樣的主張，無法提出人必然能行道德的保證。
彼言道：「但『能』依然要靠心知的判斷，所以心，在他是由惡
通向善的通路。……但認識之心，可以成就知識，而知識對於行
為道不道德，並沒有一定的保證。」[72]
　　正因荀子不由根源處肯定仁義，《荀子》〈不苟篇〉「君子
養心莫善於誠」那一大段文字，便成了黑夜中一絲光明。唐、牟
二氏對此格外珍視。唐氏將之視為荀子養心的工夫。唐氏云：

　　孟子、荀子所同，則在孟子言養心，養浩然之氣，荀子亦
　　重治氣養心之術。孟子言思誠之工夫，荀子亦言「養心莫
　　善於誠」。孟子言作聖之功，歸於「大而化之之謂聖，聖
　　而不可知之之謂神」，荀子亦言「神莫大於化道」，「盡

70　牟宗三：《名家與荀子》，頁228。
71　唐君毅：《中國哲學原論：原性篇》，頁78。
72　徐氏對荀子「皆有知仁義法正之質，皆有能仁義法正之具」之解釋與批
　　評，參見徐復觀：《中國人性論史（先秦篇）》，頁239-240。

善淡洽之謂神」。[73]

　　牟氏亦給予極高評價，言道：「此段言誠，頗類《中庸》、《孟子》，此為《荀子》書中最特別之一段。」[74]雖然這段文字為《荀子》帶來根源性思維的一線希望，但在整個荀子思想卻是無足輕重的。

五、三子論荀的差異性及其後學對荀學之開展

（一）唐、牟、徐論荀的差異性

　　透過前三節的討論，可發現唐、牟、徐三子對荀子與孔學的關聯及心性論、禮義之統的相通看法，與歷代前賢觀點多有相承。至於開展處，則表現在現代哲學語言的使用，更重要的是能跳脫前賢以孟批荀的看法，正視荀子思想的特色，給予恰當的定位。

　　或許有人會問，唐、牟、徐三子論荀子的見解是否完全相同？答案是否定的。以下分別說明。首先，在心的部分，唐氏、牟氏將荀子所說的心與性分開，且視心之地位高於性。唐氏云：「由是而荀子之心，即只在第一步為一理智之心，而次一步則為一意志行為之心，能上體道而使之下貫於性，以矯性化性者。」[75]牟氏亦云：「他于『動物性之自然』一層外，又見到有高一層

73　唐君毅：《中國哲學原論：導論篇》，頁132。

74　牟宗三：《名家與荀子》，頁197。

75　唐君毅：《中國哲學原論：導論篇》，頁140。

者在。此層即心（天君）。故荀子于動物性處翻上來而以心治
性。」又云：「荀子以智心之明辨治性，實非以智心本身治性，
而通過禮義以治性也。」[76]

　　但徐氏看法稍異，除與唐、牟皆肯定心具有認知主宰能力
外，另指出心亦屬於性，即心理欲求這部分。彼言道：「荀子一
面以心為好利，乃就其欲望一方面而言；一面以心為能慮能擇，
乃就其認識能力一方面而言。」[77]又云：「目明而耳聰等，固然
是性，心的知，心的慮，當然也是性。」[78]

　　如何評斷兩種不同觀點，岑溢成的說法值得參考。岑氏云：

　　　假如嚴格遵守「性」的形式界定，「天情」、「天官」、
　　　「天君」都應該屬於「性」，是「性」的實質內容。那
　　　麼，「性」的內容就不但包含生理的本能和心理的欲求，
　　　還包括了性質與本能或欲求不同的「心」。……由此可
　　　見，荀子界定「性」的具體內容時，並沒有嚴格遵守
　　　「性」的形式定義。荀子似乎只把與「欲」有關的才算為
　　　性的內容，不是所有天生的東西都算是性。這是荀子和告
　　　子明顯的差異。[79]

　　又云：「依荀子對『性』的實質界定，似乎只將從生理本能

---

[76]　牟宗三：《名家與荀子》，頁 224、226。

[77]　徐復觀：《中國人性論史（先秦篇）》，頁 243。

[78]　徐復觀：《中國人性論史（先秦篇）》，頁 255。

[79]　岑溢成：〈荀子性惡論析辨〉，《鵝湖學誌》第 3 期，1989 年 9 月，
　　　頁 43。

發展出來心理欲求視為『性』；其他的心理欲求，也都在摒除之列。」[80]因此，岑氏認為：

> 「心」和「能」雖然都是人天生而有，都不是「可學而能，可事而成」的，所以本身並不能算是「偽」。可是，它們是引生「偽」的結果的主要因素，荀子大概是為了這個緣故，在概念上把它們從「性」區別出來。[81]

依此來看，與生理有關的心理欲求亦出於心，故徐氏所言好利之心，自然屬於性。這點可補充唐、牟言心所未及者。但徐氏將心的認知活動亦視為性，則不恰當，當如唐、牟將認知心獨立於性之外，性之上為是。

在性的部分，徐氏的部分說法異於唐、牟二氏。徐氏認為荀子言性有兩層意義，即性的根據及性本身。徐氏云：

> 一般人忽略了荀子言性，有兩面意義，……「生所以然」乃是求生的根據，……而必從生理現象向上推，以上推於天。……雖然荀子所謂的天，只不過是尚未被人能夠了解的自然物，但究竟是比人高一個層次。……他不著重在「生之所以然」的層次上論性，這一層次的性在他整個性論中，並沒有地位。……他的人性論，都是以在經驗中可以直接把握到的一層，即是較「生之所以然」更落下一層

---

80 岑溢成：〈荀子性惡論析辯〉，頁48。

81 岑溢成：〈荀子性惡論析辯〉，頁45。

的東西為主。⋯⋯「所以生」、「所以然」有形上意義；「生之」，生而即有，則完全屬以經驗中的現象。[82]

　　對於上述說法，筆者認同徐氏所言荀子論性有兩面義，並肯定彼所謂「生之所以然」與荀子論人的感官、欲求有所分別；但不贊同徐氏指出兩個層面分別是形上層面與經驗層面。筆者贊同岑溢成的講法，將「生之所以然」作為性的形式定義，至於感官、欲求等為性的實質內容。[83]不僅相應於荀子的說法，同時亦可解消徐氏所提「這一層次的性在他整個性論中，並沒有地位」這個問題。

　　此外，對於荀子所說的性，唐、牟二氏較強調性是負面的，是必須被轉化或對治的對象。徐氏則指出性需要「養」與「節」。牟氏云：「亦如性之被治然。性惡之治亦是負面的。」[84]唐氏則云：「此所欲轉化者，對吾人之道德文化理想所在之禮義言，即為一負面者。故前者為善，後者即為不善而為惡。」[85]徐氏則云：

　　　　他這裏由欲望而言性惡的惡，⋯⋯所以他一方面認為惡是從欲而來，但並不如一般教樣，始終把「欲」處於絕對敵對的地位，而是主張「節」，主張「養」。⋯⋯以禮來節欲養欲，這是中國人文精神的必然要求。

---

[82]　徐復觀：《中國人性論史（先秦篇）》，頁 232-233。

[83]　岑溢成：〈荀子性惡論析辯〉，頁 39-41。

[84]　牟宗三：《名家與荀子》，頁 214。

[85]　唐君毅：《中國哲學原論：原性篇》，頁 52。

　　之所以出現兩種看似不同的看法，實因立論角度不同所致。牟、唐二氏是就性偽二分來立論，故言性是負面的，是惡的；偽是正面的，是善的。而徐氏則就性偽相合來談，偽便是藉由禮義，使性得到適當的滿足及恰當節制。

　　對於荀子重視禮這一點，徐氏對荀子重視禮的原因說法稍異於唐、牟。徐氏云：

> 荀子特別重視禮之原因大約有三：第一、因為他徹底地經
> 驗性格，不喜言抽象地原則，而喜言具體地制度、辦
> 法；⋯⋯第二、因為他所把握的心為認識之心。認識之
> 心，是向外構成知識。重知識，便特重「統類」、「倫
> 類」。⋯⋯第三、他既主張性惡，道德不由內發而須靠外
> 面力量的漸靡，即孟子之所謂「外鑠」，則自然重視禮
> 「以制其外」的作用。[86]

　　對於某觀念或某事件的成因，可分為外部因素與直接因素。徐氏所提出的三點原因，第一點是指出荀子重經驗思考的特性，此屬於外部因素。第二、三點則是就荀子思想體系加以說明，屬於直接原因。既然性質不同，不宜放在一塊。此處擬討論後兩點，並與唐、牟的說法對觀。

　　徐氏指出的第二點與牟氏說法近似。牟氏云：「荀子誠樸篤實之心表現而為明辨之理智，故重禮義，亦深識于禮義。」[87]亦

86　徐復觀：《中國人性論史（先秦篇）》，頁 253-254。
87　牟宗三：《名家與荀子》，頁 199。

即在荀子思想的系統內，談理智心，便重視客觀知識，含禮義這
方面的制度及作法。但第三點理由認為荀子因主張性惡，故重視
禮，此說法略有可議處。若順著荀子的性惡論，自然可導出這樣
的主張，但這樣的說法易使人誤以為心性論是荀學的重心。故唐
氏認為：「至荀子則其言性惡，乃以聖王禮義之道為標準，而反
照見人非生而合聖王禮義之道，故言性惡。」[88]

　　因此，對於荀子重禮的原因，筆者以為，根本理由在於荀子
肯定禮義對個人及社會的重要性。至於與認知心及對人性的看
法，則是在重禮的前提下一道帶出來的。

（二）唐、牟、徐之後的荀學發展

　　至於在唐、牟、徐三位前輩的豐富而深刻的研究成果下，其
後的荀學當如何發展？就現有成果觀之，有兩條值得發展的路
數，一是如學者岑溢成的作法，對前輩的觀點加以反省，並開展
出新觀點；一是如學者劉又銘所提出建立新荀學的主張。對於唐
氏所云：「荀子以生之所以然者謂之性，與告子言生之謂性，莊
子言性者生之質也，又相似。」[89]及徐氏所云：「荀子對性的規
定，與告子『生之謂性』，幾乎完全相同。」[90]岑溢成就荀子言
性的形式義，指出與告子說法的差異處。岑氏云：

　　　　「生之謂性」的含義是有歧義的。它可以單表示「天生
　　　　的」是「性」的必要條件，意謂「天生的才算是性」；也

88　唐君毅：《哲學論集》（臺北：臺灣學生書局，1990 年），頁 772。

89　唐君毅：《中國哲學原論：原性篇》，頁 47。

90　徐復觀：《中國人性論史（先秦篇）》，頁 230。

可以同時表示「天生的」也是「性」的充分條件，意謂
「凡天生的都算是性」。假如這論斷只表示「天生的」是
「性」的必要條件，任何人（包括孟子）都不會反對；因為
這其實是「性」的字義的基本成分。但如果同時也表示
「天生的」是「性」的充分條件，孟子是反對的，但依現
存材料來看，告子大致上傾向於贊成。照道理荀子也應該
贊成。可是，按照荀子對「性」的實質內容的界定，荀子
並沒有把所有天生的東西都看做「性」；換言之，荀子不
見得會把「天生的」視為「性」的充分條件。因此，單從
形式的定義看，荀子和告子的觀點已經不相同了。所以，
徐先生根據荀子和告子對於「性」的形式的界定而認為他
們對「性」的規定幾乎完全相同，就不太正確了。[91]

　　對於荀子論性的實質內容，前已指出牟氏僅言及生理本能及
心理欲求，徐氏則指出官能及官能欲求，岑氏則又補充一類，即
人的情緒這一項。[92]

　　此外，岑氏於三子說法之外，提出最具創見的觀點，指出荀
子性惡論的意義，提出強義的性惡及弱義的性惡。岑氏云：

「偽」、「禮義」、禮義成分或作用如「分」、「辨」
等，才是「善」。現實上沒有這些「善」就算是「惡」；
所以「惡」只是個消極概念。……就禮義的破壞而言，是

91　岑溢成：〈荀子性惡論析辯〉，頁 39-40。
92　岑溢成：〈荀子性惡論析辯〉，頁 41。

強義的「性惡」。另一方面，「性」中只有生理本能和以
這些本能為基礎發展出來的心理欲求，並不具備禮義，所
以可以說「性惡」；單就禮義的缺乏而言，是弱義的「性
惡」。無論是強義或弱義，「性惡」這個消極概念都有一
種積極的規範作用。強義的「性惡」表示，假如不守禮
義，就無法「限禁人之為惡與姦者也」〈彊國篇〉，社會
秩序就無法維繫，所以應該而且必須守禮義。弱義的「性
惡」的意義就更積極了：人天生並沒有禮義，假如人只是
維持其天生的自然狀態，也是「惡」，所以應該而且必須
創制及篤守禮義。換言之，「善」是有待人為的努力去創
造的，作惡固然是惡，沒有創造出善來，也是惡。在這裏
是不容許有所謂無善無惡的。……而荀子的「性惡論」，
也許不是荀子正面的主張，但它實在表現了一種至為積極
的人生態度。這可說是某種意義的人文主義，甚至是一種
極端的人文主義。[93]

　　此說法不僅相應說明性惡說在荀子思想中的意義，更明確點
出荀子思想所具有積極的人文主義特色，在唐、牟、徐的荀學之
後，提出極富創見的主張。
　　至於劉又銘所提出「當代新荀學」的主張，劉氏云：

　　也許有人會認為，所謂「當代新荀學」，某個程度已經是
　　個事實的存在。但這裡指的是一個更積極的意義的「當代

---

[93]　岑溢成：〈荀子性惡論析辯〉，《鵝湖學誌》第 3 期，頁 56。

　　新荀學」，指的是真正脫離當代孟學本位論述的制約，充
　　分認識到荀學的正當性和重要性，積極地跟現實對話，積
　　極意參與當代中國文化、學術、政治社會的「當代新荀
　　學」。[94]

　　這樣的主張極富時代性。關於這點，筆者認為牟氏已有開創
之功，在荀子與當代學術、政治的關聯思考方面，牟氏、徐氏將
荀子思想與西方的科學與政治思想相結合。牟氏云：「從歷史發
展說，能實現合理之自由，有『一人』之主體的自由，在政治型
態上，亦是一進步。荀子所開出之『知性主體』與『自然』之關
係，即理解型態之表現於科學知識之一面。」[95]

　　對於現今，這兩個面向仍可繼續向前發展。回應劉氏所提出
「當代新荀學」的主張，筆者以為對荀子重禮的人文精神的當代
實踐是值得發展的方向。當中華文化受西方文化的洗禮後，現今
對個人及社會當如何行禮，如何表現人文精神，實為重要課題。
筆者以為，可由《荀子》書中的〈修身篇〉、〈禮論篇〉、〈樂
論篇〉、〈大略篇〉以極大篇幅論述的個人修身之禮，及喪禮、
樂教等內容，若吾人能深入整理分析，並結合時代性加以考量，
以深入淺出的方式表述，使其成為可落實於現今的作法，將理論
與實踐結合，作為個人修身及社會教化的指引，不失為現今實踐
荀子思想的重要作法。

94　劉又銘：〈荀子的哲學典範及其在後代的變遷轉移〉，頁 52。
95　牟宗三：《歷史哲學》，頁 128。

六、結論

本章將唐、牟、徐三子的荀子研究放在歷代荀學發展加以考察，發現三子對荀子思想的思考有所承繼，亦有所開展。

首先，值得留意的是，即便三子皆肯定孟子的性善論，如劉振維所言：「當代新儒家論述人性論議題，大體上標舉一道德本體、道德本心，簡稱為『道德心』。」[96]但這點並不妨礙新儒家的荀學研究，因為作為一位思想家，不能不有所抉擇，且任何一種立場的抉擇，皆有其見與不見，故不可憑此否定三子對荀子思想所作出的相關評論。

唐、牟、徐對歷代荀學的三大關注議題，有其一致見解。首先，關於荀子與孔學的關聯，三子皆認定荀子屬於儒家系統，但卻不如孟子言性善那麼純粹，且更進一步指出荀子開出儒家的客觀精神。其次，在荀子心性論議題方面，與宋儒相較，新儒家一樣關注荀子的心性議題，但相異處在於，除了以現代哲學語言論析荀子所說的心、性外，更能正視荀子心性論，肯定荀子重視知主體。最後，論荀子論禮義之統方面，三子皆指出荀子雖肯定禮義人文，但卻未能肯定人天生具有道德善性，致使禮義、禮法缺少根源依據，且無法為人皆可以成就道德提出必然保證。整體而言，唐、牟、徐三子對三大議題有相同見解，故可視為新儒家一系；但不容否認，在心性及禮的部分看法，三子仍有些歧異，亦須加以正視。

96　劉振維：〈從「性善」到「道德心」——論當代儒學對人性概念的探討〉，頁102。

　　在唐、牟、徐三子之後的荀學發展，目前有兩條路數，一是基於前輩的成果加以反省，並開展出新觀點，一是建立新荀學的主張。對吾人而言，如何在三子之後，對荀學作進一步開展，實為重要課題。包括對荀子思想作現代性的解讀，結合時代議題提出反省，例如，荀子的禮義之統與現今的倫理學，及荀子的政治論與現今民主制之關聯等等。亦可思考前所指出荀子強烈的人文精神如何於當代落實的問題。除了思想方面的研究與實踐外，文獻解讀亦極重要，如何如廖名春所建議於王先謙《荀子集解》後提出更好的版本，亦為重要課題。以上三條發展路數，皆值得吾人用心從事。

第二章　論牟宗三先生
對荀子禮義之統詮釋

一、前言

現今荀子研究的專書及單篇論文甚多，對於荀子思想特色多扣緊「禮」來論述。[1]以「禮」作為荀子思想核心的研究向度是

---

[1]　關於主張以「禮」作為荀子思想特色者，除了本章所討論的牟宗三先生及文中所引岑溢成先生、勞思光先生之說法外，尚有許多前輩學者主此說。礙於篇幅，僅舉數位為代表。例如，唐君毅先生言道：「荀子之論證人性之惡，乃皆從人性與人之禮義之善，所結成之對較對反之關係中，二者之此起彼伏，彼起此伏中看出的。荀子於此之特見，則在其能見人之欲禮義、行禮義、造禮義之積思習慮習偽故之心。」唐君毅：《中國哲學原論：原性篇》（臺北：臺灣學生書局，1984 年），頁52。徐復觀先生言道：「因為他（荀子）特別重視禮，……他對禮有三大貢獻：一是總結了傳統的禮樂精神，……二是把禮的起源，推到經濟生活的合理分配之上，……三為把禮的『定分』，推廣到政治、社會上。」徐復觀：《中國經學史的基礎》（臺北：臺灣學生書局，1996 年），頁 34。《中國思想通史》言道：「荀子是後期儒家的偉大的代表，……他看到當時七雄的鬥爭日烈，秦國統一中國的傾向日強，所謂禮樂已掃地無存了。因此，他不能不說明禮的起源，借以證明，要避免爭亂，就必須振興禮樂以辯明『別』與『和』；另一方面他又擴大了禮

的涵義，接近于法。」侯外廬等：《中國思想通史》（第 1 卷）（北京：人民出版社，1992 年），頁 530。韋政通先生亦言道：「荀子之學，以禮為宗；……荀子則直契周公制禮與孔子從周之義，特側重禮之客觀效用，復就禮制典憲而言禮之統類。」韋政通：《荀子與古代哲學》（臺北：臺灣商務印書館，1997 年），頁 1-2。蔡仁厚先生亦言道：「『隆禮義而殺詩書』是荀子的一大主張，亦是足以代表他學術精神之矢向的一句話。」蔡仁厚：《孔孟荀哲學》（臺北：臺灣學生書局，1999 年），頁 453。其他尚有以荀子論禮為題的相關論文，如陳福濱：〈荀子的禮論思想及其價值〉，《哲學與文化》第 35 卷第 10 期，2008 年 10 月，頁 25-43。潘小慧：〈禮義、禮情及禮文——荀子禮論哲學的特點〉，《哲學與文化》第 35 卷第 10 期，2008 年 10 月，頁 45-63。伍振勳：〈從語言、社會面向解讀荀子的「化性起偽」說〉，《漢學研究》第 26 卷第 1 期，2008 年 3 月，頁 35-66。林素英：〈從「修六禮明七教」之角度論荀子禮教思想之限制〉，《漢學研究集刊》第 3 期，2006 年 12 月，頁 55-78。吳進安：〈荀子「明分使群」觀念解析及其社會意義〉，《漢學研究集刊》第 3 期，2006 年 12 月，頁 221-239。楊秀宮：〈從「禮衍生法」的觀點論荀子禮法思想的特色〉，《東海學報》第 39 卷，1998 年 7 月，頁 87-109。饒彬：〈荀子對於禮學的重要建設〉，《師大學報》第 19 卷，1974 年 6 月，頁 51-60。李國娟：〈荀子「先王制禮論」的再審視〉，《遼寧大學學報（哲學社會科學版）》2008 年第 6 期，頁 16-20。陳迎年：〈荀子命運的歷史沉浮與中國哲學的現代意識——兼評牟宗三的荀子研究〉，《華東理工大學學報（社會科學版）》2008 年第 3 期，頁 104-108。劉濤：〈「禮論」與「王制」：荀子對儒學制度化的理論貢獻〉，《江淮論壇》2008 年第 4 期，頁 178-182。黎紅雷：〈禮道‧禮教‧禮治：荀子哲學建構新探〉，《現代哲學》2004 年第 4 期，頁 65-70。陸建華：〈荀子禮法關係論〉，《安徽大學學報（哲學社會科學版）》2003 第 2 期，頁 18-23。榮虎只：〈荀子禮學思想結構整體性探析〉，《遼寧工程技術大學學報（社會科學版）》2009 年第 1 期，頁 1-3。楊少涵：〈論荀子隆禮重法的軍事倫理思想——從孔孟荀評管子論王霸說開去〉，《蘭州學刊》2007 年第 5 期，頁 183-184、113。惠吉興：〈荀

正確的，在《荀子》一書不僅有專門談禮的〈禮論〉篇，亦於其他篇章中論及禮，足見禮在荀子思想的重要性。[2]。荀子曾言道：「然則從人之性，順人之情，必出於爭奪，合於犯分亂理，而歸於暴。故必將有師法之化，禮義之道，然後出於辭讓，合於文理，而歸於治。」[3]

荀子論禮，有兩重義，即禮的教化義及制度義，但未言及根源義。[4]關於禮的教化義，如荀子所言：「故古者聖人以人之性惡，以為偏險而不正，悖亂而不治，故為之立君上之埶以臨之，明禮義以化之，起法正以治之，重刑罰以禁之，使天下皆出於治，合於善也。是聖王之治而禮義之化也。」[5]此便是談禮的教化作用。

子禮論研究〉，《河北學刊》1995 年第 4 期，頁 48-53。韓德民：〈論荀子的禮法觀〉，《社會科學戰線》1998 年第 4 期，頁 77-87。受限篇幅，以上所列僅屬部分成果。

[2] 王先謙：〈禮論篇〉，《荀子集解》（臺北：華正書局，1988 年），頁 231-251。

[3] 王先謙：〈性惡篇〉，《荀子集解》，頁 289。

[4] 關於禮的三重義，參考岑溢成先生的說法，彼言道：「禮儀、禮節，以至由禮儀、禮節所組成的系統制度，即所謂禮制。……在這意義下，禮是可以增益減損的，是沒有經常性的。」「透過因時制宜的禮儀和禮制，使人的行為得到節制，藉以化除人的物欲私意，使人之良知善性得以順遂發露，由此踏上成聖成賢之路。這是從禮的教化功能上說禮，這就是禮教。」「是就禮之根源而說的。仁、義、禮、智，都是良知善性之德性。恭敬之心、辭讓之心……也就是禮之原初具體而微的表現，……這就是禮之根源。」而「禮儀、禮制實際上就是恭敬之心、辭讓之心之具體化客觀化。」岑溢成：〈道德的兩重經常義〉，《鵝湖月刊》第 5 卷 5 期，1979 年 11 月，頁 21。

[5] 王先謙：〈性惡篇〉，《荀子集解》，頁 289-290。

　　值得留意的是，荀子論禮的教化義，常將禮、義並稱。荀子將義解釋為「理」，如〈大略篇〉言：「義，理也，故行。……義，非其門而由之，非義也。……遂理而不敢，不成義。」[6]又將義與「行」關聯來論，如〈不苟篇〉云：「惟義之為行。……誠心行義則理，理則明。」[7]又言：「非其門而由之，非義也」。可見荀子所說的義是指道德原理、原則，此道德原則可用於斷定具體行為是否合於義。

　　至於禮的制度義，〈大略篇〉言之甚夥，如言：「諸侯召其臣，臣不俟駕，顛倒衣裳而走，禮也。……天子召諸侯，諸侯輦輿就馬，禮也。」「天子外屏，諸侯內屏，禮也。外屏、不欲見外也；內屏、不欲見內也。」「天子山冕，諸侯玄冠，大夫裨冕，士韋弁，禮也。」[8]禮的制度義，其內容包括上下應對之儀節，上下有別之車服等等，各代皆有其定制。

　　荀子關於禮的制度義論述，亦常將禮、義並言。然與論禮的教化義殊異者，在制度義層面常使用「禮義之統」，強調的是統類，因制度必須落實，故在實行上不宜紛雜，故指出禮義之統的重要。如〈正名篇〉所言：「後王之成名，刑名從商，爵名從周，文名從禮。」[9]主張刑罰制度依於商制，官制依於周制，禮制依於周制，此便是明「禮義之統」的表現。

　　至於荀子人性論重要主張──「性惡論」[10]，與禮論亦有密

6　王先謙：《荀子集解》，頁 324。

7　王先謙：《荀子集解》，頁、28。

8　王先謙：《荀子集解》，頁 321。

9　王先謙：《荀子集解》，頁 274。

10　關於荀子「性惡論」主張之分析，岑溢成先生之見解極為精闢，彼言

切關聯。「性惡論」的提出是為說明「化性起偽」[11]及禮義之統的重要。岑溢成先生認為性惡的惡，只是消極概念，「偽」、「禮義」方是積極概念。岑氏云：

> 從荀子所謂「性」的實質內容，是無法導引出須要加以去除的成分的。「性」只是有待「偽」，有待禮義轉化。「偽」、「禮義」、禮義成分或作用如「分」、「辨」等，才是「善」。現實上沒有這些「善」就算是「惡」；所以「惡」只是個消極概念。人欲無窮而質源有限，由此可能引起爭奪混亂，使現有的禮義遭受破壞，所以可以說

道：「荀子的所謂『性』，以『天生的』為其形式定義。但在確定『性』的實質內容時，卻並沒有完全遵守這形式定義。他把『性』的內容局限於某些生理本能以及以這些生理本能為基礎的心理欲求。從這些特定的內容來看，荀子既不是就人所共有的所有天賦說『性』，也不是就人與其他動物共同的天賦說『性』，更不是就人作為一特殊類別的存在而與其他動物不同的天賦說『性』；荀子是從一特別的觀點說『性』的。所以，說荀子從人之動物性說性，不但不能說明，反而會弄模糊了荀子說『性』的特色。」岑溢成：〈荀子性惡論析辯〉，《鵝湖學誌》第 3 期，1989 年 9 月，頁 55-56。

11　《荀子·禮論篇》云：「性者，本始材朴也；偽者，文理隆盛也。無性則偽之無所加，無偽則性不能自美。性偽合，然後成聖人之名，一天下之功于是就也。」王先謙：《荀子集解》，頁 243。〈性惡篇〉云：「今人之性，生而有好利焉，順是，故爭奪生而辭讓亡焉；生而有疾惡焉，順是，故殘賊生而忠信亡焉；生而有耳目之欲，有好聲色焉，順是，故淫亂生而禮義文理亡焉。然則從人之性，順人之情，必出於爭奪，合於犯分亂理，而歸於暴。故必將有師法之化，禮義之道，然後出於辭讓，合於文理，而歸於治。用此觀之，人之性惡明矣，其善者偽也。」王先謙：《荀子集解》，頁 289。

「性惡」；就禮義的破壞而言，是強義的「性惡」。另一
方面，「性」中只有生理本能和以這些本能為基礎發展出
來的心理欲求，並不具備禮義，所以可以說「性惡」；單
就禮義的缺乏而言，是弱義的「性惡」。[12]

　　既然禮義思想為荀子思想核心，故本章將針對牟宗三先生對
於荀子禮義思想的理解加以考察。牟氏是以客觀外在的事物來解
釋荀子的禮義之統，並將之與孔、孟比較，認為孔、孟路數相
近，而荀子另成一路。彼言道：「孔子與孟子俱由內轉，而荀子
則自外轉。孔、孟俱由仁義出，而荀子則由禮法（文）入。」[13]
　　對於孟、荀兩系的差別，牟氏言道：

　　孟子由四端而悟良知良能，而主仁義內在，正由具體的惻
　　惻之情而深悟天心天理者也。故孟子敦《詩》、《書》而
　　道性善，正是向深處去，向高處提。荀子隆禮義而殺
　　《詩》、《書》，正是向廣處走，向外面推。一在內聖，
　　一在外王。荀子之誠樸篤實之心，表現而為理智的心。其
　　言禮義是重其外在之統類性，而不在統攝之於道德的天
　　心，形而上的心。[14]

　　牟氏說法有兩大要點，就心性論言，孟子所說的心是道德
心，荀子所談的是理智心。就工夫論而言，孟子由四端之心，言

12　岑溢成：〈荀子性惡論析辯〉，頁 56。
13　牟宗三：《歷史哲學》（臺北：臺灣學生書局，1988 年），頁 120。
14　牟宗三：《歷史哲學》，頁 122。

盡心、知性、知天，屬內聖工夫；荀子由理智心，認知禮義之統，屬外王工夫。牟氏對荀子禮義之統的評斷，是著重在荀子強調外王面向，主張以理智心學習禮義。

然而值得注意的是，荀子肯定禮義之統有助於社會秩序的建立，但對於人為何會學習禮義的問題，荀子又是如何說明？可以確定的是，荀子不從天生根源處去談，但不從根源處談，則又該如何說明？其實荀子亦重視修身，亦即所習得之禮義，應有助於個人之成德。在荀子的系統，雖無孟子所說的天生本有的仁義禮智之心，但透過後天學習而得的仁義禮智，能否內具於吾心，成為思想、言行之指導原則，甚至成為學習禮義的動力？

牟宗三先生強調荀子對孔子外王思想的承繼，筆者希望能就此對牟氏的說法作相應而深入的理解，並藉由對《荀子》文本作深入論析，就人為何會學習禮義這個問題，加以探討。期能就牟氏所未論及的荀子之成德思想，以及荀子的成德思想與外王經世的關聯，加以補充，盼能提供理解荀子思想的不同向度。

二、牟氏評荀子論禮義之統的特色與限制

牟氏認為荀子的禮義之統為客觀外在事物，並非內在價值根源，故批評荀子所言人之所以為人在於「以其有辨」[15]。牟氏言

---

[15]　《荀子·非相》云：「人之所以為人者何已（案：楊倞注：已與以同。）也？曰：以其有辨也。」「故人之所以為人者，非特以其二足而無毛也，以其有辨也。夫禽獸有父子，而無父子之親，有牝牡而無男女之別。故人道莫不有辨，辨莫大于分，分莫大于禮。」王先謙：《荀子集解》，頁50。

道：

> 其所說之「辨」不是「智辨」義，乃是「禮以別異」之
> 「別」義。但在荀子，此「禮之別」並不是性。此只是客
> 觀地外在地說人之「禮辨之道」。其所說之性可以函是
> 「形構之理」之類概念，但此禮辨之道既不是性，則雖說
> 此是「人之所以為人」，卻亦不是人之所以為一道德存在
> 之創造真幾之性，故既難說其是「形構之理」，亦難說其
> 是實現之理或存在之理，只是客觀地，權威地屬于聖王之
> 制作，而人當依之而已。此荀子之所以不透徹也。[16]

　　牟氏認為荀子所重的禮，既非道德性，亦非形構之理、存在
之理，而是出於聖王製作，維繫社會秩序的儀式或制度。勞思光
先生亦認為，如此禮義「只能有工具價值」。勞氏云：

> 今荀子只識自然之「性」，觀照之「心」，故不能在心性
> 上立一價值之源，……於是退而以「平亂」之要求為禮義
> 之源；如是，禮義之產生被視為「應付環境需要」，又為
> 生自一「在上之權威」者。就其為「應付環境需要」而
> 論，禮義只能有「工具價值」，……另就禮義生自一「在
> 上之權威」而論，則禮義皆成為外在，所謂價值亦只能是

---

[16] 牟宗三：《心體與性體》（第 1 冊）（臺北：正中書局，1991 年），
頁 96。

權威規範下之價值矣。[17]

　　勞氏與牟氏均認為禮義乃外在規範，但有兩點不同見解。其一，對禮義製作者有不同認定。牟氏認為荀子主張禮義出於聖王製作，但勞氏卻認為是出於「在上之權威者」。考察《荀子》一書，〈性惡篇〉言道：「禮義者，聖人之所生也。」[18]〈禮論篇〉亦云：「先王惡其亂也，故制禮義以分之。」[19]因此，若論三代禮義的製作，荀子認為當為三代聖王，就其具有道德操守而稱之為聖人，就其為前代君王而稱先王，就其德位兼具則為聖王。因此，以牟氏的說法較周備，勞氏的說法僅是就其三代聖王的政治地位來說。

　　其二，牟氏認為荀子重禮是為了分辨長幼尊卑，而勞氏卻認為在於「平亂」。考察《荀子》一書，於〈樂論篇〉言道：「樂合同，禮別異。」[20]前已指出「先王惡其亂也，故制禮義以分之。」故先王制禮以止爭亂。故牟氏、勞氏之說均合於荀子的主張。然需補充的是，勞氏以「平亂」作為禮義之源，而言禮義的作用乃為「應付環境需要」，此說法不免窄化荀子言禮義的重要性。故仍以牟氏從荀子言禮義是以此作為人之所以為人的根本，較合於荀子的說法。

　　關於牟氏評論荀子重禮義之統，常與孟子作為對照。牟氏

17　勞思光：《新編中國哲學史》（第 1 冊）（臺北：三民書局，1990年），頁 340。

18　王先謙：《荀子集解》，頁 290。

19　王先謙：《荀子集解》，頁 231。

20　王先謙：《荀子集解》，頁 255。

云：

> 孟子即由此而言仁義內在，因而言性善。荀子于此不能深
> 切把握也，故大本不立矣。大本不立，遂轉而言師法，言
> 積習。其所隆之禮義繫于師法，成于積習，而非性分中之
> 所具，……而禮義亦成空頭的無安頓的外在物。[21]

此段文字點出孟、荀思想的差異，孟子主仁義內在，荀子重
外在的禮義。然須留意，不可將牟氏關於孟、荀比較的說法遽理
解為孟優於荀。理由在於，牟氏雖點出荀子思想的限制，但亦肯
定荀子思想的優點。更重要的是牟氏看待孟、荀思想的方式，是
將孟、荀視為儒家系統的兩端，孟子重內聖，荀子重外王。牟氏
言道：

> 孟子由四端之心而悟良知良能，而主仁義內在，正由具體
> 的惻隱之情而深悟天心天理之為宇宙人生之大本也。故孟
> 子教《詩》、《書》而立性善，正是向深處悟，向高處
> 提；荀子隆禮義而殺《詩》、《書》，正是向廣處轉，向
> 外面推。一在內聖，一在外王。[22]

牟氏所稱孟子重內聖，荀子重外王，是就二子論宇宙人生，
以及在安頓個人及社會的作法上有不同見解。牟氏認為孟子論宇

21　牟宗三：《名家與荀子》，頁198。
22　牟宗三：《名家與荀子》，頁199。

宙人生現象是落在道德本心上說，而解決個人及社會問題的作法，亦由道德本心上作工夫；至於荀子，論宇宙人生現象是從禮上說，而解決個人及社會問題的作法則由行禮義之統入手。

對於牟氏的說法在理解上須留意，牟氏是就孟、荀兩家的思想特色說，而非言孟子只重內聖，荀子只重外王。先談孟子，《孟子》一書中有許多觀點屬於外王議題，如王霸之辨[23]，王政思想[24]，以及與梁惠王論義利[25]等。至於荀子，除了從外王層面

---

[23] 〈盡心上〉孟子曰：「堯舜，性之也；湯武，身之也；五霸，假之也。久假而不歸，惡知其非有也。」〔宋〕朱熹：《四書章句集注》（臺北：長安出版社，1991 年），頁 358。〈公孫丑上〉孟子曰：「以力假仁者霸，霸必有大國，以德行仁者王，王不待大。湯以七十里，文王以百里。以力服人者，非心服也，力不贍也；以德服人者，中心悅而誠服也，如七十子之服孔子也。」朱熹：《四書章句集注》，頁 235。〈告子下〉孟子曰：「五霸者，三王之罪人也；今之諸侯，五霸之罪人也；今之大夫，今之諸侯之罪人也。天子適諸侯曰巡狩，諸侯朝於天子曰述職。春省耕而補不足，秋省斂而助不給。入其疆，土地辟，田野治，養老尊賢，俊傑在位，則有慶，慶以地。入其疆，土地荒蕪，遺老失賢，掊克在位，則有讓。一不朝，則貶其爵；再不朝，則削其地；三不朝，則六師移之。是故天子討而不伐，諸侯伐而不討。五霸者，摟諸侯以伐諸侯者也，故曰：五霸者，三王之罪人也。五霸，桓公為盛。葵丘之會諸侯，束牲、載書而不歃血。初命曰：『誅不孝，無易樹子，無以妾為妻。』再命曰：『尊賢育才，以彰有德。』三命曰：『敬老慈幼，無忘賓旅。』四命曰：『士無世官，官事無攝，取士必得，無專殺大夫。』五命曰：『無曲防，無遏糴，無有封而不告。』曰：『凡我同盟之人，既盟之後，言歸于好。』今之諸侯，皆犯此五禁，故曰：今之諸侯，五霸之罪人也。長君之惡其罪小，逢君之惡其罪大。今之大夫，皆逢君之惡，故曰：今之大夫，今之諸侯之罪人也。」朱熹：《四書章句集注》，頁 343-344。

[24] 〈離婁上〉孟子曰：「堯舜之道，不以仁政，不能平治天下。今有仁心

仁聞而民不被其澤，不可法於後世者，不行先王之道也。故曰，徒善不足以為政，徒法不能以自行。……遵先王之法而過者，未之有也。聖人既竭目力焉，繼之以規矩準繩，以為方員平直，不可勝用也；既竭耳力焉，繼之以六律，正五音，不可勝用也；既竭心思焉，繼之以不忍人之政，而仁覆天下矣。故曰，為高必因丘陵，為下必因川澤。為政不因先王之道，可謂智乎？是以惟仁者宜在高位。不仁而在高位，是播其惡於眾也。上無道揆也，下無法守也，朝不信道，工不信度，君子犯義，小人犯刑，國之所存者幸也。故曰：城郭不完，兵甲不多，非國之災也；田野不辟，貨財不聚，非國之害也。上無禮，下無學，賊民興，喪無日矣。……」朱熹：《四書章句集注》，頁 275-276。〈梁惠王上〉孟子曰：「王如知此，則無望民之多於鄰國也。不違農時，穀不可勝食也；數罟不入洿池，魚鱉不可勝食也；斧斤以時入山林，材木不可勝用也。穀與魚鱉不可勝食，材木不可勝用，是使民養生喪死無憾也。養生喪死無憾，王道之始也。五畝之宅，樹之以桑，五十者可以衣帛矣；雞豚狗彘之畜，無失其時，七十者可以食肉矣；百畝之田，勿奪其時，數口之家可以無飢矣；謹庠序之教，申之以孝悌之養，頒白者不負戴於道路矣。七十者衣帛食肉，黎民不飢不寒，然而不王者，未之有也。狗彘食人食而不知檢，塗有餓莩而不知發；人死，則曰：『非我也，歲也。』是何異於刺人而殺之，曰：『非我也，兵也。』王無罪歲，斯天下之民至焉。」朱熹：《四書章句集注》，頁 203-204。〈滕文公上〉：「滕文公問為國。孟子曰：『民事不可緩也。……民之為道也，有恆產者有恆心，無恆產者無恆心。苟無恆心，放辟邪侈，無不為已。及陷乎罪，然後從而刑之，是罔民也。焉有仁人在位，罔民而可為也？是故賢君必恭儉禮下，取於民有制。』……使畢戰問井地。孟子曰：『子之君將行仁政，選擇而使子，子必勉之！夫仁政，必自經界始。經界不正，井地不鈞，穀祿不平。是故暴君汙吏必慢其經界。經界既正，分田制祿可坐而定也。夫滕壤地褊小，將為君子焉，將為野人焉。無君子莫治野人，無野人莫養君子。請野九一而助，國中什一使自賦。卿以下必有圭田，圭田五十畝。餘夫二十五畝。死徙無出鄉，鄉田同井。出入相友，守望相助，疾病相扶持，則百姓親睦。方里而井，井九百畝，其中為公田。八家皆私百畝，同養公田。公事畢，然後敢治私事，所以別野人也。此

重人文教化及社會秩序外，是否亦談及內聖層面將禮義內化於個人身心，以下將深究之。

三、牟氏以「以心治性」釋荀子心性論

牟氏認為荀子重禮義之統，最大限制在於不從內在道德心性談禮義。牟氏言道：

> 荀子特順孔子之外王之禮憲而發展，客觀精神彰著矣，而本原又不足。本原不足，則客觀精神即提不住而無根。禮義之統不能拉進來植根於性善，則流于「義外」，而「義

其大略也。若夫潤澤之，則在君與子矣。』」朱熹：《四書章句集注》，頁 254-257。

25　〈梁惠王上〉孟子對曰：「王何必曰利？亦有仁義而已矣。王曰『何以利吾國』？大夫曰『何以利吾家』？士庶人曰『何以利吾身』？上下交征利而國危矣。萬乘之國弒其君者，必千乘之家；千乘之國弒其君者，必百乘之家。萬取千焉，千取百焉，不為不多矣。苟為後義而先利，不奪不饜。未有仁而遺其親者也，未有義而後其君者也。王亦曰仁義而已矣，何必曰利？」朱熹：《四書章句集注》，頁 201-202。〈梁惠王下〉「孟子對曰：『昔者公劉好貨。詩云：『乃積乃倉，乃裹餱糧，于橐于囊。思戢用光。弓矢斯張，干戈戚揚，爰方啟行。』故居者有積倉，行者有裹糧也，然後可以爰方啟行。王如好貨，與百姓同之，於王何有？』王曰：『寡人有疾，寡人好色。』對曰：『昔者大王好色，愛厥妃。詩云：『古公亶甫，來朝走馬，率西水滸，至于岐下。爰及姜女，聿來胥宇。』當是時也，內無怨女，外無曠夫。王如好色，與百姓同之，於王何有？」朱熹：《四書章句集注》，頁 218-219。

外」非客觀精神也。[26]

牟氏又指出，雖然荀子言性，不言道德性，但卻提出「以心治性」。彼言道：「荀子畢竟未順動物性而滾下去以成虛無主義，他于『動物性之自然』一層外，又見到有高一層者在。此層即心。故荀子于動物性處翻上來而以心治性。」[27]

牟氏又區分孟、荀言心之異同。言道：

> 惟其所謂心非孟子「由心見性」之心。孟子之心乃「道德的天心」，而荀子于心則只認識其思辨之用，故其心是「認識的心」，非道德的心也；是智的，非仁義禮智合一之心也。可總之曰以智識心，不以仁識心也。此智心以清明的思辨認識為主。……荀子雖言虛一而靜，然只落于知性層。[28]

牟氏認為孟子所言的心是道德心，是「由心見性」的心，故在心性論上孟子屬「心即性」一系。至於荀子所論，性乃人天生的生、心理本能與心理欲求，是被治的對象；心則為理智心，具有認知思辨力，能對治天生的性，故牟氏稱其心性論屬「以心治性」。但牟氏解釋，此意非指由心本身直接治性，而是由心認知禮義而治性。牟氏云：

26　牟宗三：《名家與荀子》，頁 203。

27　牟宗三：《名家與荀子》，頁 224。

28　牟宗三：《名家與荀子》，頁 224-225。

至於心如何治性，牟氏言道：荀子以智心之明辨治性，實
非以智心本身治性，乃通過禮義而治性也。明辨之心能明
禮義，能為禮義，而禮義卻不在人性中有根，卻不在惻隱
之心、羞惡之心、辭讓之心中表現，……由天君以辨，是
外在的發明義；由積習以成，是經驗義。[29]

　　牟氏對荀子論心性的理解大抵是相應的，考察《荀子》書中
所論，便可印證。荀子認為心具有認知、思慮能力，故能認知
「道」，因具自主思辨能力，故而為感官形軀的主宰。荀子云：
「心不可以不知道」[30]，又云：「心者，形之君也，而神明之主
也，出令而無所受令。自禁也，自使也，自奪也，自取也，自行
也，自止也。」[31]至於心何以能認知「道」，是因心具有「虛壹
而靜」[32]的特質。
　　牟氏說法的特殊處在於，將荀子所稱能認知道的心稱為理智
心，並指出心的特殊能力在於思辨能力，故能明禮義。對於心的
思辨能力，牟氏認為因禮義不在吾心之中，而在吾身之外，故就

29　牟宗三：《名家與荀子》，頁 226。
30　王先謙：《荀子集解》，頁 263。
31　王先謙：《荀子集解》，頁 265。
32　〈解蔽篇〉言道：「心何以知？曰：虛壹而靜。心未嘗不臧也，然而有
　　所謂虛；心未嘗不兩也，然而有所謂壹；心未嘗不動也，然而有所謂
　　靜。人生而有知，知而有志；志也者，臧也，然而有所謂虛，不以所已
　　臧害所將受謂之虛。心生而有知，知而有異；異也者，同時兼知之；同
　　時兼知之，兩也；然而有所謂一；不以夫一害此一謂之壹。心臥則夢，
　　偷則自行，使之則謀；故心未嘗不動也，然而有所謂靜，不以夢劇亂知
　　謂之靜。」王先謙：《荀子集解》，頁 263-264。

思辨力發用的對象而稱其為外在；而認知禮義是由於積習，故稱認知過程是透過經驗而來。

然值得思考的是，牟氏稱荀子所言的心性關係為「以心治性」是否恰當。雖然牟氏已作出補充說明，其重點在強調以禮義治性，然細究牟氏所以提出「以心治性」，實欲強調以外在禮義治性，關鍵仍在於心，由心的知慮思辨能力來認知禮義。筆者以為，既然治性者是禮義，自不宜以「心」稱之，如此易引生誤解，而將重心落在心上，而忽略禮義。就荀子而言，彼所重者在禮義，特言「化性起偽」，此術語稍加改動，則可易為「以偽治性」，而「偽」即禮義，因此以「以偽治性」實較「以心治性」為妥。

牟氏對於荀子言心性，雖有相應的理解，然卻認為荀子的心性論總有不足，問題出在禮義之本源不在道德本心上。牟氏云：

> 然禮義終究是價值世界事，而價值之源不能不在道德的仁義之心。其成為禮文制度，固不離因事制宜，然其根源決不在外而在內也。此則非荀子所能知矣。落于自然主義，其歸必泯價值而馴至亦無禮義可言矣。其一轉手而為李斯、韓非，豈無故哉？[33]

對於牟氏對荀子言禮義的限制在於缺乏價值本源的說明，其論甚是。然而荀子所說的禮義，是否僅是自然主義、或經驗義，這點值得深入探討。

---

[33]　牟宗三：《名家與荀子》，頁 226-227。

四、論荀子的通貫之學

筆者贊同牟氏所稱禮義是屬價值世界的說法，亦贊同前所引牟氏所言荀子的禮義之統屬於「義外」，但不認為荀子禮義之統只是自然主義或屬經驗義。對於荀子所說的禮義之統，除了從外在價值去理解外，是否尚有其他面向的理解？例如，吾人透過學習，所習得的禮義是以何種形態存在？與心的關聯性為何？與吾人的言行是否有關聯？若有，其關聯為何？均值得探究。

首先，就荀子論「學」加以考察。〈勸學篇〉云：

> 學惡乎始？惡乎終？曰：其數則始乎誦經，終乎讀禮；其義則始乎為士，終乎為聖人。真積力久則入。學至乎沒而後止也。故學數有終，若其義則不可須臾舍也。為之人也，舍之禽獸也。故《書》者，政事之紀也；《詩》者，中聲之所止也；禮者，法之大分，類之綱紀也；故學至乎禮而止矣，夫是之謂道德之極。禮之敬文也，樂之中和也，《詩》、《書》之博也，《春秋》之微也，在天地之間者畢矣。[34]

這段文字，牟氏《名家與荀子》亦列出該段文字，並加案語言道：「『詩書之博』，……博而有統，須至乎禮。……故荀子『隆禮義而殺詩書也。』」[35]牟氏於此僅強調荀子雖言《詩》、

---

[34] 王先謙：〈勸學篇〉，《荀子集解》，頁7。

[35] 牟宗三：《名家與荀子》，頁195-196。

《書》，然卻更重視學禮。然值得注意的是，這段文字指出幾個
重點，其一，學經、學禮是為了成就士、聖人人格；其二，荀子
稱學經、學禮是為了成就道德價值。

　　對於為學的進路，荀子區分君子之學與小人之學，前者是為
成就個人的德行，後者是為求富貴利達。荀子云：

> 君子之學也，入乎耳，著乎心，布乎四體，形乎動靜。端
> 而言，蠕而動，一可以為法則。小人之學也，入乎耳，出
> 乎口；口耳之間，則四寸耳，曷足以美七尺之軀哉！古之
> 學者為己，今之學者為人。君子之學也，以美其身；小人
> 之學也，以為禽犢。[36]

　　荀子認為理想的學習方式，應是能掌握禮義之統，言行不離
仁義，達到堅定且通貫的學習，使所學能全盡且通貫之。荀子
云：「倫類不通，仁義不一，不足謂善學。學也者，固學一之
也。一出焉，一入焉，塗巷之人也；其善者少，不善者多，桀紂
盜跖也；全之盡之，然後學者也。」[37]

　　荀子進一步指出學需待漸進積累，以達至通貫，使言行皆能
合於正理，形成堅定的道德操守，如此方能成就理想的道德人
格。荀子云：

> 君子知夫不全不粹之不足以為美也，故誦數以貫之，思索

---

[36] 王先謙：〈勸學篇〉，《荀子集解》，頁 7-8。
[37] 王先謙：〈勸學篇〉，《荀子集解》，頁 11。

以通之，為其人以處之，除其害者以持養之。使目非是無
欲見也，使口非是無欲言也，使心非是無欲慮也。及至其
致好之也，目好之五色，耳好之五聲，口好之五味，心利
之有天下。……生乎由是，死乎由是，夫是之謂德操。德
操然後能定，能定然後能應。能定能應，夫是之謂成人。

　　因此，荀子言「學」，並非指學習知識，而是學習經典中的
義理及禮義之統，其目的是為成就道德人格。

　　荀子論學，重視知統類。荀子的觀點與孔子所言「吾道一以
貫之」是否相類？考察孔子的說法，孔子將「多學而識」與「一
以貫之」加以區分，並解釋彼所重「一以貫之」是指「下學而上
達」，[38]指其所學能以人道上合於天道，是有本有源之學，而非
廣博的見聞記誦之學。

　　荀子深刻指出多數人思想、言行的缺失，實因不能明道之
故。荀子云：「凡人之患，蔽於一曲，而闇於大理。」[39]思想、
言行偏蔽之原因，在於心的思慮、判斷，因未能見道而出現偏差
所致。荀子云：「欲為蔽，惡為蔽，始為蔽，終為蔽，遠為蔽，
近為蔽，博為蔽，淺為蔽，古為蔽，今為蔽。凡萬物異，則莫不

38　《論語‧衛靈公》：「子曰：『賜也，女以予為多學而識之者與？』對
　　曰：『然，非與？』曰：『非也！予一以貫之。』」朱熹：《四書章句
　　集注》，頁161。《論語‧憲問》：「子曰：『莫我知也夫！』子貢
　　曰：『何為其莫知子也？』子曰：『不怨天，不尤人；下學而上達。知
　　我者，其天乎！』」朱熹：《四書章句集注》，頁157。
39　王先謙：〈解蔽篇〉，《荀子集解》，頁258。

相為蔽。此心術之公患也。」[40]荀子認為人情感的好惡、思考方式、觀念均會造成言行、思想的差異。甚至荀子認為萬物間存在殊異，因此自然產生偏蔽現象。

荀子指出人君、人臣的偏蔽，前者如夏桀、商紂蔽於美色與佞臣，後者如戰國時期宋國的唐鞅、春秋時期晉國的奚齊，逼害賢相載子、賢世子申生。[41]此數位人君、人臣的不當作為，皆因利欲蒙蔽所致。

賢君如商湯、周文。荀子言道：「成湯監于夏桀，故主其心而慎治之，是以能長用伊尹，而身不失道，此其所以代夏王而受九有也。文王監于殷紂，故主其心而慎治之，是以能長用呂望，而身不失道，此其所以代殷王而受九牧也。」賢臣則如春秋齊國鮑叔、寧戚、隰朋與周初召公、呂望。荀子云：「鮑叔、寧戚、隰朋，仁知且不蔽，故能持管仲，而名利福祿與管仲齊。召公、呂望，仁知且不蔽，故能持周公，而名利福祿與周公齊。」相較夏桀、商紂為邪佞所蔽，而商湯、周文因能使其心作主，不受邪佞引誘，能謹慎治國，重用賢臣，而不失君王的本分。至於鮑叔、呂望眾賢臣，相較唐鞅、奚齊蔽於利欲，嫉賢害能，荀子稱

---

[40] 王先謙：〈解蔽篇〉，《荀子集解》，頁259。

[41] 〈解蔽篇〉云：「昔人君之蔽者，夏桀殷紂是也。桀蔽于末喜斯觀，而不知關龍逢，以惑其心，而亂其行。紂蔽于妲己、飛廉，而不知微子啟，以惑其心，而亂其行。……昔人臣之蔽者，唐鞅奚齊是也。唐鞅蔽于欲權而逐載子，奚齊蔽于欲國而罪申生；唐鞅戮于宋，奚齊戮于晉。逐賢相而罪孝兄，身為刑戮，然而不知，此蔽塞之禍也。故以貪鄙、背叛、爭權而不危辱滅亡者，自古及今，未嘗有之也。」王先謙：〈解蔽篇〉，《荀子集解》，頁260-261。

其「仁知且不蔽」，故能與管仲、周公同享名利福祿。[42]

　　至於學者的偏蔽，主要就表現在學說上。荀子云：「昔賓孟之蔽者，亂家是也。墨子蔽于用而不知文。宋子蔽于欲而不知得。慎子蔽于法而不知賢。申子蔽于埶而不知知。惠子蔽于辭而不知實。莊子蔽于天而不知人。」此數家思想，皆有所見，亦有所偏。彼又云道：「故由用謂之道，盡利矣。由欲謂之道，盡嗛矣。由法謂之道，盡數矣。由埶謂之道，盡便矣。由辭謂之道，盡論矣。由天謂之道，盡因矣。此數具者，皆道之一隅也。」[43]荀子認為唯有孔子能作到無偏蔽。彼言道：「孔子仁知且不蔽，故學亂術足以為先王者也。一家得周道，舉而用之，不蔽于成積也。」亦即荀子認為孔子合於先王之道，其一家之言實合於「道」[44]，「道」乃「體常而盡變」[45]，故能避免出現諸子思想上的偏蔽。

　　鑑於世人出現偏蔽現象，荀子指出普遍的解決之道，荀子

---

[42]　王先謙：〈解蔽篇〉，《荀子集解》，頁 260、261。

[43]　該小段所引文字，參見王先謙：〈解蔽篇〉，《荀子集解》，頁 261-262。

[44]　關於該句「一家得周道舉而用之」之斷句，王先謙不採〔唐〕楊倞的斷句「一家得，周道舉」，而肯定〔清〕郝懿行的斷句「一家得周道，舉而用之」。楊倞解釋「周道舉」道：「刪《詩》、《書》，定《禮》、《樂》。」王先謙將「周道」解釋為：「得周之治道。」參見王先謙：〈解蔽篇〉，《荀子集解》，頁 262。然筆者以為此處「周」不宜解為專有名詞，指「周朝」，如此則仍限於荀子所批評的蔽於今，蔽於近，而應以「周全」來解釋，此是就「道」而言，說明道之全，而「周道」正好與「一家言」相對，即孔子雖成就一家之言，然此一家之言是合於道的。

[45]　王先謙：〈解蔽篇〉，《荀子集解》，頁 262。

云：「聖人知心術之患，見蔽塞之禍，故無欲、無惡、無始、無終、無近、無遠、無博、無淺、無古、無今，兼陳萬物而中縣衡焉。是故眾異不得相蔽以亂其倫也。」[46]又曰：「何謂衡？曰：道。」[47]

荀子提出明道的重要，並進一步提出工夫下手處在「心」。荀子云：「人何以知道？曰心。心何以知道？曰虛壹而靜。」又曰：「未得道而求道者，謂之虛壹而靜。」[48]至於「虛壹而靜」的具體工夫，荀子云：

> 故人心譬如槃水，正錯而勿動，則湛濁在下，而清明在上，則足以見鬚眉而察理矣；微風過之，湛濁動乎下，清明亂于上，則不可以得大形之正也。心亦如是矣。故導之以理，養之以清，物莫之傾，則足以定是非決嫌疑矣。[49]

荀子認為「虛壹而靜」的工夫是以普遍、恆常的原理、原則作為心知思慮的判斷標準，並涵養心的虛靈明覺。關於「虛壹而靜」的境界，荀子言道：

> 人生而有知，知而有志；志也者，臧也；然而有所謂虛；不以所已臧，害所將受謂之虛。心生而有知，知而有異；異也者，同時兼知之；同時兼知之，兩也；然而有所謂

46　王先謙：〈解蔽篇〉，《荀子集解》，頁263。

47　王先謙：〈解蔽篇〉，《荀子集解》，頁263。

48　王先謙：〈解蔽篇〉，《荀子集解》，頁264。

49　王先謙：〈解蔽篇〉，《荀子集解》，頁267。

一；不以夫一害此一謂之壹。心臥則夢，偷則自行，使之
則謀，故心未嘗不動也；然而有所謂靜，不以夢劇亂知謂
之靜。……虛壹而靜，謂之大清明。[50]

荀子認為「虛」與「壹」是就心的認知能力而言，而「靜」是就
心的發用而言。前者強調心的認知能力極強，能涵納眾多觀念、
想法，以及具有兼知的能力。然經由「虛」、「壹」的工夫，使
得心的認知活動，能兼容不同觀念、想法，同時又不因兼容眾多
想法而不知所措，反而能專一致志。至於心的發用，荀子認為心
的思慮隨時在發用，但卻可經由工夫，使得心的發用不受外在干
擾。

荀子進一步指出，透過「虛壹而靜」的工夫，便能由認知
道，進而認可道，更進而堅守道以禁止違道的言行。[51]對於明道
的境界，荀子描述道：「萬物莫形而不見，莫見而不論，莫論而
失位。坐於室而見四海，處於今而論久遠。疏觀萬物而知其情，
參稽治亂而通其度，經緯天地而材官萬物，制割大理而宇宙裡
矣。」[52]當君子、聖人明道後，則能「壹於道而贊稽物」。荀子
云：「精于物者以物物，精于道者兼物物。故君子壹于道，而以

---

[50] 關於「臧」，楊倞解釋為「藏」。該段文字與楊倞注參見王先謙：〈解
蔽篇〉，《荀子集解》，頁 264。

[51] 荀子云：「故心不可以不知道；心不知道，則不可道，而可非道。人孰
欲得恣，而守其所不可，以禁其所可？……夫何以知？曰：心知道，然
後可道；可道然後守道以禁非道。」王先謙：〈解蔽篇〉，《荀子集
解》，頁 263。

[52] 王先謙：〈解蔽篇〉，《荀子集解》，頁 264-265。

贊稽物。壹于道則正，以贊稽物則察；以正志行察論，則萬物官矣。」[53]

因此，透過荀子言「學」，言「虛壹而靜」以明道，可明顯發現荀子希望透過後天的學習，使吾心能「虛壹而靜」，解除心術的偏執，達到「仁智且不蔽」的理想，不僅能修身，且能經世，進而使萬物得其正，而能參贊天地。

而此目標，可透過荀子對孔子、子弓，以及舜、禹之肯定見出。荀子云：

> 若夫總方略，齊言行，壹統類，而群天下之英傑，而告之以大古，教之以至順，奧穸之間，簟席之上，斂然聖王之文章具焉，佛然平世之俗起焉，六說者不能入也，十二子者不能親也。無置錐之地，而王公不能與之爭名，在一大夫之位，則一君不能獨畜，一國不能獨容，成名況乎諸侯，莫不願以為臣，是聖人之不得執者也，仲尼子弓是也。一天下，財萬物，長養人民，兼利天下，通達之屬莫不從服，六說者立息，十二子者遷化，則聖人之得執者，舜禹是也。[54]

孔子、子弓與舜、禹的差別僅在於有勢位與否，看似成就的功業不同，前者在於教化，後者在於政治，然其重要性實相同也。至

53　王先謙：〈解蔽篇〉，《荀子集解》，頁 266。

54　王先謙：〈非十二子篇〉，《荀子集解》，頁 60-61。

於孟子，荀子因其未能明道，評其「聞見雜博」[55]，而不入聖人之列。

　　就荀子所言的學，實為通貫之學，強調知道、體道、行道，以常道、常理作為心認知思慮判斷的原則，以及言行的準則，進而表現出「仁智且不蔽」的特質。與孔子論學相較，孔子強調「下學而上達」的工夫，一方面強調下學，另方面強調一以貫之，朝向上達而努力。荀子強調的是正視人思慮、言行的偏蔽，體悟明道的重要，進而由「虛壹而靜」的工夫入手，學習先王之道。就進路而言，其相通處在於皆強調廣博的學習，且需通貫於常道；這樣的學是涵蓋修身與經世兩方面，是能參贊天地的。其相異處則在於，孔子並未指出具體工夫，而荀子則明確指出心的「虛壹而靜」工夫。此外，孔子並未特別強調明道的重要，而是主張於下學中體悟、實踐；而荀子則強調明道的重要。

五、荀子論修身積德──仁義禮相貫通

　　荀子論學強調通貫，以成就理想的道德人格為目標，但理想的道德人格指的是什麼？過去學者幾乎以禮為討論重心，然而仔細研讀《荀子》可發現，荀子雖重禮，然亦言仁。甚至荀子曾提出仁先於禮的觀念。〈大略篇〉云：「人主仁心設焉，知其役也，禮其盡也，故王者先仁而後禮，天施然也。」[56]此文句中的先後，是指次序上的先後。

55　荀子云：「略法先王而不知其統，猶然而猶材劇志大，聞見雜博。」王先謙：〈非十二子篇〉，《荀子集解》，頁 59。

56　王先謙：《荀子集解》，頁 322。

　　至於仁與禮之關係究竟為何，須先瞭解荀子對於仁的解釋。荀子是以愛釋仁，〈大略篇〉言道：「仁，愛也。」[57]此說法形式看似與孟子「仁者愛人」[58]說法相同，然須進一步探究其實質內容。

　　首先，荀子所謂的仁有二義，其一是指德行，即合於道德的言行表現。〈榮辱篇〉言道：「仁義德行，常安之術也。」〈哀公篇〉亦曰：「仁義在身而色不伐。」[59]「仁義德行」，「仁義」為形容詞；「仁義在身」，則指仁義表現於行為，皆指德行。

　　其二是指道德價值或道德原則。〈儒效篇〉云：「聖人也者，本仁義，當是非，齊言行，不失豪釐，無他道焉，已乎行之矣。」[60]而具體內容則指親親、故故，[61]仁可指親親、故故的行為，亦可指親親、故故所代表的道德價值。

　　然荀子強調仁非天生本有，而是經由後天學習而來。荀子云：「夫子之讓乎父，弟之讓乎兄，子之代乎父，弟之代乎兄，此二行者，皆反于性而悖于情也；然而孝子之道，禮義之文理也。」[62]又曰：

57　王先謙：《荀子集解》，頁324。

58　《孟子・離婁下》：「君子所以異於人者，以其存心也。君子以仁存心，以禮存心。仁者愛人，有禮者敬人，愛人者人恆愛之，敬人者人恆敬之。」朱熹：《四書章句集註》，頁298。

59　王先謙：《荀子集解》，頁39、355。

60　王先謙：《荀子集解》，頁90。

61　〈大略篇〉：「親親、故故、庸庸、勞勞，仁之殺也。」王先謙：《荀子集解》，頁324。

62　王先謙：〈性惡篇〉，《荀子集解》，頁295。

> 天非私曾騫孝己而外眾人也，然而曾騫孝己獨厚于孝之
> 實，而全于孝之名者，何也？以綦于禮義故也。天非私齊
> 魯之民而外秦人也，然而于父子之義，夫婦之別，不如齊
> 魯之孝具敬文者，何也？以秦人從情性，安恣孳，慢于禮
> 義故也，豈其性異矣哉！[63]

即此可見，荀子所說的辭讓、孝，及夫妻倫理等與仁相關之德
行，均非出於先天本有的道德性，而是經由後天學習。

　　荀子不僅論仁，亦論及仁與義、禮有密切關聯。〈大略篇〉
言道：

> 親親、故故、庸庸、勞勞，仁之殺也；貴貴、尊尊、賢
> 賢、老老、長長、義之倫也。行之得其節，禮之序也。
> 仁，愛也，故親；義，理也，故行；禮，節也，故
> 成。……推恩而不理，不成仁；遂理而不敢，不成義；審
> 節而不和，不成禮；和而不發，不成樂。故曰：仁義禮
> 樂，其致一也。君子處仁以義，然後仁也；行義以禮，然
> 後義也；制禮反本成末，然後禮也。三者皆通，然後道
> 也。[64]

荀子認為仁是指對親友及有功者的親愛之情，義是指對待尊貴賢
老長者的倫理，至於禮則是仁、義皆能中節。荀子為了說明，故

63　王先謙：〈性惡篇〉，《荀子集解》，頁 295。
64　王先謙：《荀子集解》，頁 324-325。

將仁義禮分別論述，然其主張是仁義禮相通貫，若僅有親愛之情而不合於倫理，則無法稱為仁；若僅依倫理行事而不知節制，則不合於義；若僅重禮節而不能和順人情，則不成禮。

因此，荀子仁義禮相貫通的觀點，仁是本，是指推恩之愛；義是理，是指對待他人之倫理；禮是節，是指實行仁義時需有所節制。此說法的特點在於，仁、義、禮不可獨行，三者貫通方為理想。〈儒效篇〉云：「先王之道，人之隆也，比中而行之。曷謂中？曰：禮義是也。道者，非天之道，非地之道，人之所以道也，君子之所道也。」[65]

雖然荀子不承認人有天生的道德性，但卻指出人本有認知仁義及實踐仁義的能力。〈性惡篇〉言道：「凡禹之所以為禹者，以其為仁義法正也。然則仁義法正有可知可能之理。然而塗之人也，皆有可以知仁義法正之質，皆有可以能仁義法正之具，然則其可以為禹明矣。」[66]

既然仁義禮是由後天學習積累而成，屬於荀子所說的「偽」。值得思考的是，經由後天學習而獲得的仁義禮，是否能經積累而存具於心，內化為吾人之道德價值，成為行事之指導原則？

依荀子的說法考察，答案是肯定的。〈不苟篇〉：「君子養心莫善於誠，致誠則無它事矣。惟仁之為守，惟義之為行。誠心守仁則形，形則神，神則能化矣。誠心行義則理，理則明，明則能變矣。變化代興，謂之天德。」[67]牟氏對這段文字認為是《荀

---

[65] 王先謙：《荀子集解》，頁77。
[66] 王先謙：《荀子集解》，頁295。
[67] 王先謙：《荀子集解》，頁28。

子》書中最特別的一段。牟氏云：

> 此與《中庸》「誠則形，形則著，著則明，明則動，動則
> 變，變則化，唯天下至誠為能化。」義同。「變化代興，
> 謂之天德」，又特出。蓋荀子少言「天德」。……荀子若
> 由此而悟出本原，則其「禮義之統」不徒為外在，而亦有
> 大本之安頓矣。[68]

牟氏認為該段乃荀子思想中極罕見，不僅與《中庸》所說的誠相
應，同時又出現「天德」的說法。

可以確定的是，從上下文義來看，荀子論「誠」仍是就後天
工夫上談，不同於《中庸》從本體上談。荀子是強調若能將後天
習得的仁義，以誠信守住仁心，以誠信行義，如此則可表現出推
恩及倫理。至於「變化」則是就存仁行義，即「化性起偽」而
言。至於「天德」的涵義，可由兩段文字見出，一是該段文字後
所言：「天地為大矣，不誠則不能化萬物。」[69]一是〈王制篇〉
所云：「夫是之謂天德，是王者之政也。」[70]藉由前句可知「天
德」是指天地覆育之功，由後句可知，任德可合於天德，意即存
仁行義即是人文，能與天德相合。

透過荀子言誠心守仁行義便可見出以誠修身的重要性。荀子
云：

---

[68] 牟宗三：《名家與荀子》，頁 197-198。

[69] 王先謙：《荀子集解》，頁 29。

[70] 王先謙：《荀子集解》，頁 94。

> 君子至德，嘿然而喻，未施而親，不怒而威：夫此順命，
> 以慎其獨者也。……聖人為知矣，不誠則不能化萬民；父
> 子為親矣，不誠則疏；君上為尊矣，不誠則卑。夫誠者，
> 君子之所守也，而政事之本也，唯所居以其類至。操之則
> 得之，舍之則失之。操而得之則輕，輕則獨行，獨行而不
> 舍，則濟矣。濟而材盡，長遷而不反其初，則化矣。[71]

　　若能以誠修身，不斷存仁行義，如此則能化性，使仁義漸積
累於吾心，並落實於言行，如此則可成為君子。〈大略篇〉云：
「仁義禮善之於人也，辟之若貨財粟米之於家也，多有之者富，
少有之者貧，至無有者窮。故大者不能，小者不為，是棄國捐身
之道也。」[72]

　　荀子以堯、禹為例，說明堯、禹非天生聖人，而是經由後天
修養積累而成。荀子云：「堯、禹者，非生而具者也，夫起于變
故，成乎修為，待盡而後備者也。」[73]

　　因此，荀子所重的仁義禮相貫通之教，是可透過後天學習，
成為吾人修身之資具，以此內修其身，積德於內，進而用於立身
處世的準則。〈儒效篇〉言道：「故君子務修其內，而讓之于
外；務積德于身，而處之以遵道。」[74]

　　荀子並指出天子、大夫、庶人若能修身積德，則能善盡本
分。天子能「志意致修，德行致厚，智慮致明」，則能善治天

---

[71] 王先謙：《荀子集解》，頁 29。
[72] 王先謙：《荀子集解》，頁 338。
[73] 王先謙：〈榮辱篇〉，《荀子集解》，頁 40。
[74] 王先謙：《荀子集解》，頁 81。

下；諸侯能「政令法，舉措時，聽斷公」則能善治國家，士大夫能「志行修」則能善治城邑，官吏謹守法紀，則能忠於職守，庶人能「孝弟原愨」、「軥錄疾力，以敦比其事業，而不敢怠傲」則能免於刑法。[75]

　　因此，荀子認為仁義禮與誠，非天生本有，而是出於後天人為，故稱為偽。就其客觀外在性，故可視為義外；但就經由習得後便可內具吾心，則可成為吾人內在價值。

　　荀子雖不承認人天生有道德善性，但認為透過後天的學習，是可以具備推恩之愛與道德觀念。〈勸學篇〉云：「積善成德，而神明自得，聖心備焉。」〈性惡篇〉亦云：「今使塗之人伏術為學，專心一志，思索孰察，加日縣久，積善而不息，則通於神明，參於天地矣。故聖人者，人之所積而致矣。」[76]而個人修身積德，則可依所處勢位，或安身，或經世，能發揮人的存在價值。若能成聖，更可參與天地化育，此乃荀子仁義理相貫通之教的最高理想。

75　〈榮辱篇〉：「志意致修，德行致厚，智慮致明，是天子之所以取天下也。政令法，舉措時，聽斷公，上則能順天子之命，下則能保百姓，是諸侯之所以取國家也。志行修，臨官治，上則能順上，下則能保其職，是士大夫之所以取田邑也。循法則、度量、刑辟、圖籍，不知其義，謹守其數，慎不敢損益也；父子相傳，以持王公，是故三代雖亡，治法猶存，是官人百吏之所以取祿職也。孝弟原愨，軥錄疾力，以敦比其事業，而不敢怠傲，是庶人之所以取暖衣飽食，長生久視，以免于刑戮也。」王先謙：《荀子集解》，頁 36-37。

76　王先謙：《荀子集解》，頁 4、296。

六、結論

　　牟氏對於荀子思想的理解，不在全面說明荀子講了什麼，而是將荀子放在當時的時代環境及整個學術發展來看，此可由牟氏對荀子的一段評論見出。牟氏云：

> 荀子一方重禮義之統，一方能作「正名」也。理智之心之基本表現即為邏輯，此是純智的。邏輯之初步表現即在把握共理，由之而類族辨物，故荀子喜言統類也。由此基礎精神轉之於歷史文化，則首重百王累積之法度，由此而言禮義之統。……由百王累積之法度，統而一之，連而貫之，成為禮義之統，然後方可以言治道。荀子所言之「道」，即是此種道。此即「人文化成」之道。[77]

　　牟氏的立場是就荀子的禮義之統在政治、文化面向的意義而論，在這樣的立場下，荀子所說的「道」，自然是「人文化成」意義的道。這樣立場所作的評論，是極相應而恰當的。但這樣的特色只是荀子思想的一部分，雖是極重要的部分，但卻非荀子思想的全貌。

　　荀子主張「化性起偽」，此是針對所有人而言，雖然推動者是在君王、聖人、君子，但實際推行是希望所有人皆適用，故荀子常言「涂之人」如何如何。為了使禮義之教能普遍推行，荀子給了多數百姓極大信心，雖然不同於孟子從天生善性去肯定，而

---

[77]　牟宗三：《歷史哲學》，頁122。

是從後天教育上立論，認為只要不斷積累學習，人人皆可成為聖人。因此，成德之教在荀子思想中有其重要性。〈儒效篇〉云：「涂之人百姓，積善而全盡，謂之聖人。彼求之而後得，為之而後成，積之而後高，盡之而後聖，故聖人也者，人之所積也。……積禮義而為君子。」[78]

此外，對於君子、聖人、君王，除了強調他們對於推行禮義之教的重要，亦正視他們之所以能行教化，實因本身修身成德，故能經世濟民。〈儒效篇〉云：「志安公，行安修，知通統類，如是則可謂大儒矣。」[79]

透過荀子論成德之教，可以解決人為何會學習禮義的問題。人們將後天習得的禮義內具吾身，進而於思想、言行中踐履，實為荀子禮義之教重要的面向，值得重視。雖然從外王學來理解荀子的禮義之道，可見出荀子從政治、社會向度論禮義的重要；但筆者認為，若缺乏從成德之教的面向進行思考，實無法解釋人為何要學習禮義，進而遵從禮義，對於理解並實現荀子禮義思想仍有其不足，此正是本章寫作的宗旨所在。

---

[78]　王先謙：《荀子集解》，頁 91-92。

[79]　王先謙：《荀子集解》，頁 92。

第三章　牟宗三先生對荀子論堯舜禪讓與湯武革命之解釋

一、前言

　　《荀子》〈正論篇〉有兩段關於堯舜禪讓[1]及湯武革命的文字。牟宗三先生在《名家與荀子》中將之分為三段，並提出「荀子論君及其問題：道德形式與國家形式」的標題，亦藉這三段文字討論荀子政治哲學中君位的問題。

　　牟氏透過孟、荀對堯舜禪讓及湯武革命的說法加以對比，指出二子說法的異同。牟氏認為荀子主堯舜不禪讓異於孟子，而對湯武革命的說法則與孟子同。

　　關於堯舜禪讓及湯武革命的議題，可從幾個層面來思考，一是事實層面，亦即判斷舜繼堯為君及湯武革命是否為歷史事實；二是意義層面，針對這兩件歷史事實，作意義層面的解釋。三是對意義層面的反思，針對既定的理解進行反省，提出認同或反對的主張。

---

[1]　據王先謙《荀子集解》本，是用「擅讓」一詞，並引楊倞注：「擅與禪同。」參見王先謙：《荀子集解》，頁 221。本章均採「禪讓」之寫法。

　　依牟氏對荀子觀點的理解，是屬於第三種層面，即對於荀子的觀點作意義層面的反思。牟氏將荀子的論點從君王問題的向度進行探討，不僅深入分析荀子的主張，並進一步指出荀子說法的限制。

　　然而從意義層面對荀子觀點進行的反思，實可從兩個方面切入，一是荀子說了什麼，二是荀子為何如此說。牟氏所關注者在於荀子說了什麼，而非荀子為何如此說。

　　本章一方面順著牟氏的說法進行理解，以見出牟氏說了什麼，以及牟氏為何如此說；另方面亦致力考察荀子說了什麼，以及荀子為何如此說。如此既能相應理解牟氏的說法及用意，又能就荀子的觀點深入而全面的掌握，方能見出牟氏對荀子的理解及荀子本身的主張，在堯舜禪讓及湯武革命這兩個議題，所提出的創見。

二、牟氏以「天子位有傳無讓」
理解荀子論堯舜之治

　　牟氏從君王問題來理解荀子的觀點。若就堯、舜與湯、武均具有君王身分，以及從荀子的論述內容來看，此理解向度是可以成立的。

　　牟氏從君王問題來理解荀子的觀點，自然會將荀子與同屬儒家的孔、孟相較。牟氏指出孔、孟主張堯舜禪讓，而荀子反對此說，而主堯舜不禪讓。對於其間的差異，牟氏言道：

　　　孔、孟之稱美堯、舜是立一天下為公的政治理想，並從德

上立一為君之標準；而荀子言堯舜不禪讓，是要就天子之
所以為天子之本質而立一個純理念。此皆屬于理想問題，
不屬於歷史事實問題。[2]

牟氏將孔、孟或荀子對堯舜禪讓議題的討論定位在意義解釋
層次，而非歷史事實的探討。

關於孔、孟說法的部分，牟氏於《歷史哲學》中，分別就歷
史事實及意義解釋兩方面加以說明。牟氏認為就堯舜之治本身而
言，應是簡陋質樸的。牟氏云：「若從社會進化方面說，⋯⋯其
簡陋質樸，可斷言也。⋯⋯故不必如後人所稱之善，亦不必如後
人所說之惡。」[3]至於孔、孟論堯、舜之治，則從意義層面加以
解釋。牟氏云：「根於人性之正所呈現之觀念以自然地粘附於史
實，即為此民族之文化意識及歷史精神之象徵與反映。」[4]

牟氏區分了史實義與文化義下的堯舜之治，二者皆有其真實
性，前者屬於事實的真，後者理性的真，此真實性是植基於後世
對儒家思想的理解與信仰，亦具有客觀普遍性。[5]

至於荀子的說法，牟氏指出荀子是從純理念天子觀解釋堯舜
之治，此說法極富新義。牟氏認為荀子說法的背後，實蘊藏一原

2　牟宗三：《名家與荀子》，頁230。

3　牟宗三：《歷史哲學》（臺北：臺灣學生書局，1988年），頁6。

4　牟宗三：《歷史哲學》，頁6。

5　〈新版序〉，牟氏言道：「王道則以夏、商、周三代的王道為標準。照
　　儒家說來，三代的王道並非最高的理想，最高的境界乃是堯、舜二帝禪
　　讓，不家天下的大同政治。⋯⋯堯、舜是否真如儒家所言，吾人不必論
　　之，但此代表了儒家的理想則無疑，以堯、舜表現或寄託大同理想。」
　　牟宗三：《政道與治道》（臺北：臺灣學生書局，1991年），頁12。

則，即「天子位可傳而無可讓」，[6]牟氏云：

> 堯、舜縱有聖德，而不願為天子，則依其自由，脫身而
> 去，亦是可能者。……然為天下之君，其身非個人自由隨
> 便來往之身也。是以雖能而不可，理上不應讓也。不顧此
> 不應讓之理，而隨便去之，是謂不依君之理。[7]

　　牟氏認為荀子從純理念論天子，天子不可任意去位，否則有
違天子之理想原則。牟氏並認為荀子所作的三項補充說明，是基
於此未明言之原則。

　　牟氏簡述荀子的三點補充說明：「一、天子無敵，無誰與
讓。二、死而有傳，無所謂讓。三、天子無衰老，蓋血氣筋力有
衰，智慮取舍無衰。」[8]並就第三點加以解說。

　　牟氏認為荀子所言天子無衰老是就「理」上說，而非「氣」
上說。牟氏云：

> 天子以理言，不以氣言，故無所謂衰老而禪，亦無所謂不
> 堪其勞而休。此即天子以理定，不以氣定也。……體氣對
> 于天子之為天子的本質不相干，依是而言，天子的本質為
> 純理純型（pure form），為統體是道之呈現（pure actuality），

6　牟氏云：「天（案：當加一「子」字）位可傳無可讓，無可讓者無可讓
　　之理也。」牟宗三：《名家與荀子》，頁230。

7　牟宗三：《名家與荀子》，頁230。

8　牟宗三：《名家與荀子》，頁230。

而毫無隱曲者（No potentiality）。[9]

　　牟氏認為荀子所理解的天子不是現實義的個體，而是將天子理解為德性周備，近乎道或神的完美典型。[10]既然是理想義下的天子，則便無現實血氣之限制，牟氏以此來解釋何以荀子言天子無衰老。

　　牟氏又替荀子提出一問題，既然作為普遍之理的君，為何又須結合具體之人為天子？牟氏並替荀子作出回答，言道：

> 純理純型之天子一代只有一，故無誰與讓者。此義甚精。荀子心目中之君只是一個道。……然天子者人群組織中之事也。既有現實之組織，必有組織中現實之個體。這不只是道，必須表現為某種形態的道。……是以天子者，道之象徵也，而以其具體之身，與現實相接遇，而可為群倫之所仰望也。[11]

牟氏認為荀子所言的天子是純理型義，但仍必須落實於現實，透過現實的天子來展現此理型。

　　牟氏綜論荀子言堯舜不禪讓之義涵指出：「在此情形下之

9　牟宗三：《名家與荀子》，頁230。

10　牟氏云：「在文化大統只表現為道德形式下，是把君規定得太高。君必須是『備德全美』之至聖，他直是『絕對之道或神』之化身。依是，其本性必須是純理純型，統體透明而無一毫之私曲。」牟宗三：《名家與荀子》，頁239。

11　牟宗三：《名家與荀子》，頁231。

君，其本質即為純理純型，有傳而無讓。傳以聖為準，聖在子傳子，聖在賢傳賢。然必一為君，則終身而無讓，⋯⋯故其為定常亦有絕對之意義。」[12]並歸結出荀子論君有四義：

> （一）是就君之理言，不就其為具體之人之氣言；（二）凡為君者，其氣必應順理，故其一生只可以理看，不可以氣看，雖有氣而以其氣總順理，故氣亦理矣，⋯⋯（三）但可傳無下傳之道即未能有一下傳之法律上之軌道，而只依自然之出生與代替。⋯⋯（四）單就已為君者而言君之純理念上之本質以及其所應具之德，然為君者，事實上其一生不必盡能如此德。當其理不勝氣時，則即失德。[13]

　　關於牟氏所歸結出荀子論君的四義，仍是扣緊彼所主張荀子論君是就理想義言，即使現實個體義的君王，亦能實現此理型，並認為君王之傳位只能依自然天命，[14]並無客觀制度。同時，亦指出現實的君王是可能出現無道的情形。

　　牟氏以理型義的君王觀解釋荀子論堯舜之治，此說法極具新義。其主要論點有二，一是荀子所討論的天子是理想義的天子，而非現實義的天子；二是荀子反對禪讓說，是就君王之理而言，天子位可傳而不可讓。

12　牟宗三：《名家與荀子》，頁231。
13　牟宗三：《名家與荀子》，頁232。
14　牟氏云：「荀子無讓說中亦不函究傳子抑傳賢。荀子單就已為君者而言君之純理念上之本質以及其所應具之德，至於下一代，則委諸自然天命而不問矣。」牟宗三：《名家與荀子》，頁232。

　　但值得思考的是，牟氏所指出荀子所未明言的原則——「天子位可傳而無可讓」，是否合於荀子的主張？依牟先生的說法，荀子當肯定堯以舜為賢，故傳位於舜。然就荀子自己的說法來看，「天子者，埶位至尊，無敵于天下，夫有誰與讓矣？」[15]此處雖用「讓」字，即使替換成「傳」字，荀子亦不會贊同，因天子位無尚至尊，不是某個人的意志就能決定讓位予誰或傳位予誰。關於此，將於後文深入論析。

　　此外，牟氏以荀子所言的天子為理型義的天子，自然無現實血氣衰老的現象，然回頭考察荀子所言，卻出現扞格。依荀子反對老衰而禪或因年老不堪其勞而休，其理由有二，一是血氣有衰，智慮無衰；二是居天子之尊位不但不勞苦，反而是安樂恬愉，[16]故無不堪其勞之理。基於這兩點，雖然荀子所論非現實個體義的天子，而是就普遍義言人有血氣有衰，但智慮無衰；並且就制度設計上，指出天子所居之尊位及所享受的禮遇而論，指出

15　王先謙：《荀子集解》，頁 221。

16　〈正論〉言道：「曰：『老衰而擅。』是又不然。血氣筋力則有衰，若夫智慮取舍則無衰。」又曰：「曰：『老者不堪其勞而休也。』是又畏事者之議也。天子者埶至重而形至佚，心至愉而志無所詘，而形不為勞，尊無上矣。衣被則服五采，雜間色，重文繡，加飾之以珠玉；食飲則重大牢而備珍怪，期臭味，曼而饋，伐皋而食，雍而徹乎五祀，執荐者百餘人，侍西房；居則設張容，負依而坐，諸侯趨走堂下；出戶而巫覡有事，出門而宗祝有事，乘大路趨越席以養安，側載睪芷以養鼻，前有錯衡以養目，和鸞之聲，步中武象，趨中韶護以養耳，三公奉軶、持納，諸侯持輪、挾輿、先馬，大侯編後，大夫次之，小侯元士次之，庶士介而夾道，庶人隱竄，莫敢視望。居如大神，動如天帝。持老養衰，猶有善于是者與？不老者，休也，休猶有安樂恬愉如是者乎？故曰：諸侯有老，天子無老。」王先謙：《荀子集解》，頁 223-224。

天子是個安樂恬愉的好職務。就此而言，與牟氏所稱荀子是言純理純形的天子本質，有極大的出入。

三、牟氏以有道誅無道解釋荀子論湯武革命

牟氏對於荀子論堯舜禪讓及湯武革命，均是就皇位繼承的問題意識加以切入。認為荀子論堯舜不禪讓是提出「天子位可傳不可讓」，可傳包括傳賢或傳子，而堯、舜相繼，實現的是傳賢的承繼方式；至於湯武革命則是就世襲制提出反省。牟氏云：

> 當其理不勝氣時，則即失其德，……但雖失其德，而彼自以為不失德，彼亦無可讓。如是，勢必有革命之說。此革命之說與委諸自然天命同，同為無辦法的結果，且同為無讓說之所函。[17]

牟氏認為，既然於理，「天子位無可讓」，世襲制亦然，即使世襲制中出現失德之君，天子位仍無可讓。對於此困境，只能以非常之手段，以革命推翻無道之君，建立新朝。正因革命非天子位相承之常道，故牟氏以「無辦法的結果」稱之。

因此，牟氏看待荀子論湯武革命，是在世襲制下皇位繼承的脈絡中討論的。牟氏指出，革命的產生是因世襲制的限制，因世襲制不可能世代無窮。牟氏云：

---

[17] 牟宗三：《名家與荀子》，頁 232-233。

一家世襲皆原則上期其世世無窮,然而此在事實上不能世
世無窮者。及其一家之具體個體氣數已盡,則依宗法以世
襲之制度即顯出其無效,皇位無法下傳,而革命生焉,乃
委諸自然天命之選擇。[18]

桀、紂乃夏、商世襲制下的無道之君,湯、武以夏、商有道
之諸侯起兵革命。牟氏認為荀子對湯武革命的解釋與孟子無異,
均屬以有道討伐無道。彼言道:「孟、荀俱以為『誅一夫紂也,
未聞弒君也。』是則晚周大儒俱主革命說與委諸自然天命之選
擇。」[19]牟氏的論斷極為諦當,可見孟、荀均認定湯、武並非以
臣誅君,關於這點,將於第五小節深入說明之。

牟氏又指出荀子在君道及君位繼承問題上,有兩點與孟子看
法不同,一是荀子強調理型義的君王,二是荀子並無超越義的
天。關於理型義下的君王,牟氏言道:「在荀子,君為『管分之
樞要』,其本身須為大儒聖王,知統類,善禁令,總方略,齊言
行,道德純備,智慧甚明,純一乎理,不勞而至『治辨之
極』。」[20]

至於對至高無尚天子之約束,牟氏認為在荀子系統中除了自
律外,並無其他制約力,連超越義的天,在荀子系統中亦不存
在。牟氏云:

故位愈高,控制之外力愈微。一旦將此超越之者拆穿而無

---

[18]　牟宗三:《名家與荀子》,頁234。

[19]　牟宗三:《名家與荀子》,頁234。

[20]　牟宗三:《名家與荀子》,頁234。

睹，則君即成全無限制者，禍亂即從此生。而革命、獨
夫，自然天命之競爭，亦隨之必然而來矣。故古人對君除
責之以自律外，蓋無他道。荀子並此超越之天之限制亦無
之。[21]

於此，牟氏認為君位至隆，若為君者無道，則出現革命現
象。牟氏點出荀子強調理型的君王，但亦指出荀子思想的限制，
亦即對於君王權力，除了期待君王能自律外，並無其他制衡的力
量。

牟氏從世襲制的君位繼承問題探討荀子論湯武革命，可謂極
富新義。此外，牟氏亦注意到荀子所關注「天下」與「國」之不
同。牟氏云：

自夏、商、周以來至春秋時代，有國與天下之別，有王與
諸侯之異。荀子就此歷史事實分國與天下。國有對，天下
無對。天下之大不只大而已，乃是無對之大。就此而言，
則有天下之君規定為備德全美之聖人，亦為理之所應有。
蓋天下之君直為神或道之化身或代表。……依此，君之德
不得不規定為至高，而亦必與「天下」觀念為相應。[22]

牟氏此論深合荀子，荀子一方面將天下與國區分，指出天下
無可讓，國可讓；另方面又將天子與諸侯區分，若天子無能以治

---

21 牟宗三：《名家與荀子》，頁 235。
22 牟宗三：《名家與荀子》，頁 241。

天下,則有德者代之,然不可稱得天下,因國可以力取得,天下則否。

牟氏解釋荀子論湯武革命,主要論點有二,一是就世襲制的皇位繼承問題考察,指出無道之君無法繼續擔任天子,進而出現革命,產生新君。二是見出荀子強調「天下」與「國」之區別,指出國可以力取,天下不可奪的觀點。

就荀子〈正論〉篇考察,荀子討論的議題是「桀、紂有天下,湯、武篡而奪之」這樣的說法,並且進一步辨析指出「以桀、紂為常有天下之籍則然,親有天下之籍則不然」,以及「天下謂在桀、紂則不然」。[23]荀子所辨析者是特定說法,指出其謬誤處,進而提出他所認定的正確講法。因此,對於「有天下」的探討方是荀子的焦點。關於此,將於後面作深入論析。

四、荀子以天下不可禪讓反對堯舜禪讓的說法

荀子關於堯舜禪讓,分別就世俗之通論、殊論分別辨析,「堯舜禪讓」屬通論,「(堯)死而禪之」及「(堯)老衰而禪」屬殊論,通論是就事件通說之,而殊論則加上了理由的說明。

荀子對堯舜之治,反對「禪讓」這個說法,理由有二,一是就天子位而言,一是就聖王任天子而言。就天子位而言,荀子認為天子至高無尚,既然至尊無對,有何人可授予此位?就聖王而言,智明德備,尚有何人,可傳承此位?荀子言道:

---

23 王先謙:《荀子集解》,頁 215。

> 天子者，執位至尊，無敵于天下，夫有誰與讓矣？道德純
> 備，智惠甚明，南面而聽天下，生民之屬，莫不震動從服
> 以化順之。天下無隱士，無遺善，同焉者是也，異焉者非
> 也。夫有惡擅天下矣。[24]

　　既然天子位無可讓，又聖王無禪位之理，因此荀子認為「禪
讓」一詞，不宜用於說明舜繼堯位這件事。

　　至於世俗殊論「（堯）死而禪之」，荀子亦不贊同。理由有
二，一是若聖王已死，天下無聖人，則不可稱為禪讓；二是若聖
王繼位，無論由世襲或由三公繼位，整個制度並未改變，亦不可
稱為禪讓。荀子認為聖人為天子，在生前能依於禮義之統，對於
繼位者，亦能遵照禮義，根本不需以禪讓來肯定之。荀子云：

> 聖王已沒，天下無聖，則固莫足以擅天下矣。天下有聖，
> 而在後子者，則天下不離，朝不易位，國不更制，天下厭
> 然，與鄉無以異也，以堯繼堯，夫又何變之有矣！聖不在
> 後子而在三公，則天下如歸，猶復而振之矣。天下厭然，
> 與鄉無以異也；以堯繼堯，夫又何變之有矣！唯其徙朝改
> 制為難。故天子生則天下一隆，致順而治，論德而定次，
> 死則能任天下者必有之矣。夫禮義之分盡矣，擅讓惡用矣
> 哉！[25]

對於另一殊論「（堯）老衰而禪」，此亦包括「老者不堪其勞而休」，荀子亦不贊同。理由有二，一是「血氣筋力則有衰，若夫智慮取舍則無衰。」，二是「天子者埶至重而形至佚，心至愉而志無所詘，而形不為勞，尊無上矣。」[26]荀子認為，「老衰」不成禪讓之理由，因對聖王而言，智慮決斷不會出現老衰的狀況。至於「老者不堪其勞」，荀子認為這乃畏事者之藉口，天子位是安樂恬愉的工作，不會出現過勞的狀況。對此，荀子說明道：

> 衣被則服五采，雜間色，重文繡，加飾之以珠玉；食飲則重大牢而備珍怪，期臭味，曼而饋，伐皋而食，雍而徹乎五祀，執荐者百餘人，侍西房；居則設張容，負依而坐，諸侯趨走乎堂下；出戶而巫覡有事，出門而宗祝有事，乘大路趨越席以養安，側載睪芷以養鼻，前有錯衡以養目，和鸞之聲，步中武象，趨中韶護以養耳，三公奉軶、持納，諸侯持輪、挾輿、先馬，大侯編後，大夫次之，小侯元士次之，庶士介而夾道，庶人隱竄，莫敢視望。居如大神，動如天帝。持老養衰，猶有善于是者與？不老者，休也，休猶有安樂恬愉如是者乎？故曰：諸侯有老，天子無老。

綜觀荀子所述，天子並非勞苦不堪的工作，而是安樂恬愉的，以其飲食豐裕，有眾人照顧衣食起居。

---

[26]　王先謙：《荀子集解》，頁 223-224。

　　然深入探討荀子認為天子位是安樂恬愉的說法，其根本理由
應在於，天子之禮儀，先王已作出規範。加上天子既為聖王，則
能知人善任，三公、諸侯、大夫各司其職，國家自然上軌道。荀
子基於這兩點認為天子乃安樂恬愉之位。

　　最後，荀子就堯舜禪讓這個說法作根本說明，提出有禪國，
無禪天下之理。因天下至尊至大，並非任何人或少數人所能取
得，故舜繼堯為君不宜用禪讓一詞，因天下不可禪讓的緣故。荀
子云：「有擅國，無擅天下，古今一也。夫曰堯舜擅讓，是虛言
也，是淺者之傳，陋者之說也，不知逆順之理，小大、至不至之
變者也，未可與及天下之大理者也。」[27]

　　統觀荀子對堯舜禪讓的辨析，荀子反對以禪讓這個詞來指陳
舜繼堯為君的事實，或為這個事實賦予道德意義。其核心理由在
於，天下至尊至大，唯聖人方能勝任天子位。聖人不取天下，百
姓自然歸之而有天下。依荀子的說法，即使以世襲居尊天子位，
亦不能逕稱為「有天下」，為有聖德之君方能稱為「有天下」，
因此，荀子對於「有天下」的說法是非常嚴格的。以下將進一步
探討之。

五、荀子以修道行義而有天下論湯武革命

　　荀子針對世俗之說「桀、紂有天下，湯、武篡而奪之」加以
辨析。首先辨析桀、紂與天下的關係。荀子認為桀、紂只是憑藉
宗室身分繼位，但因本身無道，內外叛之，故反對桀、紂有天下

這樣的說法。荀子云：

> 桀、紂有天下，湯、武篡而奪之，是不然。以桀、紂為常
> 有天下之籍[28]則然，親有天下之籍則不然，天下謂在桀、
> 紂則不然。……聖王之子也，有天下之後也，執籍之所在
> 也，天下之宗室也，然而不材不中，內則百姓疾之，外則
> 諸侯叛之，近者境內不一，遠者諸侯不聽，令不行于境
> 內，甚者諸侯侵削之，攻伐之。若是，則雖未亡，吾謂之
> 無天下矣。[29]

荀子認為，既然桀、紂無法有天下，則有德之諸侯，深得眾民信
服，故而起兵誅暴，為民除害，最後成為天子。荀子云：

> 聖王沒，有執籍者罷不足以縣天下，天下無君；諸侯有能
> 德明威積，海內之民莫不願得以為君師；然而暴國獨侈，
> 安能誅之，必不傷害無罪之民，誅暴國之君，若誅獨夫。
> 若是，則可謂能用天下矣，能用天下之謂王。[30]

荀子一貫的主張，天下是不能為某個人或某一群人所取得，若能
修道行義，天下自然歸之。桀、紂無道，故無天下，因此，湯、

---

[28] 關於「籍」字，王先謙引盧文弨之說法：「籍當為憑藉之藉，下文云執
籍為執力憑藉也。」王先謙：《荀子集解》，頁 215。此說法極為恰
當。

[29] 王先謙：《荀子集解》，頁 215。

[30] 王先謙：《荀子集解》，頁 215-216。

武並非由桀、紂手中得天下,而是天下自然歸之的結果。因此,
荀子竭力反對湯、武自桀、紂手中取天下的說法。荀子云:

> 湯、武非取天下也,修其道,行其義,興天下之同利,除
> 天下之同害,而天下歸之也。桀、紂非去天下也,反禹、
> 湯之德,亂禮義之分,禽獸之行,積其凶,全其惡,而天
> 下去之也。[31]

　　荀子將天下視為客觀獨立的整體,是至重、至大、至眾者,
故唯備眾德的聖人方能稱有天下。荀子云:

> 故天子唯其人。天下者,至重也,非至強莫之能任;至大
> 也,非至辨莫之能分;至眾也,非至明莫之能和。此三至
> 者,非聖人莫之能盡。故非聖人莫之能王。聖人備道全美
> 者也,是縣天下之權稱也。[32]

荀子稱唯聖人方有天下,但所以有天下,並非以力取,或因他人
贈予……等等,而是聖人具有「至強」、「至辨」、「至明」的
德性與能力,能肩負天下重任,即此而言聖人有天下。
　　荀子更將國與天下對觀,指出國可奪、可竊,但天下則否,
以國不如天下之重、大、眾也。荀子云:

---

[31]　王先謙:《荀子集解》,頁 216。
[32]　王先謙:《荀子集解》,頁 216-217。

> 故可以有奪人國，不可以有奪人天下；可以有竊國，不可
> 以有竊天下也。可以奪之者可以有國，而不可以有天下；
> 竊可以得國，而不可以得天下。是何也？曰：國，小具
> 也，可以小人有也，可以小道得也，可以小力持也；天下
> 者，大具也，不可以小人有也，不可以小道得也，不可以
> 小力持也。國者，小人可以有之，然而未必不亡也；天下
> 者，至大也，非聖人莫之能有也。[33]

綜觀荀子的根本主張在於，天下是不可取得的，湯、武以德，天下歸之，非自桀、紂手中奪之。其重點有三：其一，天下是一絕對至大的客觀整體，無人可取得，故無取天下之說。其二，唯修道行義，得民心者，天下歸之；反其道而行者，天下棄之。其三，唯聖人方能勝任天子位，治理天下。

　　上述三點與孟子的說法，並無二致。考察孟子的說法，孟子分別就桀、紂及湯、武兩方加以論斷。在桀、紂這部分，孟子回應齊宣王「湯放桀，武王伐紂」之問，反對將湯、武討伐桀、紂的作法解釋為以臣弒君，而將之解釋為「賊仁者謂之賊，賊義者謂之殘，殘賊之人謂之一夫。聞誅一夫紂矣，未聞弒君也。」[34]東漢・趙歧（約 108-201，初名嘉，字邠卿、臺卿）注云：「言殘賊仁義之道者，雖位在王公，將必降為匹夫。……《書》云：『獨夫

33　王先謙：《荀子集解》，頁 217-218。

34　《孟子・梁惠王下》：「齊宣王問曰：『湯放桀，武王伐紂，有諸？』孟子對曰：『於傳有之。』曰：『臣弒其君，可乎？』曰：『賊仁者謂之賊，賊義者謂之殘，殘賊之人謂之一夫。聞誅一夫紂矣，未聞弒君也。』」〔宋〕朱熹：《四書章句集注》，頁 221。

紂』，此之謂也。」[35]朱熹將「一夫」解釋為：「一夫，言眾叛親離，不復以為君也。」[36]無論將「一夫」就其所作所為解釋為匹夫，或是其所處際遇解釋為眾叛親離的孤單一人，均是強調桀、紂不得稱之為君。因此，湯、武所為則是討誅一匹夫，而非以臣弒君。

孟子論述湯、武方面，孟子回應齊宣王言伐燕一事，言道：「取之而燕民悅，則取之。古之人有行之者，武王是也。」[37]又嘗言道：「國君好仁，天下無敵焉。南面而征北狄怨，東面而征西夷怨。曰：『奚為後我？』武王之伐殷也，革車三百兩，虎賁三千人。王曰：『無畏！寧爾也，非敵百姓也。』若崩厥角稽首。」[38]孟子認為武王興仁義之師，救民於水火，故天下人悅之。

對比孟、荀對桀、紂的評斷，可發現孟子所言「聞誅一夫紂矣，未聞弒君也。」與荀子所言桀、紂「親有天下之籍則不然」、「天下謂在桀、紂則不然」，以及「誅暴國之君，若誅獨

35　〔漢〕趙岐注，〔宋〕孫奭疏：《孟子注疏》，《十三經注疏附校勘記》（臺北：藝文印書館，1989 年），卷 2 下，頁 3b-4a。

36　朱熹：《四書章句集注》，頁 221。

37　《孟子・梁惠王下》：「齊人伐燕，勝之。宣王問曰：『或謂寡人勿取，或謂寡人取之。以萬乘之國伐萬乘之國，五旬而舉之，人力不至於此。不取，必有天殃。取之，何如？』孟子對曰：『取之而燕民悅，則取之。古之人有行之者，武王是也。取之而燕民不悅，則勿取。古之人有行之者，文王是也。以萬乘之國伐萬乘之國，簞食壺漿，以迎王師。豈有他哉？避水火也。如水益深，如火益熱，亦運而已矣。』」朱熹：《四書章句集注》，頁 222。

38　朱熹：《孟子・盡心下》，《四書章句集注》，頁 365。

夫」，明顯見出二子的意見是一致的。至於論湯、武，孟子所言武王伐殷，百姓皆悅，與荀子所言「諸侯有能德明威積，海內之民莫不願得以為君師」，意見亦一致。

對於孟、荀論湯、武伐桀、紂，稍殊異者在於，孟子使用「取」天下這個用語言道：「取之而燕民悅，則取之。」但荀子則言：「湯、武非取天下也，修其道，行其義，興天下之同利，除天下之同害，而天下歸之也。」即湯、武不取天下，而是天下自然歸順。但須說明的是，孟子用「取」天下這個詞，而荀子則否，然不可即此認定孟子認同「取」天下這個詞。孟子對這個語詞的使用，只是順著齊宣王的說法，並非孟子主動使用。且《孟子》書中，除該篇外，並未出現「取」天下這樣的說法。此外，就二子的觀點觀之，二子均強調湯、武乃有德諸侯，故民心歸之，這方面二子的觀念是一致的。

統論荀子辨析堯舜禪讓及「桀、紂有天下，湯、武篡而奪之」的世俗說法，可明顯發現荀子一貫的主張，荀子認為天下絕對至大，天子位至高至尊，唯聖人方有能力治天下，能勝任天子位。因此，荀子辨析時所說的天子，是就理想義的天子而言，而非具體現實義的天子。至於統治天下者與天下之關係，荀子認為因天下絕對至大，故不能為任何人或任一群人所擁有或承讓。

六、〈正論〉與荀子的正名思想

荀子討論堯舜禪讓及湯武革命的說法是在〈正論〉篇。整個〈正論〉篇，論析九則說法，其中七則為世俗說法，分別於開頭標出「世俗之為說者曰」，另有兩則論析子宋子的說法，於開頭

點出「子宋子曰」。其中，荀子對於世俗關於堯舜禪讓與湯武革命的說法，荀子皆以「是不然」來否定之，進而提出個人的理解。

考察荀子論堯舜禪讓與湯武革命，所關注者卻如牟氏所言不在歷史事實層面，亦不屬於對這事件當如何解釋的意義層面問題，而是關切以「堯舜禪讓」來稱舜繼堯為君這件事，以及以「湯、武得天下」來說明三代易治的事實恰不恰當的問題。這便屬於意義層面反思的問題，亦即對既有的意義解釋提出批判。

不論從整個〈正論〉篇的體例，或荀子對於世俗關於堯、舜、湯、武事蹟的說法來看，皆與荀子的正名思想有密切關聯。正名強調名與實相符，若名實不符則須加以正名。

關於正名，〈正名〉篇言道：「故王者之制名，名定而實辨，道行而志通，則慎率民而一焉。故析辭擅作名，以亂正名，使民疑惑，人多辨訟，則謂之大姦。」[39]又云：「今聖王沒，名守慢，奇辭起，名實亂，是非之形不明，則雖守法之吏，誦數之儒，亦皆亂也。」[40]荀子認為正名便是主張名實相符，其積極意義在於合於正道，消極意義在於防止人民疑惑。

牟氏順荀子〈正名〉篇指出析事正名要必本于三義：「（一）尅就經驗事物而為言，經驗事物不可離也。」「（二）心智必運用于經驗事物而彰其明悟之用。」「（三）必將有循于舊名，有作于新名。」[41]此三點說明，正名在主、客觀方面的依據，以及製新名的條件。

39　王先謙：《荀子集解》，頁 275。

40　王先謙：《荀子集解》，頁 276。

41　牟宗三：《名家與荀子》，頁 257-258。

荀子亦提出對諸子及世俗說法加以辨析的理由。〈正名〉篇言道：「今聖王沒，天下亂，姦言起，君子無埶以臨之，無刑以禁之，故辨說也。」[42]又曰：「以正道而辨奸，猶引繩以持曲直。是故邪說不能亂，百家無所竄。」[43]

就荀子針對世俗所稱堯舜禪讓及「桀、紂有天下，湯、武篡而奪之」的論析，牟先生認為仍合於孔、孟的觀點。以下將考察《論》、《孟》以證焉。

首先就堯舜之治而言，〈泰伯〉篇云：「巍巍乎，舜、禹之有天下也，而不與焉。」此處孔子亦稱舜有天下而不與焉，《論語注疏》何晏注的說法值得參考，可將此句解釋為舜不主動求天子位卻自然得之。[44]

《孟子・萬章上》篇亦嘗就舜繼堯為君一事，提出解釋。孟子云：

> 萬章曰：「堯以天下與舜，有諸？」孟子曰：「否。天子不能以天下與人。」「然則舜有天下也，孰與之？」曰：「天與之。」「天與之者，諄諄然命之乎？」曰：「否。天不言，以行與事示之而已矣。」曰：「以行與事示之者如之何？」曰：「天子能薦人於天，不能使天與之天下；諸侯能薦人於天子，不能使天子與之諸侯；大夫能薦人於

---

[42]　王先謙：《荀子集解》，頁280。

[43]　王先謙：《荀子集解》，頁281。

[44]　參考《論語注疏》何注：「美舜、禹也，言己不與求天下而得之。巍巍，高大之稱。」〔魏〕何晏注，〔宋〕邢昺疏：《論語注疏》，《十三經注疏附校勘記》（臺北：藝文印書館，1989年），卷6，頁6a。

諸侯，不能使諸侯與之大夫。昔者堯薦舜於天而天受之，暴之於民而民受之，故曰天不言，以行與事示之而已矣。」曰：「敢問薦之於天而天受之，暴之於民而民受之，如何？」曰：「使之主祭而百神享之，是天受之；使之主事而事治，百姓安之，是民受之也。天與之，人與之，故曰天子不能以天下與人。」[45]

孟子與荀子主張之相同處在於，「天子不能以天下與人」這一點上。相異處在於，孟子提出「天與之」，所謂的天是指百姓與百神；而荀子不言「天」，但卻言：「道德純備，智惠甚明，南面而聽天下，生民之屬，莫不震動從服以化順之。」[46]，單就得民心這點，二子則同。

至於湯武革命，《孟子‧離婁上》篇言道：

桀、紂之失天下也，失其民也；失其民者，失其心也。得天下有道：得其民，斯得天下矣；得其民有道：得其心，斯得民矣；得其心有道：所欲與之聚之，所惡勿施爾也。民之歸仁也，猶水之就下、獸之走壙也。故為淵敺魚者，獺也；為叢敺爵者，鸇也；為湯、武敺民者，桀與紂也。今天下之君有好仁者，則諸侯皆為之敺矣。雖欲無王，不可得已。[47]

---

[45] 朱熹：《四書章句集注》，頁 307-308。
[46] 王先謙：《荀子集解》，頁 221。
[47] 朱熹：《四書章句集注》，頁 380-381。

孟子與荀子對於湯、武革命的看法，確實如牟氏所言，桀、紂因失民心，故失天下；湯、武得民心，故得天下。

牟氏將荀子論堯舜禪讓及湯武革命的看法，歸於孔、孟一系，實為諦當。整體而言，雖然荀的說法不盡同於孔、孟，但以仁政治天下的根本精神卻是一致的。

七、結論

綜觀牟氏討論荀子論堯舜禪讓及湯武革命，看似在解釋荀子的觀點，實際卻是點出中國傳統政治制度的限制。牟氏言道：

> 以只負政治等級中一級之責之元首而責望之如是之高，是無異于責彼不可能實現之人而必期實現之。其中必有不恰當者在。不恰當者，即不能恰如君之分位而規定之。依此而言，吾人對于君只可責望之以尊尊之義道，過高之境界與德慧不可期于君。君是政治中之一級，是國家形式中之存在。[48]

牟氏指出荀子論堯舜禪讓及湯武革命，在君主議題上，僅理想性地以理型、道義要求君王，無法正視君王是國家政治中的一級，就君位提出具體有效的制度。

若將牟氏對荀子論君道的理解，與徐復觀先生的觀點相較，可發現在兩點觀點有所不同。其一，牟氏於荀子論堯舜之治指

---

[48] 牟宗三：《名家與荀子》，頁 239-240。

出，既然身為天子，則不應任意去位；徐氏則認為，「天下」方為政治主體，君王乃從屬於客體，故天下非人君可任意「取」、「與」的。其二，牟氏從君位繼承討論荀子論湯武革命，認為天子位在不得已的情況下，可用革命這種不得已得方式解決；徐氏則認為君王是由人民所決定，近於「契約論」形式，若違背民心，則君位則可取消。[49]

關於牟、徐二位先生對荀子觀點的解釋，在第一點上，牟氏重在君王，徐氏重在天下，但荀子兼重二者，若偏於任一端，則不合荀子之意。至於第二點，牟氏重在君位繼承的方式，而徐氏重在君位繼承的依據，二先生均肯定得民心的重要，此合於荀子的論點；但徐氏以近於「契約論」來解釋，則不甚相應，因儒家雖肯定君王得民心的重要，但卻未言及人民在政治上明確的權利規定。

牟氏雖對荀子的說法亦作詳盡解析，但並非出於詮解荀子思想，故對於荀子本身的主張，包括說什麼及為什麼如此說，便非

---

[49] 徐復觀言道：「我在這裡，想先把荀子的政治思想與孔相同的地分概略的舉出來，……第一，儒家繼承『民本』的思想，以『天下』在政治中為一主體性之存在；天子或人君，對此主體性而言，乃係一從屬性的客體，因此，儒家認為天下不是天子或人君私人之可以『取』或『與』。……第二，因為天子或人君不是天下的主體，天子或人君的存在，乃基於人民的同意，等於是一種契約行為，則對於違反契約者自可加以取消；故儒家在比西方早二千年即正式承認『叛亂權』，亦即承認人民的革命權。」〈荀子政治思想的解析〉，該文收入徐復觀先生所著《中國政治思想與政治制度論集》，亦收入於徐氏另一部著作《學術與政治之間》。此處所引文字，參見徐復觀：《學術與政治之間》（香港：南山書屋，1976 年），頁 163-164。

其關注重心。牟氏基於明確的問題意識，在探討荀子論堯舜禪讓及湯武革命，便是希望就儒家傳統政治觀加以反省。然此說法並非意味牟氏對荀子說法的解說與荀子不相應，而是若要全面而深入掌握荀子的觀點，尚須於君位繼承問題外，加入其他方面的考察。

就荀子而言，對於堯舜禪讓及湯武革命的討論，是放在正名的脈絡下，而非置於君道的系統中。荀子是就世俗說法加以辨析，故論述焦點放在論析堯舜禪讓及「桀、紂有天下，湯、武篡而奪之」說法的謬誤。對於天下及天子的相關問題，例如，對於天下及天的說法是否過於理想性的問題，則不在荀子該處討論的範圍。

荀子反對堯舜禪讓的說法，根本理由在於，即使堯是聖王，亦不能以任何原因或理由，將天子讓位予舜。荀子反對世俗「桀、紂有天下，湯、武篡而奪之」的說法，理由是不能認定每個具體現實義的天子均有「有天下」，唯有聖王方能稱之，故荀子認為桀、紂不有天下。至於湯、武所以有天下，非以力取得，而是修道行義，天下自然歸之。

荀子主張，天下、天子位不可為任何人或任一群人所擁有或承讓，舜、湯、武，並非因堯讓位或以武力取得天下，而是以修道行義得民心而為天子。

通過本章就牟氏及荀子觀點的論析可發現，牟氏的用意不全在解釋荀子的觀點，而是藉由解釋荀子的觀點，指出儒家對於君王繼承問題的論述過於理想，並未正視客觀制度面的問題。至於荀子方面，主要是針對世俗所稱堯舜禪讓及「桀、紂有天下，湯、武篡而奪之」加以辨析。

　　吾人在研讀《名家與荀子》時，需留意牟氏的問題意識及解
釋向度，以見出牟氏說法之重心與特色。解讀《荀子》論點時，
亦需考慮荀子為何如此說及說了什麼，如此方能見出荀子以正道
辨邪說的用意及核心主張。本章一方面致力釐析牟氏的解釋與荀
子的觀點，另方面亦藉本章回應並實踐荀子的正名思想，期有毫
釐羽翼之功。

第四章　論葉適與
牟宗三先生之道統觀

一、前言

　　道統乃儒學發展中重要議題之一，現今關於道統的討論可分為兩個層次，一是純粹對歷代道統觀作反省，二是反省歷代道統觀，進而提出自己所理解並認可的道統觀，如牟宗三、錢穆[1]對道統的論述便屬此。

　　羅義俊曾提出「道統」與「道統觀」的區別，曾云：「道統乃一事實存在，道統之說形成一道統觀，是兩個既不同又聯繫在一起的概念。蓋道統之說，並非懸空造論，它之有意義，即在揭示與確認道統為五千年中華全史和文化全相中一事實。」[2]羅氏

---

[1]　牟先生的觀點將於文中陸續提出，至於錢穆先生的說法，錢氏云：「關於宋明兩代所爭持的道統，我們此刻只可稱之為是一種主觀的道統，或說是一種一線單傳的道統。……若真道統則須從歷史文化大傳統言，當知此一整個文化大傳統即是道統。如此說來，則比較客觀，而且避決不能只是一線單傳，亦不能說它老有中斷之虞。」錢穆：《中國學術通義》（臺北：臺灣學生書局，1984 年），頁 94。

[2]　羅義俊：〈中國道統：孔子的傳統──儒家道統觀發微〉，《鵝湖月刊》第 355 期，2005 年 1 月，頁 20。

所說的道統屬於「所說」，而道統觀則屬於「所以說」。

岑溢成亦嘗指出「道」與「統」的分別。曾云：

> 「道」是恆常懸於天壤之間的。……換言之，「道」是客
> 觀的，並非人所創造的。人於此「道」，只能發現、發
> 揚。孔子正是人類歷史上發現、發揚此「道」之第一
> 人；……從歷史的立場看，孔子之存在，是特殊的、偶然
> 的，……然而，在這特殊的、偶然的，我民族所專有而為
> 他民族所無的傳統中，我們所弘揚的「道」，卻是客觀
> 的、恆常的、普遍的。我既生而為中國人，我的傳統，尤
> 其是優良的傳統受到曲解和侵害時，我當然要起而捍衛
> 之，必要時，更可進而「嚴夷夏之大防」如韓愈者，但嚴
> 格地說，這是衛「統」，不是衛「道」，因為隨民族文化
> 之差異而各各不同的是傳「統」，不是「道」。當恆常普
> 遍的「道」被忽視和誤解時，我們站在「人」之立場，加
> 以宣揚和澄清，這才是「衛道」。不過，這還是消極的；
> 「弘道」才是積極的。……宋明儒之揭舉「道統」，正是
> 要我民族正視此責任，擔承此責任。[3]

岑氏認為「道」是客觀的、恆常的、普遍的，而「統」則因
民族文化而有特殊性、偶然性。依此觀點，「道統」的核心當在
於「道」，而「統」是就羽翼「道」而確立的。

---

[3] 岑溢成：〈專欄：鵝湖論壇：論「道」與「統」〉，《鵝湖月刊》76
期，1981 年 10 月，專欄頁 1。

　　葉適嘗對朱子道統說提出批判，而牟氏亦於《心體與性體》第一部「綜論」，以極大篇幅嚴厲地批判葉適對朱子的批評，甚至更道出自己對葉適否定孔子仁教傳統的嫌惡。牟氏云：「吾讀其書極不懌，然而極力忍耐，平其心，靜其氣，鄭重認識其所見究為何，闢其謬而彰其是，使人得有正確認識，庶不陷於乖妄之論，以似之而非者為真也。」[4]

　　本章將就此現象，探討幾個問題。一是葉適的道統說及道統觀為何？牟氏的道統說及道統觀為何？二是葉適與牟氏的道統觀，於歷代道統說的發展有何意義？本章將分別兼顧葉適及牟氏的論點，希望既能相應而深刻瞭解二子的主張，並進一步探討對道統問題的不同思考向度。

　　學界在面對牟氏對葉適道統觀的反省，所持的作法有兩極，一是全盤贊成牟氏的觀點，批判葉適的主張；一是持為葉適辯護的作法，以見出葉適價值。因前者只是順著牟氏的說法，較值得注意的是後者。如何俊〈葉適論道學與道統〉便是參照牟氏的批評，並指出牟氏批評之不當處。如，何氏云：「就他指責葉適剔除敬天、知天中所蘊含的宗教性超越意義而言，牟氏是對的，但他以為葉適封囿于政治舉措而不見歷史中之道德性價值意義，則有失公允。」[5]而祝平次於〈從「治足以為經」到「統紀之學」—論葉適對儒家經典的看法〉亦部分使用此法。文中言道：

---

[4]　牟宗三：《心體與性體》（第 1 冊）（臺北：正中書局，1991 年），頁 225-226。

[5]　何俊：〈葉適論道學與道統〉，《中山大學學報（社會科學版）》2009 年第 1 期，頁 118。

牟先生指出葉適思想的特點在於連接道德概念和典章制度，並且觀察到葉適主張中的多樣性。但牟先生所根據的只有《宋元學案》所選編的資料，沒有考慮到《序目》中文化觀點的重要性，及葉適晚年對「皇極」概念的負面批評。[6]

本章在處理牟氏與葉適道統觀的作法，與上述所論稍有不同，希望先指出牟氏與葉適道統觀的特色，進而指出葉適道統觀與牟氏的批評對於道統的發展有何意義。

關於道統，學界多認定源自孟子，但對於「道統」一詞的提出，則有不同看法，實受清・錢大昕（字曉徵，號辛楣，1728-1804）說法的影響，認為當始自李元綱（字國紀）《聖門事業圖》的第一圖〈傳道正統〉，[7]然亦有學者反對此說，認為當始於朱子。羅義俊云：

它源自孟子，韓愈不過重申其緒。後經李翱、孫復、石介、伊川，至李元綱〈傳道正統〉（《聖門事業圖》第一圖），朱子首揭「道統」一詞，儒家道統觀完全確立；此

---

6 祝平次：〈從「治足以為經」到「統紀之學」——論葉適對儒家經典的看法〉，《中央研究院歷史語言研究所集刊》76 本 1 分，2005 年 3 月，頁 119。

7 錢大昕云：「道統二字，始見於李元綱《聖門事業圖》。其第一圖曰『傳道正統』，以明道、伊川承孟子。其書成於乾道（八年）壬辰（1172 年），與朱文公同時。」〔清〕錢大昕：《十駕齋養心錄》（第 2 冊）（臺北：臺灣商務印書館，1967 年），卷 18，頁 426。

下成為儒家學者心中不可動搖、不可取消的堅強信念。[8]

羅氏的論斷是諦當的。李元綱所言「傳道正統」，並未將「道」、「統」二字連用，而朱子卻明確使用「道統」一詞。如朱子〈中庸章句序〉云：「蓋自上古聖神，繼天立極，而道統之傳，有自來矣。」[9]

至於道統的提出，學界有兩派不同論點，一派主張是受到禪宗思想的影響，一派主張道統是儒家所本有。羅義俊指出，錢穆、陳寅恪二先生均主張道統說受禪宗影響，而他個人則認為「道統」是儒家本有的觀念，並非始自韓愈，且並非受禪宗所影響。羅氏云：

> 道統是儒家自生自有的觀念，並非來自禪宗。此來自禪宗之認識的背景乃一道統史學觀上之誤解，以為道統觀念始於韓愈，錢穆先生即認為道統觀念首由韓愈提出，而顯然自當時之禪宗來；陳寅恪先生《論韓愈》則認為韓愈建立道統實際乃受新禪宗傳燈說所造成。關乎此，饒宗頤先生已指出「惟證據未充」。至若日本學者謂朱子之道統說系模仿禪宗傳燈云云，陳榮捷先生更是直斥其為「謬說」，並於儒家道統與佛教祖師傳承之方式、觀念特徵（傳宗與傳道）等等，亦從史學考據和哲學比較上，予以一一分辨，指明為「迥然不同」。其實，儒家的道統觀念由來已

8　羅義俊：〈中國道統：孔子的傳統──儒家道統觀發微〉，《鵝湖月刊》第 355 期，2005 年 1 月，頁 20。

9　朱熹：〈中庸章句序〉，《四書章句集注》，頁 14。

久，其產生遠於東漢佛教傳入中國之前。[10]

　　羅氏所論極是。宋代的道統說，有兩大淵源：一是戰國的孟子，一是唐代的韓愈。朱子道統說亦承於此。孟子提出五百年必有聖人興的主張，[11]認為堯舜、湯、文王、孔子皆間隔五百餘年，孔子至孟子之世又五百餘年，孟子認為五百年是歷史發展重要轉變關鍵，並期許自己成為孔子後的承繼者。而韓愈〈原道〉篇，韓愈除了延續孟子所言聖聖相傳的說法，更重要的是於孟、荀、揚雄三子間作出抉擇，肯定孟子繼承孔子的重要地位。〈原道〉云：

> 堯以是傳之舜，舜以是傳之禹，禹以是傳之湯，湯以是傳之文、武、周公，文、武、周公傳之孔子，孔子傳之孟軻。軻之死，不得其傳焉。荀與揚也，擇焉而不精，語焉而不詳。由周公而上，上而為君，故其事行；由周公而下，下而為臣，故其說長。

10　羅義俊：〈中國道統：孔子的傳統——儒家道統觀發微〉，《鵝湖月刊》第 355 期，頁 20。

11　〈盡心下〉，孟子曰：「由堯舜至於湯，五百有餘歲，若禹、皋陶，則見而知之；若湯，則聞而知之。由湯至於文王，五百有餘歲，若伊尹、萊朱則見而知之；若文王，則聞而知之。由文王至於孔子，五百有餘歲，若太公望、散宜生，則見而知之；若孔子，則聞而知之。由孔子而來至於今，百有餘歲，去聖人之世，若此其未遠也；近聖人之居，若此其甚也，然而無有乎爾，則亦無有乎爾。」朱熹：《四書章句集注》，頁 376-377。

韓愈論道統，以周公為分野，所傳承者皆「先王之教」，以上之聖王，以政事實踐為主；以下之聖人，以言論傳承為主。關於「先王之教」的實質內容，韓愈云：

> 夫所謂先王之教者，何也？博愛之謂仁，行而宜之之謂義，由是而之焉之謂道，足乎己無待於外之謂德。其文，《詩》、《書》、《易》、《春秋》；其法，禮、樂、刑、政；其民，士、農、工、賈；其位，君臣、父子、師友、賓主、昆弟、夫婦；其服，麻絲；其居，宮室；其食，粟米、果蔬、魚肉：其為道易明，而其為教易行也。[12]

韓愈指出先王之教的精神在於「仁義道德」，此精神分別表現在文化、治法、四民、人倫，以及民生方面，包括食、衣、住（行）。其中，最受宋儒關注者便是「博愛之謂仁」的主張，程頤、朱子皆提出批評意見。[13] 朱子對韓愈〈原道〉雖有批評，但

---

12 〔唐〕韓愈撰，馬其昶校注：〈原道〉，《韓昌黎文集校注》（臺北：華正書局，1975 年），第 1 卷，頁 10。

13 「博愛之謂仁」，雖早見於晉‧袁宏《後漢紀》〈光武皇帝紀第三〉：「袁宏曰：『夫名者，心志之標榜也，故行著，一家一家稱焉；德播，一鄉一鄉舉焉。故博愛之謂仁，辨惑之謂智，犯難之謂勇，因實立名，未有殊其本者也。』」參見〔晉〕袁宏撰，周天游校注：《後漢紀校注》（天津：天津古籍出版社，1987 年），卷 3，頁 57。但因自宋儒以降，討論韓愈〈原道〉篇者甚多，且韓愈確主此說，故後人多視為韓愈語。程、朱明顯反對韓愈以博愛釋仁。伊川云：「退之言『博愛之謂仁』，非也。仁者固博愛，然便以博愛為仁則不可。」〔宋〕程顥、程頤：《河南程氏遺書》，收入《二程集》（第 1 冊）（臺北：漢京文化事業公司，1983 年），卷 18，頁 182。又云：「韓退之言『博愛之謂

整體是肯定的。彼言道:「韓退之則於大體處見得,而於作用施
為處卻不曉。如〈原道〉一篇,自孟子後,無人似它見得。」[14]

二、葉適對「道」的認定及道統主張

　　關於葉適《習學記言》中有關歷代學術的批評,除了牟宗三
先生於《心體與性體》深入論析外,肖永明先生〈葉適《習學記
言序目》的學術批評〉[15]、杜保瑞先生〈葉水心事功進路的儒學
建構之批判〉[16],皆有廣泛地解析。

　　葉適對於道統所主張的「道」,其說法又為何?考察《習學
記言》可發現,葉適對於堯、舜至思、孟論道的方式,有兩點反

仁,行而宜之之謂義,由是而之焉之謂道,足乎己無待於外之謂德。』
此言卻好,只云『仁與義為定名,道與德為虛位』,便亂說,只如〈原
道〉一篇極好,退之每有一兩處,直是摶得親切,直似知道,然卻只是
博也。」程顥、程頤:《河南程氏遺書》,收入《二程集》(第 1
冊),卷 19,頁 262。朱子亦云:「問:『韓愈博愛之謂仁?』曰:
『是指情為性了。』」〔宋〕黎靖德編:《朱子語類》,收入《朱子全
書》(第 16 冊)(上海:上海古籍出版社、合肥:安徽教育出版社,
2002 年),卷 20,頁 690。「蔣兄因問:『博愛之謂仁四句如何?』
曰:『說得卻差。仁義兩句,皆將用做體看。事之合宜者為義,仁者愛
之理,若曰博愛,曰行而宜之,則皆用矣。』」黎靖德編:《朱子語
類》,收入《朱子全書》(第 16 冊),卷 137,頁 4257。

[14] 朱熹:《朱子語類》,卷 137,頁 4236。

[15] 肖永明:〈葉適《習學記言序目》的學術批評〉,《湖南大學學報(社
會科學版)》第 16 卷第 4 期,2002 年 7 月,頁 23-28。

[16] 杜保瑞:〈葉水心事功進路的儒學建構之批判〉,《鵝湖學誌》第 37
期,2006 年 12 月,頁 35-76。

省，一是堯、舜、孔子諸聖雖言及「道」，但卻未將「道」的內容限定。二是《易傳》作者及子思、孟子著重解釋「道」的涵意，使「道」成了限定的概念，造成後世對理解的分歧。葉適云：

> 《周官》言道則兼藝，……其言儒以道得民，至德以為道本，最為要切，而未嘗言其所以為道者。雖《書》堯舜時亦已言道，及孔子言道尤著明，然終不的言道是何物，豈古人所謂道者上下皆通知之，但患所行不至耶？……而《易傳》及子思、孟子亦爭言道，皆定為某物。故後世之於道，始有異說，而益以莊、列西方之學，愈乖離矣。今且當以「儒以道得民」、「至德以為道本」二言為證，庶學者無畔渙之患，而不失古人之統也。[17]

鑑於後人見道不明，葉適積極提出回到堯、舜、孔子論「道」的方式，只談明道、行道的重要，而不討論「道」的涵意。在觀念及實踐上，以「儒以『道』得民」、「至德以為『道』本」作為標準、方向即可。

葉適又將「儒以『道』得民」、「至德以為『道』本」兩句，簡化為「修身以致治」，即此論定道統的「道」。曾云：「治天下國家，唐虞三代皆一體也。脩身以致治，堯、舜、禹、湯、文、武皆一道。」又云：「按《書》稱『克明俊德以親九

17　〔宋〕葉適：〈周禮儀禮〉，《習學記言》（上冊）（臺北：中國子學名著集成編印基金會，1978 年《中國子學名著集成》影印萃古齋精鈔本），卷 7，頁 4a-4b。

族,九族既睦,平章百姓,百姓昭明,協和萬邦,……」,皆先自身始,而施之於民,然後其民以和報之。」又云:「夫堯、舜、三代以禮讓守天下,而類禋、封禪、巡狩皆為實治。」[18]

葉適雖肯定堯、舜道之本統,但亦指出道的恆常性。曾云:「堯、舜、禹、湯之前,道固常行,學固常明。」[19]此外,葉適亦強調「道」包含體與用。堯、舜與三代聖王,皆能常存道心,且道心之發用能合理中節,故能致治。葉適釋《中庸》「喜怒哀樂之未發謂之中,發而皆中節謂之和。中也者,天下之大本也;和也者,天下之達道也。致中和,天地位焉,萬物育焉。」言道:

> 《書》稱「人心惟危,道心惟微,惟精惟一,允執厥中。」道之統紀,體用卓然,百聖所同,而此章顯示開明,尤為精的。蓋於未發之際能見其未發,則道心可以常存,而不微於將發之際,能使其發而皆中節,則人心可以常行而不危、不微、不危,則中和之道致於我,而天地萬物之理遂於彼矣。自舜、禹、孔、顏,相授最切,其後惟此言能繼之,《中庸》之書,過是不外求矣。[20]

葉適異於程朱重視十六字箴言,而僅取其中的「道心」、「人心」,與「未發」、「已發」,提出道統之承傳是因聖王能常存道心,努力作道德修身,進而施行德政。

---

18 葉適:《習學記言·禮記》(上冊),卷8,頁19b、5a、7b。

19 葉適:《習學記言·禮記》(上冊),卷8,頁19b-20a。

20 葉適:《習學記言·禮記》(上冊),卷8,頁15a-15b。

關於葉適對「道」的特殊見解，可透過彼批判揚雄、子思、孟子的說法對顯出。揚雄《法言・問道》釋「道」云：「道也者，通也，無不通也。」葉適對此說不以為然，曾云：

> 古之言道也，以道為止；後之言道也，以道為始。以道為止者，周公、孔子也；以道為始者，子思、孟軻也；至雄則又失其所以始，而以無不通為道。夫行者以不得乎道也，故陷於迷；學者以不得乎道也，故趨於謬。是則道者限也，非有不通而非無不通也。[21]

葉適反對揚雄將「道」解釋為「通」，亦不贊同思、孟將「道」認定為正當言行的始端、肇基，認為此二說均無法充分展現「道」的重要性。故主張將「道」理解為「止」，並認為此理解本於周、孔的觀點。葉適以「止」釋「道」，是將「道」視為言行正當的充分必要條件，有之必是，無之必不是。若人的言行不以「道」為依歸，所為必不通，必然出現迷失、悖謬的現象，因此必須強調「道」是人能正當立身行事的合格標準。

至於道統的「統」，葉適釋為「統紀」，又指出「統紀」一詞出自《史記》，並引「周文」及「一以貫之」的觀念，強調「統紀」是指意義一致與相互通貫。[22]葉適非常重視「統紀」這

---

[21] 葉適：《習學記言・荀子》（下冊），卷44，頁17b-18a。

[22] 葉適言道：「至堯、舜、文、武之道，或弛而墮，禮樂崩喪，夫亦正其統紀而已。『統紀』二字，《論語》無之，始見於此司馬遷，遂言垂六藝之統紀。……孔子曰：『天之將喪斯文也，後死者不得與於斯文也；天之未喪斯文也，匡人其如予何？』又曰：『參乎！吾道一以貫之。』

個概念，嘗言：「學必守統紀，不隨世推遷。」[23]但在使用上卻將之當作一般用語，[24]而非專有名詞，指統緒綱領。既然「統紀」被當作一般用語，故可與六藝連用，言六藝之統紀；亦可與道連用，言道之統紀。

葉適的道統說見於〈總述講學大指〉，此篇乃為回應宋·范育（字異之）〈序正蒙〉而作。其道統說內容，依人物地位與功業分為三類，第一類是堯、舜、禹、湯、文、武諸聖王，其功業在於德治；第二類是皋陶、伊尹、周公（召公）諸輔政賢臣，其功業在以道佐君；第三類為孔子，能闡述先王的仁政。

葉適論諸聖王著重在以「道」修身而致治。如，引《書》論堯、舜之修身：「欽明文思安安，允恭克讓」、「濬哲文明，溫恭允塞」，又言堯、舜、禹、湯、文王之致志，「命羲和，歷象日月星辰，敬授人時」、「在璿璣玉衡，以齊七政」、「臣克艱厥臣」、「克綏厥猷惟后」、「不識不知，順帝之則」。[25]

至於諸輔政賢臣，葉適強調其輔君致治之功。如，論皋陶道：「訓人德以補天德，觀天道以開人治，能教天下之多材」，

『賜也，汝以予為多學而識之者歟？』曰：『然。非歟？』曰：『非也，予一以貫之。』夫斯文興、喪之異，由於一貫迷悟之殊，或者統紀之學幾在是耶？」葉適：《習學記言·孔叢子》（上冊），卷17，頁15a。

23　葉適：《習學記言·孟子》（上冊），卷14，頁13a。

24　例如，葉適云：「學者之患在於不明統紀，歇此忘彼。」又云：「史有書法而未至乎道，……故孔子修而正之，所以示法戒，垂統紀，存舊章，錄世變也。」葉適：《習學記言·周禮、儀禮》（上冊），卷7，頁10a；卷9，頁1a-1b。

25　葉適：《習學記言·呂氏文鑑》（下冊），卷49，頁12a-14a。

論周公道：「治教並行，禮刑並舉，百官眾有司，雖名物卑瑣，而道德義理皆具。」[26]又肯定伊尹助湯治國，言道：「湯自言聿求元聖，與之勠力。」[27]

對於闡述聖王德治的孔子，葉適云：「周道既壞，上世所存皆放失，諸子、辨士，人各為家。孔子蒐補遺文墜典，《詩》、《書》、《禮》、《樂》、《春秋》，有述無作，惟《易》著《彖》、《象》。」[28]

若欲簡要論述葉適的道統觀，可藉以下文字見出。葉適云：

> 舜言精一而不詳，伊尹言一德詳矣。至孔子於道及學，始皆言一以貫之。夫行之於身，必待施之於人，措之於治，是一將有時而隱，孔子不必待其人與治也。道者，自古以為微眇難見，學者自古以為纖息難統。今得其所謂一貫，通上下，萬變逢原，故不必其人之可化，不必其治之有立，雖極亂大壞，絕滅蠹朽之餘，而道固常存，學固常明，不以身歿而遂隱也。[29]

葉適對於「道」，不從十六字箴言立論，而是肯定孔子「一以貫之」的說法，將「道」解釋為道德。一方面指出可透過有限生命的修身、經世實踐來體現「道」，另方面亦指出道德價值具有超越時空的恆常性。

---

26 葉適：《習學記言・呂氏文鑑》（下冊），卷 49，頁 13b。

27 葉適：《習學記言・呂氏文鑑》（下冊），卷 49，頁 14b-15a。

28 葉適：《習學記言・呂氏文鑑》（下冊），卷 49，頁 15b。

29 葉適：《習學記言・論語》（上冊），卷 13，頁 4a-4b。

　　上述所言皆本於葉適所著《習學記言》，然須留意葉適思想是否有前、後期的轉變，若有，是如何轉變？[30]若無，其一貫思想又是如何？葉適早期著作《進卷》，有〈序發〉1 篇、時策 25篇、專論 25 篇。[31]考察《進卷》言先王之治，是指先王本於道德，於器數、制度中呈現道德意義。曾云：

> 上古聖人之治天下，至矣。其道在於器數，其通變在於事物；其紀綱、倫類、律度、曲折莫不有義，在於宗廟、朝廷、州閭、鄉井之間；其教民周旋、登降、會通、應感之節，而誦說其所以然之意，使之自得於心而有餘於身，以

---

[30] 關於此，祝平次先生有不同見解，亦可參考。祝氏就葉適在經書的解釋上，認為早期的《進卷》重在「治」，而後期《習學記言》所重在「德」。彼言道：「從《進卷》以『治』來標示經典的核心意義，到《序目》以『統紀』來標示文本文化的系統和評判標準，葉適早、晚期對儒家經典關注的重心有明顯的不同。……『治』的問題雖然不再是《序目》中的主要重點，但葉適在行文之間還是處處表達了對現實政治的關懷。這點尤其在其論史的部分看出。……這也對照出葉適詮釋經書重點由『治』到『德』的轉移。」該段文字中的《序目》，便是指《習學記言》。參見祝平次：〈從「治足以為經」到「統紀之學」——論葉適對儒家經典的看法〉，《中央研究院歷史語言研究所集刊》76 本 1分，頁 156。祝氏所論由「治」到「德」的轉移，其理由是：「從《進卷》中強調的器數事物到《序目》中的道德性命，葉適對經典的看法，也從先王之治的紀錄，藉以瞭解先王之治然後施之於治，變成先王與民共成其德的紀錄。」祝平次：〈從「治足以為經」到「統紀之學」——論葉適對儒家經典的看法〉，頁 157。

[31] 葉適《進卷》，今收錄於《水心別集》中，河洛圖書出版社將之與《水心文集》合為《葉適集》。〔宋〕葉適：《葉適集》（臺北：河洛圖書出版社，1974 年）。

> 行之於君臣、父子、夫婦、……而天下之人，無不根於性
> 命，閑於道德，而習於死生之變。其治之成若此。[32]

此處葉適言先王不僅成就德政，亦使百姓重視道德性命，實踐人倫，與天下之人共成其德。

至於《記言》中關於先王之治的論述，曾云：「禮、樂、政、刑，其極一也，所以同民心而出治道也。」[33]又云：「箕子言皇極三德，即堯、舜、禹、皋陶言知人、官人也。……蓋人君敬己之德，教多材而官使之，百世不變之道也。」[34]此處不僅言先王之治出於愛民之心，知人、官人即為愛民之心的表現。因此，葉適對於先王之治的看法，前、後期是一致的，均強調先王出於愛民之心，推行德政，施恩百姓。

此外，值得注意的是，葉適提出「實德」、「實政」（或稱「實治」）的觀念，指出理想的政治建立在人君的「實德」、「實政」。葉適嘗云：「真意實德充塞於人主之身而施之於天下，是故其高厚可以配天地，其明察可以並日月。」[35]葉適所謂的「實政」，一方面是就其本源而論，指君王施政出於真誠道德，故其政治事功是真誠無偽的；另方面指君王真誠地處理國家大事，此相對於民生而言。至於「實德」，一方面就本源處指君王所具有的真誠道德，另方面又指施恩於百姓。「實政」是對實

---

[32] 葉適：《進卷‧總義》，《水心別集》，《葉適集》（下冊），卷5，頁693。

[33] 葉適：《習學記言‧禮記》（上冊），卷8，頁9b。

[34] 葉適：《習學記言‧尚書》（上冊），卷5，頁6b-7a。

[35] 葉適：《進卷‧君德二》，卷1，頁636。

際事功所作的評價，「實德」是就施政的本源及結果而作的評論。

葉適並深入說明先王之「實德」，曾云：

> 古之聖人，自知其身有可以服天下之道，而因名位以行之。……其於事天地、尊宗廟也，真見其肅恭誠一而不敢懈，……其於刑獄殺戮也，真見其哀矜惻怛而不忍，……其於天下之民也，真見其可佚而不可勞，可安而不可動，可予而不可奪也，非輕租、捐賦、寬逋負以為之賜也。……其於群臣百官也，真見其官各有守，才各有宜，畀之以事而不相易也。……其於聽言受責，真見其過言過行之出有以害天下，而幸其臣之告之也。……其於君子、小人也，真見君子之可敬而小人之當遠也。……其於聲色、游畋、玩好、珠玉也，真見其簡靜而無欲，屏棄而不御也。……凡此者，皆實德也。[36]

葉適更嘗上書，以「實政」、「實德」勸勉當時的天子—宋寧宗，書箚言道：「臣宿有志願，中夜感發。切謂必先審知今日強弱之勢，而定其論；論定而後修實政，行實德，如此則弱果可變而為強，非有難也。」又云：「陛下修實政於上，而又行實德於下，和氣融浹，善頌流聞，此其所以能屢戰而不屈，必勝而無敗者也。」[37]

36　葉適：《進卷・君德二》，頁 635-636。
37　葉適：〈上寧宗皇帝箚子（開禧二年）〉，《葉適集》（上冊），卷1，頁 5-6。

綜觀葉適論先王之統，有其一貫性，強調修德成治。對「道」的認定，主要基於三項原則：一是「道」具有普遍義、客觀義、恆常義，二是「道」有體有用，三是「道」是人言行正當的充分必要條件。基於這三大原則，以修德成治，言先聖、後聖相承的統紀，即此建立其道統說。

三、葉適道統觀的意義

對於葉適反對程、朱道統說的原因，學者多認為是為批判程、朱以道統承繼者自居。如，前所引周夢江先生所說：「但他不同意程、朱理學家的『孔子傳曾子，曾子傳子思，子思傳孟子』的道統說。」《宋明理學史》亦主此說，言道：

> 理學家由於把思、孟目為「孔門之要傳」，所以特別發揮子思、孟子的「新說奇論」，並以此作為遙接「聖人不傳之學」的統緒。葉適對思、孟則持批判態度，並斥理學家為「不足以知其統而務襲孟子之跡，則以道為新說奇論」的學者而已。[38]

學者亦見出葉適反程朱之說有其更積極用意，其中一說認為葉適是為恢復「道」的完整性與純粹性。另一說則是主張，葉適在為自己的學說找到合法地位。《宋明理學史》從葉適個人的學

---

[38] 侯外廬等：《宋明理學史》（上冊）（北京：人民出版社，1984年），頁467。

術發展立論，曾云：

> 反映了他也在爭道統的正宗地位。這不僅表現在他對思、
> 孟之學的極力否認，更主要的是把孔子作為反對道統的大
> 旗，以示自己每事「必質於孔子而後不失其正」。這就等
> 於說只有他自己才是孔門之學的正宗。[39]

　　徐洪興先生亦主此說，曾云：「葉適的『非孟』，其真正的
用意是要表明由他所集大成的『浙東之學』，才是儒學的本質所
在。」[40]肖永明先生亦同於此，言道：「葉適批判理學的『道
統』說，旨在續前聖之緒業，廢後儒之浮論，而『稽合於孔子之
本統』。」[41]

　　陳安金、王宇則從永嘉學派的發展來看葉適所面臨的學術問
題，言道：

> 到了葉適時代，永嘉學派已經遇到兩個理論難題。第一，
> 必須為永嘉學的事功經世作一合法性的證明，使之符合儒
> 家道統而不致被目為異端；第二，進一步發揮、提升趨利
> 避害式的「功利」觀念使之由「常識」蛻變成為「思

---

[39]　侯外廬等：《宋明理學史》（上冊）（北京：人民出版社，1984
　　　年），頁 467。

[40]　徐洪興：〈論葉適的「非孟」思想〉，《浙江學刊》1994 年第 3 期，
　　　頁 54。

[41]　肖永明：〈葉適《習學記言序目》的學術批評〉，頁 28。

想」，這樣就需要做一本體論的證明。[42]

對於葉適批評程、朱道統說，有學者認為葉適僅反對程朱說法的部分內容，如，馮友蘭先生、周夢江先生、侯外廬等著《宋明理學史》。馮氏認為葉適贊同理學家所論孔子以前的道統，但反對肯定子思、孟子之學。馮氏云：

> 他同意道學家所說的孔丘以前的「道統」，也認為有了孔子「然後唐虞三代之道，賴以有傳」。但他指出，子思、孟軻就有不很恰當的言論，《易傳》也不是孔子所作。他指出道學家以排佛、老為名，而實則用佛教思想附會子思、孟軻、《易傳》的「新說奇論」，這樣子思、孟軻的錯誤就顯著出來了。……葉適又認為，二程、張載等道學家的論點，「皆老、佛、莊、列常語也。程、張攻斥老、佛至深，然盡用其學。……」……這是葉適對於道學的一個總估價。[43]

周氏言道：「葉適並不否定道統的存在，……但他不同意程、朱理學家的『孔子傳曾子，曾子傳子思，子思傳孟子』的道

---

[42] 陳安金、王宇：《永嘉學派與溫州文化崛起研究》（北京：人民出版社，2008 年），頁 233。

[43] 馮友蘭：《中國哲學史新編》（第 5 冊）（北京：人民出版社，1992年），頁 238-239。

統說。」[44]侯氏等言道:「理學家認為『子思得之曾子,孟軻本之子思,是為孔門要傳』。而葉適則認為曾子『不能傳』,孟軻『不能嗣』,『舍孔子而宗孟軻,則與本統離矣。』觀點不同,態度自然亦異。」[45]

　　對於學者從葉適對程朱道統觀重曾、思、孟三子的批評立論,這樣的看法是沒問題的,這確實是葉適的著力點所在。但值得注意的是,僅從此處論葉適的道統觀,並不透徹,因未能深入二子道統觀的實質內容,探究葉適所理解的堯、舜、孔子之道是否與程朱說法一致,若不一致,則表示二子的主張分屬兩套系統,應指出各自的根本主張。以下將進一步探討朱子的道統說。

　　朱子繼承韓愈的道統說並加以增補。一是於周公外,另肯定皋陶、伊尹、傅說、召公輔佐聖王之功;二是於孔、孟之間,加入顏回與曾子,其後為子思。〈中庸章句序〉言道:

> 夫堯、舜、禹,天下之大聖也,以天下相傳,天下之大事也。以天下之大聖,行天下之大事,而其授受之際,丁寧告戒,不過如此。則天下之理,豈有以加於此哉?自是以來,聖聖相承,若成湯、文、武之為君,皋陶、伊、傅、周、召之為臣,既皆以此而接夫道統之傳。若吾夫子,則雖不得其位,而所以繼往聖,開來學,其功反有賢於堯舜者。然當是時,見而知之者,惟顏氏、曾氏之傳得其宗。及曾氏之再傳,而復得夫子之孫子思,則去聖遠而異端起

---

[44] 周夢江:《葉適與永嘉學派》(杭州:浙江古籍出版社,1992 年),頁 225。

[45] 侯外廬等:《宋明理學史》(上冊),頁 467。

矣。[46]

其三則是於孟子之後，以周、張、二程接續之。朱子云：

> 蓋自鄒孟氏沒而聖人之道不傳，……濂溪周公先生，奮乎
> 百世之下，乃始深探聖賢之奧，疏觀造化之原，而獨心得
> 之，立象著書，闡發幽祕詞義，雖約而天人性命之微，修
> 己治人之要，莫不畢舉。河南兩程先生，既親見之而得其
> 傳，於是其學遂行於世。士之講於其說者，始得以脫於俗
> 學之陋，異端之惑，而其所以修己治人之意，亦往往有能
> 卓然不惑於世俗利害之私，而慨然有志於堯舜其君民者，
> 蓋三先生者其有功於當世，於是為不小矣。[47]

關於朱子道統說所認定的「道」，由上述兩段文字來看，朱
子指出堯、舜、禹三王，其道在於「以天下之大聖，行天下之大
事」且「以天下相傳」；湯、文、武三王，在賢臣周公等之輔佐
下，「聖聖相承」；至於孔子，則肯定「繼往聖，開來學」；而
顏、曾傳孔子之道，顏、曾之後，子思繼之。周、張、二程能探
究「天人性命之微，修己治人之要」。簡言之，即由堯、舜至孔
子，乃後聖承繼前聖；自顏、曾到周、張、二程則是延續孔子聖
學。

---

46 朱熹：〈中庸章句序〉，《四書章句集注》，頁 14-15。

47 朱熹：〈袁州州學三先生祠記〉，《晦菴先生朱文公文集》（第 5
冊），收入《朱子全書》（第 24 冊）（上海：上海古籍出版社、合
肥：安徽教育出版社，2002 年），卷 78，頁 3743-3744。

　　朱子肯定周、張、二程重視「天人性命之微，修己治人之要」，到底此奧祕所指為何？此可由朱子〈答陳同甫〉書信中見出，朱子云：

> 所謂「人心惟危，道心惟微，惟精惟一，允執厥中」者，堯、舜、禹相傳之密旨也。……夫堯、舜、禹之所以相傳者既如此矣，至於湯、武則聞而知之，而又反之以至於此者也。夫子之所以傳之顏淵、曾參者此也。曾子之所以傳之子思、孟軻者亦此也。故其言曰：「一日克己復禮，天下歸仁焉。」又曰：「吾道一以貫之。」又曰：「道不可須臾離也，可離非道也。是故君子戒慎乎其所不睹，恐懼乎其所不聞。」又曰：「其為氣也，至大至剛，以直養而無害，則塞乎天地之間。」此其相傳之妙，儒者相與謹守而共學焉，以為天下雖大，而所以治之者不外乎此。然自孟子既沒，而世不復知有此學。[48]

　　朱子又云：「是以意誠、心正而身修，至於家之齊、國之治、天下之平，亦舉而措之耳。此所謂「大學之道」，雖古之大聖人生而知之，亦未有不學乎此者。堯、舜相授，所謂「惟精惟一，允執厥中」者此也。[49]

　　綜觀上述，朱子所謂聖賢相傳之道─「天人性命之微，修己

---

[48] 朱熹：〈答陳同甫〉，《晦菴先生朱文公文集》（第 2 冊），收入《朱子全書》（第 21 冊），卷 36，頁 1586-1587。

[49] 朱熹：〈癸未垂拱奏箚一〉，《晦菴先生朱文公文集》（第 1 冊），收入《朱子全書》（第 20 冊），卷 13，頁 631。

治人之要」，實是指於心性下工夫，或可稱之為道德實踐。朱子
的道統觀立基於此。

朱子對於堯舜之道，雖亦言及事功面向，即「堯舜事業」，
但卻不強調「所為」的部分，而是重「所以為」。朱子云：「堯
舜之聖，只是一箇循天理而已。」[50]因此對於曾點之學，朱子亦
從「所以為」的向度，視為與堯舜事功同。朱子云：「曾點有見
乎發育流行之體，而天地萬物之理，所謂自然而然者，但吾不以
私智擾之，則天地順序而萬物各得其所，此堯舜事業也。」[51]

將葉適與朱子道統說的「道」加以比較，相同處在於二子皆
肯定道德實踐的重要，而相異處則在於，朱子重心性工夫，強調
徇天理；葉適不由心性立論，而是強調道德價值是正當言行的唯
一準則，須於修身經世中踐履。故朱子論堯舜重心性工夫，故肯
定十六字箴言，葉適則重堯舜修德與致治；至於論孔子，朱子從
心性工夫肯定孔子所言：「一日克己復禮，天下歸仁焉」、「吾
道一以貫之」，而葉適則重夫子於聖王的修德與致治加以承述，
使時人及後人能因此認識聖王之道。葉適云：

> 述而不作，信而好古，孔子之道所以載於後世者在此。蓋
> 自堯、舜至於周公有作矣，而未有述也。天下之事變雖無
> 窮，天下之義理固有止，故後世患於不能述而無所為作
> 也。信而好古，所以能述也。雖然學者不述乎孔子而述其

---

[50] 朱熹：〈答歐陽希遜〉，《晦菴先生朱文公文集》（第 4 冊），收入
《朱子全書》（第 23 冊），卷 61，頁 2953。

[51] 朱熹：〈答趙致道〉，《晦菴先生朱文公文集》（第 4 冊），卷 59，
頁 2864-2865。

> 所述,不信孔子而信其所信,則堯、舜、周、孔之道,終
> 以不明慎之哉![52]

因此,朱子的道統觀著重在聖王、聖賢的心性工夫,而葉適
著重在聖王、聖賢修德與致治的道德實踐表現。

針對葉適對程朱道統觀的批判,何俊指出,葉適所反對者是
曾子以下所承繼的孔子之道。何氏云:「葉適真正要否定的,不
是孔子的『述道』,也不是孔子所設的仁教,而是曾子以下對孔
子所述之道的解讀與傳承。」[53]若依此說法,則葉適與朱子道統
觀屬統一體系,然深入二子的觀點考察,實則不然。筆者以為,
葉適對朱子道統觀的批評是以他獨特的系統觀點來評論朱子的主
張。

即此可見,葉適道統說的意義在於自覺地開出異於朱子道統
觀的另個向度,指出從心性修養談道統有其限制,易使後人以為
心性工夫是「道」唯一內容,故提醒吾人重視「道」本身,開出
從修德與致治的道德實踐來論道統的方向。

四、牟氏對葉適道統說的批判及其意義

牟氏對葉適道統觀的看法,易被理解為只是反對葉適對孔子
及曾子、子思、孟子的看法。原因有二,其一是牟氏嘗批評葉適
道統觀對孔子仁教無所知,對《中庸》、孟子的心性、性命、天

---

52 葉適:《習學記言·論語》(上冊),卷 13,頁 8b-9a。
53 何俊:〈葉適論道學與道統〉,頁 123。

道缺乏相應理解。[54]其二，是牟氏肯定葉適於程、朱道統外，另提出一套皇極道統，「以期有合於二帝、三王之『本統』」。牟氏認為葉適主張的三代本統，並非無所見。曾云：「其如此劃定以為講學之標的，其心態特別凸出，由此心態所決定之觀念形態亦是一特別之形態，吾名之曰『皇極一元論』。其論皇極亦甚好。」[55]

關於牟氏對葉適〈總述講學大指〉的評論，何俊〈葉適論道學與道統〉[56]，皆已作了全盤深入論析，就故本章不再贅述，而欲從牟氏與葉適不同的體系加以論析。

若從牟氏對葉適論堯舜諸聖批評來看，牟氏雖贊同葉適道統觀的部分觀點，但對整個的道統觀核心主張卻是極力反對的。因此，關於牟氏對葉適道統觀的批評，不可只就牟氏贊同那部分，反對那部分來論述，因為牟氏、葉適的道統觀實為兩套不同體系，應就這兩套體系整體考察。

牟氏亦早有此自覺，故稱葉適的道統觀為「皇極一元論」，而指出葉適不能深知「孔子之傳統」。而牟氏的道統觀則是建立在孔子仁教傳統的基礎上。牟氏云：

> 然自堯、舜、三代以至于孔子，乃至孔子之後的孟子，此一系相承之道統，就道之自覺之內容言，至孔子實起一創闢之突進，此即其立仁教以闢精神領域是（也）。孔子並非一王者，故其相承堯、舜、三代之道，並非與三代王者

54　牟宗三：《心體與性體》（第 1 冊），頁 196。
55　牟宗三：《心體與性體》（第 1 冊），頁 225。
56　何俊：〈葉適論道學與道統〉，頁 109-127。

為同質地相承。……此一創闢之突進，與堯、舜、三代之
政規業績合而觀之，則此相承之道即後來所謂「內聖外王
之道」。此「內聖外王之道」之成立計是孔子對于堯、
舜、三代王者相承之「道之本統」之再建立。內聖一面之
彰顯自孔子立仁教始，曾子、子思、《中庸》、《易傳》
之傳承即是本孔子仁教而展開者。就中以孟子為中心，其
器識雖足以籠罩外王，然其重點與中點，以及其重大之貢
獻實落在內聖之本之挺立處。[57]

牟氏肯定孔子仁教於道統承上（外王）啟下（內聖）之功，整
個道統便是內聖外王之道，而以內聖為外王之根本。至於孟子，
牟氏亦不認為孟子只言心性，但仍以內聖為本。

牟氏對葉適道統觀的批判，便是基於此內聖通外王的核心主
張。如牟氏由《論語》、〈堯典〉、〈舜典〉論堯、舜，指出葉
適重堯舜事業，而忽略堯舜之德。牟氏云：

此皆言其能明德以致治，此足以示後人追述古人人格之道
德心靈之嚮往，以及道之本統中心之所在，而葉水心則引
而置之，不復贊一辭，……以為古人體統不過「即事達
議」，「以器明道」，獨以義、和傳統為中心，不以堯舜
之德為中心，可謂忽其本而著其末。[58]

---

57 牟宗三：《心體與性體》（第 1 冊），頁 192-193。
58 牟宗三：《心體與性體》（第 1 冊），頁 228。

甚至又評葉適論禹、皋陶，認為葉適不僅對道德體驗不足，
對於天德、天道、天命缺乏體驗。言道：「此亦可說『即事達
義』，然若無道德之真實感與超越，亦不能真切乎此義。」[59]
「於以見葉氏所謂『訓人德以補天德，觀天道以開人治』，亦是
浮言，其對於天德、天道，並無實感。」[60]牟氏論天德、天道，
是由內聖以贊天道而論的。

牟氏不僅見出自己與葉適道統觀系統不同，亦明確表明不認
同葉適的道統觀，但不容否認，牟氏對葉適的主張是有相應理解
的。牟氏極有見的地指出，葉適的道統觀的特色，以及關鍵人物
是周公，同時亦指出葉適道統觀的限制。

牟氏指出葉適的道統觀的特色，云：「即堯、舜以來三代開
物成務之原始綜合構造之過程也。」[61]並指出葉適道統觀的關鍵
人物是周公，言道：「此原始綜合構造之過程結集于周公。」[62]

牟氏並指出葉適道統觀重在肯定先王的德治，更深入解釋此
德治是「即事顯理」的表現方式。牟氏云：「此所謂「道德」即
是表現于典章制度中的道德，所謂『義理』即是表現于名物度數
中之義理。故著重于察物有倫，而張即事達義，即器明道，以明
『內外交相成』，實即政治措施之綜合構造。」[63]

牟氏又進一步深入指出葉適道統觀的限制，在於停滯在肯定
先王之治，而忽視孔子對先王之道的創造性詮釋所提出的仁教思

---

[59]　牟宗三：《心體與性體》（第 1 冊），頁 232。

[60]　牟宗三：《心體與性體》（第 1 冊），頁 232。

[61]　牟宗三：《心體與性體》（第 1 冊），頁 243。

[62]　牟宗三：《心體與性體》（第 1 冊），頁 243。

[63]　牟宗三：《心體與性體》（第 1 冊），頁 243。

想。牟氏云：

> 此義固不錯，……綜合構造既是有其歷史階段中之形態
> 矣，而如果復仍是停于此原始之綜合構造中，……以為只
> 此才是「本統」，凡離此綜合構造而有所開合以闡理想、
> 價值之源，以期重開史運、文運者，皆非道之本統，皆失
> 古人之體統。……葉水心之蔽正在於停于原始之綜合構造
> 而不知孔子之開合，落于皇極一元論，而不知孔子對于道
> 之本統之再建。……凡永粘著于物之形、功之名，而不見
> 「反其形、反其名」之道之（本源）者，皆永無事功也。[64]

　　於此，牟氏所以嚴厲地表達對葉適道統觀的不滿，其真正心
跡，於此豁然開朗。正視鑑於葉適僅著重積極肯定先王德治，而
忽略孔子承上啟下的創造之功，故提出不同系統與之抗衡。

　　牟氏對於葉適道統觀的批評，其積極意義在於不能只停留在
肯定堯、舜三代的先王之治，而應就整個文化發展，肯定三代以
降的道統承繼方式。若不如此，在葉適的道統體系下，道統傳承
至孔子之後就斷絕了。因為在孔子之後此後，再未出現「述而不
作」的聖賢了。這點正是葉適道統觀的限制所在。

　　至於牟氏所贊同的道統觀，是否即是程朱的體系呢？筆者以
為就形式論則是，就實質論則否。就形式上來看，牟氏肯定朱子
所列堯、舜至北宋周、張、二程之傳衍，但牟氏的道統觀的看法
與朱子並不相同。朱子以「循天理」作為道統觀，而牟氏強調的

---

[64]　牟宗三：《心體與性體》（第 1 冊），頁 243-244。

是「內聖」工夫。因此，可進一步探究牟氏是否贊同象山的道統觀。

在南宋，除了朱子、葉適提出道統觀外，尚有陸九淵亦有其主張。象山亦肯定堯、舜、禹、湯、文、武、周公、孔子、孟子之道統，而在孔、孟之間，亦肯定曾子、子思能傳孔子之道。至於孟子之後，象山則以荀卿、揚雄、王通、韓愈最為特出，然於道統猶未純粹。但與朱子不同的是，朱子極力推崇北宋周、張、二程，然象山認為四子在思想及實踐雖較荀、揚、王、韓為純粹，然仍不足以傳曾、思、孟之統。象山言道：

> 由孟子而來，千有五百餘年之間，以儒名者甚眾，而荀、揚、王、韓獨著專場，蓋代天下歸之，非止朋遊黨與之私也。若曰傳堯、舜之道，續孔、孟之統，則不容以形似，假借天下萬世之公，亦終不可厚誣也。至於近時，伊、洛諸賢，研道益深，講道益詳，志向之專，踐行之篤，乃漢、唐所無有，其所植立成就，可謂盛矣。然江漢以濯之，秋陽以暴之，未見其如曾子之能信其皜皜；肫肫其仁，淵淵其淵，未見其如子思之能達其浩浩；正人心，息邪說，詎詖行，放淫辭，未見其如孟子之長於知言，而有以承三聖也。[65]

考察象山對周、張、二程的評斷，有幾個重點，一是肯定北宋諸子在體道、講道及道德實踐上，為孟子後，成就最高者；二

65　〔宋〕陸九淵：〈與姪孫濬〉，《象山全集》，卷 1，頁 9a。

是北宋諸子之成就，屬草創階段，尚無法達至曾、思、孟的修養境界。象山嘗言道：「韓退之言軻死不得其傳，固不敢誣後世無賢者。然直是至伊、洛諸公，得千載不傳之學，但草創，未為光明；到今日，若不大假光明，更幹當甚事。」[66]這段文字包含兩種意思，一是指北宋諸子能傳孔孟之道，然屬草創階段；二是宋儒傳承孔孟之道，到象山時已更為成熟，此可見象山暗以孟子的傳人自居。

朱子、象山皆肯定聖王（堯、舜、禹、湯、文、武）及聖人（孔、孟）。但對於北宋諸子能否承繼孔、孟道統的不同認定，朱子肯定「聖學復明，道統復續」，而象山卻言雖能超越漢、唐，卻仍未及曾、思、孟三子的境界。

關於朱、陸道統說的差異，可由象山的一段話見出。象山云：「某舊日伊、洛文字不曾看，近日方看，見其間多有不是。」[67]可見象山對北宋諸子的思想不甚滿意。此外，由前述象山對於曾、思、孟三子的評論觀之，象山肯定曾子能以道德本心，於夫子及有若間，深刻指出夫子道德的潔白光輝；子思於《中庸》指出「至誠」的理想境界，孟子則能正人心、息邪說，發揚孔子之道。可見象山的評斷標準是就三子的能立本心，並擴充本心，而予高度肯定。即此可見，象山對北宋諸子評價不如朱子之高，實因象山在心性論、工夫論的主張不同所致。

牟氏對於道統發展到宋代，其認定為何？牟氏於《中國哲學十九講‧宋明儒學概述》言道：

---

66 〔宋〕陸九淵：《象山全集‧語錄》，卷34，頁12a。
67 陸九淵：《象山全集‧語錄》，卷35，頁7b。

在內聖外王中，「教」的地位主要是指內聖，這是宋儒所
共同承認的。……什麼是「內聖」呢？就是內而治己，作
聖賢的工夫，以挺立我們自己的道德人品。……朱夫子是
理學家，以道統自命。而道之所以為道，是在內聖方面，
不在外王或業績方面。既然如此，我們就得照內聖說；而
周濂溪、張橫渠、程明道、陸象山、王陽明、劉蕺山這些
思想家正是照內聖說。而照內聖說時，逆覺正是本質而重
要的關鍵，而個物窮理的順取之路反不相應。[68]

　　依牟氏所論，其道統觀應是近於象山的，強調內聖工夫的重
要。然不同的是，象山對於周、張、二程的評斷，與牟氏不同，
象山是從其修養境界不及曾、思、孟三子，而有所保留，而牟氏
則從思想主張中，肯定周、張、二程對於孔子內聖之教的承繼。
　　綜觀牟氏的道統觀，實不贊同葉適的皇極道統觀，就淵源而
言，在形式上承繼朱子的道統說，但實質觀念則承繼自象山「立
本心」。牟氏的道統觀的意義，在於接續宋代的道統觀，又進一
步發展，提出逆覺體證的「內聖」道統體系。

五、結論

　　本章所著重者是道統在學術思想的發展，事實上，道統除了
這個面向的發展外，當代學者關於道統的論述，尚有在吉禮祭祀

---

[68]　牟宗三：《中國哲學十九講・宋明儒學概述》（臺北：臺灣學生書局，
　　　1991 年），頁 398。

範圍作討論。關於吉禮祭祀的討論，又可分為孔廟、國學及州縣
學校的釋奠禮，以及宋代以後書院的祭祀。高明士先生〈隋唐廟
學制度的成立與道統的關係〉一文，探討道統與漢代至唐代教育
發展之關聯。高氏認為對於漢代至唐代教育之發展，主要表現在
三方面：確立聖、師人物與建立廟學制度，以及使教育獨立於太
常外，此三事歸結之，便是道統的具體化與王國化。高氏論確立
聖、師人物的歷代變遷言道：

> 以聖、師人物的確立而言，其確實見諸行事，是始於後漢
> 明帝永平二年，當時是以周公為先聖，孔子為先師。……
> 魏晉以後，果然改成為聖孔師顏，直至隋代不變。唐初，
> 高祖武德以及稍後之高宗永徽年間，一度恢復後漢之制；
> 但太宗貞觀及高宗顯慶之際，又恢復魏晉之制。此後，直
> 至宋神宗元豐七年，以孟子配享而與顏子並列，配享之位
> 至此始分。到宋度宗咸淳三年，進而又增列曾子、子思、
> 與顏、孟並為四配，沿襲至今。[69]

　　除了孔子及「四配」外，其下尚有「十哲」陪祭，彭林先生
〈祭祀萬世師表：釋奠禮〉一文指出，此「十哲」主要是據孔門
四科而來，並言道：「唐玄宗詔令國學祭祀孔子時，以這十人為
十哲配享。」而在孔廟的從祀，在「十哲」下尚有「先賢」與
「先儒」。彭林先生指出，「先賢」是指孔門弟子，「先儒」是

69　本段所引高氏說法，參見高明士：〈隋唐廟學制度的成立與道統的關
　　係〉，《臺大歷史學報》第 9 期，1982 年 12 月，頁 120-121。

指歷史上對儒學有重要貢獻的學者。[70]

　　在書院祭祀方面，肖永明先生〈書院祭祀中的道統意識〉，指出「在書院祭祀中，選擇不同的祭祀對象，所反映的正是祭祀者對道統的不同理解。」[71]文中論及朱子於竹林精舍（後改名滄州精舍）舉行釋菜禮，[72]指出朱子祭孔，以顏、曾、思、孟，以及周子、二程、邵子、司馬光、張載，以及其師李侗從祀。[73]

　　回到學術思想來看，牟氏對於葉適所提出的皇極道統，雖認為亦有其意義，但卻指出葉適道統觀的根本問題，若不將皇極植基於內聖，此外王學則成無根之學。牟氏云：

　　彼根本無所知於孔子之仁教，自亦無所知於承孔子仁教

70　彭林云：「東漢永平十五年，明帝到曲阜祭孔，並祭孔門七十二弟子。……唐開元八年，以十哲配祀，其他弟子從祀。南宋理宗時，周敦頤、張載、程顥、程頤、朱熹從祀。」又云：「貞觀二十一年，太宗下詔，每年在太學祭祀時，將左丘明、卜子夏、公羊高、穀梁赤、伏勝、高堂生、戴聖、毛萇、孔安國、劉向、鄭眾、杜子春、馬融、盧植、鄭玄、服虔、何休、王肅、王弼、杜預、範寧、賈逵等二十二位……作為傳播儒學的功臣配享，以表彰其傳注之功。」「神宗元豐七年，又將荀況、揚雄、韓愈等三位在儒學史上有傑出貢獻的學者六入從祀的名單。」先生之說法，參見彭林：〈祭祀萬世師表：釋奠禮〉，《文史知識》，2003年第10期，頁95、96。

71　肖永明：〈書院祭祀中的道統意識〉，《哲學與文化》第35卷第9期，2008年9月，頁42。

72　關於釋奠禮與釋菜禮之差別，依《禮記·文王世子》：「然後釋菜，不舞不授器」鄭玄注云：「釋菜，禮輕也。釋奠則舞，舞則授器。」〔漢〕鄭玄注，〔唐〕孔穎達疏：《禮記正義》，卷20，頁12a。

73　肖永明：〈書院祭祀中的道統意識〉，《哲學與文化》第35卷第9期，頁33。

而展開之「孔子之傳統」。彼以堯、舜三代王者之業績
為「道之本統」之所在，且只落于外王學之第二義與第
三義而觀之，以此定其即事達義，即器明道之「講學大
旨」。[74]

牟氏認為這樣的道統觀對歷史文化會造成思想災難，故牟氏
嚴厲批判葉適的說法，並非全然針對葉適而發，而是另有兩點用
意。其一，針對後世言事功、實學、樸學者，視宋明儒學言性命
天道為無用，故藉批判葉適的觀點，對這一系重事功的思想加以
反駁並提出建言。[75]其二，牟氏實欲藉此，重新釐析道統議題，
以作為現今時代之參考。曾云：

吾之所以不嫌辭繁而詳辯之者，蓋欲藉此以明三代道之本
統之何所是，與孔子對道之本統再建之重要，以及孔門傳
統發展之經脈與其開合貫通之使命，並對於事功者進一
解，澈底疏通此問題之分際，以為可以相輔相成，而不可
以形成非此即彼之相毀。此雖述古，而於今日之時代亦有
其針砭之用也。非徒計較於葉適一人而已也。葉適自有其
長，而其詆毀孔子傳統，要之則無一是處。[76]

即此可見，牟氏對葉適道統觀的批判，其意義並非著眼於葉
適一家之言，而是希望藉此徹底反省道統之認定，思考聖王之統

---

[74] 牟宗三：《心體與性體》（第 1 冊），頁 195。

[75] 牟宗三：《心體與性體》（第 1 冊），頁 244。

[76] 牟宗三：《心體與性體》（第 1 冊），頁 316。

與孔子之教的關聯，而進一步提出解釋道統的恰當方式，以內聖為根本，外王亦須本於內聖方為第一義的外王學。

對於牟氏這套理解道統的觀點，現今學者均將之視為牟氏的道統觀，甚至有學者將之歸為新儒家的道統觀。如，李明輝先生認為牟氏的道統觀，亦見於〈為中國文化敬告世界人士宣言〉一文中，與唐、張、徐三先生觀點一致。李氏並指出，牟氏的道統觀非主觀、狹隘的思想。曾云：「這種意義的『道統』並非錢穆先生所說的『主觀的道統』或『一線單傳的道統』，反倒近於他自己以歷史文化之大傳統為道統的看法。」[77]

朱子、葉適及牟氏分別建立不同體系的道統觀，即天理道統、皇極道統及內聖道統。此三系均是就傳統所理解的「道」來立論，強調「道」的根源性、無限性、道德性。正因如此，諸位先生所論的道統，方具有普遍性、恆常性與客觀性。也正因「道」的廣大無盡，所有的言說只能儘可能地去理解、說明，歷來沒有人能以有限的言說充盡地論「道」，但卻能彰顯「道」的不同面向。就現今而言，這樣的道統觀仍有其意義，雖說為中華民族之文化產物，但因其所論的「道」具有普遍性、恆常性與客觀性，故能成為普世價值，為現今世界指引方向。

---

[77] 李明輝：〈當代新儒家的道統論〉，《鵝湖月刊》第 224 期，1994 年 2月，頁 1、7。該文後收入《當代儒學之自我轉化》（臺北：中央研究院中國文哲研究所籌備處，1994 年）。

第五章　牟宗三先生歷史哲學論英雄與時代之意義

一、前言

　　牟宗三先生歷史哲學的重要論點，保存於《歷史哲學》、《政道與治道》這兩部書中。學界對牟先生歷史哲學的探討，相較其他思想的研究，為數較少。[1]邱黃海進一步指出，學界對《歷史哲學》、《政道與治道》之研究，其關注點多非著重「歷史哲學」本身，而是其他方面的議題，邱氏云：

---

[1]　關於牟氏「歷史哲學」的相關研究，如周群振：〈道德理性與歷史文化〉，《牟宗三先生的哲學與著作》（臺北：臺灣學生書局，1978年），頁 245-284。朱維煥：〈中華民族之生命形態〉，《牟宗三先生的哲學與著作》（臺北：臺灣學生書局，1978 年），頁 285-262。邱黃海：〈簡述牟著《歷史哲學》之問題範圍極其成就〉，《鵝湖月刊》277 期，1998 年 7 月，頁 53-55。邱黃海：〈牟宗三先生「歷史概念」之批判的展示〉，《鵝湖月刊》第 287 期，1999 年 5 月，頁 16-32。賴功歐：〈牟宗三歷史哲學的「文化生命」內核〉，《江西社會科學》2003 年 11 期，頁 29-33。李瑞全：〈中國歷史的發展與型態：牟宗三先生歷史文化哲學〉，《鵝湖月刊》358 期，2005 年 4 月，頁 10-19。

　　　　學者對於這兩本書的興緻儘管非常濃厚，討論的焦點不是
　　　　落在政治哲學，就是落在良知自我坎陷的主體理論。偶有
　　　　涉及牟先生之歷史哲學理論者，其興趣不是藉之以明中國
　　　　歷史文化傳統的特質以與西方歷史文化相對照，就是為了
　　　　向當世介紹牟先生的真知灼見，而約略地描繪其《歷史哲
　　　　學》地位與價值，或者針對某些誤解約略地加以辯護。[2]

此說法意味著，目前關於牟氏「歷史哲學」的研究，多附屬於政
治哲學或心性學的範圍。

　　關於牟氏《歷史哲學》最早的一篇研究，當屬唐君毅〈中國
歷史之哲學的省察—讀牟宗三先生《歷史哲學》書後〉[3]一文。
唐氏指出該書最重要的價值在於「論中國古代至東漢之歷史，以
知中國文化之特殊價值，及其限極與缺點之所在。」[4]亦即唐氏
認為《歷史哲學》是針對歷史進行文化研究，以指出中國文化之
特殊性。而另一篇賴功歐〈牟宗三歷史哲學的「文化生命」內
核〉的論文，則承繼唐氏從文化面向進行理解，提出牟氏《歷史
哲學》之核心在於「文化生命」。賴氏云：「其全部意旨即在建
構一重極富理想的客觀價值觀。……所謂客觀價值也就體現於
『常道』之上。……他所拈出的『文化生命』這一範疇，也理所

---

[2]　邱黃海：〈牟宗三先生「歷史概念」之批判的展示〉，頁 16。

[3]　參見《歷史哲學》之〈附錄一〉。牟宗三：《歷史哲學》（臺北：臺灣
　　　學生書局，1988 年），頁 1-20。

[4]　唐君毅：〈中國歷史之哲學的省察——讀牟宗三先生《歷史哲學》書
　　　後〉，收入牟宗三：《歷史哲學‧附錄一》，頁 18。

當然地成為其歷史哲學的最重要特徵。」[5]此說法實相應於牟氏著作中一再強調的「歷史精神」，這點也被研究者公認研究牟氏「歷史哲學」必須掌握的特點。

至於邱黃海〈牟宗三先生「歷史概念」之批判的展示〉一文，則著重牟氏對「歷史」的認定上，邱黃海云：「牟先生對於歷史之為歷史之問題的討論則著墨甚少，幾乎不成比例。牟先生對這個問題的處理，只是附帶性地交待一下，……以便他可以從事他為中華民族的未來指出一幅光明遠景的工作。」又云：

> 但是這個交待，如我們在《歷史哲學》、《政道與治道》中所見者，似乎過於總持而緊湊，言太簡而意太賅，……先生對於「歷史是什麼」、「歷史之為歷史」之問題的處理太過大略而簡陋，似乎就成為牟先生歷史哲學之重大的缺陷。[6]

之所以有這般的評論，主要是邱文者關注者為牟氏的歷史概念。[7]在這樣的問題意識下，邱氏提出牟氏歷史哲學的三點意義：第一「歷史是人性史」、第二「歷史是各民族間相觀而善，互相學

5　賴功歐：〈牟宗三歷史哲學的「文化生命」內核〉，《江西社會科學》2003 年第 11 期，頁 33。

6　邱黃海：〈牟宗三先生「歷史概念」之批判的展示〉，頁 16。

7　邱黃海云：「本文的目的乃是要證明：如果我們把『歷史是什麼？』當成一個領導性的問題……我們將可以發現整部《歷史哲學》與《政道與治道》的一大部分皆可視作了解牟先生的歷史概念的重要材料」邱黃海：〈簡述牟著《歷史哲學》之問題範圍極其成就〉，頁 53。

習的過程。」第三「人類歷史即是其精神磨練的歷程」。

綜合上述，唐氏、賴氏從文化面向理解牟氏的歷史哲學，邱氏從歷史面向，指出牟氏的歷史思維是「歷史是人性史」；雖切入進路不同，但均能從不同向度見出牟氏「歷史哲學」之特色所在。

本章擬從歷史面向，嘗試結合梁啟超先生於《歷史研究法》所提出的歷史因果，考察牟氏如何論述各時代重要人物與集團，及集團與時代精神的關聯，以見出整個歷史精神之展現。進而指出牟氏如何從歷史中提出我們這個時代的時代精神，以完整見出牟氏「歷史哲學」另個面向的特色及意義。

二、論歷史發展與人性之關聯

牟氏曾提出三點看待歷史的方式，一是我們是在「在歷史之中」而非「在歷史之外」，曾道：「吾人看歷史，須將自己放在歷史裡面，把自己個人的生命與歷史生命通于一起，是在一條流裡面承續著。」[8]二是將歷史視為「動態的實踐過程」而非「靜態的理解對象」，牟氏云：「又須從實踐的觀點看歷史，把歷史看成是一個民族的實踐過程史。……歸于實踐，所以區別『理解』。」[9]三是理解歷史或判斷歷史的標準，即牟氏所稱歷史的「光明面」，這是在前兩點的基礎上提出的。牟氏云：「一個民族的實踐活動中之『理想』」而確定」，「在實踐活動中，人類

8　牟宗三：《歷史哲學》，頁1。
9　牟宗三：《歷史哲學》，頁1。

的那顆道德的向上的心，始終在活躍著，貫徹著他的實踐。」[10]

　　至於牟氏所稱歷史發展中的「理想」的具體實踐過程，牟氏指出：「理想的『內容』是觀念」[11]，而觀念便是「它實踐的方向與態度」，而此觀念形態是「一個民族的靈魂」。[12]牟氏認為此觀念形態不是直線實現的，而是曲折的；因此提出「歷史精神」這樣的概念，用以說明：「觀念形態中的真理，……在曲折宛轉之中，總要向它自身的固有目的而趨。」[13]

　　由此可見，牟氏認為歷史是一個民族的實踐過程，此過程亦可稱為「集團生命底活動行程」。[14]而集團活動過程，背後有一理念支配，無論其發展是正面或負面，皆可視為理念的表現，[15]故歷史發展是「目的性」的，而非「無目的性」。

　　牟氏自言此歷史觀是受清儒王船山（字而農，號薑齋，1619-1692）之啟發。牟氏云：

10　牟宗三：《歷史哲學》，頁1。

11　牟宗三：《歷史哲學》，頁1。

12　牟宗三：《歷史哲學》，頁2。

13　牟宗三：《歷史哲學》，頁1。

14　牟宗三：〈「歷史哲學」三版自序〉，《歷史哲學》，頁4。

15　〈「歷史哲學」三版自序〉，牟氏云：「集團生命底活動，不論其自覺與否，均有一理念在後面支配。理念就是他們活動底方向。……因此，它們的意義是在其表現理念底作用上而被看出。其表現理念底作用有時是直接的、正面的，有時是間接的（曲折的）、負面的；有時是自覺的，有時是不自覺的；有時是當時顯明地相干的，有時是當時看起來似是不相干的；有時雖得而亦失，有時雖失而亦得。然而無論如何變換（幻）多端，通過其表現理念之作用，一是皆收於歷史而為歷史性的事理之事。是以其理不能通過物理事件底因果法則而觀之也。」牟宗三：《歷史哲學》，頁4-5。

> 由船山之通論，打開史實之糾結，洋溢「精神之實體」。
> 以其悲憫之仁心通徹于整個歷史而蕩滌腥穢。若欲于史
> 實之僵局中通透歷史，窺出貫徹歷史之「精神實體」，則
> 船山之書乃史家所必讀者。吾以此為底據，而不悖于往
> 賢。[16]

　　牟氏強調歷史理念對歷史發展的指導作用，然此歷史理念是落在現實性，在具體實踐中去談的。因此，理念非獨立存在，而是透過事件發展表現出來；事件亦非獨立不相干，而是為理念所引導，亦即「理事合一」是也。至於所謂的「理」，牟先生透過從船山思想體會了貫通古今之變的理，並稱之為歷史之「精神實體」，而此「精神實體」亦為人類道德心性不同樣態的展現。

　　關於歷史因果的奧秘，牟氏認為歷史發展與人性有關，邱黃海亦以「歷史即是人性史」來詮釋牟氏觀點。人是歷史發展的主體，人具有人性，「首出的人格者」與「群眾的人格者」同樣具有人性。此處所謂的人性，牟氏認為當包括道德性與動物性。曾云：「人類雖有一顆向上的道德的心之抒發理想，但你也必須知他尚有動物性。」[17]又曰：「人總是以好善惡惡，為善去惡，為本願，這是人人所首肯的。……動物性本身無所謂善惡。以向上向善為本願，則動物性的發作，夾雜，駁雜，甚至於乖謬邪闢，那都只是本願的提不住。」[18]人雖具有動物性特質，但牟氏承繼孟子之主張，肯定人之所以為人的價值在於人具有善端，具有實

16　牟宗三：〈自序〉，《歷史哲學》，頁3-4。
17　牟宗三：《歷史哲學》，頁2。
18　牟宗三：《歷史哲學》，頁3。

現好善惡惡、為善去惡的能力與理想。

對於歷史發展中眾多黑暗、鬥爭之負面現象，很容易讓人將歷史逕視為物競天擇的鬥爭史，但牟氏認為這只是部分現象，歷史發展是眾人人性之天人交戰所致。曾云：

> 仁心之不容已是一切光明之源泉，一切歷史在此中演進。孰謂邪妄者一時之歪曲而可以抵禦光明之洪爐乎？眾生可悲，自身可悲。知自身與眾生之可悲，則己與眾生即得救矣。玩人喪德，玩物喪志，玩世不恭。知喪德喪志不恭之為大惡，則幡然歸來，人物可救，世亦可安。[19]

亦即歷史發展中有光明面與黑暗面，光明面是人性之光的朗現，黑暗面則是仁心受到障蔽所致。即此人性的光明與黑暗，交織成歷史精神。牟氏云：「本願與動物性的發作及本願之提不住這兩方面合起來，就形成現實發展中的歷史精神。」[20]

三、以「歷史判斷」看歷史理念不同形態表現

牟氏雖然以孟子的道德性論歷史精神，但在進行歷史評斷時，卻不以道德價值為唯一依準。

關於評價歷史的方式，牟氏認為南宋朱子及陳亮（字同甫，號龍川，1143-1194）道德與事功之辯，分別是採道德判斷與英雄主義

19　牟宗三：〈自序〉，《歷史哲學》，頁6。
20　牟宗三：《歷史哲學》，頁2-3。

式判斷。牟氏稱朱子的道德判斷為「知性型態之理性主義」，其特色與限制在於「只是依知性而分解地建立了一個標準」，「故亦不能辯證地通曉事理」；而陳亮的英雄主義判斷為「生命型態的直覺主義」或「感性型態的直覺主義」，其特色與限制在於「以天才型為尚，因而終於是定命論的」。[21]

　　牟氏鑑於朱子與陳亮所持論點之限制，進而提出「歷史判斷」的概念。異於強調道德標準或強調感性生命，歷史判斷著重的是「辯證」觀念，而辯證的表現在於判斷者本身辯證的解悟與鑑別。牟氏道：「歷史判斷者依辯證直覺之具體解悟對於辯證之理中的事，就其辯證地體現理念之作用或意義，而辯證地鑑別之也。」[22]所以稱為辯證，牟氏指出是別於現象主義式的表象理解，如此易將歷史視為經驗主義的知識。[23]

　　然何謂具體解悟力？牟氏云：

> 「具體的解悟」，具體者如其為一有歷史性的，獨一無二的事理之事，而即獨一無二地了解其意義或作用。……吾人之了解此事理之事之意義或作用一方是具體的，一方亦是通貫的，但此通貫卻不是類概念之概括，而是如此事理

---

[21]　牟宗三：〈「歷史哲學」三版自序〉，《歷史哲學》，頁8。

[22]　牟宗三：〈「歷史哲學」三版自序〉，《歷史哲學》，頁7。

[23]　牟氏云：「歷史判斷並非只是現象主義地了解一歷史事象也。若只是如此了解而承認之，如所謂承認既成事實者，則只成經驗主義的知識判斷，而非所謂歷史判斷。」牟宗三：〈「歷史哲學」三版自序〉，《歷史哲學》，頁7。

之事之辯證地體現理念而亦辯證地通之。[24]

至於如何具備具體解解悟力，牟氏指出需要靠「辯證的直覺」，體現歷史中理念的曲折展現。牟氏云：

> 唯辯證地通之，始能通曉其辯證的理（意義）。此種通曉亦可名曰直覺，但此直覺既不是「感觸的直覺」，亦不是「形式的直覺」，復亦不是「智的直覺」（創生萬物之圓覺）。吾人只好名之曰「辯證的直覺」，單只適宜於了解事理、情理以及品題人物者。……「辯證的直覺」的具體解悟則是智慧，通情達理的具體智慧，……此即中國人所謂明白、通達，亦儘有蒼涼之悲感與幽默感。……具體的解悟如何可能？即依事理之事之辯證地體現理念而可能也。[25]

牟氏所主張的歷史判斷所以強調辯證，與彼對歷史的看法有關。正因彼視歷史為辯證的動態發展，故認為判斷者須具備辯證解悟之能力，方能見出歷史之意義。牟氏云：「吾所謂歷史判斷，唯是指辯證地鑒別事理之事，而足以引進歷史，即如歷史之動態，而足以恢復之，而不令喪失者而言。」唯有辯證的看待歷史，方能見出何以牟氏宣稱歷史理念是在現實發展中曲折地表現。

24　牟宗三：〈「歷史哲學」三版自序〉，《歷史哲學》，頁6。
25　牟宗三：〈「歷史哲學」三版自序〉，《歷史哲學》，頁7。

　　雖然歷史判斷看似迥異於道德判斷與英雄主義判斷，但事實上，歷史判斷正是融合二者而成。首先就道德判斷與歷史判斷的關係而論，牟氏認為僅以道德判斷論斷歷史固有所限，但判斷歷史又不能沒有是非。曾云：

> 光只道德判斷固足以抹殺歷史，然就歷史而言，無道德判斷亦不行（道德在此不能是中立的）。蓋若無道德判斷，便無是非。所以在此，吾人只就道德判斷與歷史判斷兩者之對比而融和之而皆與以承認。[26]

　　牟氏又指出道德原則不是由人的知性認知而訂立的標準，而是人的理性主動實現出來的。故牟氏云：「道德原則不是停在為知性所了解中，而是在主動理性中為存在集團實踐所實現。」[27]

　　至於歷史判斷與英雄主義判斷的關聯，牟先生不反對英雄對歷史的貢獻，但反對是英雄主義以「生命感性之立場，依生命強度，以斷有無」[28]，而牟氏強調應從歷史理念曲折地發展過程來評斷英雄。曾云：

> 英雄非英雄，智、愚、賢、不肖，皆在事理中有其意義與作用，得其應得之報償。即使是荒淫、悖謬、愚蠢、乖戾之極者亦在辯證的事理中一幕一幕呈現其自己，消融其自己，轉化其自己，皆得其所應得之報償。而荒淫總是荒

26　牟宗三：〈「歷史哲學」三版自序〉，《歷史哲學》，頁8。
27　牟宗三：〈「歷史哲學」三版自序〉，《歷史哲學》，頁8。
28　牟宗三：〈「歷史哲學」三版自序〉，《歷史哲學》，頁8。

淫，悖謬總是悖謬，愚蠢、乖戾亦總是愚蠢、乖戾，此即是價值判斷也。[29]

　　就歷史的現實面觀之，是種種完美、不完美的混合體，如果僅就英雄對歷史的影響肯定之，則無法充分見出歷史的豐富面貌。

　　朱子與陳亮的道德判斷與英雄主義判斷，是將歷史意義賦予在少數的聖賢或英雄身上。而牟氏主張的歷史判斷，則兼顧人性的道德性與動物性，強調歷史事實是動態的，是多樣化的。牟氏云：「在歷史性的事理之事中，辯證地通曉之，則亦是活生生的歷史事實，此即歷史判斷也。有了歷史判斷，始見歷史之可歌可泣，而亦令人起蒼涼之悲感者。」[30]牟氏又指出：「然而千迴百轉，總期向上，則亦無疑。」[31]亦即歷史發展的蒼茫背後，有著光明向上的動力。

四、論堯舜之治及春秋戰國歷史

（一）論堯舜之治的史實義與文化義

　　牟先生關於歷史理念的形成的說法，是從對堯、舜之理解與評價及史官傳統來立論的。牟氏順著《尚書》、《史記》、《論》、《孟》對堯、舜之治的說明指出：「古史記以此線索為

29　牟宗三：〈「歷史哲學」三版自序〉，《歷史哲學》，頁9。
30　牟宗三：〈「歷史哲學」三版自序〉，《歷史哲學》，頁9。
31　牟宗三：〈「歷史哲學」三版自序〉，《歷史哲學》，頁9。

主脈,而史家之稱述,首要觀念在修德愛民。『修德愛民』是泛說,進一步而舉其義,則有『仲尼祖述堯、舜,憲章文、武。』有『孟子道性善,言必稱堯、舜』。」[32]

牟氏一方面指出「稱堯舜為原始儒家最古之歷史意識」[33],另方面亦反思儒家言必稱堯、舜是否合於史實?對於儒家是否對堯、舜之治賦予道德潤飾,牟氏作了兩點說明,一是就堯、舜之治本身來說,彼言道:「若從社會進化方面說,……其簡陋質樸,可斷言也。……故不必如後人所稱之善,亦不必如後人所說之惡。」一是就孔、孟立場而言,牟氏云:「根於人性之正所呈現之觀念以自然地粘附於史實,即為此民族之文化意識及歷史精神之象徵與反映。」[34]並綜言之:

> 雖在堯舜之時可無據,而貫於史實之承續中,代代累積而觀之,則非可云純屬虛構也。……而可自歷史精神文化意識之實為如是之觀點而肯定此稱述。此觀點之為客觀,不亞於橫斷史實之考據之為客觀。歷史精神,文化意識,乃一民族之生活永續所必然呈現者。[35]

牟氏區分了史實義與文化義的堯舜之治,二者皆有其真實性,而後者的真實性,是植基於後世對儒家思想的理解與信仰而成,亦具有客觀普遍性。牟氏言道:

---

32 牟宗三:《歷史哲學》,頁4。
33 牟宗三:《歷史哲學》,頁6。
34 牟宗三:《歷史哲學》,頁6。
35 牟宗三:《歷史哲學》,頁6。

> 王道則以夏、商、周三代的王道為標準。照儒家說來，三代的王道並非最高的理想，最高的境界乃是堯、舜二帝禪讓，不家天下的大同政治。……堯、舜是否真如儒家所言，吾人不必論之，但此代表了儒家的理想則無疑，以堯、舜表現或寄託大同理想。[36]

　　牟氏特別區分出史實義下的堯舜之治，當是回應民初顧頡剛等古史派的說法。顧頡剛從《尚書》〈康誥〉、〈酒誥〉等篇及《易經》認為沒有堯舜禪讓的故事，堯舜之事是出現在《偽古文尚書》〈說命〉及〈繫辭傳〉。[37]在古史派以考據法研究古史的作法下，堯舜之治被徹底推翻，而牟氏史實義與文化義的二分，則可將堯舜之治在歷史發展有了清楚的定位。作為古史的堯舜之治是淳樸無華的，而儒家闡發下的堯舜之治則以深植後人之心，成為一種文化理想，形成具普遍義的歷史精神。

（二）以文化生命與物力生命論春秋戰國

　　關於春秋時期的歷史理念表現，牟氏以五霸與孔子作為政治及文化的代表。而在五霸[38]中，又以齊桓與管仲較能顯理，故不

36　牟宗三：〈新版序〉，《政道與治道》（臺北：臺灣學生書局，1991年），頁12。

37　顧頡剛：〈周易卦爻辭中的故事〉，〈周易卦爻辭中的故事〉，《古史辨》（第三冊）（上海：上海古籍出版社，1982年），頁5-9。

38　牟氏對五霸之說法是採《白虎通義》之說法，意指「昆吾氏、大彭氏、豕韋氏、齊桓公、晉文公」，牟氏認為「惟夏、商，史略不詳，茲不論。周之霸惟齊桓、晉文耳。」牟宗三：《歷史哲學》，頁84。

論晉文。牟氏如是地評論二子的優點,管仲「富機智而識大體,用法度而順民情」,而桓公則是「寬厚弘爽,有與人為善之度」。[39]二子限制則是:「桓公多欲而好內,管仲亦奢侈而不羞小節。」[40]基本上,牟氏的評論是承繼孔子所稱齊桓公「正而不譎」(〈憲問〉)及評管仲「如其仁」(〈憲問〉)與「器小」(〈八佾〉)的說法。

牟氏自言其說法不盡同於太史公,並指出:「司馬遷尚未能及於其文化生命之蕩漾,與文化理想之提揭。」[41]牟氏從桓公與管仲的生命特質及事功表現作整體評論:「揆其生命之內蘊,皆于生活貪舒服,而智足以運其欲。亦富貴族情調也。不虛偽,不矯飾,不陷溺,不把持。故能順民情而與人共樂。」[42]「安天下,尊王室,而與人為善。……亦可謂能盡其才情者矣,而不以盡氣顯。」[43]所以不稱之為「以盡氣顯」,是強調「在周文之教養中,而盡其才情者也」[44]故稱其「文化程度極高,富人情味,生命寬裕而暢達,故不把持而能相安。有限度,有分寸,而與人為善,存亡繼絕。」正因如此,牟氏從齊桓及管仲身上見出「春秋三百年,亦不可盡謂之為衰世,……實見有文化生命之蕩漾,與文化理想之提揭。」[45]即此可見出,牟氏對齊桓、管仲之評

---

39 牟宗三:《歷史哲學》,頁85。
40 牟宗三:《歷史哲學》,頁85。
41 牟宗三:《歷史哲學》,頁86。
42 牟宗三:《歷史哲學》,頁85。
43 牟宗三:《歷史哲學》,頁85。
44 牟宗三:《歷史哲學》,頁85。
45 牟宗三:《歷史哲學》,頁85。

價，是承繼孔子從文化理想的面向切入，而更進者，則是從齊桓、管仲的事功，體現二子所具有的文化生命。

至於孔子，牟氏亦從文化生命與文化理想的角度來肯定之。就孔子整體而論，牟氏指出：「孔子之仁體，乃仁體之充其量。全部春秋，到處是嚴整之義，到處亦是悱惻之仁。」孔子本身表現出「通體是文化生命，滿腔是文化理想，化而為通體是德慧之人格」，「其在歷史中之意義以及所留於後人者，即在此型範之形成。」[46]

若細論孔子對周文之承繼之功，牟氏指出：「夏商周三代歷史之演進，可視為現實文質之累積。累積至周，則燦然明備，遂成周文。……周公之制禮是隨軍事之擴張，政治之運用，而創發形下之形式。此種創造是廣度的外被，是現實之組織。」「而孔子之創造，則是就現實之組織而為深度之上升。此不是周公之『據事制範』，而是『攝事歸心』。……現實的周文以及前此聖王之用心及累積，一經孔子戳破，乃統體是道。……孔子以後，只是此典型之繼體，此謂大聖人之創造。」[47]

相較太史公所理解的孔子形象，〈孔子世家〉言道：「『高山仰止，景行行止。』……孔子布衣，傳十餘世，學者宗之。自天子王侯，中國言六藝者折中於夫子，可謂至聖矣！」[48]太史公從孔子偉大的人格及對六藝的深刻思想產生崇高景仰，而牟氏實將聖人、思想家、教育家諸形象，統整為一文化完型，從文化生

46　牟宗三：《歷史哲學》，頁98。

47　《牟宗三：歷史哲學》，頁95。

48　〔漢〕司馬遷撰，〔南朝〕裴駰集解，〔唐〕司馬貞索隱，〔唐〕張守節正義：《史記正義》（臺北：啟明書局，1966年），卷47，頁610。

命與文化理想評價之，而稱之「通體是仁心德慧之孔子」[49]，使吾人得以更明確見出孔子對歷史理念的實現之功。

　　戰國時代，在太史公筆下被描述為「務在彊兵并敵，謀詐用而從衡短長之說起。矯稱蜂出，誓盟不信，雖置質剖符猶不能約束也。」[50]太史公點出當時的政治風尚是強調富國強兵，除了兵力上的較勁外，各種外交謀略如合縱、連橫、遠交近攻之策略，皆以牟利為目的，無誠信可言，故春秋時代的誓盟精神已蕩然無存。此現象牟氏稱其為「物量」之精神，此物量之精神「無理性之根據為背景，乃全為負面者。其勢是隨共同體之破裂而一直向下降。……物量之精神即為此一時之腐臭之暫時的反動，必至其極而後止。」[51]

　　較特別的是，牟氏仍於此現實灰暗中見出歷史理念之光，造成時代晦暗之因素，是因時代缺乏理性之固持，然卻全然呈現「原始的物質生命之粗狂與發揚。」而表現出「戰國風氣一方又極爽朗與脆快」。無論《孟子》書中的梁惠王或齊宣王，或行胡服措施的趙武靈王，以及以養客俠氣著名的戰國四公子，或是太史公筆下鮮活的刺客形象，牟氏見出了戰國時代原始生命的風采。曾云：

　　　　說利就是說利。不願聽就是不願聽。胡服就決定胡服。好
　　　　勇號貨好色，衝口而出，毫無掩飾。孟嘗、信陵、平原、

49　此語為此節之標題，牟宗三：《歷史哲學》，頁 89。

50　本段關於戰國之論述均見於司馬遷撰，裴駰集解，司馬貞索隱，張守節正義：〈六國年表第三〉，《史記正義》，卷 15，頁 199。

51　牟宗三：《歷史哲學》，頁 101。

> 三公子門下士，亦大都具此情調。……魯仲連如天外游
> 龍，乃當時之意境較高者，……至於刺客游俠之士，戰國
> 為極盛，皆足成典型。[52]

短短數語，揭示了戰國灰暗的歷史現象中的星點微光，當然從中可見出太史公對戰國四公子及〈刺客列傳〉精彩描述之影響，但能將《孟子》所載人物與其他重要人物相結合而整體見出次特色，確是牟氏獨到之處。

對於秦結束六國，一統天下的發展，太史公先提出疑問，進而提出他的思考。「論秦之德義不如魯衛之暴戾者，量秦之兵不如三晉之彊也，然卒并天下，非必險固便形埶利也，蓋若天所助焉。」太史公分析，秦地處西陲，其暴戾而無德義，兵力又不及三晉之強，且無地利之便，然終得天下，似乎除天助外，無理可解。最後太史公從秦之施政與歷史變遷考察得出一論斷：「秦取天下多暴，然世異變，成功大。傳曰『法後王』，何也？以其近己而俗變相類，議卑而易行也。」[53]亦即秦施政簡便易行，掌握當時要求簡單的時代趨勢。

太史公從時代繁入簡的趨勢，來看待秦得天下的原因，相當有洞見，亦即指出歷史發展本身有其「一張一弛」──一簡一繁之理，此實為時代興革之要素。牟氏則順著戰國時期的物量精神立說，指出戰國至秦嬴政，已從「物量」轉成「數量」精神。「至乎荊軻刺秦王，……慷慨悲歌，以成爽快表現之尾聲。……

---

[52]　牟宗三：《歷史哲學》，頁107。

[53]　司馬遷撰，裴駰集解，司馬貞索隱，張守節正義：〈六國年表第三〉，《史記正義》，卷15，頁199。

由急迫而凝結（僵化乾枯），則為秦政、李斯之精神。……乃是由純物量轉化為純數量。」[54]所謂的「數量」精神「秦除吏法以外，無他觀念，有之惟數量也。除諡法之文，而計之以數，皆所以示其唯知有量，而不知有質。」而數量精神的限制在於「量則抽象而非具體，無有足以和之者也。此其生命所以不久而枯也。其生命唯是物氣之粗放。……其所開展，唯是廣袤之量。徒量不足以盡具體之精微，有外齊而無曲成，故吏法不足，繼之以權詐，氣氣相濟，則悶滯以死。李斯成之，李斯敗之。」[55]

對秦發展之理解，史家多從秦國結束六國，開啟秦朝新局來論，即使國祚甚短，太史公便是即此來思考何以秦能一統天下。而牟氏是將秦的歷史與春秋戰國的發展結合觀之，將秦從立國到一統，指出其間呈現的三大轉折，一是春秋時期的發展，二是進入戰國時期的孝公變法，第三階段則是嬴政即位後之發展。

較特別者，牟氏不逕探討何以秦能得天下，反倒提出：「當六國滅亡之際，即秦自身破滅之時。」的獨特觀點。其立論基礎便是，秦本身所代表的是一否定階段，「破壞周之與貴族政治凝結於一起之文化型態」，「彼與各國並列生長，而又無高遠理想以擔負綜合之責任，只在『盡物力以決鬥』之原則下，而表現為整齊畫一的物力。」[56]

正因秦本身「並非一精神主體，而乃為一純否定」[57]因此，秦之立國並非新時代精神的建立，只不過是在盡物力決鬥下的勝

---

[54]　牟宗三：《歷史哲學》，頁 107-108。

[55]　牟宗三：《歷史哲學》，頁 130。

[56]　牟宗三：《歷史哲學》，頁 138-139。

[57]　牟宗三：《歷史哲學》，頁 139。

出者，雖然得到了權力，然其生命卻是乾枯的。既然生命已乾枯，一旦有新的時代精神出現，秦政局便如摧枯拉朽般坍塌，足以說明何以秦朝不過十九年即覆亡。

此處亦可將牟氏之說法結合太史公對於秦得天下及失天下的解釋。對於秦得天下，太史公認為秦所以勝出是因採取了便宜施政；若與牟氏之說法結合，亦即在盡物力時風的鬥爭下，秦因採取了簡易政策，故能於多頭競爭中具有優勢，故能一統天下。

至於何以短時間失天下，太史公認為：「周秦之閒，可謂文敝矣。秦政不改，反酷刑法，豈不繆乎？」是因秦不能依著「文敝」採取對治之道，以「忠質」救之，[58]反行嚴刑峻法，不僅無法解決時代之失，反而加速滅亡。亦即秦雖能以簡易施政得天下，然卻未能見出時代之敝在於「文敝」，需以忠代文，反倒行逆施，終至覆亡。若結合牟氏的說法，即是秦雖建國，然原本的盡物力的精神業已消散，且亦未依歷史理念建立新的時代精神，（歷史理念與太史公所說的「忠質」是可相容的）反倒以枯槁的刑法來治天下，自然無法長存。足見秦之失政，問題不在嚴刑峻法本身，而在缺乏新的時代精神。

---

[58] 依太史公之說法：「夏之政忠。忠之敝，小人以野，故殷人承之以敬。敬之敝，小人以鬼，故周人承之以文。文之敝，小人以僿，故救僿莫若以忠。三王之道若循環，終而復始。」司馬遷撰，裴駰集解，司馬貞索隱，張守節正義：〈高祖本紀〉，《史記正義》，卷 8，頁 122。既然歷史發展是從忠到敬到文的循環發展，則處文敝之際，自然當以忠質救之。

五、論兩漢帝王的盡氣、理性精神

（一）論劉邦與漢初綜合的盡氣精神

　　對於劉邦以平民身分，開創西漢二百年基業，開啟了平民打天下的歷史新頁。太史公曾對此提出疑問，在漢之前，無論以德而興，或以力打天下，均須經數十年，或百年的累積方能一統天下。[59]對於劉邦得天下，太史公唯一找到的理由是秦行中央集權，種種廢諸侯封土、墮城池、毀兵器、黜豪傑的作法，適足以助利平民起義。[60]但從太史公「此乃傳之所謂大聖乎？豈非天哉，豈非天哉！非大聖孰能當此受命而帝者乎？」的感嘆中，可發現太史公對於劉邦何以得天下仍是充滿疑惑而無解。

　　陳亮曾對劉邦建國提出見解：「秦以智力兼天下而君之，……勢力一去，則田野小夫皆有南面稱孤之心。競智角力，

---

[59]　〈秦楚之際月表第四〉：「昔虞、夏之興，積善累功數十年，德洽百姓，攝行政事，考之于天，然後在位。湯、武之王，乃由契、后稷脩仁行義十餘世，不期而會孟津八百諸侯，猶以為未可，其後乃放殺。秦起襄公，章於文、繆、獻、孝之後，稍以蠶食六國，百有餘載，至始皇乃能并冠帶之倫。以德若彼，用力如此，蓋一統若斯之難也。」司馬遷撰，裴駰集解，司馬貞索隱，張守節正義：《史記正義》，卷 16，頁 220。

[60]　〈秦楚之際月表第四〉：「秦既稱帝，患兵革不休，以有諸侯也，於是無尺土之封，墮壞名城，銷鋒鏑，鉏豪桀，維萬世之安。然王跡之興，起於閭巷，合從討伐，軼於三代，鄉秦之禁，適足以資賢者為驅除難耳。故憤發其所為天下雄，安在無土不王。此乃傳之所謂大聖乎？豈非天哉，豈非天哉！非大聖孰能當此受命而帝者乎？」司馬遷撰，裴駰集解，司馬貞索隱，張守節正義：《史記正義》，卷 16，頁 220。

卒無有及沛公者，而其德義又真足以君天下，故劉氏得以制天下之命。……彼其初心，未有以異於湯武也。」[61]陳亮認為雖然劉氏之有天下，不同三代聖王之德，然「天生一世之人，必有出乎一世之上者以主之」「世改而德衰，則又相率以聽命於才能德義之特出者。」[62]此說法之特點在於解決了太史公所提何以漢高其德不如三代，其用力不及秦，卻終能制天下之原因。

陳亮所稱「競智角力，卒無有及沛公者」甚是，但陳亮所說「其德義又真足以君天下」，應將此論斷限定在與項羽相較的範圍，而稱劉邦之德義較項羽更宜君天下。至於「彼其初心，未有以異於湯武」，此論斷則大有問題，未有明確文獻證明劉邦與商湯與周武同屬聖王之心。雖說劉邦生於秦末，起於民間，能體會秦法之嚴峻及民間之疾苦，然從劉邦入咸陽後，耽溺於秦後宮，以及於彭城之危，欲避項羽追擊，數次將親生子女推下車，[63]此二事便可見出劉邦爭天下實出於私心，而非湯武革命之出於公心。二者之仁心有純、雜之別；不容否認，劉邦對百姓之疾苦，或偶而同於湯武之心，但未可逕將劉邦事功與湯武等同視之。

61　〔宋〕陳亮：〈問答上〉，《陳亮集》（臺北：漢京文化事業公司，1983 年），卷之三，頁 32-33。

62　陳亮：《陳亮集》，頁 32。

63　〈高祖本紀〉：「遂西入咸陽，欲止宮休舍。樊噲、張良諫，乃封秦重寶財物府庫，還軍霸上。」司馬遷撰，裴駰集解，司馬貞索隱，張守節正義：《史記正義》，卷 8，頁 113。又〈樊酈滕灌列傳〉「至彭城項羽大破漢軍漢王敗不利馳出見孝惠魯元載之漢王急馬罷虜在後常蹶兩兒欲棄之，嬰常收竟載之徐行面雍樹乃馳，漢王怒行欲斬嬰者十餘，卒得脫。」司馬遷撰，裴駰集解，司馬貞索隱，張守節正義：《史記正義》，卷 95，頁 851。

　　牟氏對於劉邦稱帝，其立論點不著重在與三代與秦之比較，
逕從秦生命之枯竭，而提出「天才時代」的來臨，並將漢建國歸
結於劉邦獨特之人格特質。牟氏將太史公所稱之「天」[64]或劉邦
所說之天命，解釋為「天才」，此天才合於劉劭《人物志》中所
說的「英雄」。牟氏云：「劉邦以一平民統一海內，開歷史上之
創例，不能不說其為一能盡氣之天才，而且成為一個典型。在天
才的盡氣上，及其成功，便謂之曰『天命』。人民亦名之曰真命
天子。」「天命二字，劉邦親自說出。……甚有衷氣，亦有無限
感慨，故無虛詐。」[65]牟氏由天才來描述劉邦，可避開陳亮將
「才能德義」混稱的說法，可讓人更清楚地認識劉邦。

　　牟氏一反後人對劉邦之鄙視，[66]認為項羽之格不及劉邦，而
分判點在於劉邦的「豁達大度」。[67]牟氏對太史公所使用的「豁
達大度」一詞作了深刻的描述：意指劉邦生命內具無成套的靈動
生機，而外顯出無所滯隘的耀眼神采與蓋世氣象。牟氏云：

　　　　劉邦之豁達大度自是屬於英雄氣質的，所謂天才也。而此
　　　　種氣質胥由其儀態以及現實生活之風姿布表現。……其氣

64　〈秦楚之際月表第四〉云：「豈非天哉？」司馬遷撰，裴駰集解，司馬
　　貞索隱，張守節正義：《史記正義》，卷16，頁220。

65　牟宗三：《歷史哲學》，頁194。

66　牟氏言道：「司馬遷作〈項羽本紀〉，文章生動，對於西楚霸王寄以同
　　情之感，而於〈高祖本紀〉，則不甚鋪張揚厲。人遂鄙劉邦而厚項羽。
　　論者又常以朱元璋比劉邦：平民創帝業一也，誅戮功臣二也，陰險殘刻
　　三也。以此推彼，益多可憎。實則皆皮相之見，不可為訓。朱元璋別是
　　一格，自有其心理之變態。」牟宗三：《歷史哲學》，頁157-158。

67　牟宗三：《歷史哲學》，頁158。

象足以蓋世，其光彩足以照人，此亦天授，非可強而致。[68]

　　又曰：「天才之表現是風姿，乃混沌中之精英也。……故其機常活而不滯，其氣常盛而不衰。」[69]「觀之似不成套，而其格之高即在其不成套。」[70]牟氏認為項羽與劉邦相較，其限制在於「沾滯與吝嗇」，「既沾滯矣，則不能化物；既吝嗇矣，則為物移。」[71]

　　天才之風姿與刻意表現出的強人姿態相較，自然與不自然，判若天壤。牟氏指出：「強而上騰，則費力不自然，不可以儼服人，所謂矜持而亢也。天授者則其健旺之生命，植根深，故發越高；充其量，故沛然莫之能禦。」[72]又云：「在天才前，天資與天資比，有高低，有強弱。毫釐之差，便有不及。馳騁角逐，所爭只在呼吸間，不及即是不及，決無可以虛假矜亢而冒充者。」[73]

　　雖說劉邦表現出不成套的靈動風姿，但若僅此，仍無法制天下。必須有成套之人輔佐，以建立客觀系統。牟氏云：「劉邦並無一定系統，而其系統在張良，在蕭何，在韓信。」[74]此正可呼應《史記》〈高祖本紀〉劉邦與臣下論得天下之原因。當高起與

---

[68] 牟宗三：《歷史哲學》，頁 158。
[69] 牟宗三：《歷史哲學》，頁 158。
[70] 牟宗三：《歷史哲學》，頁 158。
[71] 牟宗三：《歷史哲學》，頁 159。
[72] 牟宗三：《歷史哲學》，頁 158。
[73] 牟宗三：《歷史哲學》，頁 162。
[74] 牟宗三：《歷史哲學》，頁 158。

王陵將得天下之原因歸結於劉邦「與天下同利」，此勝於項羽「妒賢嫉能」與吝於封賞。但劉邦回應：「公知其一，未知其二」，意味著劉邦不吝分封只是原因之一，另一重要原因在於任賢。「夫運籌策帷帳之中，決勝於千里之外，吾不如子房。鎮國家，撫百姓，給餽饟，不絕糧道，吾不如蕭何。連百萬之軍，戰必勝，攻必取，吾不如韓信。此三者，皆人傑也，吾能用之，此吾所以取天下也。項羽有一范增而不能用，此其所以為我擒也。」[75]

　　三傑對劉邦而言，使劉邦所具備的領導者氣象（魅力）得以客觀系統化，以全面性的軍事與政治，擊敗項羽單向以勇武取天下之作為。如此雖看似爭天下多屬三傑之功，然若無劉邦之高智及獨特之能力，焉能見三傑之特出，且適當重用之？正因受劉邦深知且重用，故三傑得馳騁長才。

　　牟氏見解之獨特處在於，將劉邦與三傑並觀，故能一方面見出劉邦得三傑之助而得以系統化，另方面見出三傑因與劉邦合作，方能大顯長才。牟氏云：「張良與高祖相得而彰智，蕭何與高祖相得而成事。智之靈所以運事，事之局所以定世。」[76]也唯有如此，方能見出劉邦之天才，以及蕭何看似平凡，實則卓越的

---

[75] 〈高祖本紀〉：「高祖置酒雒陽南宮。高祖曰：『列侯諸將無敢隱朕，皆言其情。吾所以有天下者何？項氏之所以失天下者何？』高起、王陵對曰：『陛下慢而侮人，項羽仁而愛人。然陛下使人攻城略地，所降下者因以予之，與天下同利也。項羽妒賢嫉能，有功者害之，賢者疑之，戰勝而不予人功，得地而不予人利，此所以失天下也。』高祖曰：『公知其一，未知其二。』」司馬遷撰，裴駰集解，司馬貞索隱，張守節正義：《史記正義》，卷8，頁119。

[76] 牟宗三：《歷史哲學》，頁232。

事功精神。對於蕭何之重要性，牟氏指出「為法化一，足以堅穩一代之大局，此雖無風姿之可言，而實有盡理之精神。（分解的盡理）」[77]至於繼蕭何為相的曹參，後人只知曹參之功不過是「蕭規曹隨」，但牟氏指出曹參不凡處在於：「清靜安寧，合乎生息之道。生息滋養，不以權術行，而以氣質行。故擇厚重長者，而斥言文刻深。以渾樸引渾樸，天下未有不寧者也。曹參之能至此，其慧亦不可及也。」[78]

（二）論漢武、光武與理性的時代精神

牟氏論漢武，是就雄才大略與好大喜功的現象作整體思考，以「發揚的理性人格」一詞來貫述漢武的人格及行徑，[79]「發揚」是就漢武之才性而說，「理性」是就具體實踐而言，即漢武能接受儒學之理想性，使自我客觀化。

關於漢武之才性，自成一格，牟氏以「鋪張揚厲」（「張揚」）形容之。曾云：

> 前人評武帝為雄才大略，又譏其好大喜功，司馬遷對之又多有微詞。實則雄才大略亦不足以盡之，其人之為天才亦自別為一格。其人不如劉邦之富于藝術性，故覺其無甚趣味。又不如文帝沉潛含蓄，富于機智，故覺其鋪張揚厲，而乏潛德之幽光。[80]

---

[77] 牟宗三：《歷史哲學》，頁 234。

[78] 牟宗三：《歷史哲學》，頁 234-235。

[79] 牟宗三：《歷史哲學》，頁 258。

[80] 牟宗三：《歷史哲學》，頁 257。

此外，亦從漢武之出身及整體表現，認為漢武實屬能盡氣之天才，牟氏云：

> 就世家門第言之，已足夠為闊大公子之資格矣。謂其好大喜功，亦未始不可。然其憑藉厚，而能善用其憑藉；其才氣大，而不萎瑣其才氣；其接觸問題，而必其解決而不躲閃；此亦為能盡氣之天才也。[81]

而盡氣天才的特色之一，便是想像力豐富，彼言道：「能歌辭，……能接近各種類型之人物，……此示其興趣之廣，能客觀地欣賞各種人士之能而不固結于主觀之偏好。此必生命洋溢豐富而後能者。」[82]

對於種種富爭議的行徑，牟氏亦分別從正、反兩端作整體論析：「生命不強者，不能多欲。多欲固不必佳，然其飛揚進取，大理物博之一義，未可忽視也。」「多欲、富想像、好誕，然亦能引之于正，則其好怪誕即可說其生命中之夾雜，氣質中之渣滓。」[83]又曰：「彼好神仙怪誕之事，……此是其想像力頗豐富也。」[84]牟氏從正、反兩端見出多欲、好誕既可視為生命豐富的表現，亦可視為氣質中的渣滓。

至於漢武之理性表現，牟氏認為與漢武本身能盡氣，故生命光朗，故而接受理想。曾云：「生命豐富者，不刻薄，不陰險，

---

[81] 牟宗三：《歷史哲學》，頁257。
[82] 牟宗三：《歷史哲學》，頁257。
[83] 牟宗三：《歷史哲學》，頁258。
[84] 牟宗三：《歷史哲學》，頁257。

不邪僻，故能憑其想像力而接受理想。……其接受理想也，非奇特浪漫而具孤僻性之理想，而乃具有富麗堂皇，光明正大，帶有正統性之理想。」[85]牟氏並以漢武之行事作為為印證，言道：「賞罰立斷，不假借；立昭帝而必殺其母：此示其有法治精神，而不為主觀情感所繫縛也。」[86]

對於漢武推行儒家思想，牟氏提出正面肯定，並認為此作法出於漢武的氣性與對儒學的欣賞。曾云：

> 武帝則進一步欣賞儒家思想之富貴性、理想性及構造性。此非其內心中有超越之想像與自肯之信念不能也，非可純以假借視之也。……武帝之契此，亦由氣質分數多，不必由德業之純粹。然古今帝王能積極地欣賞此義，而又恰相應于歷史進程中之時代使命或事業表現，惟武帝一人而已。[87]

牟氏對漢武之評論，異於太史公於〈武帝本紀〉暢言漢武好鬼神及封禪之行徑，[88]而著重漢武能重視儒家思想並推行之。但須強調的是，牟氏並非認為漢武如聖賢全心全意實踐儒家思想，

85　牟宗三：《歷史哲學》，頁 257。

86　牟宗三：《歷史哲學》，頁 257。

87　牟宗三：《歷史哲學》，頁 258。

88　〈武帝本紀〉云：「余從巡祭天地諸神名山川而封禪焉，入壽宮侍祠神語，究觀方士祠官之言，於是退而論次，自古以來用事於鬼神者，具見其表裏。」司馬遷撰，裴駰集解，司馬貞索隱，張守節正義：《史記正義》，卷 16，頁 154。

而是認為漢武並非全是虛偽地假行儒家思想，雖異於聖賢君子的作法，但亦有其正面意義。

何以牟氏作出這般的論斷？因牟氏基於歷史判斷之故，一方面對漢武的個人評論，不全從道德性面向來看，而亦著重氣性這部分，指出漢武基於氣性上的相近與喜好而重視並推行儒家思想；另方面將漢武與歷代帝王相比，而認為武帝較其他帝王更重視儒家思想。此觀點在歷代對漢武的評論，極為特殊。

對於東漢光武的個人格特質，牟氏以「凝斂的理性人格」統論之。[89] 牟氏形容光武道：

> 彼以理性自斂而斂人，……其氣與才，斂之於理中，而以理運，故不以風姿勝。……既以理運矣，故當處於死生之際，興廢之幾，獨能曠然超于其外，而又能入於其中以轉其軸，而顯其勇。[90]

牟氏亦指出，光武「凝斂的理性人格」與彼所受之其文化教養有關，言道：「早年學於長安，涵泳於西漢經學之長流中，彼固亦有經義教養之人也。」[91]

至於光武的事功表現，牟氏云：「彼以凝斂之理性人格，神其用而安插數百萬之降眾，復神其用而穩定天下，而整飭吏事，而釐清政治機構中之各部門，而文理密察，以成其曲而能

---

89 牟宗三：《歷史哲學》，頁 305。
90 牟宗三：《歷史哲學》，頁 315。
91 牟宗三：《歷史哲學》，頁 318。

達。」[92]牟氏認為光武的理性人格屬「理解理性」，不同於聖賢「超越的綜合理性」，故不如聖賢既能「範圍天地之化而不過」又能「曲成萬物而不移」，而僅能成就「曲成萬物而不移」。[93]

　　牟氏亦肯定光武對待功臣的兩點作法：一「保功臣之福祿，而無誅譴」，二「功臣吏職殊途而不相蒙」，並將之與歷代君王相較，給予了「此為理性表現之最彰著者」的高度評價。[94]

　　牟氏又指出光武所領導的集團，亦同具有「凝斂的理性人格」，牟氏云：

> 彼所團聚者實為一群執禮有文之秀士，故有田間之樸誠，而無草莽之野氣；有學問理性之凝斂，而無原始生命之燦爛。故以理性勝而不以天資顯。天資涵泳於理性之中而運道於實際。[95]

　　此外，牟氏又進一步論及光武與集團對時代的影響，曾云：「彼有凝斂之理性，而所團聚者又能契合而接受此理性，故能成一代之規模。」[96]

　　就上述所論可見出，牟氏認為以光武為核心的東漢初的政治集團，均呈現出「凝斂的理性人格」，形成一股樸誠文禮的時代風氣，異於西漢初年漢高帝的草莽天才之氣。此說法將光武與功

92　牟宗三：《歷史哲學》，頁316。
93　牟宗三：《歷史哲學》，頁316。
94　牟宗三：《歷史哲學》，頁319。
95　牟宗三：《歷史哲學》，頁319。
96　牟宗三：《歷史哲學》，頁319。

臣的人格與事功，以及對時代的影響作了整體論述，鮮明地對顯出西漢、東漢所程現不同的時代風神。

六、論盡氣精神的精彩與限制

前已指出牟氏所提出「歷史精神」這樣的概念，強調的是觀念型態中的真理如何在現實的曲折發展中，朝著自身理想的目的前進。[97]此觀點並非脫離現實而逐標舉出普遍之理，亦非只從現實中見出表面趨勢而未見真理之意義。

牟氏論歷史的理勢關係，深受船山觀點影響，但二子的思考方式稍有分別。雖然二子皆言理勢不二，但船山強調即勢見理，而牟氏則言以理導勢。船山論理勢云：「勢相激而理隨以易」[98]，又嘗論郡縣制云：「郡縣之制，垂二千年而弗能改矣，合古今上下皆安之，勢之所趨，豈非理而能然哉？」[99]亦即勢並非僅是現實趨勢，而是其中有常理存焉，而理乃勢之所以然者也，故船山強調即勢見理，於勢變中見出作為原則的理。

牟氏的觀點較強調以理導勢。曾論中國歷史發展型態的特徵是——「以理想貫通於政治運用」，並以周初之封建為例，牟氏云：

97　「觀念形態中的真理，⋯在由曲折宛轉之中，總要向它自身的固有目的而趨。」牟宗三：《歷史哲學》，頁1。

98　〔明〕王船山：《讀通鑑論》，《船山全書》（十）（長沙：嶽麓書社，1996年），卷1，頁67、68。

99　王船山：《讀通鑑論》，《船山全書》（十），頁67、68。

其始也為征服，為佔有，而既征服佔有以後，不向經濟特權之階級社會而趨，而急亟于制禮作樂，形成宗法之家庭制，等級之政治制，則其自始即以理想貫通政治，以政治運用穩定社會。[100]

　　牟氏強調「集團生命底活動，不論其自覺與否，均有一理念在後面支配。理念就是他們活動的方向。」[101]又云：「超越的理念之貫注於集團生命之活動中，即事理之事中而被表現，方使事理之事有意義，有理。」[102]此意味著，牟氏認為勢之方向是由理所引導，故勢可視為理的活動過程；而此過程或是直接的、間接的、正面的、負面的、自覺的、不自覺的，此理是超越性的。至於此理的活動是辯證性的。[103]相較船山的理勢關係，牟氏強調的是先肯定理的超越存在，理便辯證地體現於事勢中，而整個事勢便是朝著最終理想而前進。

　　依牟氏所言歷史精神的辯證發展，其中關鍵，當在於梁氏所說「首出人格者」。前已指出牟氏嘗言：「超越的理念之貫注於集團生命之活動中」，而首出人格者又是集團生命之體現者，故首出的人格者與時代風潮有著緊密關聯，因此，牟氏在論及各時代風氣，往往扣緊當時的首出人格者來論。其立論背後已預設了梁氏所稱一人的個性能擴充為一時代、一集團的共性，而一時

---

[100] 牟宗三：《歷史哲學》，頁23。

[101] 牟宗三：〈「歷史哲學」三版自序〉，《歷史哲學》，頁4。

[102] 牟宗三：〈「歷史哲學」三版自序〉，《歷史哲學》，頁5。

[103] 〈「歷史哲學」三版自序〉，牟氏云：「事理的可能是通過事理之勢之辯證地體現理念而可能。」牟宗三：《歷史哲學》，頁5。

代、一集團的共性能寄現於一人的個性。舊時代末期如此，新時代初期亦如此。

牟氏的思考重心不在說明個人的個性如何擴充為時代共性，或時代共性如何寄現於個人之個性的問題，而是直接指出個人性格與時代共性間的關聯性。關於此，可以牟氏論漢高與漢初風氣及漢武與西漢精神為證。牟氏云：「當時人皆樸質，無成規可依據，無虛套可裝飾，純以原始生命相表露，以天資相折衝。……此為後來各時代所不能有者。於此可見，純為天才時代，而非文化系統時代也。」[104]又論漢武道：「由武帝之『發揚的理性人格』，鑄成此後西漢之時代精神。（此亦可說，此是時代精神之凝聚而實現之于具體人格者。）」[105]此二例便可見出牟氏直接說明首出人格者的個性與時代共性之關聯。

此外，牟氏亦以氣的消長解釋一個朝代的興廢。牟氏認為朝代的建立，是靠英雄打天下，這就是一種盡氣的方式。曾云：「大帝國之建立，其始也必須以氣顯，此則自漢始。後起者無論及不及，皆自此路走。」對於爭天下過程之慘烈，牟氏有番鮮活地描述：「然此路皆險絕而有竭嘶之感，費盡拔山氣力，捨性命耗心計以求一逞，既得之，患失之，把持天下，無所不用其極。」[106]即使得了天下，在建國初期，統治者藉由諸多手段、政策鏟除各項阻力，以確保自己以生命辛苦掙得的戰果。隨著朝政日漸安定，統治者的憂患心漸減，種種失政、墮落情況出現，使得自然之氣無法充盡發揮，而走向衰亡。

---

[104] 牟宗三：《歷史哲學》，頁 151。

[105] 牟宗三：《歷史哲學》，頁 258。

[106] 牟宗三：《歷史哲學》，頁 85。

牟氏亦以氣的盛衰解釋歷代變遷。曾云：「真能盡氣者惟漢唐，稍不能至，則生命墮落，僵化而為物氣，因此自私、剛愎、乖戾殘暴。」[107]

對於朝代之治亂，牟氏總結曰：「在盡氣中有健康與墮落之表現，即一治一亂之循環性。」[108]進一步細論之：「能盡其氣，則為健康；不能盡其氣，則為墮落。墮落則氣轉為物氣，而純物化矣。」又曰：「健康之時，則原始生命充沛而不滯。每一朝代開始幾十年，總有此象。其各種表現之能盡理，皆賴其氣之不衰。」[109]此正合理解釋，自漢以降，總是見新朝建立，又見新朝覆亡，呈現治亂循環的現象。

七、從英雄的盡氣精神轉出民主的分解盡理精神

透過上述關於牟氏對三代以降至東漢歷史論析，以下將進一步指出牟氏對於吾國歷史的整體說明，以及牟氏對民國建立後所提出的因應之道。

牟氏指出吾國歷史發展言道：「如以盡氣為領導精神，則其氣必停於其原始之狀態，而服從自然之強度原則，不能客觀化而為構造者。」[110]並從「綜合的盡氣之精神」指出吾國歷史的六種姿態：一、一治一亂的循環性，二、只有革命而無變法，三、衰世所出現的氣節之士以及所謂的士氣，如東漢得黨錮與明末的

---

[107] 牟宗三：《歷史哲學》，頁 85。

[108] 牟宗三：《歷史哲學》，頁 197。

[109] 牟宗三：《歷史哲學》，頁 197。

[110] 牟宗三：《歷史哲學》，頁 197。

東林事件；四、亂世出現的暴戾之氣與慘酷事件，五、末世出現的軟性物化與風流清談，六、以天下為己任的儒者，牟氏云：

> 其精神皆從「綜合的盡理之精神」中，直接措之於政治，……只有超越的莊嚴義，而無內在的構造義。其對於政事也，只有外在之穩定義，而無內在的興發義。其對於「體國經野」，只有文飾之制度相，而無問題之制度性。[111]

又曰：「只能順盡氣者而委曲以成全之，而不能駕馭盡氣者而根本轉化之。」[112]「所謂治國安邦亦只能順其盛時而為太平，至衰世時，則又只能退隱或為氣節之士矣。」[113]

牟氏並深切指出，若欲解決上述的問題，唯有透過「分解的盡理精神」方能不為盡氣精神所限，而能「客觀化其氣而依法律基礎以延長之。」[114]所謂分解的盡理精神，分解與綜合相對，指對象化思維；盡理則相對盡氣而言，強調客觀化。牟氏認為若分解的盡理精神向科學發展，可助於事功性及制度性精神之發展；若向國家政治政權民主發展，則助於引發政治之主體自由，如此便可化解吾國歷史出現之難題，即「皇位繼承之難、朝代更替之難、宰相之難」[115]，亦即藉由民主制便可解決家天下所出現的重大問題。

---

111 牟宗三：《歷史哲學》，頁218。
112 牟宗三：《歷史哲學》，頁218。
113 牟宗三：《歷史哲學》，頁219。
114 牟宗三：《歷史哲學》，頁197。
115 牟宗三：《歷史哲學》，頁219。

　　雖然牟氏指出吾國歷史發展的限制在缺乏分解的盡理精神，但並非認為此足以代替盡氣精神，而是認為皆不可缺。彼言道：「綜合的盡理之精神、綜合的盡氣之精神，與分解的盡理之精神，此三者，自整個文化言，缺一不可。」[116]這也正是牟氏指出吾國現今必須面對的歷史大轉折，既需取法西方分解的理性精神，重視客觀知識、制度並建構之；同時亦應重視民主之觀念，建立出一套不以人廢法的法律制度，以維繫國家社會的美好與安定。

　　牟氏作為一位儒者，透過對歷來儒者之志與行的研究，發現過去儒者處境之艱難與無奈，他沉痛指出：

> 我們今天說宋明儒雖亦照顧外王而不夠，……是我們在這個時代事後諸葛亮的說法。……政權是皇帝打來的，這個地方是不能動的，等到昏庸的皇帝把國家弄亡了，卻把這個責任推給朱夫子，朱夫子那能承受得起呢？去埋怨王陽明，王陽明那能擔當得起呢？[117]

　　當牟氏指出過去歷史所存在盡氣精神之限制，彷彿解開了背在歷代儒者身上的重擔，同時也為歷代證治發展找到問題癥結，進而為新時代找出新的發展契機。

　　牟氏的「新外王」主張提醒吾人重新正視過去被忽略的事功精神，[118]並以西方社會為例，指出：

116　牟宗三：《歷史哲學》，頁196。

117　牟宗三：〈自序〉，《政道與治道》，頁11。

118　〈自序〉，牟氏云：「事功的精神是個散文的精神，平庸、老實，無甚

> 事功的精神即是商人的精神，這種精神卑之無甚高論，境
> 界平庸不高，但是敬業樂群，做事仔細精密，步步紮實。
> 英美民族是個事功精神的民族，歐陸的德國則表現悲劇英
> 雄的性格，瞧不起英美民族，但是兩次大戰戰勝的卻是這
> 些卑之無甚高論的英美民族。所以這種事功精神是不能不
> 正視的。[119]

牟氏從英美的事功精神見出其事功的意義在於民主政體，進
一步思索吾國的發展方向，彼言道：

> 中國以前所要求的事功，亦只在民主政治的形態下，才能
> 夠充分的實現，才能夠充分的被正視。……這種事功的精
> 神要充分地使之實現，而且在精神上、學問上能充分地證
> 成之，使它有根據，則必得靠民主政治。[120]

此外，牟氏指出新時代的事功精神仍需加入科學精神的材質

精采出奇。蕭何即屬事功的精神，劉邦、張良皆非事功的精神，可是中
國人欣賞的就是後者。蕭何的功勞很大，所謂『關中事業蕭丞相』，但
因其屬事功精神，顯得平庸，故不使人欣賞。漢朝的桑弘羊，唐朝的劉
晏皆為財政專家，屬事功精神，然而中國人對這一類人，在人格的品鑑
上總不覺有趣味。事功的精神在中國一直沒有被正視，也沒有從學問的
立場上予以正視、證成。……中國人的文化生命正視於聖賢、英雄，在
此狀態下，事功的精神是開不出來的。」牟宗三：《政道與治道》，頁
14。

[119] 牟宗三：〈自序〉，《政道與治道》，頁14。

[120] 牟宗三：〈自序〉，《政道與治道》，頁15。

條件，「科學是新外王的材質條件，亦即新外王的材料、內容。」[121]強調科學精神，並非否定道德理想，而是見出道德理想要落實，必須靠專業知識與能力。以過去而言，孔子論仁，欲發政施仁，仍須學習禮樂之教及射、御、書、數之技術，學習各種有助施政的專業能力。然隨時空變遷，西方科學成就日新月益，如果不具備相當之能力，如何將濟世之理想落實？牟氏觀點的特殊處在於，不將科學視為儒學以外的知識、技能，而是視為出自儒學內部的自然要求。曾云：

> 在以前的社會中，那些老知識也就足夠應付了，然而今天的社會進步，往前發展，要求新知，亦屬應當的要求。儒家內在的目的即要求科學，這個要求是發自於其內在的目的。何以見得呢？講良知，講道德，乃重在存心、動機之善，然有一好的動機卻無知識，則此道德上好的動機亦無法表達出來。所以，良知、道德的動機在本質上即要求知識作為傳達的一種工具。[122]

此意味著，牟氏認為科學知識是道德動機或實現道德理想的重要媒介，否則空有道德動機與道德理想，缺乏具體實踐的知識與能力，則無法真正實現外王事功，連內聖亦不徹底。

牟氏另一個特殊的論點是科學與民主必須相結合，曾云：

---

[121] 牟宗三：〈自序〉，《政道與治道》，頁15。
[122] 牟宗三：〈自序〉，《政道與治道》，頁15-16。

> 科學知識是新外王中的一個材質條件，但是必得套在民主
> 政治下，這個新外王中的材質條件才能充分實現。否則，
> 缺乏民主政治的形式條件而孤離地講中性的科學，亦不足
> 稱為真正的現代化。一般人只從科技的層面去了解現代
> 化，殊不知現代化之所以為現代化的關鍵不在科學，而是
> 在民主政治。[123]

牟氏認為科學背後的意義是以人為主，並非乾枯的技術，在
民主精神的支持下，科學精神成了實踐民主精神的重要媒介，讓
處理眾人之事能在客觀的知識與技術下進行，使得人為政治主體
的理想藉由合理的制度、政策、施政得以合理落實。

牟氏援引黃宗羲所言「三代以上，藏天下於天下」，認為這
句話「即是個『開放的社會』（open society）」。並借用黃氏另一
句話「三代以上有法」言道：「三代以上有法度，這個法乃是保
障『藏天下於天下』，這種法治是多麼的深刻，這才是真正的法
治。」[124]

牟氏即此指出西方的民主政治，能表現些於「藏天下於天
下」的理想。[125]此說法意味著，現今行民主政治，必須以「藏
天下於天下」作為最高理想，避免任何人假民主之名，行專制之
實，這點可作為現今各國行民主之最佳指導原則。牟氏這番以古
為鑑，以今證古的苦心，相當有洞見，對徘徊於民主迷思及迷信
科學萬能的現代人來說，實具振聾發聵之大功。

---

[123] 牟宗三：〈自序〉，《政道與治道》，頁 16。

[124] 牟宗三：〈自序〉，《政道與治道》，頁 20。

[125] 牟宗三：〈自序〉，《政道與治道》，頁 20。

八、結論

　　牟氏對三代至東漢歷史的解釋，說明過去歷史是由少數人為代表，並引領了時代發展，這段漫長的歷程是以盡氣精神為主導。而在對新時代精神的說明方面，則指出隨著世界民主思潮的發展，時代的主導權將由少數精英分子，轉向廣大的群眾。

　　現今的政治型態迥異於過去的政治體制，以現代的國家型態出現；而國家領導者的產生，亦不同於過去打天下的方式，而是依賴民主選舉，過去的英雄已為代表多數民意的政治人物所替代。真正的民主強調的是以人民為政治主體的概念，選舉便是展現民主的一種方式。如何建立一套客觀的民主制度，以充分發揮民主精神，確實是我們這個時代重要課題。

　　既然牟先生為我們重新檢視過去歷史，並提出 40-50 年代的發展方向，現今的我們又當何去何從？筆者以為有幾點值得思考。

　　其一是人民的民主素養。雖然民主制可讓眾人行使選舉、罷免、公投等權力，但是眾人本身的素養，以及本身既有成見，皆是難以全面要求的，如何提升人民的民主素養將是重要課題。

　　其二是國家的健全發展。整個國家政策的制定與推動，仍須靠被民眾賦予權力的政治人物來執行。對於這些政治人物所具備的條件與能力之養成，是否仍可套用過去英雄的模式解釋，亦值得深入探究。

　　其三是正視全球化問題。現今國家發展，必須放在更寬廣的全球化視野加以考量，複雜的全球化情勢將牽動國家整體發展。

　　牟先生已為我們指出時代發展的必然趨勢，提出落實民主理

想的重要,有其時代意義。但對關懷現今發展的人們而言,則須進一步針對實行民主制度的眾人,以及推動國家政策的政治人物,進行分析研究,使國家發展更健全,更長久;同時更須因應全球化的發展,思考國與國之間的發展關聯。這些複雜的難題,在在考驗著我們這個世代人們的智慧。

第六章　從受用角度考察
唐君毅先生由疾病證悟人生

一、前言

　　近年來探討老年、生死與疾病論著如雨後春筍般問世，足見這些生命問題成為社會關注的焦點。2008 年單國璽樞機主教出版一部《生命告別之旅》，記錄自己於 2006 年得知罹患肺腺癌，如何透過信仰面對的歷程。[1] 今年 2015 年由曾任職蘋果公司，創建微軟中國研究院、Google 公司，於 2009 年創辦創新工場的企業家李開復出版其中一部暢銷書《我修的死亡學分》，透過自身罹患淋巴癌第四期的經歷，寫下他對生命的體悟。其中，對他啟發最多的是星雲法師的觀點，他深刻記下發病初期的心情。李氏云：「那時候，我常常怨天怨地、責怪老天爺對我不公平，我從內心深處發出呼喊：『為什麼是我？我做錯了什麼？這是因果報應嗎？』我是天之驕子啊！我有能力改變世界、造福人

---

[1]　單國璽、林保寶：《生命告別之旅》（臺北：天下文化事業公司，2008年）。

群，老天爺應該特別眷顧我。」[2]並記下星雲法師的開示，李氏云：

> 「人身難得，人生一回太不容易了，不必想要改變世界，能把自己做好就不容易了。」大師略停了停，繼續說：「要產生正能量，不要產生負能量。」他的每一個字都落在我的心田裡：「面對疾病，正能量是最有效的藥。病痛最喜歡的就是擔心、悲哀、沮喪。病痛最怕的就是平和、自信，和對它視若無睹。我得了幾十年糖尿病，但我無視於它的存在，每天照樣做我該做的事，我現在還不是活得好好的！」[3]

但真正點醒他的是星雲法師的這番話：「追求最大化影響力，最後就會用影響力做藉口，追求名利。不承認的人，只是在騙自己。」他醒悟到：

> 為了追求更多的影響力，我像機器一樣盲目地快速運轉，我心中那隻貪婪的野獸霸占了我的靈魂，各種堂而皇之的藉口，遮蔽了心中的明燈，讓我失去準確的判斷力。……我的身體很誠實，我長期睡不好、痛風、便祕、還得了帶狀皰疹。這些警訊都太小了，最後身體只好用一場大病來警告我，把我逼到生命的最底層，讓我看看自己的無知、

2　李開復：《我修的死亡學分‧與星雲大師對談》（臺北：天下文化事業公司，2015 年），頁 75。

3　李開復：《我修的死亡學分‧與星雲大師對談》，頁 77。

脆弱、渺小；也讓我從身體小宇宙的複雜多變，體會宇宙
人生的深邃、奧祕。[4]

　　一位長期活躍在鎂光燈下，曾於 2013 年獲選《時代》雜誌
全球最有影響力一百人的世界級知名企業家，竟能承認自己的無
知、脆弱、渺小，多麼不容易。透過他親身經驗的分享，獲得許
多讀者極大迴響。這也讓我想到，當代新儒家重要人物唐君毅
（1909-1978）曾寫過一系列人生體驗之論著，反省的深刻度遠超
過這部暢銷書，值得重新被現今社會重視。
　　唐氏深受學界高度肯定，主要是文化意識、心性學及治療學
三方面，牟氏推崇為「文化意識宇宙中之巨人」，[5]曾昭旭先生
推崇為「新儒學之儒」，[6]林安梧先生推崇為「開啟『意義治

---

[4]　李開復：《我修的死亡學分・與星雲大師對談》，頁 79。

[5]　牟氏云：「他不是哲學宇宙中的巨人，如柏拉圖與康德等，他越過了哲
　　學宇宙而進至了文化意識之宇宙，他成了此文化意識宇宙中之巨
　　人。……儒者的人文化成盡性至命的成德之教在層次上是高過科學宇
　　宙、哲學宇宙乃至任何特定的宗教宇宙的；然而它卻涵蓋而善成並善化
　　了此等等之宇宙。唐先生這個意識特別強。吾與之相處數十年，知之甚
　　深。吾有責任將他的生命格格彰顯出來以昭告於世人。故吾人於哀悼其
　　有限生命之銷盡之餘，理應默念而正視其文化意識宇宙中巨人之身
　　份。」牟宗三：〈哀悼唐君毅先生〉，《鵝湖月刊》第 33 期，1978 年
　　3 月，頁 4。

[6]　曾氏云：「唐先生則以其誠篤的性格、辯證的精神，善能回歸儒學的道
　　德本體，以引導時代之崩解復歸於太和，而可謂得新儒學之儒。的確，
　　在一片崇尚西學之風的當代，聰敏善分析者多而篤實於行者少。」曾
　　昭旭：〈論唐君毅先生在愛情學上的先驅地位〉，《鵝湖月刊》第 381
　　期，2007 年 3 月，頁 19。

療」的當代新儒學大師」。[7]

在唐氏眾多著作中，《人生之體驗》、《人生之體驗續編》、《病裡乾坤》在關注焦點與寫作形式都與其他強調思辨的著作不同，牟宗三先生（1909-1995）視這類著作屬於道德宗教層面的哲學。

牟氏曾評論〈說人生路上的艱難〉一文，認為屬於「主觀實踐」的層面，所講的內容即實踐義的道德宗教。牟氏云：

> 在主觀實踐中所講的問題即是道德宗教。此是踐履中的道德宗教，不是思辨中的道德宗教，亦不是習慣中的道德宗教。真實的存在主義，由「存在的」一入路以認識人生與道德宗教亦當歸於此路。由「存在的實踐」亦可透示道德宗教的本質與義理。……「存在的實踐」（主觀的實踐）中的道德宗教方是真實的道德宗教。此是受用的呈現的放光的道德宗教。納道德宗教的本質於工夫，於存在的踐履中。[8]

牟氏對唐氏這類著作給予極高的評價，曾評論道：

---

[7]　林氏云：「唐先生之所重不在『批判』，而在於『治療』。唐先生之所重不在於『分解』，而在於『綜合』。唐先生之所重不在於『論辯』，而在於『詮釋』。或者，我們可以說唐先生是一重視意義的理解與詮釋、體系的綜合與創造，經由個人生命的體驗，而開啟了一『意義治療』的當代新儒學大師。」林安梧：〈開啟「意義治療」的當代新儒學大師-唐君毅先生〉，《鵝湖月刊》第 235 期，1995 年 1 月，頁 2。

[8]　牟宗三：〈關於歷史哲學——酬答唐君毅先生〉，《歷史哲學·附錄》（臺北：臺灣學生書局，1988 年），頁 21。

> 滴滴在心頭，而愧弗能道。今經吾兄以文字般若說出，此
> 於人生之途徑，智慧之歸宿，有極深極激之指點。人若於
> 此得端其所向，知其如何用工而得以超拔其自己，則吾兄
> 之功德豈可量哉？[9]

這段評論，一方面見出牟氏自言深受唐氏說法的震撼，另方面又
指出唐氏的貢獻在於將自身的證悟透過指點式文字，指引他人透
過實踐掌握人生方向及開啟智慧從有限生命中超拔出來。

牟氏並指出唐氏是「存在的證悟者」，「是內在主觀的痛苦
感受者，證悟即是將解悟所至納入主觀的痛苦感受中，而再在痛
苦感受中冒出來。」[10]

除牟氏從道德宗教層面討論外，曾昭旭先生則由「身心的修
養與辨證」的心性學加以評論，指出：

> 唐先生早年就是全幅心力都放在這立本工夫上，……表現
> 於著作，就是他早期的人生之路三書（《人生之體驗》、《道
> 德自我的建立》、《心物與人生》），以及後來的《人生之體驗
> 續編》。尤其是最後一書，依我看，乃是唐先生在心性學
> 上的極峰之作，非有最真誠精切的心性反省工夫，是寫不
> 出來的。我甚至認為，唐先生的所有其他著作，他人都未
> 必不能作，只有此書，是唯唐先生才寫得出。……即因在
> 當代的學風下，思辨分解才是主流，鮮有人肯潛心作生命

9　牟宗三：〈關於歷史哲學——酬答唐君毅先生〉，頁21。
10　牟宗三：〈關於歷史哲學——酬答唐君毅先生〉，頁22。

體驗之故。但也正因此故,而可見得唐先生之可貴與可敬。[11]

此外,林安梧先生、鄭志明先生則由心理學角度切入,探討唐氏觀點與西方「意義治療」學的關聯。林氏結合了奧地利心理學家維克多・弗蘭克（Viktor Emil Frankl, 1905-1997）「意義治療」學的觀點,考察《人生之體驗續編》及《病裡乾坤》所具有的「意義治療」學特色。針對《人生之體驗續編》,林氏指出:

> 唐先生在其「人生之路」的諸多體驗之作,是可以導向一儒家型的意義治療學之建立的。這樣的治療學是環繞著人生存在的意義而開顯的,而所謂的人生存在是關連著人的本心潤化所及、詮釋所及而成的一套歸本於「一體之仁」的意義世界而說的。……這樣的理解（詮釋）與實踐必然地隱含著治療。治療不是外力的加入,而是生命的歸根與復位,是生命的凝聚與開發,是生命之徹通幽明,了知生死,是生命之進入世界之中,而自立其志。能如此,則能去虛妄而返回真實,去顛倒而復歸正位。[12]

又論《病裡乾坤》云:

---

[11]　曾昭旭:〈唐君毅先生與當代新儒學〉,《鵝湖月刊》第 194 期,1991年 8 月,頁 23。

[12]　林安梧:〈邁向儒家型意義治療學之建立以唐君毅「人生之體驗續編」為核心的展開〉,《鵝湖月刊》第 172 期,1987 年 10 月,頁 25。

唐先生於《病裡乾坤》中所示現的治療學思維，較諸於
《人生之體驗續編》更具有實存性，更重視到生命負面之
限制，雖然同為「體驗的詮釋」，並由此詮釋，而開啟其
意義治療，但總的來說，《病裡乾坤》更重視內在實存
性，更重視存有的迴歸，更由此生命實存之限制，而開啟
一「絕望」的承擔精神，這精神可以說是一「立命」的精
神。……儒學雖然本來就含有這個向度，只是它的發展一
直以正面的、積極的向度為主，面對絕望的向度，相形之
下，是受到忽視的。[13]

　　林氏從「意義治療」學的角度切入相當有見地，一方面指出
唐氏這類存在證悟的論著可與現今心理學進行對話；另方面就儒
學本身而言，唐氏的觀點既承續傳統儒學的「立命」精神，又開
展過去儒學所忽略的絕望負面的向度。
　　鄭氏亦承繼此看法，唯以「生命教育」[14]取代「意義治療」
的用語，認為唐氏的生命體驗，肯定人存在的價值，可作為現今
生命教育的範例。鄭氏云：

---

[13] 林安梧：〈再論「儒家型的意義治療學」──以唐君毅先生的《病裡乾
　　坤》為例〉，《鵝湖月刊》328 期，2002 年 10 月，頁 15。

[14] 鄭氏解釋「生命教育」云：「生命教育是教導現代人認識生命的意義與
　　培養生命的智慧，這樣的教育，不是知識性的學理闡釋，應是生命主體
　　的自我實踐。……生命教育或可稱為現代人意義治療體系，通過一種體
　　驗的方式來省察陷溺的生命，逐步地加以超升轉化，得到完整的治
　　療。」鄭志明：〈從唐君毅《人生之體驗》談儒學的生命教育〉，《宗
　　教的醫療觀與生命教育》（臺北：大元書局，2004 年），頁 177。

唐君毅的《人生之體驗》不只是立基於儒學的思想體系，
同時也面對著各種需要統整的課題，教導人們如何舒解情
緒與開闊心胸，深化生命各種自覺的努力。……唐君毅的
《人生之體驗》一書是可以作為生命教育的教材，是以人
作為主體，進行體驗式的詮釋，是透過生命的體驗返回到
人性自身，開啟生命自我躍升的潛力與能量，在「明
宗」、「立體」與「呈用」的過程中，貞定了生命存有的
終極價值。[15]

　　學界對於唐氏存在證悟之作已有相當可觀的研究成果，本章
由「受用」[16]角度考察唐氏面對疾病所展現的儒者本懷，[17]期見

---

[15] 鄭志明：〈從唐君毅《人生之體驗》談儒學的生命教育〉，頁 177。

[16] 此處「受用」概念乃援用前輩岑溢成的觀點，岑氏云：「我們將提出
『受用』和『講論』的區分，指出哲學史家們一般的做法只強調了思想
的理論性的『講論』一面，忽略了實踐性的『受用』一面。」岑溢成：
〈嵇康的思維方式與魏晉玄學〉，《鵝湖學誌》第 9 期，1992 年 12 月，
頁 27。關於「受用」概念，吳汝鈞認為與佛教「受用身」（sāṃbhogika-
kāya）概念有關，並解釋「受用身」是指「佛享受佛法的樂趣時的身，
也是專為對菩薩說法而示現的。」吳汝鈞：〈印度大乘佛教思想的特
色〉，《中華佛學學報》第 1 期，1987 年，頁 130。並藉用此概念說明
懷德海哲學具有「自我受用」（self-enjoyment）的特色，並指出懷德海
提到「受用是屬於歷程的，不是任何靜態結果的一個特色。」並對此闡
釋道：「自我受用是自我向外面納入種種因素以營養自己，這種活動會
一直發展下去，不會停止。」這段說法與本章所指相近。吳汝鈞：《純
粹力動現象學》（臺北：臺灣商務印書館，2005 年），頁 512。

[17] 本章欲深入瞭解唐氏面對疾病所得出的體悟，故討論文獻以《病裡乾
坤》為主，《人生之體驗續編》為輔。

出唐氏如何融攝傳統儒家思想，又開展出新義涵，以見出唐氏的特色及貢獻所在。

二、對儒學的承繼與開展

唐氏人生體驗之作的共通點主要在關注議題、思想依據及寫作形式、著述目的這四方面。唐氏自言所關注的是人具體存在的問題，寫作形式為融攝眾說，不重論證，抒發己意。唐氏云：「本書重直陳人生理趣。於中西先哲之說，雖多所採擇，然融裁在我，故絕去徵引。稱心而談，期於言皆有指，可以反驗諸身；故一義之立，多無論證。」[18]

思想依據方面，則是西方的理想主義及儒、道、釋的思想。唐氏云：「要在以西方理想主義之精神，融於日常生活之證驗，而以世俗之名言表達之。東土聖哲之教，則為其背景，隱而不發。」[19]

至於著述目的，唐氏則指出，其目的不在提出某種人生哲學或宣揚某派人生哲學，而是透過自深懇切體悟，書寫心得，自我惕勵，是「為己」而寫。唐氏云：

> 此書之寫作，根本上，不是要想提出一種人生哲學上之學說，也不是在宣揚那一派之人生哲學的學說。……即我之寫此書，根本不是為人寫的，而是為己寫的。所謂為己，

---

[18]　唐君毅：《人生之體驗・自序》，《唐君毅全集（卷一之一）》（臺北：臺灣學生書局，1985 年），頁 1-3。

[19]　唐君毅：《人生之體驗・導言》，頁 22。

也不是想整理自己的思想，將所接受融攝之思想，凝結之於此書。[20]

雖云為己而寫外，唐氏亦有希望啟發他人的用意。唐氏云：「此書頗帶文學性，多譬喻象徵之辭，重在啟發誘導人向其內在的自我，求人生智慧。」[21]

足見這類著作的共通性在於關注的是人具體存在的問題，思想依據則融攝西方理想主義及儒、道、釋思想，寫作形式為融攝眾說，以文學抒情形式表現，其目的一方面在自我省惕，另方面以己之經驗，啟發他人。

至於相異處有三點：一是《人生之體驗》著重在對人性積極向上性的肯定，《人生之體驗續編》著重人的有限性的描述，努力轉化人存在的艱難；二是《人生之體驗續編》文字說明較迂迴曲折，說教意味較濃；三是《人生之體驗》適合年青人閱讀，《人生之體驗續編》較適合有豐富人生閱歷者研讀。唐氏云：

> 前書乃偏在說人生之正面，而思想較單純，多意在自勉，而無心於說教，行文之情趣，亦較清新活潑。雖時露人生之感歎，亦如詩人之懷感於暮春，仍與人之青年心境互相應合。此書則更能正視人生之反面之艱難、罪惡、悲劇等方面，而凡所為言，皆意在轉化此諸為人生之上達之阻礙之反面事物，以歸於人生之正道，而思想亦皆曲折盤桓而

20　唐君毅：《人生之體驗・導言》，頁 1-2。
21　唐君毅：《人生之體驗・重版自序》，頁 1-1。

出，既以自勵，亦兼勵人，而說教之意味較重。行文之情趣，亦不免于紆鬱沉重，……然此書能面對彼反面之事物，更無躲閃逃避，困心衡慮，以斬伐彼人生前路之葛藤。荊榛既辟，而山川如畫。……此書與人之青年之心境，多不相應，而唯與歷人生之憂患，而不失其向上之志者相應。[22]

《病裡乾坤》與《人生之體驗續編》相類，皆著重在艱難的證悟，略不同者在於該書聚焦在切身的眼疾經歷，對疾病帶來的痛苦有更深切的感悟。

唐氏《病裡乾坤》深切面對自身罹眼疾所起的種種痛苦，及住院時的觀察經驗，深刻寫下對病痛的證悟。唐氏深刻的面對自身的病痛，並檢視自己的心態變化。從醒悟初罹眼疾所存的僥倖心態，到第二階段感受到眼疾帶來的種種痛苦磨難，嘗試以各種方式排解；第三階段對病痛有新的證悟，第四階段由個人的病痛思及如何面對他人的苦痛。

此外，並分別從六方面檢視自己的心態：一是對天命的證悟，二對憂患及死生之道的證悟，三是對身體、習氣的證悟，四是對祈求神佛與痛苦關係的證悟，五是痛苦的究極價值，六從自身痛苦證悟大悲心與祈願心。

唐氏這三部著作核心思想是儒學，對歷代儒學既有承繼，亦有開展。《人生之體驗・導言》曾針對儒學作番簡述，論孔子

---

22 唐君毅：《人生之體驗續編・自序》，《唐君毅全集（卷三之一）》（臺北：臺灣學生書局，1996 年），頁 1。

云：

> 孔子溫良恭儉之氣象，仁民愛物之胸懷。……孔子極高明
> 而道中庸，與柏拉圖之欲由庸凡以漸進於高明不同。孔子
> 之言，皆不離日用尋常，即事言理，應答無方，下學上
> 達，言近旨遠，隨讀者高低，而各得其所得。孔子元氣渾
> 然，一片天機。[23]

唐氏指出孔子其人充滿天機的獨特生命型態，及溫良恭儉讓的氣
象與仁民愛物之胸懷；並指出孔子思想不離日用，極高明而道中
庸。又曾論孟、荀云：

> 孟子則浩氣流行，剛健光輝；其所為言，……其性善之
> 義，仁義內在之說，發明孔子之微意，……人皆可以為堯
> 舜，而人格之無上之尊嚴與高卓，於焉建立。盡性即知
> 天，而萬物皆備於我，上下與天地同流，徹上徹下，通內
> 通外。……性具四端，人皆有之，推擴充達，念念皆分內
> 事，止於自己之內，而祈望嚮往，無所歸宿之空虛之感，
> 無自而生。孟子之功偉矣。孟子剛健光輝，乾道也；荀子
> 博厚篤實，地道也。孟子高明，而荀子沉潛。孟子發強剛
> 毅，荀子文理密察。孟子之言修養之方，透闊而未及精
> 密，荀子則庶幾乎密矣。荀子言性惡，雖有心能知道之義
> 以輔之，而心性三兀，未見其可。荀子化性以起偽，欲長

23　唐君毅：《人生之體驗・導言》，頁 20。

> 遷而不返其初，以合於道，而道則心之所對。……然與
> 孔、孟之道，蓋已有殊。[24]

在性情為人方面，孟子充滿浩然剛健之氣，展現高明之乾道特質；荀子博厚篤實、文理密察，展現沉潛的地道精神。思想方面，肯定孟子發揮孔子思想，挺立人的尊嚴，使人的存在通徹上下與內外，肯定孟子的內聖思想；亦肯定荀子論修養之深密，然亦指出性惡說、化性起偽不同於孔、孟。至於宋明理學，唐氏云：

> 宋明諸子，大均天挺人豪，真有所自得。濂溪、明道，尤
> 所心折。明代陽明，簡易真切，良知之教，獨步千祀。陽
> 明學派之龍溪、近溪，言心之靈明與精神，當下即是，須
> 直接承當。江右學派羅念庵、聶雙江之倫，以及明末高攀
> 龍、劉蕺山等，則善能歸寂通感，攝末歸本。王船山大氣
> 磅礴，開六經生面。[25]

唐氏肯定濂溪、明道之學，亦肯定陽明良知學及王門後學龍溪、近溪、羅念庵、聶雙江的思想。亦贊許高攀龍、劉蕺山歸寂通感的思想，及思想浩瀚的船山思想。

即此可見出唐氏對於儒學，尤重先秦儒學與宋明王學、高攀龍、蕺山、船山學。唐氏人生體驗之作便是融會眾家精華，以之

24　唐君毅：《人生之體驗・導言》，頁21。
25　唐君毅：《人生之體驗・導言》，頁21-22。

為思想背景，並結合自身體證而成書。

　　特別的是，《人生之體驗續編》與《病裡乾坤》皆是從實存的艱難中證悟人生，強調對艱難病痛的深刻感受與體悟，方能使人生向上超拔。唐氏云：

> 因而人真欲求人生之向上者，必當求對此沉墜之幾與似是
> 而非者，有一如實知與真正之警覺；人亦恆須經歷之，以
> 沉重之心情負擔之，而後能透過之，以成就人生之向上而
> 超升。[26]

　　唐氏對實存艱難病痛的證悟對儒學有開展之功。《論語》曾記載孔子面對自身及弟子有疾的態度，如，「伯牛有疾，子問之，自牖執其手，曰：『亡之，命矣夫！斯人也有斯疾也！斯人也有斯疾也！』」[27]以及「子疾病，子路請禱。子曰：『有諸？』子路對曰：『有之。誄曰：『禱爾於上下神祇』』子曰：『丘之禱久矣。』」[28]前者是孔子面對優秀弟子患病，一方面認為這是天命如此，另方面亦感慨冉雍這樣的有德者竟患此惡疾，表現出的沉痛。後者是孔子身患重病，子路為夫子祈禱之事。

　　前者反應孔子能知命，正視人的有限性，但仍感慨有德者不能得福，深切表現出對弟子的惋惜。後者則表現孔子、子路對向神明祈禱有不同態度，孔子是出於敬天地的態度，而子路雖出於愛師之心，然仍流於去凶得福的觀念。孔子曾回答子路問事鬼

26　唐君毅：《人生之體驗續編・自序》，頁 6。

27　朱熹：《四書章句集注・論語集注》，卷 3，頁 87。

28　朱熹：《四書章句集注・論語集注》，卷 4，頁 101。

神，提出：「未能事人，焉能事鬼？」[29]的觀點，又曾云：「獲罪於天，無所禱也。」[30]即此可見出孔子強調人事及修德的重要。

從「伯牛有疾」的記載，「子問之，自牖執其手」可見出孔子對弟子真誠的關懷，並發出沉痛的呼告：「斯人也有斯疾也！」既深刻刻畫孔子對於弟子病痛的感同深受及關懷之情，也由「亡之，命矣夫！」見出孔子證悟到這就是存在的命限。在面對自身重病，仍能豁達的說「丘之禱久矣」，而非妄求神明賜福。都足以代表孔子面對自身及他人的病痛，都正視且坦然接受，即此展現對他人真誠的關懷及自身的豁達。

唐氏可謂透過自身病痛歷程，透過存在的證悟，受用孔子思想。但也認為先秦、宋明儒學對存在的艱難與病痛有所觸及，但未特別作深入論述。唐氏云：「昔賢之偏在正面立言，於此開闢動靜之幾，可被阻滯而旁行歧出以導人生入於陷阱與漩流之義，亦引而未申。」[31]透過自身的生命實踐，指出正視病痛艱難的重要，於艱困中見出自身的傲慢、虛妄，加以對治，提撕生命。

唐氏的用意不在指引唯一藥方，而是如實記下個人體悟。既是個人體悟，如何啟發他人？唐氏亦認為每個人有不同的身心限制及人世際遇，曾自言其所受的艱難遠不及所敬仰的前輩吳芳吉，言道：「則以吾之一生，與吳芳吉先生相較，誠可謂邀天之眷，未嘗有吳先生所經歷之苦難，則欲有吳先生之猛覺悟，亦難

29　朱熹：《四書章句集注・論語集注》，卷6，頁125。

30　朱熹：《四書章句集注・論語集注》，卷2，頁65。

31　唐君毅：《人生之體驗續編・自序》，頁7。

矣。」[32]但唐氏亦意識到，深切感受自身病痛仍能有所覺悟。唐氏云：

> 唯吾去年罹目疾，纏綿病榻，已將一載，今猶未愈。此可
> 謂歷一人生之苦難。在此一年中，吾乃更於吾之一生，試
> 顧往而瞻來，於人生之事，較有一真覺悟，而於昔年所讀
> 之書，亦頗有勘驗印證，其中亦有足資吾今後與他人之警
> 惕者。[33]

經歷眼疾之苦，唐氏自言對人生有更深切的覺悟，且印證過去所
學，對自己的成長及提供他人鑑戒都有所助益。

　　至於能供他人鑑戒者在於正視自身的有限性，及面對有限性
的態度。他認為人的可貴處在於從有限性的艱難中超拔生命，有
限性不在是必須去除的對象，而是實際工夫入手處。

　　唐氏所證悟的儒學，不是單方面重視無限性層面，而是透過
自身生命歷程開展出正視人存在的有限性，而從現實艱難中迂曲
的檢視自身的缺陷，加以對治，漸漸提升生命。唐氏云：

> 我之此文從整個看，將不免使人有沉重悲涼的感覺，因其
> 本偏重於說人生的艱難。從艱難處再說，我想還有更多的
> 艱難可說。這將更增人之沉重悲涼的感覺。但是世間仍有
> 一道理顛撲不破，即人能知道艱難，人心便能承載艱難。

32　唐君毅：《病裡乾坤・生世》（臺北：鵝湖月刊雜誌社，1980 年），
　　頁 4。
33　唐君毅：《病裡乾坤・生世》，頁 5。

> 人心能承載艱難，即能克服艱難。……人生一切事，皆無
> 絕對的難易。只要人真正精進自強，一切難皆成易。反
> 之，只要懈怠懶散，則一切易皆成難。這話是我們之永遠
> 的安慰，亦足資我們永遠的慄懼。[34]

　　唐氏一方面指出人生的沉重悲涼的事實，另方面亦肯定人具有承
受艱難的能力。並進一步指出人的上進能消解現實困境。

　　唐氏透過自身對儒學的體悟，指出無論基督教、佛教即便上
了天堂，或到極樂淨土，都還是會化身為儒者回到人世。[35]以下
將深入考察唐氏從自身病痛的證悟歷程。

三、從自身傲慢的覺醒到證悟天命

　　唐氏如斯描述醒悟初罹眼疾時的傲慢心態，言道：

> 慢易之情，隱約存於吾之心底；意謂此疾必可經醫治而霍
> 然。此匪特由於吾於隱約中，信現代醫學之功效，更由吾
> 於隱約中，先對此疾有預感；又於隱約中，意謂此中應有
> 天意，使我之目暗而復明。凡此存於隱約中之意念，實則
> 吾之貌似超脫，而談笑自若之態度之憑仗，以為足恃，而
> 不知其實不足恃者。以不足恃者為足恃，而更高舉其心，

34　唐君毅：《人生之體驗續編·人生路滑與哀樂相生之情懷》，頁74。
35　唐氏云：「而我則相信：一切上了天堂、成佛的人，亦還要化身為儒
　　者，而出現於世。」[35]唐君毅：《青年與學問》（臺北：三民書局，
　　2002年），頁140。

> 故為超脫之言，即實出乎虛憍慢易之情也。[36]

唐氏從外在言行，毫不保留的一層層檢視內心，認為自己外表的
超脫，不以為意是基於認定眼疾必可治癒的想法，而這樣的想法
又基於自己對醫療的信任，個人過於樂觀的預感及自以為有德必
得天祐，但最後發現這些想法都出於虛假的傲慢心，猛然領悟到
自己面對眼疾展現的超脫，完全是出於虛假的傲慢。

對於一位學問人品深受敬仰的學者，要說出並承認自己的不
足，況且還書寫昭告於世，是多麼不易。這樣的做法實「受用」
陽明、蕺山的良知教及慎獨之學，從心、意作深刻反省，使不正
歸於正。陽明云：

> 蓋心之本體本無不正，自其意念發動，而後有不正。故欲
> 正其心者，必就其意念之所發而正之，凡其一念而善也，
> 好之真如好好色，發一念而惡也，惡之真如惡惡臭，則意
> 無不誠，而心可正矣。[37]

陽明認為心之本體是至善，但心發用為意則有善有惡，故需為善
去惡，如此則心正而意誠。

蕺山更進一步將工夫落在隱微一念未起的獨體，強調慎獨的
工夫。彼云：

---

36 唐君毅：《病裡乾坤・目疾》，頁 6-7。

37 〔明〕王守仁撰，吳光等編校：《王陽明全集（三）・大學問》（上
海：上海古籍出版社，2014 年），卷 26，頁 1070。

> 然獨體至微，安所容慎，……君子曰閒居之地可懼也，而
> 轉可圖也，此時一念未起，止有一真無妄，在不睹不聞之
> 地，無所容吾自欺也，吾亦與之無自欺而已。則雖一善不
> 立之中，而已具有渾然至善之極，君子所為必慎其獨也，
> 夫一閒居耳，小人得之為萬惡淵藪，而君子善反之即是證
> 性之路，蓋敬肆之分也。[38]

　　陽明對誠意的解釋及蕺山所說的慎獨，與嵇康〈釋私論〉所論相近。嵇康以「公」、「私」之辨作為君子與偽君子或君子與小人分判的關鍵，「私」是有私心，有不可告人者；真正的君子是「公」真誠坦蕩，毫無隱匿。故判斷君子，並非只從善言善行來論斷，而是從言行是否有隱匿遮掩。嵇康云：「於是隱匿之情，必存乎心；偽怠之機，必形乎事。……言無苟諱，而行無苟隱。不以愛之而苟善，不以惡之而苟非。心無所矜，而情無所繫。體清神正，而是非允當。」[39]

　　既察覺心念的虛妄，當進一步去妄求真，進而以真誠的心念面對天意、天命，如此方能感受及體悟吾心與天命相通無礙。唐氏云：

> 故人之一全無傲慢心之對天命天意之態度，即應為於任何
> 順或逆之境，皆能見天之有所命於我，而即於其命於我
> 處，見天意之態度。此中所謂天命、天意之所在，亦即吾

38　〔明〕劉宗周：《人譜》（臺北：廣文書局，1991 年），頁 27-28。

39　戴明揚：《嵇康集校注》（臺北：河洛圖書出版社，1978 年），卷 6，頁 241-242。

之自內而發之依超越而普遍之心情，以自命於我，或自生
於我之理想意願之所在之別名。[40]

　　唐氏透過病痛，深切反省自身言行及內心，證悟唯有真誠坦
蕩的心方能真正理解天命，無論身處順境、逆境都能真切的感受
天命的流行。如此對孔子所說的「亡之，命矣夫！」及「天生德
於予，桓魋其如予何？」方有相應的理解。

四、於病痛憂患證悟靜養與他人關懷與宗教支持
透過自力解脫痛苦

　　由察覺自身的虛妄到對天命有新的領悟後，唐氏又由目疾思
考種種可能後果，曾嘗試以對付死的方式來面對病痛帶來的憂
患。唐氏云：

> 當吾念及此種種之時，而吾對此區區之目疾，乃漸有深切
> 之憂患之感矣。……吾初之所以御此憂患之惑之道，乃緣
> 上述之想像，更邁進一步，以思吾即在將死之際，吾將如
> 何對付此死之來臨？而吾之意念即轉而念古之聖賢之如何
> 對付死之事。果吾能對付死，則上來一切之憂患，應亦皆
> 能對付。於是孔子詠歌而卒之事，曾子臨終易簀之事，王
> 陽明死時自謂此心光明之語，高攀龍死時「心如太虛，本
> 無生死」之言，劉蕺山死時之「君親念重」之語，皆一一

---

[40]　唐君毅：《病裡乾坤・如理作意與天命》，頁 17。

頓現於吾心，而如親聞其語。蘇格拉底死時之除暢論不朽
之理外，臨終特告人謂嘗欠人一雞，請人代為之還，則尤
對吾有一深切之意義。[41]

唐氏病中推想眼疾帶來的種種可能後果，產生許多煩惱憂懼，面
對此無盡憂患，轉念思及該如何面對死亡，透過中西前賢的作
法，產生以下體悟，態度當如孔、曾、王、劉、高諸聖賢，從容
安詳的面對大限；但欲心安理得，無所虧欠則需效法蘇格拉底。
唐氏云：「吾念人之對付死之道，在態度上，固當學聖賢之安
詳。然行事上，則當學蘇格拉底償還對他人之負欠，了未了之餘
事，而後人之一生，乃得來去洒然。」[42]唐氏欲法蘇格拉底清償
所有人情債，竟發現尚有許多未了之事。[43]

　　面對生病期間靜養與完成未竟之事的抉擇，唐氏就為何會有
如此多未竟之事加以省思，並提出深切省悟。唐氏云：

即此中之「不能有事」，其本身正是理。人之不當求有
事，其本身亦可正是理。吾病中固當先養病，而不當往改
文章。……於理不當有事，而必求有事，則遠理。反之，
則「不求有事」之事，正所以順理。此「不求有事」之

41　唐君毅：《病裡乾坤・憂患與死生之道》，頁 20-21。

42　唐君毅：《病裡乾坤・憂患與死生之道》，頁 21。

43　唐氏云：「故吾常於病榻之上，思我所未還信債、文債、及其他之人事
　　應酬之債，囑吾妻代為了之。又嘗勉力更改所作之文，以使之較無遺
　　憾。……然吾病之大苦，則為發現此欲了未了之事，終無有期。」唐君
　　毅：《病裡乾坤・憂患與死生之道》，頁 22。

> 事，既順理，而亦是事。則不得言此中無事。唯此「不求
> 有事」之事，乃於理無違。此無違，亦自是天地間之事。
> 無違即無憾也。[44]

第一點省悟是理事不二，就事而言，若此時不宜有事是理，便不
當求有事便合於理。就理而言，若於理不當有事，則不當有事則
順理，既順理也是事。

　　唐氏又指出第二點省悟：

> 此中之所謂多一事者，實未嘗多。因在事上看事，乃無不
> 毀者。事之無不毀是理，亦是事。此即佛家所言之事無常
> 性也。知事無不毀，則知多一事，亦多一毀事之事；而多
> 者未嘗多。[45]

吾人常認為要完成的事很多，但從「理」來論，事情未嘗變多，
因事不具恆常性，事不具恆常性正是事的常理。就現象看是增加
一事，然就現象背後的理來看，所增加的事本身是會毀壞的，因
此是不增不減。

　　既曉悟理事不二及事不增不減的道理，唐氏又提出以是否合
於理作為衡量標準，但又認為這只是在理上想通而已，一般人
會認為事情做不完，是從情感、感覺去說的，這則須賴修養工
夫。[46]

---

[44] 唐君毅：《病裡乾坤・理與事》，頁 25。

[45] 唐君毅：《病裡乾坤・理與事》，頁 25。

[46] 唐氏云：「一切唯當以順理或違理為準。然人人之恆情，則偏尚於有事

在證悟多事的原因後，他又更深刻的覺察到一般人覺得自己責任大、事情多這樣的想法與理性無關，而是與習氣有關。唐氏云：

> 而在靜養中更反省，吾人之心之所以恆偏向在有事及多事之故，初不關乎理性的思想，而實原於吾人生活之習氣。即吾人所視為視當了當為之事，亦常非真是當為當了，而是依此習氣為根，而化身以出之意念。此義固吾所素知，然在此次病中，則更有較深切之體驗者也。[47]

唐氏更進一步反省過去讀書及所追求的事業理想這些平生所認為重要的事，其實皆出於妄念且成為習氣，習焉而不察。在養病其間，透過層層反省，原本以為的要事，都是出於妄念，離本心、吾身而外求，成為習氣，此正是受病的根本原因。唐氏云：

> 吾即知何以養病當先從事於靜功，而此靜功當始於求妄念之之停息之故。由此靜功，必有助於身體之康復，吾亦嘗信之而不疑。吾此次病目疾，更念吾之受病之原，正由平日讀書之事，實亦多是一習氣之流行。當吾讀書之時，吾之目光向書而注視，即目之活動之向書而趨，以與吾整體

與多事，雖則於理上已知前文之義，而於事仍不能安於少一事與無事。此則賴於修養之工夫，非只從思想理論上所能辦者也。」唐君毅：《病裡乾坤・理與事》，頁25-26。

[47] 唐君毅：《病裡乾坤・習氣與病》，頁26。

之身體之活動相離，方有此目之形體自相離散之事。[48]

　　既意識此妄念外求之敝，便思及道家靜養的工夫，藉由靜養以收攝心念，使心念純一，身心和諧。唐氏云：

> 故吾亦嘗試用內視、及其他使心不外馳，而歸在腔子裡之工夫，以逆此平日習氣流行之方向，亦不能謂其全然無功。吾亦信世之靜功深者，未嘗不可由其心念之純一，而使身體之活動，亦歸於純一，而自去其病。……後之道教言養生之道，無不逆反吾人平日生命之向四方馳散之勢，而復歸於純一……。然此特為中國之道家所重之靜養之種種工夫，是否有效，係於其工夫之深淺與受病之輕重。[49]

唐氏透過自身實踐，肯定靜養工夫的作用，有助身心達到純一的境界。但也指出此靜養工夫得成效尚與身心狀況及用工深淺有關。

　　唐氏的這番反省相當真切。我們常為了讓自己生活有意義，會為自己找許多事，讓自己的生活忙碌而充實，以顯出他人對自己的依賴，及自己在團體中的重要性，我們也欺騙自己這些事都是重要、有意義的事，讓自己被瑣事纏繞，導致身心俱疲。唐氏透過自身的證悟，啟發我們好好檢視自己認為重要的事，回到自身，歸返本心，去掉妄念，重新以真誠的心念，健全的身體，面

48　唐君毅：《病裡乾坤・習氣與病》，頁 27-28。
49　唐君毅：《病裡乾坤・習氣與病》，頁 28。

對生活。

　　此外，面對病痛，一般人會借助神佛之力，唐氏認為雖然靜養的工夫對面對病痛有其作用，但亦承認在人面對極大痛苦時，靜養的工夫無法發揮作用。唐氏云：「而在一種情形之下，則人甚難運用。此即人病甚重，而極感受痛苦之時也。」[50]面對深切的苦難，唯有尋求他人的安慰、照顧，或神靈的庇佑。[51]但向神佛祝禱，不可妄求必然有效，但卻可使吾心寧靜，最終仍需靠人的自力脫離病痛。[52]

　　治癒病痛仍須賴醫術，唐氏又針對使用麻醉劑作深入思考，到底使用麻醉劑是否影響人的覺知功能，進而思考人的覺與不覺。[53]在治療過程中，使用麻醉劑可減輕病人的痛苦，[54]但此時

---

[50]　唐君毅：《病裡乾坤・習氣與病》，頁28。

[51]　唐氏云：「故人在極深之痛苦中，而尚能自用其心以求超越痛苦看，即恆須兼超越其生命與意識之自身，以求通達於其他人之意識與生命，或一超越的意識與生命，如神靈之類。人亦若惟賴此可自拔於痛苦之外。此即人之在痛苦中，所以須他人之慰問，及恆超向於信宗教、信有一超越之神靈，而欲賴彼神靈之力，助其自拔於痛苦之外之理由也。」唐君毅：《病裡乾坤・痛苦與神佛》，頁29。

[52]　唐氏云：「人之此信、此念，亦可助人之超拔其痛苦，使其心身寧靜，即可助人之養病。然吾仍須承認：此乃無絕對必然之效力。今以此為養病之道，亦如其他一切養病之道，唯所以自盡其心，而為人之養病之時可有，而亦為當有者。」唐君毅：《病裡乾坤・痛苦與神佛》，頁34。

[53]　唐氏云：「以此眼光觀世間一切實已死之人，知其若生緣具足，而未嘗不可不死，則知其雖實死，而亦未嘗不具有此覺之種子或可能。則即歷千萬億兆年，然後再得生緣之具足，其以後生之覺，繼其此生之覺，亦將如一瞬間事，固不得謂其今之一死，即無復餘，而更無再覺之可能種子矣。」唐君毅：《病裡乾坤・覺與無覺》，頁39-40。

人的覺知潛能並未消失，只是暫時被麻藥作用影響，一旦藥效一過，便恢復正常的感覺。即此認為人的覺知潛能是無時不在的，只是受限於現實因素能不能展現此能力。

五、肯定病痛的價值證悟人我、古今、天人一心

　　唐氏在入院治療期間，觀察感受到親友及醫護對他及病患的關心及付出，深刻體悟到日用中所感受到的人情溫暖，與先聖先賢的嘉言美行是相通的，具有普遍性、恆常性。唐氏云：

> 在吾於病中，常臥而不能動，醫生或護士乃助之動。吾常手不能寫，而人或代為之寫。又吾與同在一醫院中，人恆偶以一言相問訊。此中皆同見有嘉美存焉。此中人之良情善意之可感可念、可範可法，與古今聖賢之行事之所表現者，固無二無別。……皆可由此見人心之互攝交遍，及依此心所為之事之互攝交遍，而見此一一之事之皆似為至暫，而實則皆為亙古絕今，而永存不可毀者也。[55]

透過在醫院受到他人親切關心問候，並受醫護人員悉心協助，讓唐氏感受到人際間的善意溫情，而這看似平常的關心問候，實則與古今聖賢之言行無異。又云：

---

[54]　唐氏云：「麻醉藥不僅減病人之苦，亦減戰士之苦，並減一切能感受痛苦之動物之苦。」唐君毅：《病裡乾坤・痛苦之究極的價值》，頁49。

[55]　唐君毅：《病裡乾坤・盡生死與超生死》，頁47。

只泛言古今人之嘉言美行中之無窮心願，與當發之愧怍之無盡，仍不切實。欲求切實，必須欲就人一一具體特殊之嘉言美行，而觀其心願，以更求自己之言行，足對之無愧。此中之工夫之本身即是行。此中之所當觀者固無盡。然吾亦不當只自其為無盡上措思，而當就一一所觀者之各自具其潛伏之心願，而各為一獨立而足以為訓之言行上措思，方為真正之切實的學問工夫，亦即儒者當有之「觀」之工夫也。……即人之庸言庸行，其中固皆隨處有其嘉美存焉。[56]

唐氏認為若只是玄想並擴大前賢的嘉言美行，而起無限的觀想敬仰之心，是不切實的，而應徹底就具體的嘉言美行，覺察其心志，進而於自身言行起效法之心。

唐氏一方面認為對古聖賢的偉大不可單憑想像，而起無盡的景仰，而需深刻體察聖賢的具體言行，體會聖賢心志；另方面亦認為不可輕乎生活周遭的嘉言懿行，需用心感受，升起感恩之心。

唐氏亦因此印證前賢的說法，體悟到吾心即天理，及吾心與古今一切人心、天地之心相通為一，圓融無礙的。唐氏云：「理遍而心遍、理存而心存之義，直接綰合：我與古今之一切人之「合當然之道之心一，與具天理之天心以為一。間接綰合：一切連繫於此心之一切生命存在以為一。」[57]並強調須兼觀三心一吾

56　唐君毅：《病裡乾坤・盡生死與超生死》，頁 46-47。

57　唐君毅：《病裡乾坤・盡生死與超生死》，頁 45。

心、聖賢心及天心。唐氏云：

> 然吾人必由兼觀此三心之統於一理，以會此三心為一；而
> 不能只觀一心之具理，以會之為一。人不能由堯舜之心之
> 理，即在我之心之理之中，而謂只觀我心之理即可自足。
> 亦不能只往觀一天心、天理之統包一切心、一切理。何以
> 故？因理以普遍為義，不兼觀我心與堯舜心之同具此理，
> 則不能知此理之普遍義，亦即不能知有天理與天心故。天
> 理天心，原即自此一切人共有之此理之交遍相攝而立名
> 故。[58]

若僅觀吾心則無法體悟天心的普遍義，若只觀天心則無法理解吾
與聖賢同具邊理。唯有兼觀吾心、聖賢心及天心，方能真正體悟
吾心與聖賢心相同，亦與天心相通。

　　唐氏又思及病痛本身的價值，他認為病痛不只是人該排除、
否定的對象，而是有其正面價值。透過自身罹病，對自身及他人
的疾苦用心體悟，故能深入認識痛苦的性相。[59]對於痛苦性相，
唐氏證悟到人最初生命是融合統一的，但後來出現分裂。疾病之
苦的產生便是欲化除分裂使生命重新融合，但卻又無法達成所

---

[58]　唐君毅：《病裡乾坤・盡生死與超生死》，頁 45。

[59]　唐氏云：「然吾今對此罪惡苦痛之問題更深之反省，則在對痛苦之性相
之認識能更進一層，亦更知其與此生命存在之有限性之罪惡之真實關係
之所在。然若非吾以自疾，而住醫院，在醫院中對人與己之疾病痛苦，
隨處加以體驗，亦不能有此更進一層之認識。」唐君毅：《病裡乾坤・
痛苦之究極的價值》，頁 55-56。

致。[60]但痛苦存在的意義在於生命內在的開拓，超越生命的有限性。[61]

唐氏又進一步指出人的艱難、病痛正是哀樂相生處。唐氏云：

> 此哀樂相生之處之涵義，是人必須知道人生的行程中之病痛與艱難。這些病痛與艱難，不是外在的，而在我之存在之自身。依此便知人生在世莫有可仗恃，莫有可驕矜。當我們真肯定一切病痛與艱難之必然存在時，則人之心靈即把一切病痛與艱難放平了，而一切人亦都在我們之前放平了。放平了的心靈，應當能悲憫他人，亦悲憫他自己。而在人能互相悲憫而相援以手時，或互相讚歎他人之克服艱難的努力，慶賀他人之病痛的逐漸免除時，天門開了，天國現前了。此中處處，都有一人心深處之內在的愉悅——是謂哀樂相生。[62]

60　唐氏云：「吾此次病中所體驗者，是疾病之苦，乃原於吾人之生命之自身之分裂，而此分裂更為吾人之所實感。……而吾人之感其分裂之感，則初為整個之一感。此統一感，一面感此分裂，一面即又欲化除其分裂，而顯融和之，又不能實融和之，於是有痛苦之感生。」唐君毅：《病裡乾坤・痛苦之究極的價值》，頁56。

61　唐氏云：「而此分裂亦同時正為內在的開拓此生命之全體，而此生命在感此分裂，而實有其痛苦時，亦同時收穫此開拓之果實，而自超越此全體本身之限制。而趨向於無此『限』。於此處，吾人即可見痛苦之感，所具之價值意義，即在此對生命之內在開拓也。」唐君毅：《病裡乾坤・痛苦之究極的價值》，頁56-57。

62　唐君毅：《人生之體驗續編・人生路滑與哀樂相生之情懷》，頁73。

哀是因艱難、病痛帶來痛苦，樂則因吾人瞭解艱難、病痛必然存在，感受到人的有限、脆弱，亦因此升起對自己及他人的悲憫之情；進而彼此相互關心、鼓勵，對自己及他人的努力及戰勝病痛而歡欣，即此而稱艱難、病痛為哀樂相生處。

唐氏又區分兩重義的哀樂相生。唐氏云：

> 人真懂得此哀樂相生之智慧時，可於一剎那間，超越一切人生之哀樂，此本身是一人生之大樂，但是由此智慧再回到實際生活時，人仍不能不傷於哀樂。這是一如環的永恆的哀樂相生。人生之歸宿處，不能是快樂。因一切快樂使心靈凸出，而一切快樂終是可消逝的。亦不能只是悲哀，因長久的悲哀，是心靈全部凹進，而悲哀是不能長忍的。……而人生之最後歸宿，則為一哀樂相生的情懷。[63]

第一重是由艱難、病痛體悟哀樂相生；第二重則是體悟哀樂相生的智慧，便是人生至樂，然現實因哀樂而有的哀情仍然存在，即此而言哀樂相生。

最後體悟出最高的道德心是由悲憫心及崇敬心的推擴而成就的「感慨祈願心」。唐氏云：

> 吾所意想之具最高道德心情之超越的行事，應為一充量的悲憫心，與崇敬心之結合所成之對世界之一「感慨祈願

---

[63] 唐君毅：《人生之體驗續編·人生路滑與哀樂相生之情懷》，頁 73-74。

心」所成之超越的行事。此所謂悲憫之充量，乃指此悲憫
心，能求深廣，以成大悲心言。此所謂崇敬心之充量，則
指崇敬心之能對一切英雄豪傑聖賢之能忍受擔負痛苦之人
格而發，亦對一切愚夫愚婦之偶有之一可崇敬之行而發。
又此崇敬心，亦當不只及於現在尚存在之人，並當及於一
切超越之神靈。至合此二者所成之感慨祈願心。[64]

「感慨祈願心」既包括對他人苦難真誠悲憫的大悲心，亦包括對
聖賢的偉大人格，甚至一般人偶有的偉大行徑，亦包括冥冥中的
神明，在心中產生真正的崇敬心。

唐氏以此悲敬兼備的「感慨祈願心」詮釋最高境界道德心或
道德情感相當有見地，亦是對孟子惻隱之心及恭敬之心推擴到極
致的最佳發揮。若能生此「感慨祈願心」，則對自己及他人所受
的艱難、病痛產生真正悲憫心，同時亦能為人們努力克服困境而
生起敬仰之情，此乃唐氏對儒家所說的道德心作出的最佳詮釋。

六、結論

過去面對疾病、老年、生死多從醫療的角度去談，將病痛視
為被去除的對象，但漸漸的人們注意到如何與疾病善處是重要課
題，透過病痛重新檢視自身，進而產生新的人生態度。如本章開
頭提到的李開復，在新書發表會演講便提及罹癌面臨死亡的經

---

[64] 唐君毅：《病裡乾坤・痛苦與大悲心、崇敬心及感慨祈願心》，頁
71。

歷，讓他意外的修得七個人生學分。[65]從現今社會愈來愈關注疾病、老年、生死諸多人生課題的現象，儒學智慧可發揮其影響力，唐氏人生體驗的著作是很好的媒介。

唐氏面對自身病痛，不僅不怨天尤人，反而珍視此難得機會，在生命最脆弱無助的時刻，透過自身力量，將過去所思所學與當下所觀所感，從病痛中悟得哀樂相生的智慧。過程中，唐氏懇切見出自身的不足，揭示自己的傲慢心，這需要何等的勇氣。且對於自身努力從事的文化事業，讀書、寫作、講學、辦學等等，作出嚴厲徹底的反省，認為背後存在著虛妄心與習氣。透過對自身觀念、事業的徹底的拆解，此時一切外在負累崩塌，顯露內心的至樂，徹底證悟吾心即天理，及吾心與古今一切人心、天地之心是相通為一的。而人心最高境界便是具有悲憫及敬仰兼具的「感慨祈願心」。

唐氏的體悟，植基於儒學，但卻有所開展，對各宗教也有極深極大的包容，他不拘限在特定宗教，而是平等看待一切宗教價值。唐氏云：「譬如當我寫此書（《人生之體驗》）時，各種宗教思想，在我心中，幾無甚地位。現在則我對一切宗教思想，都更能承認其價值。」[66]他指出在人世間仁心的彼此遇合便是天心、佛心之所存，曾云：「在遙遠的地方，一切虔誠終當相遇。這還

---

[65] 李開復所說的七個學分，分別是：1、健康無價；2、一切的事物的發生有它的理由；3、要珍惜我們的緣份，學會感恩和愛；4、學會如何生活，活在當下；5、經得住誘惑；6、人人平等，善待每一個人；7、我們的人生究竟是為什麼？以上出自李開復 Facebook，為李開復新書《我修的死亡學分》新書發表會演講內容。

[66] 唐君毅：《人生之體驗・重版自序》，頁 1-1。

是人之仁心與人仁心之直接照面。此照面處,即天心、佛心之所存也。」[67]亦即無論儒、釋、基三教,都需立基於人世,透過實存生命成就仁心、佛心、上帝的意志,實現仁德、普渡眾生及博愛的理想。

唐氏於病痛、艱難中證悟的人生智慧,不是表面的注意運動、養生,脫離繁忙的工作環境,而是體會到真正的天命,即人生便是哀樂相生的歷程。唐氏這類生命體驗之作,不是通過思辨論證,而是透過毫不掩飾的自剖,真誠面對自己的限制,是真正的「受用」儒家的生命之學,將儒家自省的工夫徹底落實。就目前傳世著作來看,像唐氏如此深刻自剖的儒者寡矣。以自身為範例,啟發世人,正是唐氏對儒學的貢獻。唐氏曾云:「此則神而明之,存乎其人,而默而存之,不言而信,存乎德行,人不必盡同者也。」[68]後人亦可就自身的際遇深刻感受體悟,尋出自己存在的意義與價值。

此外,需強調的是,唐氏的生命實踐是至死後已的。據唐夫人謝方回女士所述,在 1975 年得知罹癌前,曾說過這麼一段話:

> 到我臨死的時候,希望我能做到視我所有的著作和我們從事的事業,若人間公物,於自己如浮雲過太虛,只希望還

---

[67]　唐君毅:《青年與學問》,頁 140。

[68]　唐君毅:《病裡乾坤·痛苦與大悲心、崇敬心及感慨祈願心》,頁 72。

　　　父母所生我本來面目之身心於天地之間。[69]

　　足見唐氏所在意者，不是完成多少論著，從事多大的事功，而是
是否能做到功成弗居，把名利心真正放下，僅留問心無愧、本來
面目的自我。這樣的理想，若非終身勤勉的道德實踐，恐難達
至。甚至在臨命終前仍與夫人談靜坐養生之法。[70]

　　唐氏真正的學問便在認真面對自家身心，是「受用」孔子思
想，真正體悟並實踐孔子之教，曾氏推崇為「新儒學之儒」，實
為至當。

69　謝方回：〈對先夫唐君毅先生的一些追憶〉，《鵝湖月刊》第 80 期，
　　1982 年 2 月，頁 57。

70　謝方回：〈憶先夫唐君毅先生〉，《書目季刊》第 14 卷第 4 期，1981
　　年 3 月，頁 78。

第七章　唐君毅先生、牟宗三先生的「新外王」思想

一、「新外王」之正名與形成背景

傳統外王[1]學之範圍，即《大學》所稱「齊家」、「治國」、「平天下」三方面，此畫分仍適用於現今，然須將「國」與「天下」擴大解釋，「國」當從過去封建諸侯國轉成現今的主權國家，「天下」當由過去大一統的中國擴大成世界。

本章主要是以「道德理想主義」為核心，討論當代新儒家[2]

---

[1]　「外王」一詞出自《莊子・天下篇》：「是故內聖外王之道，闇而不明，鬱而不發」。牟宗三先生對外王之解釋是：「外王即是外而在政治上行王道，王道則以夏、商、周三代的王道為標準。」出自牟宗三：《政道與治道・新版序》（臺北：臺灣學生書局，1991年），頁12。

[2]　關於當代「新儒家」之稱呼，牟先生嘗作如斯之解釋：「凡是合乎理性的都可以支持儒家，而不同的時代問題亦正是使儒家永遠是常新而又無所謂新者。…宋明時代的儒家被稱為新儒家，這個時代的儒家也被稱為新儒家，隨時代而為新，以後永遠這樣。」，牟宗三口述，吳明訪問，夏萊整理：《寂寞的新儒家・當代新儒家（答問錄）》（臺北：鵝湖出版社，1992年），頁183-184。

唐君毅、牟宗三二位先生新外王的說法。唐氏從廣義文化[3]角度，對中西文化之傳統及現代特性作出深刻反省；牟氏則就中西文化中之生命方向與型態作思考[4]，為現代發展找出適合方向。

「新外王」[5]既稱為外王，則具有外王學之普遍性，即與孔子內聖外王相互通貫之理想一致。牟氏言道：「內聖之學即儒家之心性之學，……其以道德實踐為中心，雖上達天德，成聖成賢，而亦必賅攝家國天下而為一，始能得其究極之圓滿。故政道、事功、科學，亦必為其所肯定而要求其實現。反之，政道、事功、科學亦必統攝於心性之學，而不能背離此本源。」[6]而「新外王」的「新」是指外王學的特殊性（或稱時代性），牟氏明確指出「儒家學術第三期的發展，所應負的責任即是要開這個時代所需要的外王，亦即開新的外王。」[7]

---

[3] 此處所以稱唐氏外王學從廣義文化出發，此可由唐氏《文化意識與道德理性》所談的相關議題見出，唐氏於本書第三章談及家庭、第四章論政治、第五章論科學哲學之道德價值、第六章論文學與藝術、第七章論宗教、第八章論道德、第九章論體育、軍事、法律、教育，涉及了文化諸領域，即此可見唐氏著重文化諸領域之思考。唐君毅：《文化意識與道德理性》，（臺北：臺灣學生書局，1993 年）。

[4] 牟氏於《政道與治道》指出彼對於「中國文化」之思考限定在「以儒家作主流所決定的那個文化生命的方向及文化生命的型態。」，並不是指「以往隨各時代所表現的那些文化現象、文化業蹟的一個總集、總和。」，牟宗三：《政道與治道・新版序》，頁 17、18。

[5] 至於「新外王」之相關主張分別見於《歷史哲學》、《政道與治道》及《道德的理想主義》三書，其中《政道與治道》更是較集中而深刻闡述其「新外王」思想。

[6] 牟宗三：《政道與治道・序》，頁 2。

[7] 牟宗三：《政道與治道・新版序》，頁 12。

　　「新外王」的提出，除了承繼儒學關心現實政治民生的精神外，亦合於儒學重時變之精神。「新外王」的時代背景是在民國38 年至 48 年間，中國政局產生重大變化，甚至還可遠溯至抗戰期間。牟氏嘗言「此十年間乃吾之文化意識及時代悲感最昂揚之時，此之蘊蓄由來久矣，溯自抗戰軍興即漸有此蘊蓄。」[8]

　　這個階段，二次大戰浩劫及共產勢力大興，不僅影響中國，尚影響整個世界之政治、經濟、文化等發展，唐、牟在哲學思考進路上稍有不同，牟氏曾指出二人之差異：「唐先生書多重在正面疏通中國文化之精神與價值，使人對於中國文化有恰當之理解，糾正五四以來之否定主義。而我此期間之三書則重在批抉中國文化之癥結，以期蕩滌腥穢，開出中國文化健康發展之途徑。」[9]亦即牟氏認為唐氏著重正面揭示中國文化之精神價值，以對抗時人之誤解；而他個人則在指出傳統文化之弊病，進而尋出健全的發展方向。

　　本章試著以「道德的理想主義」作為唐、牟外王學之核心精神，並強調此道德的理想主義並非狹隘的心性學，故而援引西方倫理學「正當」與「善」兩種概念，說明道德理想主義與現實問題之相互關聯。繼而指出唐、牟二氏之時代問題意識，即科學知識與民主政治的問題，藉由道德理想主義作出深刻反省。最後則

---

[8]　牟氏指出其《道德的理想主義》、《歷史哲學》、《政道與治道》皆為這個階段寫成之作品，並指出唐氏於此時亦完成《中國文化之精神價值》、《人文精神之重建》、《中國人文精神之發展》、《文化意識與道德理性》等著作。見於牟宗三：《道德的理想主義・修訂版序》（臺北：臺灣學生書局，1992 年），頁 1。

[9]　牟宗三：《道德的理想主義・修訂版序》，頁 1。

針對現今問題作思考，指出道德理想主義在價值根源的確立上仍有其作用，然現實面部分則須再予強調，故而擬從正視人的有限性及提倡易教及禮樂教作為補充，使由道德的理想主義建立的外王學更具向外推擴的實踐力，對現實人性及生活有更深切的認識與感悟。

二、以正當表現善詮釋道德理想主義

牟氏所以提出道德理想主義，是為了對治「觀念災害」[10]——共產主義。何以牟氏會以作為內容真理的道德理想主義來對治共產主義，主要在於牟氏認為共產主義切斷了現實制度與價值真理的聯繫，造成人類社會的大混亂。遂主張：「惟有撥開一切成習現實而提煉其中之真理，方有真正之立場。」[11]

所謂道德的理想主義，牟氏解釋此即是「孔孟之文化生命與德慧生命所印證之『怵惕惻隱之仁』是也。由吾人當下反歸於己之主體以親證此怵惕惻隱之仁，此即為價值之源，亦即理想之源。」[12]牟氏指出此仁心所以為道德之理想主義，是因能道德判斷、道德行為皆本於此。[13]此仁心是理性的，是指「道德實踐的

10　牟氏指出：「吾人所處的時代是『觀念災害』的時代，……共黨以其邪惡之觀念系統道處決裂漸滅。」牟宗三：《道德的理想主義・序》，頁7。

11　牟宗三：《道德的理想主義・序》，頁7。

12　牟宗三：《道德的理想主義・序》，頁5。

13　牟氏云：「因好善惡惡，為善去惡，皆根於此故。」牟宗三：《道德的理想主義・理性的理想主義》，頁15。

理性」而非「理論理性」（即「邏輯理性」），[14]而此仁心「抒發之每一理想皆表示一種『應當』之命令」[15]，以指導吾人之言行，此依命令所表現之理想是具有公平的、正義的、客觀的、無條件的、普遍性的「理」（或稱為「律則」）。[16]然牟氏強調，此仁心與普遍之理是透過盡倫盡性的道德實踐中體現，[17]即以客觀原則作為實踐之準則，於實踐中體證仁心及仁心本具之天理。

牟氏認為價值真理就表現於現實中，而現實能實現真理，即現實所表現的真理，即是所謂的正當，並無一孤懸的超絕道德至善，亦無離開至善而有所謂的正當性，而是人類活動的正當性中彰顯了最高善，最高善體現於人類實踐的正當性中。此觀點亦適用理解唐氏之說法。

唐氏將人類一切活動整體視為文化活動，並認為文化活動有其價值意義，故而對時代問題著重在肯定作為文化活動價值根源之道德理性。唐氏云：「人類一切文化活動，均統屬於一道德自

14　關於「道德實踐的理性」、「理論理性」（「邏輯理性」）之名詞見於牟宗三：《道德的理想主義‧理性的理想主義》，頁 16、17。

15　牟氏云：「因好善惡惡，為善去惡，皆根於此故。」牟宗三：《道德的理想主義‧理性的理想主義》，頁 17。

16　牟氏云：「如果應當之命令所表示之理想是公而無私的，則必是正義的、客觀的……自其足以指導吾人之行為言，即自其足以指導吾人革故生新言，它是一個『理』，這個理從怵惕惻隱之心發，所以是『天理』。天理即是天定如此之理，亦即無條件而定然如此之理自其為公而無私的、正義的、客觀的言，它是一個有普遍性之理即它是一個普遍的律則。」牟宗三：《道德的理想主義‧理性的理想主義》，頁 17-18。

17　牟氏指出：「盡倫即是盡其性，盡其性即是在此踐仁。在盡倫盡性踐仁的實踐中，他們證實了怵惕惻隱之心及此心中之天理。」牟宗三：《道德的理想主義‧道德的理想主義與人性論》，頁 36。

我或精神自我、超越自我，而為其分殊之表現。……人在各種不同之文化活動中，其自覺之目的，固不必在道德之實踐，而恆只在一文化活動之完成，或一特殊文化價值之實現，如藝術求美，經濟求財富或利益，政治求權利之安排……等。然而一切文化活動之所以能存在，皆依於一道德自我為之支持；一切文化活動，皆不自覺的，或超自覺的，表現一道德價值。」[18]

　　套入前所指最高善與正當之關係，唐氏認為道德理性乃一切文化活動所以存在之價值依據，而道德理性亦透過文化活動而體現其意義，亦即道德理性為文化活動自覺或不自覺的指導原則，而文化活動亦非僅是文化現象，而是具有理性的價值表現，即此可稱為最高善乃文化活動之實踐原則，而文化活動的正當性體現了最高善。

　　綜合唐氏所論，一來肯定道德理性為人存在之價值本源，二來將道德自我發用之場域，由內化之道德實踐擴大至文化活動的完成，前者合於孔孟肯定「仁」，肯定人的善性，後者則合於內聖通外王之理想；如此揭示文化活動之價值根源，並以「理一分殊」通貫之。

　　唐氏採「理一分殊」解釋道德自我與文化活動之關係，若以「多」與「一」的關係來看，是將林林總總的文化活動視為多，而文化活動背後文化理想之根源——道德理性則是一。若以「末」與「本」的關係論之，文化活動為末，道德理性則是本。而「本」與「末」的關係是，道德理性必顯為現實的文化活動，

---

[18] 此說法雖是針對《文化意識與道德理性》一書寫作之宗旨而言，然卻可縱貫唐氏著作之精神所在，唐君毅：《文化意識與道德理性》，頁 5-6。

而文化活動必本於道德理性。唐氏言道：「道德自我是一，是本，是涵攝一切文化理想的；文化活動是多，是末，是成就文明現實的。」[19]

　　唐氏鑑於現今學者多將文化活動之現實面與理想面割裂來看，遂只從現象面提出紛紜觀點，而無法逕從價值層面看出文化問題，使得文化活動與文化理想漸行漸遠。由於無法與人的道德理性關聯思考，致使文化逐漸脫離人之具體存在，使文化與人格皆因此異化，故而主張以「理一分殊」之觀念救正之，使本（一）與末（多），即道德理性與文化活動重新聯結，使人在豐富文化場域及氛圍中找到生存的動力。

　　唐氏之所以將道德理性實現之場域由內化的道德實踐轉為更寬廣的文化活動，此乃是就道德實踐自然不容已會由個人走向社會。唐氏云：

> 道德之實踐，內在於個人人格；文化之表現，則在超越個人之客觀社會。然而，一不顯為多，本不貫於末，理想不現實化，內在於個人者，不顯為超越個人者，則道德自我不能成就他自己。……逐末而忘本，泥多而廢一，則將徒見文明之千差萬別，而不能反溯其所以形成之精神理想，……則人文世界將日益趨於分裂與離散，人之人格精神將日趨於外在化、世俗化。[20]

---

[19]　唐君毅：《文化意識與道德理性》，頁6。
[20]　唐君毅：《文化意識與道德理性》，頁6。

　　唐氏從文化整體面進行思索，較能全面對治人類困境，避免偏執之病。唐氏是從文化之價值面立論，即以道德理性為基礎來談文化問題。唐氏云：「每一文化活動、文化意識，皆依吾人之理性而生，由吾人之自我出發。故每一文化活動均表現一對自我自身之價值或道德價值。」[21]亦即唐氏強調文化活動不只是現象，而是具有深層的道德精神，此見解實遠承於孔子。孔子言道：「人而不仁如禮何？人而不仁如樂何？」（《論語・八佾》）[22]，禮樂文化活動是本於人的道德心性，若離開道德心性，禮樂就只成為空具形式的虛文。

　　相較於當時西方盛行之存在主義，唐氏認為存在主義雖重視個人實存，然卻忽略了文化場域對人之重要，而易漸趨向宗教的神祕體驗。唐氏言道：「但是人如只是對人生存在之所遭遇之危機，加以展露，引動種種慄懼，以回到個人之主體意識中的真理，則雖可以通入一無窮深奧的內在世界，以至與神靈相接，但自外面看來，此仍只是人之精神，『卷之以退藏於密』。」[23]

　　為避免如存在主義淪於走向封閉的生命情境的狀況，唐氏認為必須從個人生命走向社會。唐氏云：「人必須轉退守而為進攻，而立大心，發大願，以徹底轉變現代社會文化的情勢，並把人在主體意識中體驗的真理，推擴普被出去，『放之以彌六合』，以實現於客觀世界。」[24]

---

[21]　唐君毅：《文化意識與道德理性》，頁 20。

[22]　朱熹：《四書章句集注》，頁 61。

[23]　唐君毅：《中華人文與當今世界》（臺北：臺灣學生書局，1988 年），頁 106。

[24]　唐君毅：《中華人文與當今世界》，頁 106。

牟氏與唐氏均肯定道德理性之重要，一方面道德理性乃吾人行事之指導原則，同時道德理性必須落實於人類活動中，亦即最高善使人之行事朝向正當性發展，而人類活動之正當性乃體現了最高善。

牟氏與唐氏皆承繼儒家從仁心善性論人存在之意義，並認為此心所顯發之天理不僅內具於人心，體現於個人道德活動中；同時亦不容已向外推擴，實現己立立人，己達達人的內聖通外王精神。

試將唐、牟氏所言道德原則與實踐相即不離之關係，與西方倫理學之目的論與義務論作對照，目的論是強調善（good）作為人類事物最高準則，以此作為正當（right）判準的最高依據，而正當是為了實現善；而義務論強調正當較善更具優先性，是獨立於善之外。即此而論，牟氏似乎近於義務論，同樣肯定善的優先性。但不同的是，牟氏所指的善，是指具有普遍義的道德理性，異於西方目的論主張相對義的善或形式義的善。

個人以為若將道德理想主義純粹理解為作為正當的指導原則，此則與唐氏所稱「理一分殊」及牟氏主張仁心與現實相一致的觀點不符，必須加入此道德善自然不容已地實現正當性，且吾人可藉由正當性中彰顯道德善。如此道德善就不只是作為形式義的原則，而是具有不容已的現實實踐力。若能同時正視道德善又道德善之現實實踐面，融合目的論與義務論，一方面肯定道德善之實踐力，同時亦能面對道德實踐過程中的個中艱難處，及由現實世界許多混雜模糊的地帶，而道德善便在人性艱難處及現實渾沌模稜間，彰顯幾微的道德善。關於正當與善之關係，簡言之，即正當非獨立於善之外，而是善與現實充分融合後的結晶，如同

凝結於扇貝體內罕有的熠熠珍珠。

　　如果說肯定道德理想主義便是再次強調儒學恆常義的重要，那麼對客觀知識進行反省與限定便是新儒學的特殊性。談道德理想主義，不得架空虛說，而是應放在具體現實環境作檢視。唐、牟二氏所面對的環境，便是重科學知識與民主政治的時代，二氏均認為儒家之道德理想主義於此有發揮之場域。對於科學知識掛帥的現象，二氏分別從「理一分殊」及「一心開二門」觀點，作出深刻反省。

三、對知識過度擴張之反省與重新定位

　　唐氏與牟氏均重視正確看待知識的問題，唐氏從西方文化意識到知識權力過度擴張的嚴重性，此問題在西方存在主義業已提出，唐氏認為存在主義對科學知識之反省相當透徹，唐氏言道：「要挽救現代人類文化的危機，人類必須由抽象的存在轉成具體的存在，是不成問題的。而只求建立抽象普遍的概念或知識系統之科學思想，不能適切把握人生之具體存在，亦是不成問題的。」[25]

　　而民國建立後，重視科學精神之風氣亦植入我國，唐氏對此提出三點反省：一、「不是人們之全不了解理論主義與各種計畫方案，……而是人與人根本缺乏了解」，二、「不是莫有人崇敬的高深主義理論，……然而中國現在社會處處缺少為人所崇敬的人物人格，而又多不肯去崇敬歷史上的人物人格。」三、「不是

---

[25]　唐君毅：《中華人文與當今世界》，頁106。

全莫有依抽象的目標概念，所成之社會性、政治性的團體組織，而兼是依各種抽象的目標概念所成之團體組織與其分子間，恆只賴共同利害之計較而結合，而其相互之間恆彼此自成界線，……而不能互相配合，共建國家。」[26]

唐氏認為過分標舉科學知識將會遠離人具體實存，彼所論科學知識不應居文化高位是指看待科學的態度而非科學研究的對象。他認為科學態度的特色是「以一人之理智，運用概念符號，依規則加以構造推演，以面對經驗的對象事物，從而說出其普遍性向，一般律與共同之理，以預測對象事物之未來，以便加以控制之態度。」[27]此可關聯科學知識本身強調對列性思維，重視分別性、普遍應用及控制性。各種基於科學精神發展出關於人的生理及心理之知識，亦是將人當作客觀外在對象來進行抽象研究，故唐氏肯定存在主義主張人當由抽象存在回到具體實存的呼籲。

唐氏認為欲回復人具體實存，就積極義而言，一方面須賴人自身的道德自覺，進而對所處時代產生共同感受；同時，建立通於人類生存價值的各種學問與文學、藝術，使人與人產生良好感通，即此建立實存之社會；在消極方面，透過破除抽象理論產生的種種偏執，亦有助於恢復人我的實存互感。唐氏云：

在根本上仍繫於中國人之道德精神之有一真正的提升。其次繫於中國人之真實的自覺其當前的共同的歷史地位，並通過此共同的歷史地位之認識，而以其道德精神相互感染

26　唐君毅：《中華人文與當今世界》，頁 115-116。
27　唐君毅：《中華人文與當今世界》，頁 78-79。

鼓舞，以形成一今日中國之人物人格之世界，以共擔負其時代之責任。……此皆要在吾人真正重視為人之學與歷史之學。亦必須有真正偉大之文學藝術，以使人與人之能真正互相通情達意。再必須有依於真正價值感之哲學智慧、哲學思想，以一面破除一切以偏執之抽象理論主義、知識、概念，虐殺具體人生存之思想，而一面促進人與人之價值感之彼此共喻而逐漸形成一中國之人與人互為真實存在之中國社會。[28]

關於破除偏執的抽象理論一說，唐氏恐遭人誤解成忽視客觀知識的重要，故而補充說明道：

然而我們之最後結論，亦並未完全抹低一切抽象普遍者，及一切科學哲學之理論知識之地位。我們之目標只是避免化人為抽象的存在，而要使人成為具體的真實存在，而使科學歸於其本身應得的地位。……人之思想中之迷妄去掉以後，我們能對一切抽象普遍者一切理論知識概念之地位，有一真實認識。[29]

上述引文極為重要，足見唐氏絕非反智主義者，其關切者是人的具體實存，反對的是過度標舉知識理論反使人淪為抽象存在，使得這些知識理論不僅無益於人的自我瞭解或助於人我的實

28　唐君毅：《中華人文與當今世界》，頁 116。
29　唐君毅：《中華人文與當今世界》，頁 120。

存互感，反倒造成人我的疏離、外化，甚至產生種種對立衝突，故而主張對科學態度加以限制，將之限定在只是「人對世界的態度之一」。[30]

　　然僅是如此理解唐氏對知識的見解並不充分，須進一步瞭解唐氏關於「人的學問次第之重定」的主張。[31]在西方的學問次第是以愈抽象，愈具概括性的學問次第愈高，唐氏對此作了修訂，提出：一、為人之學，二、歷史，三、文學藝術之學，四、哲學，五、社會科學，六、自然科學，七、形數之學與邏輯。[32]

　　表面看來此作法是將西方學術次第作了修正，但事實上亦是將各學門的研究態度及方法作了重要調整。唐氏指出此實本於傳統「經、史、子、集」之書籍分類，[33]居愈高次第者代表「愈由人之更深廣的對其自身之存在地位之自覺而出。」[34]而居首的「人之為人之學」，唐氏解釋道：

> 任何人之道德精神，皆為依其所持之當然理想、價值意識，以直接主宰其內心之意志，進而能改變其個人之生活行為之世界，亦同時間接能改變他人之生活行為，及所在社會人群之世界。[35]

30　唐君毅：《中華人文與當今世界》，頁 78。
31　唐君毅：《中華人文與當今世界》，頁 91。
32　唐君毅：《中華人文與當今世界》，頁 91。
33　唐君毅：《中華人文與當今世界》，頁 102。
34　唐君毅：《中華人文與當今世界》，頁 100。
35　唐君毅：《中華人文與當今世界》，頁 91。

　　唐氏所以重新釐訂學問次第，是欲扭轉抽象知識掛帥的局面，將有本有源的道德精神學問作為學問最高、最根本者，即此而向下推衍，皆以能關聯於吾人具體實存作為各學問之研究重心。因唐氏意識到人若淪為抽象存在的危機，所謂抽象存在是指人失去主體性、自由性及真實存在性，[36] 人對己及他人將無真實感情，只是一外在物，只考慮人的效用與工具性，更極端者易產生極權組織與制度。[37]

　　如果說唐氏反省的是知識過度擴張對人類社會造成的危害，牟氏則是對知識作了恰當的安頓，彼將道德與知識作用的範圍作適當區分。牟氏認為觀解理性有其必要性，曾云：

> （架構表現）它的底子是對待關係，由對待關係而成一「對列之局」，……而架構表現之理性也頓時失去其人格中德性，即具體地說的實踐理性之意義而轉為非道德意義的「觀解理性」或「理論理性」，也因此是知性層上的。……民主政治與科學正好是這知性層上的「理性之架構表現」之所成就。[38]

　　牟氏肯定觀解理性之架構表現，尤其是現今之科學與民主皆端賴於此。以人類社會中的政治領域為例，有一部分必須與道德價值區隔開來，就其獨立性進行討論，此部分可以作科學意義的合理、客觀之要求，如討論有關權力之分配，權力義務之關係

36　唐君毅：《中華人文與當今世界》，頁 103。

37　唐君毅：《中華人文與當今世界》，頁 104-105。

38　牟宗三：《政道與治道》，頁 52-53。

等，即此可建立一套政治學。[39]至於與價值根源相關的部分，則可化歸宗教道德或形上學層次。[40]

故而牟氏將政治領域區分三個面向：一是政治學教授關心的「名言」部分，二是民主政治實踐者所關心的具體實踐部分，三是從人性活動的全部或文化活動立場立論者。[41]此三者各有其重要性，不可含糊化約，否則易流於牟氏所稱格律教條化的政治或道德，產生所謂泛政治主義或道德主義。表面看來第一項較合於觀解理性之表現，然事實上後二者亦有觀解理性可作用處，例如第二項，正確的認知，可助於正確的實踐。第三項文化活動的切入，其實亦可從客觀研究，提出相關見解。足見此三面向均有觀解理性發揮之空間。

此外，牟氏本身將該區分的部分清楚釐清，便是一種觀解理性的展現，使人避免接受不合理的思想信念。

牟氏亦針對觀解理性與道德理性的關係，提出道德理性「曲通」開出觀解理性。牟氏云：

> 自由無限心既朗現，我們進而即由自由無限心開知性。這一部開顯名曰知性的辯證開顯。知性，認知主體，是由自

39　此部分依牟氏所論整理而成。參見牟宗三：《道德的理想主義》，頁60。

40　此部分依牟氏所論整理而成。參見牟宗三：《道德的理想主義》，頁59。

41　此處採牟氏所言：「名言上的清楚確定，……這只是政治學教授的立場，不是為民主政治奮鬥的實踐者的立場，亦不是從人性活動的全部或文化理想上來說話的立場。」（即此將之區分為三種不同層面。）牟宗三：《道德的理想主義》，頁60。

> 由無限心之自我坎陷而成,它本質上就是一種「執」,它
> 執持它自己而靜處一邊,成為認知主體,它同時亦把「物
> 之在其自己」之物推出去而視為它的對象,因而亦成為現
> 象。[42]

牟氏「一心開二門」之主張,是指吾人所具之自由無限心,既能表現無執的道德心,亦能表現執的認知心。正因吾心之發用乃自由無所限,故而在需要表現認知作用時,自由無限心便能自我坎陷發揮認知判斷作用;而當須發揮道德作用,又能朗朗自我開顯。此處所謂的「開」或「坎陷」是指辯證義「曲通」的「開」,吾心可以自由無限地表現道德理性,亦可辯證曲折地開出觀解理性,此皆為吾心自在自主之表現,無一毫人為造作,在適當時機能發揮道德判斷與認知作用。

牟氏指出傳統儒學之限制在於偏重理性之「內容表現」與「運用表現」,缺乏西方重視理性之「外延表現」與「架構表現」。[43]既然在理想上吾心能適時發揮道德決斷與觀解架構之能力,何以會存在牟氏所稱吾國缺乏觀解理性之表現?關鍵實在於觀解架構亦須靠吾人之自覺,儒學傳統較重視道德實踐,對觀解架構表現較忽略,自然不著力於此,致使此能力隱藏不顯。

唐氏與牟氏均針對知識的部分作出深刻反省,唐氏從價值立場出發,提出科學態度應作適當制約,同時重視作為知識價值之源的部分。而牟氏則從客觀分析的立場出發,將不同層次的知識

---

42 牟宗三:《現象與物自身·序》(臺北:臺灣學生書局,1990 年),頁 7。

43 牟宗三:《政道與治道·序》,頁 1。

作適當的畫分，避免因含混而造成不必要的束縛。就共同處而言，二子均認為有必要對知識作客觀認識及適當定位，一方面可避免知識的濫用，另方面可將客觀知識與價值根源作適當區分，進而彼此充分發揮各自的意義與作用，且在實際運用時能作適當的連結。

牟氏認為當時吾國重要實踐課題即是如何實現現代化，但現代化並非單從科學精神來看，而是認為現代化之重心是在民主政治的表現，而科學與民主之關係是，科學助於實踐民主政治之架構表現，而民主政治亦反過來提供科學發展之理想環境。牟氏云：

> 科學知識是新外王中的一個材質條件，但必得套在民主政治下，這個新外王中的材質條件才能充分實現。否則，缺乏民主政治形式條件而孤離地講中性的科學，亦不足稱為真正的現代化。一般人只從科技的層面去了解現代化，殊不知現代化之所以為現代化的關鍵不在科學，而是在民主政治。民主政治所涵攝的自由、平等、人權運動，才是現代化的本質意義。[44]

然牟氏亦不諱言，現代化故值得稱美，然伴隨現代化產生的弊病，亦須加以重視，根本的病源便是「人類精神的量化」，是因過度追求外在知識及民主庸俗化，造成忽視價值德性的結果。牟氏云：

---

[44] 牟宗三：《政道與治道・新版序》，新版序之頁 16。

> 科學之發展固是知識上之佳事，然人之心思為科學所吸
> 住，轉而對于價值德性學問之忽視，則亦正是時代之大
> 病。自由民主之實現固是政體上之佳事，然于一般生活上
> 亦易使人之心思趨于社會化（泛化），庸俗化，而流于真
> 實個性、真實主觀性之喪失，真實人格、創造靈感之喪
> 失。……此後兩者所轉生之時代病，吾人名之為人類精神
> 之量化，亦曰外在化。[45]

　　牟氏除了反省西方現代化的問題，亦針對吾國的時代問題作
出深刻反省，關於吾國問題之反省，牟氏指出「一為政道與治道
之問題，而主要問題在如何轉出。二為事功問題，用古語言之即
為如何開出外王之問題。」[46]而解答關鍵在於「理性之『架構表
現』與『外延表現』之轉出」，[47]亦即由「隸屬格局」轉向「對
列格局」之思考。[48]而此隸屬格局的思考，便是科學精神對現今

---

[45] 牟宗三：《道德的理想主義·序》，頁3。

[46] 牟先生語，牟宗三：《政道與治道·序》，頁1。

[47] 牟宗三：《政道與治道·序》，頁 1。牟先生對「內容表現」與「外延
表現」之解釋：「在邏輯上，有內容命題與外延命題之分。繫屬於主體
的句子為內容命題，……脫離主體而可以客觀地被主斷的連結為外延的
連結，故其所成之命題亦為一外延命題。」「由『仁者德治』所開出的
『物各附物』之精神與『就個體而順成』之原則是『理性之內容的表
現』，而通過階級對立以爭人權、權利、自由、平等，並進而論國家之
主權，政府權力之分配與限制等，則是『理性之外延的表現』。」牟宗
三：《政道與治道》，頁 144。

[48] 牟先生解釋「對列格局」：「尊重對方，即是成兩端，兩兩相對，此即
是個『對列的格局』。」牟宗三：《政道與治道·新版序》，頁 23。
至於「隸屬格局」則為上下之臣服關係。

政治思想之貢獻所在，以下將順此理解唐、牟二氏如何本著道德理想主義對民主政治作出適當融合。[49]

四、對道德理想主義關於民主政治論述之反思

關於道德理想主義之實踐，就個體而言是建立「立人極之學」，[50]就政治社會而言，則是必須關聯民主的與社會的，國家的與文化的。[51]在個體「立人極之學」部分，〈宣言〉指出：

> 他是一個道德的主體，但同時亦是超化自己，以升進於神明的，……即兼成為「道德性與宗教性之存在」。……在政治上即為一民主國家中之一真正的公民，而成為「政治的主體」。到人類天下一家時，他即成為天下的公民，……而仍為天下中之政治的主體。[52]

亦即人透過主體自覺與充分挺立，一方面於自身實現道德理性，同時又能充分表現認知理性；而在社會實踐中，又能充分自覺成為政治主體，進而自覺成為成為天下公民。

---

[49] 唐、牟二氏對民主政治之反省，此處因牟氏對此問題關注較多，故而筆者在行文上會稍側重牟氏之觀點。

[50] 此見於唐、牟及張君勱、徐復觀所合撰之〈中國文化與世界宣言〉，文中論及對世界學術思想之第三項期望是建立「立人極之學」。

[51] 牟宗三：《道德的理想主義》（臺北：臺灣學生書局，1992 年），頁46。

[52] 參見唐、牟及張君勱、徐復觀所合撰之〈中國文化與世界宣言〉。

　　政治主體自覺，除了可由自身實踐外，更重要的是社會成員
若能建立此共識，便能形成集體之社會力量，而此正視民主政治
之重要因素。牟氏認為民主政治便是打破過去將政權寄託於一人
之想法，代以人民「自覺其為一政治的存在」[53]，進而以理想制
度鞏固之，使政權為全民所共有。[54]至於與政權、治權、及權利
義務相關法律之訂定，牟氏云：「這完全靠人民有政治上獨立個
性之自覺而來，其內容即其所維護所保障的正義、人性、人道、
幸福等。」[55]

　　此外，關於治權，牟氏雖指出治權主要是靠選舉取得定期治
權，[56]但選舉行為表現，亦須要人民自覺，此亦影響國家整體發
展。

　　至於道德理想主義於政治社會之實踐必須關聯民主的與社會
的，國家的與文化的。前者是就精神層面而言，後者是指實踐的
場域。唐氏亦指出當時人類文化的兩大特性，一是文化問題是世
界性的，二是現代之文化問題除純文化思想外，尚包含現實之社

---

[53] 牟氏言道：「人民有其政治上獨立的個性，而此獨立的個性之出現是靠
　　著人民有其政治上的自覺，自覺其為一政治的存在。……人民因其政治
　　上的自覺而成為『敵體』。」牟宗三：《政道與治道》，頁53。

[54] 牟氏言道：「把寄託在個人身上的政權拖下來，使之成為全民族所共
　　有，即總持的有（而非個別的有），而以一制度固定之。」牟宗三：
　　《政道與治道》，頁53。

[55] 牟宗三：《政道與治道》，頁53。

[56] 牟氏言道：「不是聖君賢相下的吏治之意義，……民主政體下的政治運
　　用只是因選舉、被選舉而取得定期的治權。」牟宗三：《政道與治
　　道》，頁53。

會、政治、經濟,以及文化思想與現實問題之相互影響部分。[57]
此可與牟氏之論點併觀。

牟氏指出道德理想主義必須肯定民主政治,牟氏言道:「我
們肯定民主主義,是為的保障天才而卻不許有獨裁。民主制度保
障一般人民集會結社言論出版罷工等之自由,是廣度的說,保障
天才是深度的說。」[58]此處牟氏區分民主制度廣義與深義,廣義
部分較為人所知,但深義部分卻是牟氏獨到之見。

關於民主主義保障天才,牟氏之解釋是:「一、人的天才不
能以作政治領袖為唯一的出路,天才的充分發展可以讓其轉為科
學哲學藝術宗教方面的,即轉為文化的,……二、民主政治不但
保住社會上天才之文化的發展,而且在政治上亦不許有以天才英
雄自居而得以充分發揮其權力欲者。……天才二字直不許用於政
治領袖或政治家,……某人有政治天才可以做政治家,……卻不
同於那種以超人自居的獨裁者之為天才。」[59]

牟氏鑑於天才式獨裁者為人類社會所造成的禍害,而而民主
制度正可避免此類人物濫權而發動毀滅性的戰爭。最明顯的實例
便是希特勒,若依牟氏所稱民主政治為人民開展了更多自由施展
的機會,不必如中國傳統天才型人物易走向從政一途,但對真正
具有政治天才傾向的人,仍會選擇從政一途,只是從政的方式不
必如過去靠武力打天下,而是利用操縱民主機器,善於攏絡民心
之手段取得治權。

牟氏說法只適用於在過去社會無法施展長才,鬱鬱以終的科

---

57 唐君毅:《中華人文與當今世界》,頁 7、8。

58 牟宗三:《道德的理想主義》,頁 48。

59 牟宗三:《道德的理想主義》,頁 51。

學哲學藝術宗教方面的天才。正因天才人物只專於特定才能，善於科學、哲學、藝術、宗教之天才並不必然為政治天才，真正政治天才是能順應時代施展其政治長才的。

此外，牟氏指出造成希特勒獨裁之兩大成因中之一是反民主政治的庸俗化，[60]欲杜絕獨裁專制，解決民主政治庸俗化現象是個重大問題。當民主政治逐漸墮落，影響社會各項發展時，英雄主義的呼聲便趁勢而起。因此牟氏所稱民主政治能「禁止權力欲之無限的發展」，[61]只是在民主制度上軌道時的正面表現，一旦民主政治產生負面墮落現象時，反倒為政治野心者提供獨裁的舞臺。故而肯定民主政治的同時，必須正視民主政治庸俗化的現象，否則很難避免獨裁者乘勢而起，於此牟氏並未作進一步回答。除此，因應國家特殊利害，民主會自動退出，在此事態下，亦容易產生獨裁者，如海珊之流便屬此。

牟氏亦提出道德理想主義必然肯定社會主義價值，然非指空想的社會主義，重道德實踐的道德的理想主義，與重社會實踐的社會主義有其相容處，牟氏言道：「一、儒家以盡倫盡性踐仁的實踐的積極性為基礎，他們本質上就是實踐的，而他們的實踐復有原則的積極性。……二、內在地要實踐，這是從主體方面說，……即建體立極；……從客體方面說，要達成其實踐，必須還要了解社會方面之問題性，以及該問題的歷史發展之客觀性，

60　兩大成因分別是：一是反對馬克思主義毀滅人性、個性及否定價值、理想，二是反民主政治的庸俗淺薄，苟且虛偽。牟宗三：《道德的理想主義》，頁49。

61　牟宗三：《道德的理想主義》，頁52。

即外在某方面史實發展之客觀性。」[62]牟氏指出結合了道德理想
主義的社會主義，在主體方面具有盡倫踐仁之內在實踐，在客體
方面能找出社會問題及認清其所以發生的原因，亦即道德理性與
觀解理性自主發揮其作用，使道德實踐與社會實踐密切連結，成
就現實事功。

　　牟氏將主體面、客體面作適當區分之說法、可呼應唐氏論現
實民生與文化二者既分且合之關係。「分」主要是就現實問題的
解決而言，當就實際問題作明確區隔，唐氏云：「文化的領域要
分，我不主張政治、經濟、社會之問題同學術思想、宗教、藝術
全部合在一起，合在一起，不是解決的辦法……政治、經濟的領
域同純文化領域要分的，分後可自有一配合。」[63]唐氏舉共產黨
為例說明，「共產黨是拿政治的力量控制人類文化之各方面，它
的觀點又是純經濟的觀點，它是不把政治、經濟之現實，與純文
化力量分開處理的，因此只有產生此糾結，遺害人類。」[64]並言
道「此中要分之理由，不能詳論。」[65]唐氏所以主張分開解決，
一方面是指價值層面與現實層面當分開處理，另方面是指各領域
皆有其專業性，必須分開面對。至於「合」便是指「分後可自有
一配合」，是就價值意義處論現實政經問題與文化之相互結合。

　　而道德理想主義對社會主義之貢獻可表現在，救正馬克思主
義過度強化現實經濟階級鬥爭思想，此套思想無法將社會問題向
上提撕，必須借助道德理想主義，重新由人性喚起正義公道之重

62　牟宗三：《道德的理想主義》，頁53。
63　唐君毅：《中華人文與當今世界》，頁21。
64　唐君毅：《中華人文與當今世界》，頁21。
65　唐君毅：《中華人文與當今世界》，頁21。

要。

　　牟氏透過道德理想主義與民主主義及社會主義結合，強化了民主政治的自由精神，亦認可社會主義平等之主張，牟氏不僅認為民主主義與社會主義是相成而非對立，且將二者與文化的、國家的關聯起來。

　　此處牟氏所稱「文化的」是指人受限於現實，且又實現於現實之理想或精神[66]。牟氏即此而說文化與國家之關係，因文化須實現於現實中，而所謂的現實是指「民族氣質」或「民族現實生活」。[67]

　　關於民主主義與文化之關係，牟氏云：「民主主義保障文化，亦返而必受文化之指導與鼓舞。民主主義若不能作到含有保障文化受教於文化的理性的成分，則必成為暴民政治，成為虛偽欺騙，……結黨營私的政治。」[68]一方面民主主義提供文化自由的空間，同時文化亦可由理性價值豐富民主政治之內涵。

　　至於民主主義與社會主義，及文化的與國家的四者間之關聯，牟氏云：

> 人的文化不能離開現實，此所謂現實即是民族氣質，或民族的現實生活。因而文化亦不能離開民族國家。民主主義與社會主義，若必歸結為文化的，則亦必歸結為國家的。所以道德的理想主義不但使民主主義與社會主義為相成而非相反，而且亦使兩者與國家主義亦相成而非相反，其中

---

[66] 牟宗三：《道德的理想主義》，頁 57。

[67] 牟宗三：《道德的理想主義》，頁 57。

[68] 牟宗三：《道德的理想主義》，頁 53。

之關鍵，則為文化的一義。[69]

　　綜合牟氏所論道德理想主義之現代實踐，可知其意圖藉由道德理想主義從價值義來融攝民主主義與社會主義，強化自由與平等（正義）之精神，方能避免產生民主庸俗化及極權社會。透過喚起道德理想主義，找回人真實生命及社會、文化之靈魂，同時亦正視社會、國家之現實性，讓民主主義與社會主義之民主、平等精神能真正落實於社國家社會之現實中，建立屬於當代的人類文化。

　　唐氏亦本道德理想主義談經濟上資本主義與社會主義之對立問題，強調從理念上調合資本主義與社會主義，一方面肯定私產制，同時又注重財產分配的公平性，遂提出「人文經濟」之理念，以此吸納資本主義與社會主義之優點，主張：

> 一方面肯定個人之私產之當存在，而人之據有其私產之意識，又須受各種「尊重他人之私產之意識」、「文化道德生活之目的之意識」、「為社會國家經濟之發展，願自限其私產之意識」之限制。[70]

唐氏從人文立場出發，提出「人文經濟」理念以發掘資本主義與社會主義深層的道德理性特質，以道德理性代替自然需求層面看待經濟問題，欲以文化道德意識主導經濟上關於生產、分配、

69　牟宗三：《道德的理想主義》，頁57。
70　唐君毅：《文化意識與道德理性》，頁178。

消費之行為，即此泯滅私產與共產的對立，及個人與國家的對立。[71]

　　資本主義對經濟活動之動機解釋成基於人本能欲求的滿足，[72]唐氏將此觀點轉成公心與超自利之動機。[73]而社會主義所強調之公平意識，唐氏認為正好可將「人文化」後的資本主義即「依於道德理性而公平的從事生產營利之公平意識」進一步拓展成「依人自身條件，以求分配人所實得之公平意識。」[74]。亦即唐氏擷取資本主義與社會主義之核心價值—公平性，突顯生產與分配之公平性的重要性，即此展現人的道德理性。

　　關於道德理想主義與現實之結合關係，牟氏指出二者為「曲通」之關係。牟氏解釋道：

> 曲通是以「轉折的突變」來規定，……這「逆」的意義形成是這樣的，即德性在其直接的道德意義中，在其作用表現中，雖不含有架構表現中的科學與民主，但道德理性依其本性而言之，卻不能不要求代表知識的科學與表現正義公道的民主政治。而內在於科學與民主而言，……即觀解理性與實踐理性相違反。……這表面或平列地觀之是矛盾，但若內在貫通地觀之，則若必須在此逆中始能滿足其要求，……由此一消融而成一「客觀的實現」，即表示曲

71　唐君毅：《文化意識與道德理性》，頁 177。

72　唐君毅：《文化意識與道德理性》，頁 120。

73　唐君毅：《文化意識與道德理性》，頁 130。

74　唐君毅：《文化意識與道德理性》，頁 154。

而能通，……此處可使吾人了解辯證發展的必然性。[75]

　　肯定道德理想主義乃為人類活動找到價值依據，但為確保道德價值之實現，必端賴較理想的客觀制度保障之。在現代化實現過程中，欲實現科學與民主，必須使觀解理性充分發揮其作用。以民主政治為例，牟氏認為政治科學當與道德價值暫時區分開來，曾云：

> 在架構表現中，此政體內之各成分，如權力之安排，權利義務之訂定，皆是對等平列的，因此遂有獨立的政治科學。而人們討論此中的各成分遂可以純政治學地討論之，力求清楚確定與合理公道。至於那投射出此「合理公道」所表示的價值意義之「價值之源」，或最高的道德理性之源，……而視之為道德宗教的事或形而上學的事。……自由必通著道德理性與人的自覺，……各種權利只是它的客觀化的成果而在民主政體中由憲法以保障之。[76]

　　但欲達到更高一層之理想目標，則須與道德價值曲通地消融，方能充分展現科學與民主之架構表現與價值意義，即牟氏所稱「相輔助以盡其美，相制衡以佉其弊」。[77]

---

[75]　牟宗三：《政道與治道》，頁 57。

[76]　牟宗三：《政道與治道》，頁 59-60。

[77]　牟氏談及科學云道：「科學之獨立性是由理性之架構表現而定，其與道德之關係則以曲通而明。凡是真理皆當有關係，相輔助以盡其美，相制衡以佉其弊。」牟宗三：《政道與治道》，頁 58。

　　我們希望道德理性與觀解理性之恰當融合不只是偶然表現，而是更穩定的自由發揮理性之作用。牟氏云：

> 而超臨涵蓋於一切客觀對象之世界之上，而不沉沒於客觀對象之中，同時對其知識觀念，隨時提起，亦能隨時放下，故其理智的知識，不礙與物宛轉的圓而神的智慧之流行。而在整個的人類歷史文化世界，人為一「繼往開來，生活於悠久無疆之歷史文化世界之主體」，而同時於此歷史文化世界之悠久無疆中，看見永恆的道。

　　亦即由政治主體擴展至歷史文化主體，由「方以智」提升至「圓而神」之境界。使人的存在由有限性成為無限性，亦即使生理本能之困限，轉成生理本能順遂地表現德性與智性，由現實處境推擴成超越時空的歷史文化情境。

　　經由以上論述可發現一重要問題，雖從道德理想主義談民主政治，亦強調正視現實問題之客觀性，但從根源處談現實問題之解決，似乎仍無法正視於現實權力利害之複雜糾葛之強大張力。當然我們可以說民主主義及社會主義追求之自由與平等，是根源於人性道德善不容已之自然要求，而道德理想主義之定位也僅在於此。民主政治主要是為了從現實面解決專制問題，減輕百姓苦，但現實問題千頭萬緒，各階層間充滿複雜之利害衝突，國家利益與個體或社會特定群體間亦未必一致。實現民主政治之難處不在理想上知道應當怎麼做，而是從複雜實際作為間展現正當性、合理性才是更高難度的。

五、結論

　　唐氏與牟氏均肯定道德價值，但亦肯定架構表現之重要，並指出二者為既分又合之關係，分是為使道德理性與認知理性充分發揮其重要性，合是就文化整體而言，既有道德理性實現文化價值，而認知理性則透過實際政策、制度以保證並實現理想價值。即牟氏所稱：「以（理性）內容的表現提撕並護住外延的表現，令其理性真實而不蹈空，常在而不走失；以外延表現充實開擴並確定內容的表現，令其豐富而不枯窘，光暢而不萎縮。」[78]透過二者既分又合之關係，方能將文化理想恰當落實於現實社會。

　　二子對吾國時代問題之反省，咸認為儒家政治思想擅長的是理性的內容表現，缺乏的是西方政治思想重架構分殊表現。[79]然須補充說明的是，唐、牟二氏所論是針對過去歷史即政治思想而發，而非指吾國現今發展無須重視理性之內容表現（道德理想主義）。事實上，儒家政治思想只存在部分知識分子心中，在歷代

---

[78] 牟宗三：《政道與治道》，頁 160。

[79] 牟氏之觀點清楚表現於《政道與治道》一書中，分別從歷史事實及儒、道、法之政治思想，尤其是儒家作深入反省。而唐氏則從中西文化整體發展作考察，彼嘗言道：「一方是推擴我們所謂道德自我、精神自我之涵義，以說明人文世界之成立；一方即統攝人文世界於道德自我、精神自我之主宰之下。我認為中國文化過去的缺點，在人文世界之未分殊的撐開；而西方現代文化之缺點，則在人文世界之儘量的撐開或淪於分裂。……唯在指出道德自我、精神自我之存在與各種文化活動之貫通。我希望中國將來之文化，更能由本以成末，現在西方文化更能由末以返本。這亦即是為中西文化理想之會通，建立一理論基礎，而為未來之中西文化精神之實際融合，作一鋪設之工作。」唐君毅：《文化意識與道德理性》，頁 6。

未曾真正落實過。甚至在過去現實社會中，多數廣大百姓自秦朝
至清代已漸習慣長期被專制政治高壓治理，久而久之，對政治缺
乏所謂自主觀念，在極權的環境下，人也缺乏生命力，只能被動
地順著生理本能去適應環境。依上述兩點，便能見出吾國除了師
法西方重架構外延表現外，仍當強調道德理想主義的重要。

　　總論唐、牟二氏之新外王學主要承繼孔、孟重視人的無限
性，故皆主張重新正視道德理性來解決時代問題，即使論及現實
的政治、經濟、社會、文化議題，雖可就各議題作客觀研究，然
仍須重視現實問題背後的價值層面，從價值面思考道德理性如何
指導現實活動，以及現實活動如何彰顯道德理性。

　　隨著現今時代變遷，吾人仍應繼續關心新的時代問題，個人
認為二子所提的觀點仍可適用於今，只須稍作些調整。個人以
為，雖然牟氏亦提出「人雖有限而可無限」之說法，但重心卻是
擺落在「無限」上，直就人良心善性充分發用立論。前已指出
唐、牟二氏所肯定的道德理想主義，雖能為時代之民主政治及科
學朝到價值根源，但仍須面對現實實踐的問題。

　　故可於新外王之源頭──孔、孟思想外，加入荀子思想。相
較孔、孟，尤其是孟子，主要是從人的無限性找到人存在之價
值，而荀子則正視了人的有限性，故而提出「性惡論」。所謂從
人的有限性著眼，並非否定人具有無限性，反倒是將人的有限性
與無限性作緊密關聯，一方面正視人的有限性為人類帶來的諸多
苦難，因為唯有正視人的有限性，方能對對人類苦難產生真正同
情；另方面進一步思考人如何從有限性超拔出來，艱難地體現道
德理性的光輝，讓人見出自身存在之價值，即使遭遇逆境仍能對
人生充滿信心。

　　無論古今中外，多數人類仍是順著生理本能而活，於現實生活中勉強掙扎，政治領導人與其宣導各種高明的政策之重要，不如誠懇地將心比心，實際瞭解人民所需。無論政治、經濟政策，若能從人們的基本需求著手，很容易產生實際效用。此道理看似容易，且不難落實，何以現今各國真正實現者少之又少？個人以為問題出在，不僅百姓囿於人自身的有限性及環境的制約，各國的當政者亦受困於自身及環境之限制。此正可說明何以儒家肯定聖王在位，認為唯有聖王方能真正落實王道仁政之理想。但鑑察古今，真正屬聖王當政者，相當罕有，僅能舉出數位表現較佳的領導者。在此現實下，便可知何以理想的人類社會一直未能出現。

　　故而當吾人談現今時代問題，一方面須正視人的有限性，無論百姓，甚至各領域的領導者皆然，若端靠某位人物或某群人士的道德自覺來解決社會問題是不可能的。但在正視人的有限性後，可就可要求之範圍作提升，成就外王事功尚須高明的政治敏感度及出眾的治事能力，勤奮負責的態度，須群策群力共同完成之；另方面尚須正視政經問題之複雜性，必須審慎作出決策，如此既能正視人的有限性又能面對問題的複雜性，便能更全面而深入地面對現實問題，找出解決對策。

　　當吾人在談我們這個時代的新外王，除了可接續唐、牟二前輩所提出以道德理想主義為核心結合民主政治及科學精神外，或許可就我們所欠缺的文化教養部分作深刻思考，當社會無法提供讓成員生存的養分時，如何使成員身心得到適當安頓？又如何讓社會既和諧又有秩序？唐、牟兩位前輩已完成他們的時代責任，但如何將道德理想主義進一步與現實生活作恰當連結，便是我們後起者當努力的方向。

徵引書目

壹、古籍（依作者朝代先後順序排列，相同朝代者則依姓氏筆畫順序升冪排列）

〔漢〕許慎撰，段玉裁注：《說文解字》，臺北：書銘事業公司，1990年。

〔漢〕揚雄、汪榮寶撰，陳仲夫點校：《法言義疏》，北京：中華書局，1987年。

〔漢〕鄭玄注，孔穎達疏：《禮記正義》，《十三經注疏附校勘記》，臺北：藝文印書館，1989年。

〔魏〕何晏注，〔宋〕刑昺疏：《論語注疏》，《十三經注疏附校勘記》，臺北：藝文印書館，1989年。

〔晉〕嵇康撰，戴明揚校注：《嵇康集校注》，臺北：河洛圖書出版社，1978年。

〔晉〕袁宏撰，周天游校注：《後漢紀校注》，天津：天津古籍出版社，1987年。

〔隋〕王通撰，阮逸注：《中說》，臺北：臺灣中華書局，1966年。

〔唐〕韓愈撰，馬其昶校注：《韓昌黎文集校注》，臺北：華正書局，1975年。

〔宋〕邵雍著，歐明俊點校：《皇極經世》，《中華道藏》（第17冊），北京：華夏出版社，2004年。

〔宋〕邵雍著，郭彧點校：《邵雍集》，北京：中華書局，2010年。

〔宋〕程顥、程頤：《二程集》，臺北：漢京文化事業公司，1983年。

〔宋〕蘇軾：《蘇東坡全集》，臺北：河洛圖書出版社，1975年。

〔宋〕朱震：《周易卦圖》，《通志堂經解》（第1冊），揚州：江蘇廣

陵古籍刻印社，1996 年。

〔宋〕晁公武：《郡齋讀書志》，臺北：廣文書局，1979 年。

〔宋〕朱熹：《四書章句集注》，臺北：長安出版社，1991 年。

〔宋〕朱熹：《四書或問》，《朱子全書》（第 6 冊），上海：上海古籍
　　出版社、合肥：安徽教育出版社，2002 年。

〔宋〕朱熹著，王鐵校點：《周易本義》，《朱子全書》（第 1 冊），上
　　海：上海古籍出版社、合肥：安徽教育出版社，2002 年。

〔宋〕朱熹、蔡元定合著，王鐵校點：《易學啟蒙》，《朱子全書》（第
　　1 冊），上海：上海古籍出版社、合肥：安徽教育出版社，2002
　　年。

〔宋〕朱熹：《晦菴先生朱文公文集》（第 1、2、4、5 冊），收入《朱子
　　全書》（第 20、21、23、24 冊），上海：上海古籍出版社、合肥：
　　安徽教育出版社，2002 年。

〔宋〕陸九淵：《象山全集》，臺北：臺灣中華書局，1987 年。

〔宋〕楊簡：《慈湖遺書》，《景印文淵閣四庫全書》（第 1156 冊），臺
　　北：臺灣商務印書館，1983-1986 年。

〔宋〕葉適：《習學記言序目》，北京：中華書局，2009 年。

〔宋〕葉適：《習學記言》，臺北：中國子學名著集成編印基金會，1978
　　年。

〔宋〕葉適：《葉適集》，臺北：河洛圖書出版社，1974 年。

〔宋〕馬端臨：《文獻通考——經籍考（下）》，臺北：新文豐出版公
　　司，1986 年。

〔宋〕黎靖德編：《朱子語類》，《朱子全書》，上海：上海古籍出版
　　社、合肥：安徽教育出版社，2002 年。

〔元〕吳澄撰，吳當編：《吳文正集》，《景印文淵閣四庫全書》（第
　　1197 冊），臺北：臺灣商務印書館，1983-1986 年。

〔元〕脫脫：《新校本宋史并附編三種》（第 16 冊），臺北：鼎文書局，
　　1994 年。

〔明〕歸有光：《震川先生集》，臺北：源流文化事業公司，1983 年。

〔明〕來知德：《周易集註》，臺北：武陵出版公司，1997 年。

〔明〕王守仁撰，吳光等點校：《王陽明全集》，上海：上海古籍出版社，2014年。

〔明〕劉宗周：《人譜》，臺北：廣文書局，1991年。

〔明〕李贄：《焚書》，臺北：漢京文化事業公司，1984年。

〔明〕黃道周：《易象正》，《景印文淵閣四庫全書》（第35冊），臺北：臺灣商務印書館，1983-1986年。

〔明〕方孔炤撰，方以智編：《圖象幾表》，《周易時論合編》（第5冊），臺北：文境文化事業公司，1983年。

〔清〕方以智撰，龐樸注釋：《東西均注釋》，北京：中華書局，2001年。

〔清〕方以智：《物理小識》，臺北：臺灣商務印書館，1978年。

〔清〕王船山撰，楊堅編校：《薑齋詩話》，《船山全書》（第15冊），長沙：嶽麓書社，1996年。

〔清〕王船山撰，楊堅編校：《薑齋文集補遺》，《船山全書》（第15冊），長沙：嶽麓書社，1996年。

〔清〕王船山撰，楊堅編校：《船山詩文拾遺》，《船山全書》（第15冊），長沙：嶽麓書社，1996年。

〔清〕王船山撰，楊堅編校：《搔首問》，《船山全書》（第12冊），長沙：嶽麓書社，1996年。

〔清〕黃宗羲，黃百家等著，吳光點校：《宋元學案》，《黃宗羲全集》（第9冊），杭州：浙江古籍出版社，1993年。

〔清〕黃宗羲著，吳光點校：《易學象數論》，《黃宗羲全集》（第9冊），杭州：浙江古籍出版社，1993年。

〔清〕黃宗炎：《圖學辨惑》，《景印文淵閣四庫全書》（第40冊），臺北：臺灣商務印書館，1983-1986年。

〔清〕黃宗羲撰，吳光等校點：《思舊錄》，《黃宗羲全集》（第1冊），杭州：浙江古籍出版社，1994年。

〔清〕黃宗羲撰，吳光編校：《南雷詩曆》，《黃宗羲全集》（第11冊），杭州：浙江古籍出版社，1994年。

〔清〕黃炳垕撰，吳光校點：《黃梨洲先生年譜》，《黃宗羲全集》（第

12 冊），杭州：浙江古籍出版社，1994 年。

〔清〕胡渭：《易圖明辨》，收入《續經解易類彙編》，臺北：藝文印書館，1992 年。

〔清〕戴震：《緒言》，《戴震全書》（修訂本第六冊），合肥：黃山書社，2010 年。

〔清〕戴震：《孟子字義疏證》，《戴震全書》（修訂本第六冊），合肥：黃山書社，2010 年。

〔清〕錢大昕：《十駕齋養心錄》（第 2 冊），臺北：臺灣商務印書館，1967 年。

〔清〕永瑢等：《四庫全書總目》，北京：中華書局，1995 年。

〔清〕王先謙：《荀子集解》，臺北：華正書局，1988 年。

貳、今人論著 （依姓氏筆畫順序升冪排列）

一、專書

王邦雄等：《中國哲學史》，臺北：空中大學，1995 年。

王鐵：《宋代易學》，上海：上海古籍出版社，2005 年。

王茂等：《清代哲學》，合肥：安徽人民出版社，1992 年。

尹協理、魏明：《王通論》，北京：中國社會科學出版社，1984 年。

田富美：《清代荀子學研究》，臺北：政治大學中國文學研究所博士論文，2005 年。

任繼愈等：《中國哲學發展史（隋唐）》，北京：人民大學出版社，1994 年。

朱伯崑：《易學哲學史》（第 1-4 冊），臺北：藍燈文化事業公司，1991 年。

江心力：《20 世紀前期的荀學研究》，北京：中國社會科學出版社，2005 年。

牟宗三：《歷史哲學》，臺北：臺灣學生書局，1988 年。

牟宗三：《政道與治道》，臺北：臺灣學生書局，1991 年。

牟宗三：《名家與荀子》，臺北：臺灣學生書局，1990 年。

牟宗三：《歷史哲學》，臺北：臺灣學生書局，1988 年。

牟宗三：《心體與性體》（第 1 冊），臺北：正中書局，1991 年。

牟宗三：《名家與荀子》，臺北：臺灣學生書局，1990 年。

牟宗三：《中國哲學十九講》，臺北：臺灣學生書局，1999 年。

牟宗三：《時代與感受》，臺北：鵝湖出版社，1995 年。

艾瑞克・艾瑞克森（Erik H. Erikson）、瓊・艾瑞克森（Joan M. Erikson）
　　等著，周怜利譯：《Erikson 老年研究報告——人生八大階段》，臺
　　北：張老師文化事業公司，2012 年。

西塞羅：《論老年、論友誼、論責任》，北京：商務印書館，2003 年。

何仁富主編：《唐學論衡——唐君毅先生的生命與學問》，北京：中國文
　　史出版社，2005 年。

余英時：《方以智晚節考》，臺北：允晨文化實業公司，1986 年。

吳康：《黑格爾的哲學》，臺北：臺灣商務印書館，1996 年。

吳汝鈞：《純粹力動現象學》，臺北：臺灣商務印書館，2005 年。

李小成：《文中子考論》，上海：上海古籍出版社，2008 年。

李明輝：《當代儒學之自我轉化》，臺北：中央研究院中國文哲研究所籌
　　備處，1994 年。

李開復：《我修的死亡學分》，臺北：天下文化事業公司，2015 年。

李學勤：《李學勤講演錄・孔孟之間與老莊之間》，長春：長春出版社，
　　2012 年。

汪學群：《清初易學》，北京：商務印書館，2004 年。

周夢江：《葉適與永嘉學派》，杭州：浙江古籍出版社，1992 年。

侯外廬等：《宋明理學史》，北京：人民出版社，1984 年。

侯外廬等：《中國思想通史》（第 1 卷），北京：人民出版社，1992 年。

侯外廬等：《中國思想通史》（第 4 卷下冊），北京：人民出版社，1992
　　年。

韋政通：《儒家與現代中國》，臺北：東大圖書公司，1991 年。

韋政通：《荀子與古代哲學》，臺北：臺灣商務印書館，1997 年。

唐君毅：《中國哲學原論：原性篇》，臺北：臺灣學生書局，1984 年。

唐君毅：《中國哲學原論：導論篇》，臺北：臺灣學生書局，1986 年。

唐君毅：《哲學論集》，臺北：臺灣學生書局，1990 年。

唐君毅：《中國哲學原論——原性篇》，臺北：臺灣學生書局，1984 年。

唐君毅：《人生之體驗》，《唐君毅全集（卷一之一）》，臺北：臺灣學生書局，1985 年。

唐君毅：《人生之體驗續編·自序》，《唐君毅全集（卷三之一）》，臺北：臺灣學生書局，1996 年。

唐君毅：《病裡乾坤》，臺北：鵝湖月刊雜誌社，1980 年。

唐君毅：《青年與學問》，臺北：三民書局，2002 年。

唐君毅：《中國哲學原論·導論篇》，臺北：臺灣學生書局，1986 年。

徐復觀：《中國人性論史（先秦篇）》，臺北：臺灣商務印書館，1990 年。

徐復觀：《中國經學史的基礎》，臺北：臺灣學生書局，1996 年。

徐復觀：《學術與政治之間》，香港：南山書屋，1976 年。

徐復觀：《兩漢思想史》，臺北：臺灣學生書局，1993 年。

袁緝輝：《當代老年社會學》，上海：復旦大學出版社，1989 年。

馬克·艾格洛寧（Marc E. Agronin）著，陳秋萍譯：《生命永不落：一個心理醫師追尋老化意義的旅程》，臺北：遠流出版事業公司，2012 年。

馬積高：《荀學源流》，上海：上海古籍出版社，2000 年。

馬承源主編：《上海博物館藏戰國楚竹書（一）》，上海：上海古籍出版社，2001 年。

馬承源主編：《上海博物館藏戰國楚竹書（二）》，上海：上海古籍出版社，2002 年。

馬承源主編：《上海博物館藏戰國楚竹書（三）》，上海：上海古籍出版社，2003 年。

馬承源主編：《上海博物館藏戰國楚竹書（五）》，上海：上海古籍出版社，2005 年。

馬承源主編：《上海博物館藏戰國楚竹書（六）》，上海：上海古籍出版社，2007 年。

張豈之：《中國思想學說史（隋唐卷）》，桂林：廣西師範大學出版社，

2008 年。

張永堂：《方以智的生平與思想》，臺北：臺灣大學歷史研究所博士論文，1976 年。

梅陳玉嬋等：《老年學理論與實踐》，北京：社會科學文獻出版社，2004 年。

許朝陽：《胡渭《易圖明辨》之研究》，中壢：中央大學中國文學研究所碩士論文，1994 年。

陳來：《宋明理學》，瀋陽：遼寧教育出版社，1992 年，頁 122。

陳安金、王宇：《永嘉學派與溫州文化崛起研究》，北京：人民出版社，2008 年。

傅諮銘：《對劉蕺山、方以智、王夫之生命實踐理論之研究——從道器關係為論》，臺北：輔仁大學哲學研究所博士論文，2010 年 6 月。

傑佛瑞・薩克斯著，周曉琪、羅耀宗譯：《永續發展新紀元》，臺北：遠見天下文化出版公司，2015 年。

勞思光：《新編中國哲學史》（第 3 冊上），臺北：三民書局，1990 年。

勞思光：《新編中國哲學史》（第 1 冊），臺北：三民書局，1990 年。

單國璽、林保寶：《生命告別之旅》，臺北：天下文化事業公司，2008 年。

馮友蘭：《中國哲學史新編》（第 5 冊），北京：人民出版社，1992 年。

廖名春：《荀子新探》，臺北：文津出版社，1994 年。

楊東蓀：《中國學術史講話》，南京：江蘇教育出版社，2005 年。

楊自平：《明代學術論集》，臺北：萬卷樓圖書公司，2008 年。

葛世萱：《王通與道統——王通學在宋代地位之變化及時代意義》，臺北：臺灣大學中文所博士論文，2013 年。

廖肇亨：《明末清初遺民逃禪之風研究》，臺北：臺灣大學中國文學研究所碩士論文，1994 年 6 月。

鄔滄萍、姜向群主編：《老年學概論》，北京：中國人民大學出版社，2011 年。

劉毓崧撰，楊堅編校：《王船山先生年譜》，《船山全書》第 15 冊，長沙：嶽麓書社，1996 年。

劉君燦：《方以智》，臺北：東大圖書公司，1988 年。

劉浩洋：《從明清之際的青原學風論方以智晚年思想中的遺民心志》，臺北：政治大學中國文學研究所博士論文，2004 年 6 月。

劉浩洋：《方以智《東西均》思想研究》，臺北：政治大學中國文學研究所碩士論文，1997 年 6 月。

劉述先：《現代新儒學之省察論集》，臺北：中央研究院中國文哲研究所，2004 年。

蔡仁厚：《孔孟荀哲學》，臺北：臺灣學生書局，1999 年。

蔣國保：《方以智與明清哲學》，合肥：黃山書社，2009 年。

蔣國保：《方以智哲學思想研究》，合肥：安徽人民出版社，1987 年。

鄭志明：《宗教的醫療觀與生命教育》，臺北：大元書局，2004 年。

鄭吉雄主編：《語文、經典與東亞儒學》，臺北：臺灣學生書局，2008 年

鄭文泉：《馬來西亞近二百年儒家學術史》，北京：國際儒學聯合會「儒學與東亞文明」年度項目成果報告，2015 年。

錢穆：《中國學術通義》，臺北：臺灣學生書局，1984 年。

駱建人：《文中子研究》，臺北：臺灣商務印書館，1990 年。

謝仁真：《方以智哲學方法學研究》，臺北：臺灣大學哲學研究所博士論文，1994 年 6 月。

鍾泰：《中國哲學史》，臺北：臺灣商務印書館，1967 年。

羅熾：《方以智評傳》，南京：南京大學出版社，1999 年。

龔鵬程：《唐代思潮》，北京：商務印書館，2007 年。

二、專書論文

岑溢成：〈戴震孟子學的基礎〉，黃俊傑編：《孟子思想的歷史發展》，臺北：中央研究院中國文哲研究所，1995 年，頁 191-215。

林月惠：〈杜維明先生與跨文化對話〉，收入李明輝等：《儒學、文化與宗教——劉述先先生七秩壽慶論文集》，臺北：臺灣學生書局，2006 年，頁 239-259。

楊儒賓：〈儒門別傳——明末清初《莊》、《易》同流的思想史意義〉，收入鍾彩鈞，楊晉龍主編：《明清文學與思想中的主體性與社會

──學術思想篇》，臺北：中央研究院中國文哲研究所，2004 年，頁 245-289。

廖肇亨：〈藥地生死觀探析──以《東西均》與《藥地炮莊》為討論中心〉，收入鍾彩鈞，楊晉龍主編：《明清文學與思想中的主體性與社會──學術思想篇》，臺北：中央研究院中國文哲研究所，2004 年，頁 211-244。

三、期刊論文

丁原明：〈儒家「孝」文化的現代詮釋〉，《山東大學學報（社會科學版）》2000 年 3 期，頁 7-11。

王永平：〈荀子學術地位的變化與唐宋文化新走向〉，《學術月刊》2008 年第 6 期，頁 129-135。

田富美：〈清儒心性論中潛藏的荀學理路〉，《孔孟學報》85 期，2007 年 9 月，頁 289-316。

白立超：〈近十年國內荀子研究管窺〉，《華夏文化》2010 年第 1 期，頁 61-64。

伍振勳：〈從語言、社會面向解讀荀子的「化性起偽」說〉，《漢學研究》第 26 卷第 1 期，2008 年 3 月，頁 35-66。

牟宗三：〈哀悼唐君毅先生〉，《鵝湖月刊》第 33 期，1978 年 3 月，頁 2-4。

何俊：〈葉適論道學與道統〉，《中山大學學報（社會科學版）》2009 年第 1 期，頁 109-127。

何尚文：〈中國傳統孝道與現代家庭倫理關係〉，《福建師大福清分校學報》1997 年第 1 期，頁 39-43。

吳進安：〈荀子「明分使群」觀念解析及其社會意義〉，《漢學研究集刊》第 3 期，2006 年 12 月，頁 221-239。

吳汝鈞：〈印度大乘佛教思想的特色〉，《中華佛學學報》第 1 期，1987 年，頁 123-135。

呂妙芬：〈儒釋交融的聖人觀：從晚明儒家聖人觀與菩薩形象相似處及對生死議題的關注談起〉，《近代史研究集刊》32 期，1999 年 12

月，頁 165-207。

宋立卿：〈試論荀學的歷史命運——中國文化史上一樁千古未決的懸
　　案〉，《河南大學學報》1990 年第 4 期，頁 146-151、157。

岑溢成：〈嵇康的思維方式與魏晉玄學〉，《鵝湖學誌》第 9 期，1992 年
　　12 月，頁 27-54。

岑溢成：〈荀子性惡論析辯〉，《鵝湖學誌》第 3 期，1989 年 9 月，頁
　　37-58。

岑溢成：〈道德的兩重經常義〉，《鵝湖月刊》第 5 卷 5 期，1979 年 11
　　月，頁 21。

岑溢成：〈專欄：鵝湖論壇：論「道」與「統」〉，《鵝湖月刊》76 期，
　　1981 年 10 月，專欄頁 1-2。

岑溢成：〈荀子性惡論析辯〉，《鵝湖學誌》第 3 期，1989 年 9 月，頁
　　37-58。

李國娟：〈荀子「先王制禮論」的再審視〉，《遼寧大學學報（哲學社會
　　科學版）》2008 年第 6 期，頁 16-20。

李瑞全：〈儒學之「永續發展」基本理念〉，《應用倫理研究通訊》第 10
　　期，1999 年 4 月，頁 21-24。

杜明德：〈《禮記・王制》的養老主張及其在今日社會的價值〉，《國文
　　學報（高師大）》第 16 期，2012 年 6 月，頁 19-35。

杜保瑞：〈葉水心事功進路的儒學建構之批判〉，《鵝湖學誌》第 37 期，
　　2006 年 12 月，頁 35-76。

汪惠娟：〈方以智氣火一體思想管窺〉，《哲學與文化》387 期，2006 年
　　8 月，頁 123-136。

肖永明：〈葉適《習學記言序目》的學術批評〉，《湖南大學學報（社會
　　科學版）》，第 16 卷第 4 期，2002 年 7 月，頁 23-28。

肖永明：〈書院祭祀中的道統意識〉，《哲學與文化》第 35 卷第 9 期，
　　2008 年 9 月，頁 31-47。

東方朔：〈客觀化及其限制——牟宗三先生《荀學大略》解義〉，《北京
　　青年政治學院學報》2005 年第 4 期，頁 38-44。

林郁迢：〈略論魏晉荀學之發展〉，《漢學研究集刊》第 9 期，2009 年 12

月，頁 81-104。

林素英：〈從「修六禮明七教」之角度論荀子禮教思想之限制〉，《漢學研究集刊》第 3 期，2006 年 12 月，頁 55-78。

林安梧：〈邁向儒家型意義治療學之建立以唐君毅「人生之體驗續編」為核心的展開〉，《鵝湖月刊》第 172 期，1987 年 10 月，頁 19-27。

林安梧：〈開啟「意義治療」的當代新儒學大師——唐君毅先生〉，《鵝湖月刊》第 235 期，1995 年 1 月，頁 2-5。

林安梧：〈再論「儒家型的意義治療學」——以唐君毅先生的《病裡乾坤》為例〉，《鵝湖月刊》第 328 期，2002 年 10 月，頁 7-16。

胡發貴：〈儒家的養老與敬老思想〉，《江蘇大學學報（社會科學版）》，2013 年 2 期，頁 14-17。

胡藹若：〈我國固有的敬老養老思想〉，《實踐博雅學報》第 13 期，2010 年 1 月，頁 119-146。

胡可濤、葛維春：〈海外新儒家視野中的荀學——以牟宗三、徐復觀、唐君毅為中心〉，《雲南民族大學學報（哲學社會科學版）》2008 年第 5 期，頁 122-126。

胡士潁：〈牟宗三先生論荀子「禮義之統」〉，《南昌教育學院學報》2010 年第 2 期，頁 38、54。

孫得雄：〈一起面對高齡化的臺灣〉，《健康世界》第 431 期，2011 年 11 月，頁 30-33。

徐照偉：〈淺析《論語》中的「孝」思想及其當代意義〉，《山東省農業管理幹部學院學報》2011 年 1 期，頁 138-139。

徐聖心：〈火・爐・土・均——覺浪道盛與無可弘智的統攝之學〉，《臺大佛學研究》14 期，2007 年 12 月，頁 119-121、123-157。

徐洪興：〈論葉適的「非孟」思想〉，《浙江學刊》1994 年第 3 期，頁 50-54。

祝平次：〈從「治足以為經」到「統紀之學」——論葉適對儒家經典的看法〉，《中央研究院歷史語言研究所集刊》76 本 1 分，2005 年 3 月，頁 117-168。

馬數鳴：〈對方以智哲學思想的再探討——與侯外廬先生商榷〉，《江淮

論壇》，1965 年第 1 期，頁 35-41。

高安澤：〈荀學淵源及其對漢代學術的影響〉，《中原文獻》33 卷第 1
　　期，1981 年 1 月，頁 4-8。

高明士：〈隋唐廟學制度的成立與道統的關係〉，《臺大歷史學報》第 9
　　期，1982 年 12 月，頁 93-122。

張踐：〈儒家孝道觀的形成與演變〉，《中國哲學史》2000 年 3 期，頁
　　74-79。

張才興：〈論「荀子」與群經及其在儒學史上的定位〉，《逢甲人文社會
　　學報》第 6 期，2003 年 5 月，頁 85-111。

張倩：〈唐君毅論荀子之統類心〉，《新亞學報》28 期，2010 年 3 月，頁
　　155-169。

曹立前：〈中國傳統文化中的孝與養老思想探究〉，《山東師範大學學報
　　（人文社會科學版）》2008 年 5 期，頁 88-91。

梁堅：〈中國古代的養老制度〉，《臺灣省立博物館科學年刊》第 6 期，
　　1963 年 11 月，頁 114-118。

許志信：〈邵雍的觀物思想〉，《東吳中文學報》第 17 期，2009 年 5
　　月，頁 107-134。

郭志坤：〈淺說荀子及其荀學之浮沉〉，《學術月刊》1994 年第 3 期，頁
　　44-50。

陳金鋒：〈孟子的「養老」觀〉，《齊齊哈爾師範高等專科學校學報》
　　2010 年 6 期，頁 80-82。

陳運春：〈傳統儒家孝道與當代老齡化社會問題研究〉，《佳木斯大學社
　　會科學學報》2010 年 5 期，頁 16-18。

陳寬政：〈建立一個以家庭為重心的養老制度〉，《今日財經》第 291
　　期，1986 年 2 月，頁 18-19。

陳迎年：〈荀子命運的歷史沉浮與中國哲學的現代意識──兼評牟宗三的
　　荀子研究〉，《華東理工大學學報（社會科學版）》2008 年第 3
　　期，頁 104-108。

陳林：〈荀子「以禮化心」工夫論初探──兼對牟宗三關于荀子「大本不
　　立」之定位獻疑〉，《西安社會科學》2009 年第 3 期，頁 25-29。

陳光連：〈港臺及國內荀子倫理思想研究綜述——人性論視域下的德性透視〉，《船山學刊》2008 年第 3 期，頁 86-89。

陳福濱：〈荀子的禮論思想及其價值〉，《哲學與文化》第 35 卷第 10 期，2008 年 10 月，頁 25-43。

陳迎年：〈荀子命運的歷史沉浮與中國哲學的現代意識——兼評牟宗三的荀子研究〉，《華東理工大學學報（社會科學版）》2008 年第 3 期，頁 104-108。

陸建華：〈荀子禮法關係論〉，《安徽大學學報（哲學社會科學版）》2003 第 2 期，頁 18-23。

彭林：〈祭祀萬世師表：釋奠禮〉，《文史知識》2003 年第 10 期，頁 89-99。

惠吉興：〈荀子禮論研究〉，《河北學刊》1995 第 4 期，頁 48-53。

曾昭旭：〈唐君毅先生與當代新儒學〉，《鵝湖月刊》第 194 期，1991 年 8 月，頁 18-24。

曾昭旭：〈論唐君毅先生在愛情學上的先驅地位〉，《鵝湖月刊》第 381 期，2007 年 3 月，頁 19-23。

黃愛平：〈印度尼西亞孔教：中國儒教的宗教化、印尼化〉，《世界宗教文化》2015 年第 5 期，頁 51-58。

楊勇剛：〈儒家孝道觀與老齡社會〉，《河北大學學報（哲學社會科學版）》2012 年 3 期，頁 94-99。

楊衛軍：〈儒家孝道與中國老齡化問題〉，《船山學刊》2010 年 3 期，頁 204-206。

楊三東：〈建立以家庭為重心的養老制度〉，《中山學報》第 13 期，1992 年 5 月，頁 183-200。

楊績蓀：〈古代敬老養老的制度〉，《中國世紀》第 64 期，1963 年 2 月，頁 5-6。

楊秀宮：〈從「禮衍生法」的觀點論荀子禮法思想的特色〉，《東海學報》第 39 卷，1998 年 7 月，頁 87-109。

楊少涵：〈論荀子隆禮重法的軍事倫理思想——從孔孟荀評管子論王霸說開去〉，《蘭州學刊》2007 年第 5 期，頁 183-184、113。

葉肅科：〈社會老年學理論與福利政策應用〉，《東吳社會學報》第 9
　　期，2000 年 5 月，頁 77-122。

董江愛：〈論儒家孝道思想的現代價值〉，《山西高等學校（社會科學學
　　報）》1999 年 2 期，頁 36-37。

赫然：〈政府應對人口老齡化問題的制度構想〉，《行政與法》2007 年 11
　　期，頁 18-20。

廖肇亨：〈天崩地解與儒佛之爭──明清之際逃禪遺民價值系統的衝突與
　　融合〉，《人文中國學報》13 期，2007 年 9 月，頁 409-455。

廖肇亨：〈藥地愚者禪學思想蠡探──從「眾藝五明」到「俱鎔一
　　味」〉，《中國文哲研究集刊》33 期，2008 年 9 月，頁 173-203。

廖名春：〈20 世紀後期大陸荀子文獻整理研究〉，《漢學研究集刊》第 3
　　期，2006 年 12 月，頁 79-151。

榮虎只：〈荀子禮學思想結構整體性探析〉，《遼寧工程技術大學學報
　　（社會科學版）》2009 年第 1 期，頁 1-3。

劉君燦：〈有關方以智的書目〉，《書目季刊》第 21 卷 2 期，1987 年 9
　　月，頁 92-98。

劉又銘：〈荀子的哲學典範及其在後代的變遷轉移〉，《漢學研究集刊》
　　第 3 期，2006 年 12 月，頁 33-54。

劉振維：〈從「性善」到「道德心」──論當代儒學對人性概念的探
　　討〉，《哲學與文化》第 36 卷 8 期，2009 年 8 月，頁 101-118。

劉仲華〈清代荀學的復活〉，《蘭州大學學報（社會科學版）》，2001 年
　　1 期，頁 50-56。

劉濤：〈「禮論」與「王制」：荀子對儒學制度化的理論貢獻〉，《江淮
　　論壇》2008 年第 4 期，頁 178-182。

潘小慧：〈禮義、禮情及禮文──荀子禮論哲學的特點〉，《哲學與文
　　化》第 35 卷第 10 期，2008 年 10 月，頁 45-63。

蔡振豐：〈方以智三教道一論的特色及其體知意義〉，《臺灣東亞文明研
　　究學刊》第 7 卷 1 期，2010 年 6 月，頁 159-199。

鄧克銘：〈方以智的禪學思想〉，《漢學研究》第 27 卷 2 期，2009 年 6
　　月，頁 324-325。

鄭炯堅：〈唐、牟二先生論荀子〉，《新亞學報》28 期，2010 年 3 月，頁
　　111-120。

黎聖倫：〈我國歷代敬老養老制度〉，《中山學術文化集刊》第 2 期，
　　1968 年 11 月，頁 347-363。

黎紅雷：〈禮道・禮教・禮治：荀子哲學建構新探〉，《現代哲學》2004
　　年第 4 期，頁 65-70。

戴景賢：〈論方以智王船山二人思想之對比性與其所展顯之時代意義〉，
　　《文與哲》12 期，2008 年 6 月，頁 455-528。

謝楠：〈生命來源觀：中國家庭養老內在機制新探討〉，《中州學刊》
　　2011 年 1 期，頁 125-129。

謝明陽：〈覺浪道盛《莊子提正》寫作背景考辨〉，《清華學報》42 卷 1
　　期，2012 年 3 月，頁 135-168。

謝方回：〈憶先夫唐君毅先生〉，《書目季刊》第 14 卷第 4 期，1981 年 3
　　月，頁 59-83。

謝方回：〈對先夫唐君毅先生的一些追憶〉，《鵝湖月刊》第 80 期，1982
　　年 2 月，頁 56-57。

韓德民：〈論荀子的禮法觀〉，《社會科學戰線》1998 年第 4 期，頁 77-
　　87。

鵝湖月刊社：〈論當代文明的危機：論恐怖攻擊的威脅及其化解之道〉，
　　《鵝湖》第 459 期，2016 年 8 月，頁 8-22。

羅義俊：〈中國道統：孔子的傳統──儒家道統觀發微〉，《鵝湖月刊》
　　第 355 期，2005 年 1 月，頁 20-27。

饒彬：〈荀子對於禮學的重要建設〉，《師大學報》第 19 卷，1974 年 6
　　月，頁 51-60。

五、報刊及網站資料

王汎森：〈近代中國的「新學術運動」與人文學〉，參見余紀忠文教基金
　　會網頁。

侯外廬：〈方以智《東西均》一書的哲學思想〉，《人民日報》，1961 年 8
　　月 6 日。

國際頻道，2006 年 10 月 13 日，URL=http://world.people.com.cn/GB/1032/4
　　913843.html。

曾昭旭：〈恐攻是第三種戰爭的形態〉，URL=https://zh-tw.facebook.com/
　　曾昭旭-179160222094889/。

BBC 中文網，2016 年 9 月 3 日，URL=http://www.bbc.com/zhongwen/trad/c
　　hina/2016/09/160903_us_china_climate_agreement。

民視 2016 年 10 月 16 日報導，URL=http://news.ftv.com.tw/NewsContent.asp
　　x?ntype=class&sno=2016A15I07M1#。

財經新報，2016 年 11 月 17 日，URL=http://finance.technews.tw/2016/11/17/
　　bp-buys-jet-fuel-made-from-garbage-to-curb-airline-pollution/。

香港「商界環保協會」〈專題摘要〉第 12 期，2015 年 12 月 24 日，URL=
　　https://bec.org.hk/files/images/BEC_Topical_Digest/Issue_12_Topical_D
　　igest_Chi.pdf。

聯合新聞網，2016 年 10 月 26 日報導，URL=http://udn.com/news/story/6947
　　/2044270。

環境資訊中心（TEIA）網頁，URL=http://e-info.org.tw/node/200319。

韓星：〈儒學與孔教在東南亞地區的發展〉，國際儒學網，URL=http://ww
　　w.ica.org.cn/nlb/index_437_4191.html。

國家圖書館出版品預行編目資料

儒學的現代詮釋與時代關懷

楊自平著.－ 初版.－ 臺北市：臺灣學生，2017.08
面；公分

ISBN 978-957-15-1739-1 (平裝)

1. 儒學　2. 文集

121.207　　　　　　　　　　　　　106014370

儒學的現代詮釋與時代關懷

著　作　者：楊　　　　自　　　　平
出　版　者：臺 灣 學 生 書 局 有 限 公 司
發　行　人：楊　　　　雲　　　　龍
發　行　所：臺 灣 學 生 書 局 有 限 公 司
　　　　　　臺北市和平東路一段七十五巷十一號
　　　　　　郵 政 劃 撥 帳 號 ： 0 0 0 2 4 6 6 8
　　　　　　電　話 ： (0 2) 2 3 9 2 8 1 8 5
　　　　　　傳　眞 ： (0 2) 2 3 9 2 8 1 0 5
　　　　　　E-mail : student.book@msa.hinet.net
　　　　　　http : //www.studentbook.com.tw
本 書 局 登
記 證 字 號：行政院新聞局局版北市業字第玖捌壹號

印　刷　所：長 欣 印 刷 企 業 社
　　　　　　新北市中和區中正路九八八巷十七號
　　　　　　電　話 ： (0 2) 2 2 2 6 8 8 5 3

定價：新臺幣六〇〇元

二 〇 一 七 年 八 月 初 版